COLLECTION DE CLERCQ

CATALOGUE

MÉTHODIQUE ET RAISONNÉ

ANTIQUITÉS ASSYRIENNES

CYLINDRES ORIENTAUX, CACHETS, BRIQUES, BRONZES, BAS-RELIEFS, ETC.

PUBLIÉS

PAR M. DE CLERCQ

AVEC LA COLLABORATION DE M. J. MENANT

PARIS

ERNEST LEROUX, ÉDITEUR

1885

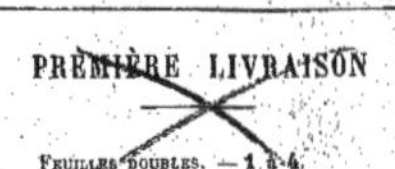

CATALOGUE

MÉTHODIQUE ET RAISONNÉ

TOME PREMIER

ÉVREUX

IMPRIMERIE DE CHARLES HÉRISSEY

4, RUE DE LA BANQUE, 4

COLLECTION DE CLERCQ

CATALOGUE

MÉTHODIQUE ET RAISONNÉ

ANTIQUITÉS ASSYRIENNES

CYLINDRES ORIENTAUX, CACHETS, BRIQUES, BRONZES, BAS-RELIEFS, ETC.

PUBLIÉ

PAR M. DE CLERCQ

DÉPUTÉ

AVEC LA COLLABORATION DE M. J. MENANT

MEMBRE DE L'INSTITUT

TOME PREMIER

CYLINDRES ORIENTAUX

TEXTE

PARIS

ERNEST LEROUX, ÉDITEUR

28, RUE BONAPARTE, 28

1888

PRÉFACE

La Collection dont je vais avoir à parler n'est pas composée d'objets trouvés dans des localités diverses ni acquis chez des marchands ou dans des ventes ; elle a été formée de pièces provenant, pour la plupart, directement de fouilles faites dans un pays déterminé et d'après un plan fixé d'avance.

Lors d'un voyage que j'entrepris autrefois en Orient[1], je fus profondément frappé de la variété des richesses archéologiques que contenait la Phénicie. Après un assez long séjour et quelques études préliminaires, je constatai que les divers peuples du monde ancien, en se rencontrant dans les ports de la côte d'Asie pour échanger leurs marchandises, y apportaient en même temps des coutumes, des goûts et des croyances essentiellement différents, et que, par suite de ce contact permanent, l'Art subissait des influences considérables et souvent étranges. J'en conclus que l'histoire de l'Art, dans ces riches comptoirs, présenterait un attrait tout particulier et je me décidai à en faire le cadre de mon travail. Depuis lors, j'ai continué mon œuvre avec une ténacité qui ne s'est jamais démentie, et, si Dieu le permet, je la poursuivrai jusqu'à la fin de ma carrière. Puissé-je, dans mon humble sphère, avoir rendu à la science quelques services !

Cependant, dès le début de mes explorations, je rencontrai dès monuments chaldéens et assyriens, et je remarquai l'union intime qui existait entre les peuples de ces contrées lointaines et les habitants des colonies phéniciennes de la Syrie. L'art phénicien m'apparut dès lors comme un reflet des vieilles civilisations orientales, et je crus utile, tout en maintenant mon plan primitif, d'étendre mes opérations jusque dans la Mésopotamie, malgré les difficultés que devait présenter une pareille tâche. J'ai eu la bonne fortune d'obtenir des résultats inespérés et de compléter de cette façon un ensemble qui offre, assure-t-on, un vif intérêt.

Je suis arrivé au moment où je vais soumettre le fruit de mes recherches, sous la forme d'un Catalogue méthodique et raisonné, à l'appréciation du monde savant ; j'espère qu'il accueillera

---

[1] C'est dans ce voyage que j'ai rencontré pour la première fois M. Péretié, un véritable amateur et un connaisseur émérite ; nous nous liâmes bientôt de la plus vive affection et il resta jusqu'à sa mort mon zélé collaborateur.

avec bienveillance l'effort considérable d'un homme convaincu qui ne disposait que de moyens d'action bien faibles et qui n'a été soutenu que par son grand amour de l'art antique.

Mon premier volume embrasse tous les monuments chaldéens et assyriens que j'ai pu recueillir; il est divisé en deux fascicules : — le premier contient les cylindres orientaux; — le second les cônes, cachets, briques, stèles ou bas-reliefs. Les objets qui y sont décrits remontent presque aux origines du monde, et, ces origines, aux divers points de vue de l'histoire ou de la linguistique, sont encore entourées d'un grand mystère.

Depuis plusieurs années pourtant, quelques hardis travailleurs ont entrepris de pénétrer dans ce vaste inconnu et ils ont déchiré en partie le voile épais qui le cachait. Parmi eux se trouve au premier rang mon ami, M. J. Menant, qui s'est dévoué entièrement à ce rude labeur. Je lui dois d'avoir pu mener à bonne fin cette première section de mon travail. J'ai rédigé la partie descriptive de l'ouvrage, mais M. Menant aura à son actif la méthode suivie, le classement, la transcription et la lecture des inscriptions. Si l'œuvre est donc commune, la plus grande, la plus belle part lui en revient, et je suis heureux de lui rendre ici ce témoignage.

Je dois ajouter que j'ai trouvé également dans le profond savoir de M. Oppert, une aide non moins efficace pour le second fascicule; je lui en exprime ici ma gratitude. Outre quelques corrections, il a bien voulu faire encore la traduction de plusieurs pièces dont on comprendra l'importance en lisant ces pages.

Je me suis appliqué, autant que je l'ai pu, à décrire très exactement et dans leurs plus grands détails, les sujets gravés sur ces précieux monuments; j'ai cherché à leur découvrir une signification vraisemblable; mais mon incertitude a été extrême dans bien des cas ! Comment, en effet, appeler certains de ces personnages, de ces animaux, de ces signes totalement inconnus? Comment dénommer certaines de ces scènes dont le sens échappe souvent? J'ai donc pris le parti, toutes les fois que je n'avais pas une indication précise, d'employer des expressions générales qui ne préjugent rien. Il appartiendra aux savants de pénétrer un jour ces grands secrets du passé, et je serai largement payé de ma peine si j'ai, même dans la plus faible mesure, facilité leur tâche.

Louis de CLERCQ.

Paris, le 1ᵉʳ janvier 1885.

INTRODUCTION

ÉLÉMENTS DE CLASSIFICATION

DES CYLINDRES ASSYRO-CHALDÉENS

Les pierres gravées de la Haute-Asie peuvent être classées parmi les documents les plus importants de l'histoire de l'Art. Si les sculptures des palais assyriens mises au jour par les découvertes de Botta et de Layard ont suffi d'abord pour attirer l'attention en frappant les yeux par leurs gigantesques proportions, on doit reconnaître que tous ces monuments ne correspondent qu'à une certaine phase du développement artistique qui s'est produit dans la Haute-Asie. Le plus ancien palais assyrien dont on a exhumé les ruines a été construit vers l'an 882 av. J.-C., et le plus moderne, vers l'an 667. C'est donc pour une période de deux siècles environ que nous avons des représentants de la sculpture et de l'architecture assyriennes.

Les monuments de la Perse attestent sans doute que le mouvement artistique n'était pas aussi restreint [1]; nous en avons la preuve un siècle et demi plus tard par les œuvres des Achéménides qui nous ouvrent une nouvelle période de l'an 540 à l'an 400 av. J.-C. Si nous voulions sortir de ces données, naguère encore aucun indice ne venait nous renseigner sur l'état des arts en Chaldée; la tradition nous parlait, il est vrai, des merveilles de Babylone, mais rien ne pouvait nous donner une idée de la décoration des palais chaldéens avant que les belles découvertes de M. de Sarzec nous eussent fait comprendre comment, dès la plus haute antiquité, le sculpteur chaldéen savait orner les massives murailles de brique dont on exploite aujourd'hui les ruines [2]. Les Musées et les Collections particulières étaient pourtant remplis de pierres gravées de toutes les époques, de toutes les provenances et témoignaient de la persistance de la culture artistique dont elles étaient les plus fidèles représentants.

La matière des pierres gravées comprend toutes les pierres susceptibles de recevoir un beau poli, le marbre, le jaspe, le quartz depuis le cristal de roche, l'émeraude, l'améthyste, la topaze, la calcédoine et les onyx jusqu'aux agates les plus communes. On rencontre très fréquemment

---

[1] Dieulafoy, *L'Art antique de la Perse*. Paris, 1884.

[2] Ernest de Sarzec, *Découvertes en Chaldée*, ouvrage accompagné de Planches, et publié par les soins de M. Léon Heuzey, membre de l'Institut. Paris, E. Leroux, 1884, in-fol.

l'hématite, particulièrement en Chaldée, quelquefois le lapis-lazuli, rarement le jade. L'emploi de la matière paraît, du reste, dépendre du caprice du graveur selon son aptitude ou peut-être selon la préférence qui a pu être donnée à certaines époques et dans certaines localités à telle ou telle nature de pierres en tenant compte des propriétés talismaniques qu'on accordait à la pierre elle-même; nous en trouvons la preuve dans le culte des *Bétyles* répandu dans tout l'Orient.

Les instruments dont les graveurs antiques devaient se servir ont été comme aujourd'hui assez limités. Il ne s'agit, en effet, pour attaquer la pierre que d'avoir un outil qui taille ou qui use; on la polit par le frottement. Le *burin* et la *bouterolle*, voilà les deux instruments qu'on trouve à toutes les époques à la disposition des graveurs, soit qu'ils aient été employés directement, soit qu'ils aient été mis en mouvement par un moyen mécanique en activant leur action sur la pierre à l'aide d'une substance étrangère. Le burin, pointe de métal ou de silex, aujourd'hui pointe de diamant, grave des lignes plus ou moins nettes, plus ou moins profondes; la bouterolle perce la pierre, et le mouvement de rotation qui lui est imprimé y produit ces cavités profondes qu'on remarque particulièrement sur quelques cylindres en marbre de la Chaldée. Mentionnons encore la *scie* qui doit être d'une invention secondaire; elle entame comme la pointe, creuse comme la bouterolle; elle laisse sur la pierre un dessin brutal, des lignes droites qui se rencontrent sans souplesse. C'est avec ces simples instruments que l'ouvrier a toujours travaillé; le surplus dépend de sa patience et de son talent. A l'origine, il s'est attaqué à toutes les pierres, marbres ou silex, seulement il est arrivé à réaliser sa pensée plus aisément sur les pierres tendres, parce qu'elles lui présentaient une exécution plus facile. Certains artistes ont préféré l'emploi de la pointe; d'autres celui de la bouterolle. A l'origine de l'art, l'instrument du travail est toujours bien nettement indiqué; ce n'est qu'à la suite d'une longue expérience, et après avoir acquis une grande habileté que le graveur, maître de ses procédés, en fait disparaître la trace et arrive à la perfection qu'il se propose d'atteindre.

La forme que l'artiste a pu donner à la matière sur laquelle il voulait déposer son œuvre est très variable; je ne parle pas des stèles qui appartiennent plutôt à la sculpture, mais je fais allusion à des plaques ou tablettes au sujet desquelles je n'aurais à relever que le poli de la pierre ou l'exécution calligraphique de l'inscription. La forme la plus commune en Chaldée, toutefois est la forme cylindrique; elle présente quelques variétés qu'il est utile de signaler ici. Souvent la surface du cylindre est parallèle à l'axe; quelquefois elle est renflée au milieu ou aux rebords sans qu'on puisse se rendre compte de cette préférence; dans tous les cas, le cylindre offre une surface assez étendue pour recevoir des scènes parfois très compliquées. Pour bien se rendre compte de la gravure, il faut rouler le cylindre sur une substance plastique; avec un peu de précaution, on obtient une empreinte qui reproduit le sujet en relief et qui permet d'en apprécier tous les détails.

Je dois citer encore un grand nombre de pierres gravées d'une autre forme, des cônes, des pyramides, des sphéroïdes ou des scarabéoïdes sur la section desquels on trouve la gravure; pour en avoir une image, il suffit de les apposer sur la substance plastique. La scène alors très simple représente une figure, un animal, une plante ou un symbole; quelquefois elle est accompagnée d'une inscription rarement en caractères cunéiformes, mais le plus souvent en caractères phéniciens ou pehlvis.

Les pierres gravées de l'Asie occidentale répondent à un triple besoin qui naît du luxe, de la superstition et de l'utilité pratique. En effet, on sait aujourd'hui que ces pierres étaient à la fois des ornements, des amulettes et des cachets[1]. — Comme ornements, elles continuaient la tradition des pierres polies dont les peuples primitifs faisaient des colliers ou des bracelets ; — comme amulettes, elles participaient du pouvoir talismanique de la pierre dont la puissance était augmentée suivant la forme qu'on lui donnait ou l'emblème qu'elle pouvait recevoir ; — enfin, comme cachets, elles servaient à apposer des empreintes, pour en garantir la sincérité, sur les actes de l'autorité ainsi que sur les contrats d'intérêt privé qui intervenaient entre les simples particuliers.

Le nombre des cylindres que nous avons consultés jusqu'ici soit directement, soit par des empreintes, s'élève à plus de deux mille. Si considérable que soit déjà cette base d'observation, on pourra apprécier combien elle est proportionnellement restreinte puisque dans la seule ville de Babylone, à l'époque d'Hérodote, chaque Babylonien avait son cachet[2]. Les sujets traités par les graveurs ne sont pas heureusement en rapport avec le nombre des cylindres ; parmi les monuments de cette nature qui sont parvenus jusqu'à nous, on trouve de fréquentes répliques avec des variantes qui n'ont pas altéré l'idée principale ; quelques-uns ne diffèrent que par le nom du propriétaire du cachet.

Les scènes, en général, sont inspirées par une idée religieuse ; elles sont puisées dans les données des légendes antiques ou dans les exigences des cérémonies du culte. Quelques-unes rappellent un fait d'arme, quelque victoire peut-être ; d'autres, plus rarement, il est vrai, paraissent inspirées par des idées particulières dépendant du caprice de l'artiste ou du possesseur du cachet ; ces dernières sont les moins nombreuses, mais elles forment des exceptions embarrassantes.

L'étude des cylindres orientaux est toute nouvelle ; je crois avoir été le premier à exposer les considérations qui pouvaient me permettre de les classer avec méthode et de déterminer leur date et leur provenance. Je rappellerai à cette occasion une circonstance heureuse qui s'est produite lorsque j'ai eu l'honneur d'appeler l'attention de l'Académie des Inscriptions et Belles-Lettres, dans la séance du 27 octobre 1877, sur une empreinte qui m'avait été adressée en 1865 de Constantinople par M. Barré de Lancy[3]. Cette empreinte, prise à la fumée, était assez imparfaite ; toute grossière qu'elle fût, elle laissait entrevoir une intaille d'une grande beauté. Le sujet se composait de deux scènes symétriques ; un homme à genoux sur le bord d'un fleuve présentant une amphore à un taureau vigoureux qui vient s'y désaltérer ; l'inscription faisait connaître que ce cylindre était le cachet d'un roi de Chaldée dont je reportais le règne au XXXe siècle avant notre ère. J'étais au-dessous de la vérité ; la date de la fondation du Premier-Empire de Chaldée est établie par des documents qui ne peuvent plus être contestés aujourd'hui ; nous verrons qu'elle est fixée à l'an 3750 av. J.-C., et notre cylindre est d'une époque antérieure.

J'avais à cœur de retrouver ce précieux monument de l'art chaldéen ; je le signalai en vain dans tous les Musées d'Europe. J'allais chercher bien loin ce qui était auprès de moi ; le beau cylindre avait été acquis depuis longtemps par M. de Clercq ; c'est à cette occasion que je fus mis en

[1] Menant, *Recherches sur la Glyptique orientale*, Ire Partie, p. 16.
[2] Hérodote, Liv. x. Ch. 157.
[3] *Notice sur quelques Cylindres orientaux*. Dans les *Comptes-rendus de l'Académie des Inscriptions et Belles-Lettres*; octobre, 1877.

rapport avec cet amateur distingué qui m'ouvrit les trésors de sa nombreuse Collection ; elle se compose de *Quatre cent vingt-trois* cylindres du plus haut intérêt, et renferme à elle seule *Sept* cylindres royaux[1]. Je me livrai immédiatement à l'examen de ces richesses, et il fut bientôt convenu entre M. de Clercq et moi que nous réunirions nos efforts pour en rédiger un Catalogue méthodique et raisonné. M. de Clercq me confia la direction de ce travail et la mise en ordre des matériaux ; il se réserva de décrire les cylindres, et, pour appuyer ses descriptions d'un renseignement indiscutable, il résolut d'en faire reproduire les sujets par l'héliogravure ; il s'adressa à cet effet à M. Dujardin, dont l'habileté bien connue lui garantissait le succès, et il a obtenu un résultat qui ne laisse rien à désirer.

Dans certains catalogues qu'on pouvait consulter naguère, les cylindres de la Haute-Asie étaient ordinairement enregistrés sans méthode ; les scènes qu'ils présentaient étaient décrites d'une manière conventionnelle qui ne pouvait les faire comprendre. Les premières interprétations, dont ces monuments avaient été l'objet, étaient erronées et abandonnées depuis longtemps. De rares discussions s'élevaient de temps à autre au sujet de leur emploi, de la signification des figures mystérieuses qui les ornaient, ou des caractères étranges qui les accompagnaient ; mais elles restaient sans résultat. Il y a plus ; des observations superficielles avaient fait envisager les œuvres les plus remarquables des antiques graveurs de la Chaldée comme des contrefaçons relativement modernes[2], et dès lors on hésitait à les produire à l'appui de ses appréciations, craignant de s'égarer dans les conséquences qu'on aurait voulu en tirer.

J'ai déjà essayé de présenter ces monuments dans un ordre méthodique, de manière à donner à chacun d'eux la place qui lui convient par sa date et sa provenance[3]. Les remarques que j'ai faites dans ce but ne sont pas encore suffisamment répandues pour me dispenser de les rappeler ici ; je vais le faire aussi succinctement que possible[4].

On doit nécessairement écarter, comme point de départ, une classification qui prendrait pour base, soit : — 1° la matière des monuments ; — 2° l'instrument qui a servi au travail de la gravure ; — 3° la nature des sujets traités par les artistes. Il y a là des préférences qui peuvent se rencontrer à une même époque et dans une même localité ; elles dépendent du goût du graveur, de son intelligence ou de sa capacité ; mais il ne faut pas les confondre avec les idées générales qui font vivre toute une époque et qui se développent suivant le milieu dans lequel elles se produisent. Ce sont autant de considérations secondaires, qui viennent s'ajouter comme un simple détail de nature à motiver une division dans un classement rigoureusement chronologique, et à préciser, si je puis parler ainsi, une espèce dans un genre déterminé.

La première considération qui doit nous guider résulte de l'observation directe. On peut quelquefois reconnaître immédiatement l'origine des pierres gravées qui portent avec elles d'une manière indiscutable la marque de leur provenance ; elle est souvent indiquée par les inscriptions qui les accompagnent, bien que ces inscriptions n'aient en général aucun rapport avec le sujet des

---

[1] Je ne connais jusqu'ici que *dix-neuf* cylindres royaux répartis ainsi dans les Collections publiques ou particulières :
Collection de Clercq, 7. — Musée Britannique, 5. — Musée du Louvre, 1. — Bibliothèque Nationale, 1. — Musée de Berlin, 1. — Collection de Prokesch, 1. — Cabinet royal des Médailles à La Haye, 2. — Empreinte d'une Collection inconnue, 1. — Total 19.

[2] F. LENORMANT, *La Langue primitive de la Chaldée*, p. 387.

[3] *Catalogue des Cylindres orientaux du Cabinet royal des Médailles, à la Haye.* La Haye, imprimerie de l'Etat, 1878.

[4] *Recherches sur la Glyptique orientale*, 1re Partie, p. 23.

gravures. On peut déduire de la présence des caractères des conséquences qui s'imposent par les exigences de l'histoire de l'écriture; ainsi, les inscriptions en caractères cunéiformes sont un indice sérieux qui permet d'attribuer immédiatement ces intailles à l'Assyrie ou à la Chaldée, à moins que leur lecture ne les rattache à des localités étrangères où l'on se servait du même genre d'écriture ou de ses dérivés. On voit également sur quelques cylindres des inscriptions en caractères égyptiens, phéniciens ou sassanides qui nous révèlent de la sorte l'influence que ces différents peuples ont pu avoir sur ces monuments.

En examinant de plus près les inscriptions en caractères cunéiformes, on découvre bientôt des nuances paléographiques qui permettent de donner plus de précision aux attributions. Il y a, en effet, suivant les peuples, des différences sensibles dans la forme des caractères. Les inscriptions arméniaques, susiennes ou médiques s'éloignent notablement des inscriptions assyriennes; pour les inscriptions de l'Assyrie et de la Chaldée, les différences sont beaucoup plus accentuées ; en Chaldée l'écriture varie d'un siècle à l'autre, surtout dans les temps antiques, à cette époque où les origines de l'art tiennent à celles de l'épigraphie.

On a constaté les diverses phases que l'écriture cunéiforme a traversées depuis son origine jusqu'à son état définitif dans lequel elle se présente sur les monuments les plus récents; l'aspect des caractères permet ainsi de déterminer la période à laquelle doit appartenir une intaille avant même que la date n'en soit autrement indiquée. Il y a plus, la lecture des courtes légendes qui figurent sur les cylindres nous indique souvent le nom du possesseur du cachet; si c'est un roi, un grand personnage dont les fonctions ou le rôle sont précisés dans l'histoire, l'époque et la provenance se trouvent ainsi naturellement fixées.

Nous rencontrons un autre élément d'appréciation dans l'usage même des pierres gravées. Nous avons dit que ces monuments étaient des cachets; ils servaient ainsi à sceller des actes publics et des contrats entre particuliers. Or ces documents sont minutieusement datés et nous font connaître le nom des parties qui figurent dans ces actes avec leurs cachets. Nous avons pu consulter des contrats de cette nature correspondant à toutes les époques de l'histoire de la Haute-Asie, depuis les rois du Premier-Empire de Chaldée jusqu'aux règnes des derniers Séleucides. Les sujets que nous avons relevés sur ces empreintes sont donc d'une époque certaine; dès lors on peut les consulter et rattacher à la période qui nous est indiquée par ces empreintes un grand nombre de cylindres qui sont parvenus jusqu'à nous [1].

Enfin, pour un temps restreint, il est vrai, nous avons la comparaison qu'on peut établir entre les pierres gravées et les bas-reliefs de l'Assyrie et de la Perse. Les marbres des palais présentent parfois des motifs analogues à ceux des cylindres; on voit alors que le graveur s'est inspiré des mêmes idées que le sculpteur, qu'il a vécu dans le même milieu et qu'il a traité les mêmes sujets par des moyens différents, sans doute, mais sous l'influence de traditions identiques.

C'est à l'aide de ces guides qu'il nous paraît possible d'établir une classification sérieuse des pierres gravées en groupant autour des types dont la provenance et l'époque auront été rigoureusement déterminées les sujets qui présentent des caractères semblables; puis il nous sera loisible de distinguer

---

[1] MENANT, 1° *Empreintes de Cylindres assyro-chaldéens.* — 2° *Empreintes de Cachets assyro-chaldéens relevées sur des Contrats* d'intérêt privé, au *Musée Britannique*. Dans les *Archives des Missions.* 2ᵉ série, t. IV, et 3ᵉ série, t. IX.

dans chacune des grandes divisions ainsi définies les faits particuliers à chaque monument résultant des préférences que nous avons signalées et qui ont porté les artistes à utiliser telle ou telle matière, à se servir de tel ou tel instrument, ou à traiter telle ou telle espèce de sujets.

Parmi les Collections que nous avons consultées, aucune d'elles n'a pu nous présenter tous les types nécessaires à l'exposition d'une histoire complète des pierres gravées; il faudrait en rechercher çà et là les spécimens épars. Celle que nous allons faire connaître est sans rivale; elle nous a fourni les types les plus nombreux et les plus importants; aussi nous aurons peu d'emprunts à faire aux grandes Collections de Londres et de Paris pour justifier l'application des principes que nous venons d'exposer.

I. — CYLINDRES DE LA CHALDÉE

La Chaldée nous donne des monuments de la plus haute antiquité; son histoire se dégage de jour en jour avec plus d'éclat des ruines que font surgir à chaque instant des fouilles nouvelles. Les renseignements qui en découlent nous fournissent des indications importantes et donnent une date précise aux grands événements de l'histoire; elles nous font reporter au-delà du temps des vieilles pyramides égyptiennes l'époque à laquelle nous pouvons constater l'épanouissement d'une grande civilisation dans la Mésopotamie-Inférieure. Nous distinguons déjà, dès cette époque reculée, des centres bien caractérisés, et l'examen le plus superficiel des cylindres ne tarde pas à nous faire reconnaître dans ces différentes localités des tendances particulières. Ici, les artistes semblent s'occuper plus spécialement de la représentation des récits tirés des légendes; là, des sujets empruntés aux cérémonies religieuses; de sorte que nous pouvons entrevoir des Maîtres qui ont formé des Écoles et qui ont eu des Disciples dont nous trouvons les représentants les plus autorisés parmi les artistes qui ont inscrit sur leurs œuvres des noms royaux.

C'est sans doute avec une certaine timidité que nous devrions parler des dates, car, à chaque instant, il nous arrive de déplacer les limites que nous avions tout d'abord indiquées; mais déjà nous pouvons fixer par des chiffres précis des événements qui nous paraissaient devoir échapper à toute critique et à toute chronologie à cause de leur haute antiquité, et ces renseignements prennent un degré de certitude tel que nous sommes obligés de regarder des œuvres quarante fois séculaires comme appartenant à une époque relativement moderne.

Abandonnons cependant un moment ces données rigoureusement exactes pour nous en tenir au développement logique que le travail de la gravure exige indépendamment des questions de dates historiques que l'avenir se charge de vérifier. Nous trouverons, en effet, des cylindres sur lesquels le travail de l'intaille révèle, quelle que soit l'époque à laquelle ils appartiennent, des essais, des ébauches, en un mot, les premiers pas d'un art au début. Nous examinerons d'abord ces essais parce qu'ils présentent des caractères suffisants pour établir entre les productions de ces graveurs inexpérimentés une chronologie nécessaire dont nous devons tenir compte, bien que nous ne puissions en fixer les limites.

§ I. — CYLINDRES ARCHAÏQUES

Il est facile de voir que certaines œuvres ont été exécutées par des artistes qui n'étaient pas encore maîtres des instruments dont ils disposaient; nous ne saurions leur assigner une époque précise; nous sommes obligés de les ranger dans une période pour laquelle les dates ne sont pas encore fixées et qui échappe à notre appréciation; nous pouvons seulement en indiquer le caractère. C'est le travail à *la pointe* qui a tracé ces ornements si simples qu'on retrouve sur tous les produits d'un art dans son enfance, des lozanges ou des zig-zags formés par des lignes droites plus ou moins heureusement agencées telles que nous les voyons sur les cylindres inscrits dans la Planche I, sous les n° 3 et 4; d'un autre côté, c'est bien le travail de *la bouterolle* qui a creusé ces grands trous ronds indiquant d'une manière si maladroite les parties saillantes des animaux ou des personnages (Pl. I, n° 1, 2, 5), ébauches grossières dont la pensée se dégage à peine, mais qui surgira de plus en plus claire à mesure que les graveurs deviendront plus habiles. Quel que soit l'instrument dont ils se servent de préférence, il est facile de se rendre compte des progrès des artistes en comparant ces cylindres à ceux d'un travail plus avancé. Remarquons, en effet, dans certaines intailles, malgré leur imperfection, que la pensée est cependant très saisissable et son expression voulue; on entrevoit facilement l'idée dont on s'est inspiré et qui nous est parvenue dans les récits des vieilles légendes.

Comme dans toutes les nations primitives, l'imagination des naïfs chroniqueurs chaldéens a peuplé l'espace invisible de créatures étranges que l'artiste, suivant ses aptitudes, a reproduites à l'aide des moyens dont il disposait. Nous voyons alors apparaître sur les cylindres des animaux fantastiques dressés sur leurs membres inférieurs, marchant à la manière des hommes au milieu d'autres êtres qui semblent se rapprocher de la nature humaine et dont les formes bizarres, plus hideuses qu'effrayantes, accusent autant l'extravagance de la conception que l'impuissance du graveur. Ces intailles sont représentées dans les Planches II et III, sous les n° 13, 14, 17, 19, 20, 21, 23, 25 et *passim*.

§ II. — CYLINDRES DE L'ÉPOQUE DES PATÉSI

Nous arrivons maintenant à un moment où les œuvres des artistes peuvent se ranger dans une période définie. Les sujets sont, en effet, accompagnés d'inscriptions, et, dans ces inscriptions, on lit quelquefois des noms et des titres royaux. Un beau cylindre en lapis-lazuli (Pl. V, n° 41) que nous avons eu déjà l'occasion d'examiner [1], nous donne un renseignement de la plus haute importance. Le sujet représente un homme vigoureux soutenant de chaque main un lion renversé; il est accompagné d'une inscription dans laquelle on lit, à côté du nom du possesseur du cachet, le titre de *Patési* [2]; voyons ce que ce titre signifie [3].

La Mésopotamie-Inférieure, dès les temps les plus reculés, était partagée en un certain nombre d'États gouvernés par des monarques, tantôt indépendants, tantôt tributaires les uns des autres; ils portaient les titres de *Patési*, de *Riu*, de *Sakkanaku*, de *Sar*; ils se livraient des guerres acharnées pour arriver à constituer un grand empire dont chacun d'eux voulait être l'arbitre [4]. Le titre de *Sar* prévalut et ceux de *Patési*, de *Riu* ou de *Sakkanaku* ne furent plus regardés que comme des distinctions honorifiques et accessoires. Déjà, à l'époque d'indépendance des Patési, les arts étaient parvenus à un haut degré de culture, et nous en avons ici la meilleure preuve.

Avant de nous occuper du sujet de notre cylindre et de son exécution, jetons encore les yeux sur l'inscription qui l'accompagne, car elle a son importance. C'est la première fois que nous rencontrons une mention de cette nature dans cette nombreuse Collection; il est bon de s'y arrêter pour l'étudier un moment et en faire comprendre la portée. Cette inscription présente un ensemble de quatre lignes de caractères tracés dans un cartouche qui affecte une disposition très significative, car on ne la retrouve que sur des cylindres dont la haute antiquité est attestée par d'autres indices. Les signes de l'écriture sont gravés à la pointe avec une certaine négligence; ils sont mal évidés. Le travail du scribe est moins bien réussi que celui du graveur; c'est un fait du plus haut intérêt et qui assigne une place importante à ce monument dans l'histoire de la paléographie chaldéenne. On sait, en effet, que l'écriture de la Chaldée était à l'origine purement figurative; les intailles ne nous l'ont pas conservée dans cette forme primitive dont les tablettes de Ninive nous ont donné des exemples [1]. Peu à peu le hiéroglyphe s'altéra et finit par arriver à cet état dans lequel nous trouvons aujourd'hui les caractères sur les monuments assyro-chaldéens qui nous ont permis de les comprendre.

On a été à même d'apprécier chacune des phases que cette écriture a traversée; nous ne pouvons nous empêcher de les rappeler ici. Lorsque le scribe commença à s'éloigner du type figuratif, il traça d'abord, pour le représenter, des lignes droites, horizontales, perpendiculaires ou obliques qui suffirent pour rappeler pendant quelque temps encore l'image typique du caractère; le *style* [1] les indiquait sur l'argile et la pointe les burinait grossièrement sur la pierre. Le graveur essaya bientôt de les reproduire avec plus de fidélité : les fonds de la gravure furent soigneusement évidés; puis l'écriture s'altéra de nouveau; l'instrument laissait sur l'argile un *apex,* le graveur

---

[1] Voyez nos *Recherches sur la Glyptique orientale*, Ire Part., p. 65.

[2] Nous avons cru lire le titre de *Patési?* sur un cylindre du Cabinet royal des Médailles à La Haye. Conf. *Catalogue*. Pl. I. n° 1.

[3] Le titre de *Patési* a été reconnu dès l'origine des études assyriennes comme celui de certains personnages revêtus d'une autorité politique et religieuse antérieurement à l'établissement du Premier-Empire de Chaldée. Conf. E. Hincks, *Babylon and its Priest-Kings.* Extrait du *Journal of Sacred Literature and Biblical Records*, nov. 1856.

[4] Les récentes découvertes de M. de Sarzec à Tello en confirmant ce fait ne permettent pas encore de distinguer la succession chronologique que les différents titres laissent supposer ; toutefois on peut affirmer, dès à présent, l'existence de dynasties qui nous reportent à une époque antérieure au cinquantième siècle avant notre ère.

[5] Menant, *Leçons d'épigraphie assyrienne*, pages 51-52.

[6] On a retrouvé dans les ruines de Khorsabad, l'instrument qui servait à tracer les caractères sur la brique; quelques-uns de ces instruments figurent au Musée du Louvre. Conf. A. de Longpérier, *Catalogue* n°s 414-417.

voulut l'imiter à son tour; il y réussit, et ce résultat fit donner aux caractères le nom de *cunéiformes* sous lequel on les désigne aujourd'hui. Avec le temps, les traits se simplifièrent; le signe se modifia suivant les époques, suivant les peuples qui s'en servirent, et prit une apparence différente à Ninive et à Babylone; de là des nuances faciles à saisir[1].

Notre inscription présente l'écriture dans son état archaïque le plus primitif; le signe est tracé et non évidé; l'apex n'est même pas soupçonné. Quant à son contenu il faut renoncer à le comprendre; on n'a pas encore assimilé tous les signes de cette époque à leur forme définitive, de là une lecture impossible en partie et des difficultés que le laconisme du texte rend plus grandes encore. Le titre de Patési seul est très lisiblement écrit dans sa forme archaïque et suffit pour nous apprendre que ce cylindre a servi d'ornement, d'amulette et de cachet à l'un des souverains d'une de ces localités de la Mésopotamie-Inférieure qui jouissaient encore de leur autonomie, et qui se disputaient le pouvoir avant la formation du Premier-Empire de Chaldée; malheureusement le nom de cette ville nous échappe.

Si maintenant nous essayons de nous rendre compte de la composition du sujet, il est facile de voir que nous sommes en présence d'un épisode de quelque vieille légende que nous pouvons déjà soupçonner[2]. On reconnaît les animaux que l'artiste a voulu rendre et la figure humaine a pris une expression qui l'individualise. Quant à l'exécution, le travail de l'intaille atteste un progrès évident sur les œuvres précédentes; il est très remarquable. L'artiste est maître des instruments qu'il emploie; on ne voit plus la trace de la *pointe* qui écorchait la pierre, ni ces grands trous ronds si difficiles à éviter quand la *bouterolle* était maniée avec inexpérience; le dessin est rigoureusement compris et le modelé des formes est rendu d'une manière très satisfaisante. Nous allons maintenant constater un nouveau progrès dans l'art de la gravure; mais ensuite le talent des artistes n'aura plus qu'à décroître.

§ III. — CYLINDRES D'AGADÉ

Le monument le plus ancien, qui porte l'indication de sa provenance d'une manière désormais indiscutable, est précisément le beau cylindre dont nous avons parlé au début. Il est reproduit dans la Planche V, n° 46. L'héliogravure en donne une idée parfaite et nous dispense de toute description. La scène, ainsi que nous l'avons dit, se répète symétriquement des deux côtés d'une inscription : un personnage à genoux sur le bord d'un fleuve présente une amphore à un taureau vigoureux qui vient s'y désaltérer. Entre ces deux sujets l'inscription, encadrée dans un cartouche, nous fait connaître le nom et les titres du possesseur du cachet. Les renseignements qui nous sont fournis par cette inscription sont des plus précis : les caractères sont de l'époque archaïque; l'apex n'est pas encore formé; cependant si on les compare à ceux du cylindre de ce Patési

---

[1] Voyez notre *Syllabaire assyrien*, dans les *Mémoires présentés par divers savants à l'Académie des Inscriptions et Belles-Lettres;* tome VII, Ire série, Ire Partie, pp. 280 et suiv.

[2] La Légende d'Isdubar.

anonyme dont nous venons de parler, ils offrent une différence bien caractéristique; les traits ne sont pas seulement tracés à la pointe, ils sont profondément gravés et soigneusement évidés; l'absence d'apex ne peut donc être attribuée à la précipitation ou à la négligence; il y a là des formes voulues telles que l'écriture monumentale les comportait alors. La lecture en est, du reste, assez facile, grâce aux nombreux idéogrammes que l'inscription renferme et dont la signification a déjà été obtenue. Nous n'hésitons pas à dire qu'elle révèle un idiôme sémitique analogue à celui que nous avons constaté dans les inscriptions des rois de Chaldée contemporains de Hammourabi[1].

Cette inscription nous apprend que ce cylindre en jaspe brun avait été gravé pour un roi d'*Agadé* nommé *Sar-gani-sar-luh*. Nous avons le premier signalé l'importance de cette courte inscription parce qu'elle nous révèle une dynastie de souverains d'Agadé antérieurs à Sargon-l'Ancien, et nous rejette bien au-delà de l'époque à laquelle les rois de Ur semblaient avoir fixé la plus haute limite à laquelle l'histoire positive pouvait atteindre[2]. Agadé ou *Aganê* est une ville dont les textes assyriens nous ont seuls dévoilé l'existence; il est désormais établi qu'Agadé était une partie de l'antique Sippar ou, comme le dit la Bible, les Sippar (*Sépharvaïm*). La ville de Sippar était, en effet, divisée en deux parties : — *Sippar sa Samas*, la Sippar consacrée au dieu Samas (le Soleil), — *Sippar sa Anunit*, la Sippar consacrée à la déesse Anunit et qui recevait particulièrement le nom d'Agadé[3].

On connaît déjà les deux derniers rois de cette localité; le plus ancien porte le nom de *Sargon*, nous le nommons *Sargon-l'Ancien* pour le distinguer du vainqueur de Samarie; d'après un texte d'une rédaction postérieure à son règne, il toucherait par son origine à l'époque légendaire[4]. Ce qui est certain, c'est qu'il avait réuni dans son palais une Bibliothèque dont les savants Assyriens, vingt siècles plus tard, avaient su profiter et dont on a retrouvé aujourd'hui, dans un Palais de Ninive, de nombreuses copies. Sargon-l'Ancien est un des derniers rois indépendants qui ont précédé l'établissement à Babylone du Premier-Empire de Chaldée. Son fils et son successeur, Naram-Sin, est le dernier roi indépendant de Sippar; après lui cette ville cessa d'avoir son autonomie et fut comme toutes les autres localités de la Mésopotamie-Inférieure soumise à Hammourabi, prince conquérant, qui venait de constituer l'unité du Premier-Empire de Chaldée et d'en fixer le siège à Babylone. L'époque à laquelle ce grand évènement s'était accompli était assez incertaine; un texte de Nabonid, le dernier roi du Second-Empire de Chaldée, nous apprenait que ce prince avait cherché, sur l'ancien emplacement d'un temple de Sippar, les tablettes que Naram-Sin avait déposées dans ses fondations, et que, plus heureux que ses prédécesseurs, il avait fini par les retrouver. La date de cet événement était indiquée sur les tablettes, mais les chiffres altérés dans ces premiers textes ne permettaient pas d'abord de préciser l'époque qui résultait du récit mis au jour par le Prince archéologue; des fouilles récentes nous autorisent à l'établir d'une manière rigoureuse. Un fragment nouveau, découvert par M. H. Rassam à Abu-Habbaah, sur le site même de l'antique

---

[1] *Inscriptions de Hammourabi, roi de Babylone*. Paris, 1863.
[2] *Recherches sur la Glyptique orientale*, p. 73; et notre *Lettre à M. Pinches* dans les *Proceedings of the Society of Biblical Archæology*, février 1884, p. 88.

[3] Oppert. *Expédition scientifique en Mésopotamie*, t. I, p. 271.
[4] *W. A. I.* III. Pl. 47. — Nous indiquons par les lettres *W. A. I.* (*Western Asia Inscriptions*) le grand recueil d'Inscriptions assyro-chaldéennes publié par le Musée Britannique

Sippar et que M. Pinches a fait connaître le premier au monde savant[1], fixe désormais cette date importante que nous croyons devoir rappeler en citant le passage de l'inscription de Nabonid[2] :

« Les tables de Naram-Sin, fils de Sargon, que, depuis 3200 ans, aucun roi, parmi mes prédécesseurs, n'avait vues, Samas, le Grand Seigneur du Bit-Parra (le Temple du jour), le séjour de mon cœur, (Samas) me les a révélées. »

Naram-Sin vivait donc 3200 ans avant Nabonid et comme ce dernier prince monta sur le trône de Chaldée 550 ans avant J.-C., d'après les données du Canon de Ptolémée, nous pouvons prendre la date de 3750 pour la limite inférieure du règne du dernier roi de Sippar.

Les chiffres que nous venons d'indiquer sont d'une haute importance pour établir une chronologie relative parmi les anciens rois de Chaldée. Ils nous permettent ainsi de fixer la période à laquelle nous devons rattacher Sar-gani-sar-luh, et qui est nécessairement antérieure au règne de Sargon-l'Ancien. Ce beau spécimen de la glyptique chaldéenne nous présente donc l'état des arts en Chaldée à une époque qui remonte au-delà du quarantième siècle avant notre ère.

Revenons maintenant à notre cylindre. Le sujet est emprunté à la même légende que celui du Patési que nous venons de citer; cette épopée est connue sous le nom d'*Isdubar*, son principal héros; elle est consignée sur des tablettes dont la lecture est devenue aujourd'hui, pour ainsi dire, élémentaire[3]. Isdubar est une de ces grandes figures telles qu'on en rencontre dans les légendes de toutes les nations : c'est un personnage auquel on attribue la tâche difficile de purger la terre des tyrans et des monstres qui l'oppriment. Isdubar est souvent associé dans son œuvre à un autre personnage, *Hea-bani*, auquel les artistes ont donné une figure bizarre[4]; ils en ont fait un monstre au buste d'homme sur un corps de taureau. Ces deux compagnons s'étaient unis d'amitié dans leurs périlleuses entreprises et le récit de leurs exploits a inspiré les graveurs qui nous les montrent tour à tour aux prises avec le lion et le taureau.

Le monument de Sar-gani-sar-luh n'est pas isolé. Un cylindre du Musée de New-York, que nous avons publié en 1879, porte le nom de *Bin-gani-sar-luh*, un nom de forme analogue; le sujet a été dicté par la même légende, et le travail de l'intaille paraît provenir de la même origine, je dirais presque de la même main[5]. Nous ne pouvons nous empêcher de constater à Agadé l'influence d'un maître qui a créé des types et formé pour les reproduire une véritable *École* à laquelle nous rapportons les cylindres que nous avons groupés sur les Planches V, nᵒˢ 47, 48, — VI, nᵒˢ 49 et suiv.

C'est encore à cette École que nous devons rattacher des cylindres qui nous montrent un autre épisode de la grande épopée, Isdubar aux prises avec le Taureau à face humaine, ce terrible adversaire que la déesse Istar avait fait surgir contre lui pour se venger de ses mépris[6]; aussi nous les avons rangés à la suite des précédents (Pl. VII, nᵒˢ 58 et suiv.). Ces deux scènes se lient tellement que nous les trouvons souvent réunies sur les cylindres.

Nous ne voudrions pas qu'on pût cependant se méprendre sur notre pensée; gardons-nous de croire que chaque localité eut un goût exclusif aussi nettement défini que cette théorie le

---

[1] Th. Pinches. Dans les *Proceedings of the Society of Biblical Archæology*, nov. p. 12, 1882.

[2] W. A. I. V. pl. 64. Col. II, lig. 58. — Le chiffre 3,200, est écrit III ◁–|| |– d'une manière indiscutable dans le texte assyrien.

[3] Georges Smith, *The chaldean Account of Genesis*, p. 167.

[4] Id. *ibid.*, p. 202, tab. III, col. 4.

[5] *Observations sur trois Cylindres orientaux*. Extrait de la *Gazette des Beaux-Arts*, décembre, 1879.

[6] W. A. I, I. pl. 48. — Voyez pour les différentes traductions de cette légende : — F. Talbot, *Records of the Past*. Vol. IX, p. 119. — G. Smith, *The chaldean Account of Genesis*, p. 217. — J. Oppert, *Fragments mythologiques*, p. 6.

suppose. La même légende populaire dans toute la Mésopotamie a dû inspirer des artistes dans d'autres localités et à des époques bien différentes; dès lors il ne faut pas être étonné de retrouver quelquefois une idée semblable avec des différences qui caractériseront un jour des écoles dont nous ne pouvons que soupçonner l'existence.

§ IV. — CYLINDRES D'ÉRECH

Nous allons maintenant essayer de faire connaître les œuvres des artistes d'Érech; elles nous paraissent d'une époque postérieure. L'antique Érech, dont les ruines sont ensevelies sous les monticules de Warka[1], a dû être, ainsi que Agadé, un centre artistique considérable; les inscriptions chaldéennes la désignent sous le nom de *Urku*[2]. Nous avons la preuve que la science y était fort cultivée et qu'elle possédait, comme Agadé, une Bibliothèque considérable dont la renommée nous est transmise par les historiens classiques[3]. Il nous est assez facile de déterminer les caractères auxquels on peut reconnaître les intailles de cette localité. Un beau cylindre en siénite, acheté par le Musée Britannique, sur lequel on voit une suite de sept personnages, porte en effet une inscription dans laquelle figure un Roi d'Érech dont malheureusement le nom est encore resté incompris[4]. Les personnages sont d'un travail très soigné et les types très caractéristiques; aussi nous pouvons rapprocher de ce cylindre celui de notre Collection (Pl. IX, n° 82) sur lequel on lit d'ailleurs une inscription en caractères archaïques qui renferme une dédicace à une déesse d'Érech, probablement Istar. Les personnages ont le même costume sur les deux cylindres et l'intaille, la même facture. Nous ne sommes plus en présence d'un monde légendaire; les acteurs de la scène appartiennent à la vie réelle et nous révèlent deux types bien distincts, celui des rois ou des princes qu'on reconnaît à leurs tiares élevées, puis le type vulgaire, celui des habitants du sud de la Mésopotamie-Inférieure, indiqué par un personnage aux cheveux courts et à la barbe droite et tombante. Les cylindres de cette nature sont, en général, d'une assez grande dimension et souvent en jaspe vert. Je connais toute une série de sujets qu'on peut rapporter à cette école et qui ne diffèrent entre eux que par certains détails[5]; ils sont représentés ici (Pl. IX, n° 83) par un seul cylindre sur lequel on voit des personnages entrant ou sortant par une porte qui s'ouvre ou se ferme sur leur passage[6]. M. G. Smith avait cru voir dans ces scènes un épisode de la construction de la tour de Babel[7]. Cette hypothèse reposait sur des passages mal compris et mal traduits des inscriptions de la Chaldée; aujourd'hui il est démontré qu'il n'y a dans ces textes aucune allusion à la construction de cette tour. Nous avons cru, au contraire, qu'on pourrait plutôt rapprocher le sujet de ces scènes, d'une légende qui nous parle du voyage que l'homme doit accomplir, après sa mort, pour se rendre au *Pays immuable*,

---

[1] W. K. Lofrus, *Travels and Researches in Chaldea and Susiana*, p. 162.

[2] L'Érech de la Genèse, l'Orchoé des Grecs.

[3] Pline, *Hist. Natur.*, l. VI, ch. XXX. — Strabon, XVI, p. 769.

[4] On peut voir dans ce cylindre un souvenir de la guerre pendant laquelle les Élamites ont enlevé de Babylone les statues de Nana, 1635 ans avant la prise de Babylone par Sennachérib, c'est-à-dire 2294 ans avant J. C.

[5] Layard, *Nineveh and Babylon*, p. 538. — *Recherches sur la Glyptique orientale*, Ire Partie, p. 104.

[6] *Recherches sur la Glyptique orientale*, Ire Partie, p. 121.

[7] G. Smith, *The chaldean Account of Genesis*, p. 158.

au Pays d'où l'on ne revient pas, — c'est ainsi que les inscriptions désignent le séjour des morts, — en franchissant sept portes que le gardien de ce triste domaine ouvre et ferme à mesure que le défunt vient s'y présenter[1]. Nous rattachons encore à l'école d'Érech un cylindre (Pl. IX, n° 85) qui nous montre un enfant assis sur les genoux d'un personnage qui peut être sa mère ou sa nourrice. Le sujet nous fait songer à l'enfance de quelque héros dont les textes chaldéens ne nous ont pas encore révélé l'histoire. Le type des figures n'a pas varié et l'intaille annonce encore la même facture.

§ V. — CYLINDRES DE ZIRGURLA

Nous avons placé ici un cylindre dont l'importance est considérable (Pl. IX, n° 84). C'est un spécimen qui permet d'apprécier l'état de la glyptique dans une contrée dont les ruines commencent à être explorées[1]. Ce cylindre en porphyre brun est d'une conservation médiocre, mais suffisante pour apprécier le travail de l'intaille. La scène représente une cérémonie religieuse ; les personnages portent un costume analogue à ceux d'Érech ; l'inscription en caractères archaïques nous apprend que ce cylindre est le sceau d'un roi dont nous lisons le nom *Kamuma* ou *Gudea*[2] en donnant à chaque signe sa valeur absolue. L'ensemble de ce complexe échappe encore à une articulation phonétique. Quoi qu'il en soit ce prince régnait sur une ville qu'on désigne sous le nom de *Zirgurla,* nom conventionnel dont la lecture avait été ainsi proposée pour se rapprocher de celui de *Zirghoul* qui désigne la localité moderne où on avait découvert les premières briques qui portaient le nom de ce roi[3].

M. Oppert a essayé, sans plus de succès, de lire le complexe *Zir-Tella*[4], sans doute pour se rapprocher du nom de *Tello* où des découvertes récentes ont fait connaître les ruines du palais de ce même souverain. Grâce à ces belles trouvailles, les monuments de ce roi sont aujourd'hui très nombreux ; outre les inscriptions gravées sur deux énormes cylindres en argile, le Musée du Louvre possède des bas-reliefs et des statues en diorite qui décoraient le palais. Il y a plus : une série de briques extraites de différents points de cette contrée nous fait distinguer des dynasties de rois (*sar*) et de Patési qui nous font remonter bien au-delà du règne de Kamuma dans l'histoire de cette cité. Une inscription qui appartient à la Collection de M. de Clercq, nous apprend qu'un prince, *Lukka-gina* ou *Dukal-gina,* se vante d'avoir construit un temple au dieu *Ik-ma,* « Le palais des Oracles du dieu de Babylone », et il prend le titre de *Roi de Zirgurla*[5].

Ce titre jette une grande confusion sur l'ordre dans lequel on doit ranger les souverains de cette localité. Quelle était, en effet, l'importance des princes qui portaient alors le titre de *Patési ?*

---

[1] *Recherches sur la Glyptique orientale,* Iʳᵉ Partie p. 125.

[2] HEUZEY, *Les fouilles de la Chaldée.* Extrait de *la Revue Archéologique,* nov. 1881.

[3] OPPERT, *Les Inscriptions de Gudea.* Dans les *Comptes rendus de l'Académie des Inscriptions et Belles-Lettres.* 1883.

[4] OPPERT, *Expédition scientifique en Mésopotamie.* T. I, p. 269 ; c'est, en effet, ainsi que M. Oppert l'avait désigné d'abord.

[5] OPPERT, *Les Inscriptions de Gudea.*

[6] Cet important document sera publié dans le second fascicule de cet ouvrage.

Etait-ce le signe d'une indépendance momentanée, conquise ou perdue pendant un laps de temps plus ou moins long et qui devait s'effacer devant le titre de *Sar*, le titre royal par excellence ? On l'ignore ; des découvertes ultérieures permettront seules de confirmer ou de modifier cette hypothèse. Dans l'état actuel, on ne peut qu'entrevoir les différentes phases de cette chronologie qui s'impose à toute la Mésopotamie-Inférieure ; c'est ainsi que nous aurions d'abord : 1° des rois de Zirgurla ; — 2° des rois de Ur, qui avaient les *Patési* de Zirgurla pour vassaux ; — 3° des Patési de Zirgurla indépendants, parmi lesquels nous voyons figurer Kamuma ; — 4° enfin, une dynastie de conquérants commençant à Hammourabi et se poursuivant avec les rois de Babylone ses successeurs. Le règne du roi Sar-gani-sar-luh, dont nous avons fait connaître le cachet, pourrait alors être placé au commencement du cinquantième siècle avant notre ère.

§ VI. — CYLINDRES DE UR

Les Rois de Ur avaient toujours été considérés comme les plus anciens souverains de la Chaldée. Nous voyons maintenant jusqu'à quelle limite nous devons les faire descendre dans l'histoire, ou plutôt jusqu'à quel âge il faut reculer leurs prédécesseurs, puisque les Princes qui régnaient à Ur sont les contemporains du roi le plus récent de Zirgurla. Les cylindres qui portent le nom de ces vieux souverains de Ur sont donc d'une date postérieure à ceux qui régnaient à Agadé ; mais il faut d'abord indiquer les renseignements généraux qui nous sont fournis sur cette localité.

L'antique cité de Ur, l'*Ur-Casdim* de la Genèse, est située sur la rive arabe de l'Euphrate à peu près en face d'Érech. Elle est désignée dans les inscriptions sous le nom de *Uru* « la ville de Sin ». Les ruines révèlent l'existence d'une capitale importante, construite elle-même sur l'emplacement d'une ville plus ancienne [1].

Les briques que l'on extrait des différents édifices ont servi à établir la succession de quelques souverains ; le plus ancien porte un nom facile à reconnaître, mais qui résiste encore à une articulation définitive malgré la transcription en caractères phonétiques que nous trouvons sur un cylindre que nous aurons bientôt l'occasion d'examiner ; en attendant nous le nommons *Urkham* ; ce nom a été proposé par Sir H. Rawlinson, d'après une tradition rapportée dans un vers d'Ovide [2], et nous le maintenons provisoirement.

Les artistes de Ur paraissent s'être attachés plus particulièrement à la représentation des scènes religieuses ; ils ont employé principalement le jaspe ou le porphyre ; nous en trouvons des spécimens dans toutes les Collections, car il existe un grand nombre de cylindres que nous pouvons rapporter à cette localité ; ils présentent plusieurs types que nous allons successivement faire connaître.

---

[1] TAYLOR, dans le *Journal of the royal asiatic Society*. Vol. XV, part. II, p. 260.

[2] *Rexit Achæmenias urbes pater Orchamus ; isque Septimus a prisci numeratur origine Beli.* (*Métam.* IV, 212.)

A. — PREMIER TYPE

Le premier type nous est fourni par le cylindre qui porte le nom même de Urkham et dont le sujet a été publié pour la première fois par Rich, et ensuite par Dorow et par Ker-Porter[1]. Ce monument a été pendant longtemps égaré; nous l'avons vainement cherché dans les collections publiques ou particulières, et c'est tout récemment qu'il est parvenu à Londres, grâce à la libéralité de M. Cobham, *Commissioner* à Larnaka, qui en a fait cadeau au Musée Britannique. C'est un magnifique cylindre en porphyre vert. Le sujet représente une scène religieuse dans laquelle on voit une divinité assise sur un trône à degrés, et, devant elle, un pontife conduisant par la main un personnage qui s'avance pour accomplir un acte d'adoration. La divinité est coiffée d'une tiare ronde très caractéristique et qui suffit pour nous signaler tous les monuments que nous pouvons rattacher à cette école. C'est ainsi que nous constaterons, d'après ce spécimen, la même cérémonie représentée d'une manière pour ainsi dire identique sur dix-huit cylindres compris dans les Planches X à XIII, n°s 87-112, et qui ne diffèrent entre eux que par des détails du costume, des accessoires posés dans le champ du cylindre, ou par le nom des personnages mentionnés dans les inscriptions qui les accompagnent. Il y a donc là toute une *École* bien caractérisée dans laquelle on peut apprécier les diverses phases de la gravure ou le talent plus ou moins sérieux de l'artiste. Rappelons-nous que le type de cette cérémonie n'était pas sans doute exclusivement adopté par les artistes de Ur, mais les moyens d'apprécier le caractère distinctif des endroits où il était encore exécuté nous manquent et nous sommes obligés de nous en tenir aux caractères généraux que nous venons d'indiquer.

B. — DEUXIÈME TYPE

Un autre type des cérémonies que les artistes de Ur se plaisaient encore à rendre nous est donné par deux beaux cylindres en jaspe rouge de notre Collection. — Le premier (Pl. XIII, n° 112) nous offre un sujet analogue au précédent, peut-être une nouvelle phase de la même cérémonie. La disposition est, en effet, la même, seulement l'initié n'est plus conduit par la main, il se tient devant la divinité les mains ramenées à la ceinture dans une attente respectueuse[2]. Ce beau cylindre, en jaspe rouge, porte une inscription composée de sept lignes en caractères archaïques qui affectent identiquement la même disposition que celle du cylindre de Urkham. Malheureusement, elle est, en partie, fruste et ne laisse apercevoir distinctement que quelques signes; mais ils suffisent pour nous prouver qu'il s'agit d'un souverain de Ur et qu'il portait un nom dans lequel celui du dieu Sin entrait comme second élément; il répond ainsi aux noms des rois bien connus, Zikar-Sin ou Gamil-Sin, qui ont également régné à Ur[3]. — Le second (Pl. XIII, n° 113) reproduit exactement la même scène,

---

[1] Rich, *Journey to Persepolis*.—Dorow, *Die Assyrische Keilschrift*, Wiesbaden, 1820. — Ker-Porter, *Travels in Georgia, Persia Armenia, Ancient Babylonia*, etc., *during the years*, 1817-1818-1820. London, 1821-1822. 2. II, p. 78, n° 6.

[2] On avait cru, à tort selon nous, apercevoir dans ce sujet une allusion à l'usage rapporté par Hérodote, d'après lequel on présentait chaque nuit une femme à la divinité du temple de Bélus, Voy. nos *Recherches sur la Glyptique orientale*, 1re Partie, p. 139.

[3] G. Smith, *Early history of Babylonia*. Dans les *Transactions of the Society of Biblical Archæology*. Vol. I, Part. I, p. 35.

seulement le dernier personnage a disparu. L'inscription affecte la même disposition; les caractères sont faciles à déchiffrer : elle nous apprend que c'est le cachet d'un roi nommé *Ad-ki-kit-a-ri* qui régnait sur un pays nommé *Kar-har*. Malgré la certitude de la valeur de chaque signe, nous ne sommes pas très avancés sur la lecture de l'inscription dont la traduction présente de grandes difficultés; quant au travail de l'intaille, il est d'une identité parfaite avec celui des cylindres que nous venons de citer.

Autour de ces deux spécimens se groupent vingt cylindres (Pl. XIII, XIV et XV), qui ne présentent entre eux que des différences analogues à celles que nous avons signalées à propos du cachet de Urkham; mais au fond, c'est toujours le même travail, et on y reconnait facilement la main des artistes de la même École.

C. — TROISIÈME TYPE

Un cylindre de notre Collection, qui appartient encore incontestablement à l'Ecole de Ur, caractérise le type d'une autre cérémonie. La scène représente un roi, debout, coiffé de la tiare ronde, la barbe longue et bouclée tombant sur la poitrine et versant sur un autel le contenu d'une *ampulla* qu'il tient de la main droite; autour de lui, deux personnages coiffés de la tiare élevée participent à la cérémonie. L'inscription en caractères archaïques (l'apex est à peine formé) nous fait connaître qu'il s'agit du sceau d'un prince nommé Ilgi ou Dungi, fils de Urkham, roi de Ur.

Ce cylindre en cornaline blonde est d'un travail très soigné (Pl. X, n° 86); la figure du personnage qui verse l'offrande sur l'autel est particulièrement bien gravée. La matière de l'intaille a fait suspecter son origine antique. Nous ne relèverions pas cette observation si elle n'avait été appuyée jadis par des savants dont le nom fait autorité; mais cette objection s'est évanouie en présence des nombreux exemples qui établissent que les quartz et même le cristal de roche ont été gravés dès la plus haute antiquité. Le Musée Britannique possède, du reste, un cylindre analogue qui porte le même nom et qui représente la même scène avec des variantes; rien ne permet donc de suspecter l'antiquité de l'un ou de l'autre de ces monuments.

D. — CÉRÉMONIES DIVERSES

On dirait que les artistes de Ur se sont voués particulièrement à la représentation des cérémonies du culte. Les personnages que nous voyons sur les cylindres de Urkham et de Dungi figurent dans d'autres cérémonies; ce sont des types consacrés qui se reproduisent souvent avec la variété que comportent les exigences du culte. Nous y trouvons des personnages bien caractérisés et bien définis; il est facile de reconnaître la Divinité dans ces belles figures assises; — puis le Pontife; — l'Adorant; — et peut-être l'Initié.

Nous allons voir maintenant ces personnages sur des cylindres, tantôt isolés, tantôt combinés de différentes manières, suivant les cérémonies, souvent mêlés à de nouveaux acteurs, dont nous pourrons comprendre le rôle et que nous rattacherons par la facture de l'artiste aux écoles précédentes. Ces types ont dû se perpétuer assez longtemps, car les cylindres de cette nature sont très nombreux. Les Planches XV à XXVI nous montrent en effet une série de sujets qui présentent entre eux la plus grande analogie.

Nous n'avons plus dans ces œuvres de créations véritablement originales ; le souffle qui les avait fait naître étant épuisé, des artistes secondaires ont copié les mêmes sujets pour répondre aux exigences d'une clientèle commerciale. Le luxe des pierres gravées s'était popularisé à cette époque, comme à Rome sous les empereurs ; il était descendu des rois dans le peuple et le Chaldéen demandait au graveur, suivant son caprice ou sa dévotion, l'ornement, l'amulette ou le cachet traditionnel sur lequel il faisait graver son nom.

La matière de ces cylindres est très variable : l'artiste employait à son gré le marbre, le porphyre, le jaspe, les agates, mais particulièrement l'hématite. Le travail de ces derniers cylindres est souvent très délicatement exécuté ; il se détache quelquefois à vif sur la surface du cylindre d'un poli parfait. Lorsque les sujets de cette nature sont accompagnés d'inscriptions, l'écriture nous fait comprendre que nous sommes sortis de la période archaïque, l'apex est formé ; les caractères sont du style monumental compliqué de Babylone. Ces inscriptions répondent, en général, à une formule composée de trois lignes d'écriture ; — la première renferme le nom du possesseur du cachet, — la seconde, sa filiation, — la troisième, un acte d'adoration envers une des nombreuses divinités du Panthéon assyro-chaldéen.

E. — LES SACRIFICES

a. — SACRIFICES DU CHEVREAU

Les sacrifices fournissent le thème d'une série de sujets qu'on devait s'attendre à rencontrer dans les scènes religieuses de la Chaldée. Nous avons déjà remarqué que le cylindre d'Ilgi ne représente pas une simple invocation ; nous y avons constaté une offrande, quelque libation d'huile ou de vin répandue sur l'autel où brûle le feu sacré. De nombreux textes liturgiques nous apprennent qu'on offrait ainsi des fruits ou des fleurs en accompagnant les cérémonies d'une prière ou d'une incantation ; mais le sacrifice par excellence, non seulement en Chaldée, mais partout où une idée religieuse s'est fait jour, consiste à offrir les meilleurs produits de son troupeau. C'est celui que la Genèse biblique place à l'origine du monde, comme le plus agréable à la Divinité[1] : il était traditionnel en Chaldée. Au temps d'Hérodote, on immolait sur un autel d'or les premiers nés du troupeau[2]. Il n'est donc pas surprenant de trouver l'image des sacrifices sur les cylindres de la Chaldée.

Bien que cette offrande ait dû être pratiquée de la même manière dans toute la Chaldée, nous rattachons à l'École de Ur la plupart des cylindres sur lesquels elle figure, parce que les personnages qu'elle comporte offrent les mêmes caractères que ceux que nous avons vus dans la représentation des autres cérémonies et que nous avons attribués aux artistes de cette localité. La scène se compose de deux personnages nouveaux : (Pl. XVII et XVIII) — le Sacrificateur, vêtu d'une robe longue, la

[1] GENÈSE, IV, 3, 4, 5. | [2] HÉRODOTE. l. I, ch. 183.

3*

jambe droite en avant, le pied posé sur un scabellum (n° 157), quelquefois sur un petit animal (n° 153); la main droite armée du couteau sacré ; — devant lui un personnage porte dans ses bras la victime. La cérémonie exige encore la présence du Pontife *(Passim)*, les mains élevées dans la pose de l'invocation, tel que nous le voyons sur les cylindres de Urkham ; souvent aussi elle est accompagnée de personnages accessoires *(Passim)*, parmi lesquels on remarque un serviteur, en robe courte, qui porte dans une corbeille des objets nécessaires au sacrifice (Pl. XVIII, n° 170). Enfin, le champ du cylindre est chargé de différents symboles qui semblent destinés à préciser la divinité à laquelle on allait offrir le sacrifice.

La facture de l'intaille est assez variable ; quelques cylindres ne sont, en réalité, que de véritables ébauches (Pl. XVII, n° 156); d'autres présentent un travail très soigné, particulièrement lorsque la matière est l'hématite. Enfin le sujet est, en général, accompagné de trois lignes d'écriture, en caractères du style monumental de Babylone, qui font connaître le nom et la filiation du possesseur du cachet.

b. — SACRIFICES HUMAINS

Les sacrifices humains n'ont pas été étrangers aux anciennes populations de la Chaldée. Nous en avons signalé la trace dans nos Recherches sur la Glyptique orientale, en suivant sur un certain nombre d'intailles les différentes phases de cette sanglante cérémonie. Nous ne pouvons citer ici qu'un seul cylindre dont le type des personnages appartienne à l'École de Ur (Pl. XVIII, n° 167) ; il contient deux scènes symétriques : — l'une représente le moment où le Sacrificateur, le bras droit levé, armé du glaive, va frapper la victime qui tombe à ses pieds ; dans le champ en haut, un bélier semble être désigné pour se substituer à la victime ; — l'autre, le sacrifice du chevreau tel que nous l'avons décrit précédemment. Nous trouvons une série de cylindres (Pl. XX, n° 176-182) où nous croyons apercevoir la même idée ; seulement le type des personnages est différent ; nous y voyons toujours le Sacrificateur la main armée du glaive pour frapper la victime qui tombe à ses pieds, mais le costume des personnages et la facture de l'intaille nous font songer à une autre provenance qu'il nous est impossible d'indiquer quant à présent. Remarquons toutefois que les inscriptions des cylindres (Pl. XX, n° 176-177) sont en caractères archaïques, ce qui nous fait supposer une haute antiquité, et que sur l'un d'eux on lit le titre de *Riu,* si caractéristique pour désigner les souverains antérieurs au Premier-Empire de Chaldée.

c. — LE SACRIFICATEUR

Lorsque le sacrifice sanglant a dû disparaître, il n'a plus été reproduit dans la pratique sur les cylindres ; cependant nous en trouvons longtemps encore le souvenir à l'état de symbole, dans ce personnage, facile à reconnaître, le Sacrificateur, qui se présente fièrement campé, les jambes libres, la main gauche tombant naturellement le long du corps, tandis que la droite, ramenée à la ceinture, semble tenir une arme dont l'extrémité est dirigée vers la terre. Ordinairement, il est debout devant un Pontife, les mains élevées et dont il semble attendre la bénédiction ; quelquefois il est mêlé aux autres personnages qui figurent dans les cérémonies précédentes. Le travail de l'intaille et la matière des cylindres soulèvent les mêmes observations que celles que nous avons déjà faites. Ces cylindres sont très nombreux (Pl. XIX, n°ˢ 183 et suiv.) et toujours accompagnés d'inscriptions : celles de deux lignes renferment généralement deux noms divins; celles de trois lignes, la formule ordinaire que nous avons fait connaître; elles sont écrites dans le style monumental de Babylone.

F. — LES BELTIS

La figure de la femme est très fréquente sur les cylindres de la Chaldée; nous en avons signalé deux types bien distincts : — l'un nous fait voir une Déesse vêtue de splendides ornements, — l'autre une femme entièrement nue. Dans le premier cas, la femme se présente souvent comme l'objet d'un acte d'adoration dans une scène religieuse qui s'accomplit. Dans le second, la femme nue paraît, au contraire, indifférente à la cérémonie qu'elle accompagne. Le premier type désigne incontestablement la déesse Istar[1]; nous en avons quelques exemples (Pl. XXII, n° 213, XXIII, n° 236). Le second, se trouve sur les cylindres des planches XXII et XXIII, n°ˢ 217 à 234; il est beaucoup plus difficile à préciser; rien ne vient nous renseigner sur le rôle particulier que cette figure devait remplir. C'est évidemment une Déesse, mais laquelle? Aussi nous lui avons conservé le nom de *Beltis*, parce que cette désignation générale, qui se confond quelquefois avec celle *d'Istar*, peut s'appliquer à toutes les divinités féminines du Panthéon assyro-chaldéen; nous avons entendu ainsi nous réserver d'en préciser un jour le rôle et l'importance, lorsque des découvertes ultérieures nous permettront d'obtenir ce résultat.

G. — INVOCATIONS

Nous arrivons maintenant à l'examen d'un certain nombre d'intailles dont le côté artistique semble nous échapper. Le sujet n'est plus, en effet, qu'un accessoire destiné à rehausser la valeur talismanique qui accompagne la possession des pierres polies ou gravées auxquelles on attribuait des vertus surnaturelles. L'étude de ces monuments appartient surtout à l'épigraphie[2].

Ces cylindres ne présentent, en général, qu'un seul des personnages que nous connaissons déjà. On y remarque surtout l'image de la Divinité assise sur un trône dans l'attitude que les cylindres de Ur nous ont fait connaître (Pl. XXV, n°ˢ 254-258). La plupart du temps, c'est un Pontife dans la pose de l'invocation, quelquefois le Sacrificateur (Pl. XXIV et XXV, n°ˢ 249-267), rarement d'autres personnages. Au lieu des trois lignes traditionnelles qu'on lit sur les cylindres de cette nature, le texte s'élargit et contient souvent une invocation, une formule de prière; enfin un des cylindres de notre Collection (Pl. XXV, n° 253) n'a pas de personnages. Les inscriptions sont tracées dans le style monumental et sont très difficiles à expliquer à cause des nombreux idéogrammes et des allophones encore incompris qu'elles contiennent. Quelquefois elles renferment une sorte d'incantation écrite dans la langue des Sumers ou des Akkads, ou dans tout autre idiôme différent de celui de la Chaldée et qui résiste encore à une interprétation rigoureuse. Bien que l'ensemble

---

[1] *Recherches sur la Glyptique orientale,* Iʳᵉ Part. p. 159 et suiv. | [2] F. Lenormant, *La Magie chez les Chaldéens,* p. 43 et *passim.*

soit quelquefois assez facile à comprendre, il n'en est pas de même des détails, lorsqu'on veut étayer sa traduction d'une analyse philologique rigoureuse. Enfin, la forme des caractères vient souvent obscurcir la question. L'écriture est sortie de la période archaïque; cependant les caractères se présentent dans leur état compliqué et quelques-uns ne se rencontrent sous cette forme que sur les cylindres; dès lors, tout moyen d'en dégager la valeur nous échappe complètement. Joignez à cela les incertitudes qui résultent de l'état plus ou moins satisfaisant de la pierre, et vous comprendrez les difficultés qui entourent l'interprétation de ces petits monuments. Il est très difficile d'en fixer la provenance; cependant j'ai fait connaître un cylindre qui avait appartenu à M. le baron de Prokesch Osten, internonce d'Autriche à Constantinople, sur lequel on lit le nom de *Kurigalzu*[1], un des derniers souverains du Premier-Empire de Chaldée qui a été dépossédé par Hammourabi, le fondateur du Grand-Empire dont Babylone a été la capitale. Ce n'est pas sans doute une raison pour attribuer tous les cylindres de cette nature aux artistes de cette localité; c'est une simple indication qui doit être acceptée, mais avec d'autant plus de réserve que les types de ces monuments, comme ceux qui représentent toutes les cérémonies religieuses, ont dû se perpétuer bien au-delà du règne de Kurigalzu et peut-être même pendant toute la durée du Premier-Empire.

H. — CYLINDRES DE PROVENANCES DIVERSES

Avant d'aller plus loin, nous devons faire remarquer que nous passons sous silence un certain nombre de cylindres qui représentent des sujets divers empruntés à de vieilles légendes encore incomprises ou à des cérémonies religieuses inconnues; nous les avons omis, parce qu'il nous a été impossible de les rattacher à une localité précise (Pl. XXVII et XXVIII). Quelques-uns nous rappellent sans doute les traditions des artistes de Ur, d'autres ceux d'Érech; une seule chose nous paraît certaine, c'est qu'ils appartiennent à la Mésopotamie-Inférieure et qu'ils doivent être classés parmi les œuvres des artistes antérieurs à la fondation du Premier-Empire.

Nous nous trouvons maintenant en présence d'une lacune considérable[2] et cette lacune existe dans les textes et dans les monuments. Nous assistons, avec Hammourabi, à l'origine du grand Empire dont il fixa le siège à Babylone; mais immédiatement les sources de l'histoire paraissent taries. Les inscriptions ne nous transmettent, par intervalle, que de rares renseignements sur les événements qui vont s'accomplir en Chaldée jusqu'au moment où les successeurs de Nabopalassar ouvriront pour Babylone une ère nouvelle de grandeur et de prospérité. Pendant les siècles qui embrassent cette grande période, il nous est impossible de suivre les types que nous avons indiqués, d'en déterminer les transformations ou de préciser l'époque où ils ont pu être abandonnés. C'est en Assyrie qu'il faut chercher désormais la vie artistique, dont nous croyons avoir saisi le germe en Chaldée et essayer de nous rendre compte du développement qu'elle a pu y recevoir.

---

[1] *Recherches sur la Glyptique orientale*, Ire Partie, p. 193.
[2] *Empreintes de Cylindres assyro-chaldéens relevées sur des* contrats d'intérêt privé. Extrait des *Archives des Missions scientifiques*, troisième série, T. VI, 1880.

II. — CYLINDRES ASSYRIENS

Les cylindres assyriens présentent à leur aspect extérieur des caractères bien tranchés qui permettent de les reconnaitre au premier abord. En général, ils sont dépourvus d'inscriptions ; celles qui les accompagnent sont écrites en caractères *cursifs*, l'apex est bien indiqué ; elles sont tracées dans le sens direct de l'écriture et souvent perpendiculairement à l'axe du cylindre. Je ne connais qu'un seul cylindre assyrien dont la provenance puisse se préciser par le nom de son propriétaire ; c'est le cachet d'un préfet de Calach ; il appartient au Musée de Florence[1]. Si des indications analogues nous font défaut pour nous guider, nous avons d'autres éléments d'appréciation. — Nous avons d'abord, et en première ligne, la comparaison que nous pouvons établir entre les cylindres et les bas-reliefs des différents palais assyriens dont les sujets nous sont devenus familiers. On voit facilement, en comparant ces œuvres, que le graveur s'est inspiré des mêmes idées que le sculpteur ; les personnages des intailles portent le même costume que ceux des bas-reliefs ; ils ont, les uns et les autres, une allure identique, la taille svelte et élancée qui distingue d'une manière si tranchée l'aspect des habitants du nord de celui des habitants du sud. Cependant les animaux n'ont plus la même apparence ; le fantastique se traduit par des combinaisons nouvelles. Les légendes qui inspirent les artistes de l'Assyrie sont encore celles qui ont inspiré les graveurs de la Chaldée, mais les Assyriens donnent à leur expression une toute autre forme ; c'est ainsi qu'il est difficile de reconnaitre en Assyrie les épisodes de la légende d'Isdubar si populaire et si lisible en Chaldée[2].

A la comparaison des bas-reliefs, nous joindrons d'autres moyens d'investigation résultant de l'observation des empreintes de cachets que nous trouvons sur les monuments de cette époque.

Nous constaterons ici, comme en Chaldée, les différentes phases par lesquelles le travail de la gravure a dû passer depuis l'époque archaïque indiquée par l'ébauche à la pointe ou à la bouterolle, jusqu'au moment où l'artiste, maître de ces deux instruments, a su donner à son œuvre toute la précision dont il était capable. Nous pouvons ainsi établir deux divisions bien tranchées dans l'examen des cylindres assyriens auquel nous allons nous livrer.

§ I. — CYLINDRES ARCHAÏQUES

La planche XXIX nous offre, sous les n°ˢ 301-307, des spécimens du travail à la pointe. On voit que l'outil n'a fait qu'effleurer la pierre ; l'artiste s'était cependant attaqué à des matières tendres, des marbres ou des calcaires. — La planche XXX nous donne au contraire sous les n°ˢ 319-325

---

[1] Ce cylindre a été publié pour la première fois par Lichtenstein, *Tentamen paleographiæ assyro-persicæ*, Helmestad, 1803 ; — il a été reproduit par Donow, *Die Assyrische Keilschrift*, Wiesbaden, 1820 ;

les commentaires dont il a été l'objet à cette époque ne pouvaient naturellement en faire apprécier la valeur.

[2] G. Smith, *The chaldean account of Genesis*, p. 167.

II. — CYLINDRES ASSYRIENS

Les cylindres assyriens présentent à leur aspect extérieur des caractères bien tranchés qui permettent de les reconnaitre au premier abord. En général, ils sont dépourvus d'inscriptions ; celles qui les accompagnent sont écrites en caractères *cursifs*, l'apex est bien indiqué ; elles sont tracées dans le sens direct de l'écriture et souvent perpendiculairement à l'axe du cylindre. Je ne connais qu'un seul cylindre assyrien dont la provenance puisse se préciser par le nom de son propriétaire ; c'est le cachet d'un préfet de Calach ; il appartient au Musée de Florence[1]. Si des indications analogues nous font défaut pour nous guider, nous avons d'autres éléments d'appréciation. — Nous avons d'abord, et en première ligne, la comparaison que nous pouvons établir entre les cylindres et les bas-reliefs des différents palais assyriens dont les sujets nous sont devenus familiers. On voit facilement, en comparant ces œuvres, que le graveur s'est inspiré des mêmes idées que le sculpteur ; les personnages des intailles portent le même costume que ceux des bas-reliefs ; ils ont, les uns et les autres, une allure identique, la taille svelte et élancée qui distingue d'une manière si tranchée l'aspect des habitants du nord de celui des habitants du sud. Cependant les animaux n'ont plus la même apparence ; le fantastique se traduit par des combinaisons nouvelles. Les légendes qui inspirent les artistes de l'Assyrie sont encore celles qui ont inspiré les graveurs de la Chaldée, mais les Assyriens donnent à leur expression une toute autre forme ; c'est ainsi qu'il est difficile de reconnaitre en Assyrie les épisodes de la légende d'Isdubar si populaire et si lisible en Chaldée[2].

A la comparaison des bas-reliefs, nous joindrons d'autres moyens d'investigation résultant de l'observation des empreintes de cachets que nous trouvons sur les monuments de cette époque.

Nous constaterons ici, comme en Chaldée, les différentes phases par lesquelles le travail de la gravure a dû passer depuis l'époque archaïque indiquée par l'ébauche à la pointe ou à la bouterolle, jusqu'au moment où l'artiste, maître de ces deux instruments, a su donner à son œuvre toute la précision dont il était capable. Nous pouvons ainsi établir deux divisions bien tranchées dans l'examen des cylindres assyriens auquel nous allons nous livrer.

§ I. — CYLINDRES ARCHAÏQUES

La planche XXIX nous offre, sous les n°ˢ 301-307, des spécimens du travail à la pointe. On voit que l'outil n'a fait qu'effleurer la pierre ; l'artiste s'était cependant attaqué à des matières tendres, des marbres ou des calcaires. — La planche XXX nous donne au contraire sous les n°ˢ 319-325

---

[1] Ce cylindre a été publié pour la première fois par Lichtenstein, *Tentamen paleographiæ assyro-persicæ*, Helmestad, 1803 ; — il a été reproduit par Dorow, *Die Assyrische Keilschrift*, Wiesbaden, 1820 ;

les commentaires dont il a été l'objet à cette époque ne pouvaient naturellement en faire apprécier la valeur.

[2] G. Smith, *The chaldean account of Genesis*, p. 167.

Au milieu de ces étranges conceptions, apparaît surtout l'image du dieu Dagon, monstre moitié homme, moitié poisson, que la tradition chaldéenne fait sortir à l'origine du monde de la mer Erythrée pour enseigner les lois de la civilisation [1]. La Chaldée ne nous avait pas montré ce type ; c'est sur les ruines de Nimroud et de Koyoundjik que nous le voyons pour la première fois [2], et que nous pouvons le rapprocher des intailles assyriennes (Pl. XXXII, n° 343).

La comparaison des bas-reliefs n'est plus, du reste, ainsi que nous devons le répéter, le seul renseignement qui va nous guider pour préciser la provenance des cylindres de cette période ; nous avons également des empreintes apposées sur des monuments datés des différents règnes des rois assyriens et qui nous révèlent, outre l'emploi des cachets cylindriques, l'emploi des cachets plats gravés sur la base d'un cône, d'une pyramide ou sur la section d'un sphéroïde.

Quelle que soit l'origine de l'Art en Assyrie, ce qui nous paraît chaque jour de plus en plus probable, c'est que cette contrée doit avoir été à un moment le centre du mouvement artistique qui a rayonné dans l'Asie Occidentale. Il est sans doute difficile de suivre toutes les voies que l'Art s'est frayées pour pénétrer, à la suite des conquêtes des rois assyriens, dans les différentes provinces qu'ils ajoutaient de règne en règne à leur empire; mais il est certain qu'il est arrivé, d'un côté, dans les montagnes du Caucase et, d'un autre, qu'il s'est répandu depuis les versants du Liban jusque sur les bords de la Méditerranée ; nous en retrouverons des manifestations dans les îles de la Grèce et partout où les Phéniciens en ont transporté les germes avec leurs vaisseaux.

§ III. — CYLINDRES DE PROVENANCE INCERTAINE

A. — CYLINDRES DE L'ARMÉNIE

Il serait du plus haut intérêt de déterminer les cylindres qui représentent l'état de la gravure dans les provinces conquises, mais il faudrait arriver à distinguer les caractères de leur provenance particulière. Quelques contrées ont accepté les types sans les altérer; les artistes suivant ainsi les différentes phases de l'art assyrien, on ne saurait assigner à leurs œuvres une origine précise quand on n'est pas guidé par les inscriptions qui les accompagnent.

En Arménie, l'Art a dû subir l'influence assyrienne ; c'est du moins ce qui semble résulter d'un beau cylindre en jaspe rose du Musée de La Haye qui nous donne une indication sérieuse à ce sujet [1]. Le travail de l'intaille est du style assyrien le plus pur ; mais l'inscription nous apprend que c'est le cachet d'un roi d'Arménie « *Urzana, roi de la ville de Muzazir* » ; or, Urzana est l'adversaire malheureux du vainqueur de Samarie [2]; nous sommes ainsi renseignés sur son époque et sur sa provenance. Comme on le voit, beaucoup de cylindres peuvent appartenir à toutes ces provinces que l'Assyrie s'annexait de siècle en siècle ; mais lorsque nous n'avons pas de pareilles indications, nous devons les confondre avec ceux qui portent la marque d'un travail assyrien.

---

[1] BÉROSE, *Frag.* I. Ed. MULLER. — LE SYNCELLE, p. 28. — EUSÈBE, *Chron. Armen.*, p. 8. Ed. Mai.
[2] LAYARD, *Nineveh*, p. 350. — BOTTA, *Monuments*, I, pl. 32-34.

[1] *Catalogue des Cylindres orientaux du Cabinet royal des Médailles de La Haye*, n°° 135-150, pl. VII, 32.
[2] BOTTA, pl. 147, 1. 12. — *Annales des rois d'Assyrie*, p. 185.

B. — CYLINDRES DE LA MÉDIE

Les Mèdes ont eu aussi des pierres gravées dont la disposition était empruntée à l'Assyrie; on ne peut également en justifier l'attribution que par la nature même des inscriptions qu'elles portent. Un cylindre du Musée Britannique présente une inscription médique (LAJARD, *Mithra*, Pl. XXV, n° 7) qui en indique la provenance; nous croyons pouvoir rattacher à ce type le cylindre de la Planche XXXIV, n° 370 et celui de la Planche XXXVIII, n° 370 *bis*. Les grands monuments de la Médie nous font défaut jusqu'ici; nous n'avons donc que ces rares spécimens pour apprécier sous quelle influence s'est produit le développement artistique dont on soupçonne vaguement l'existence.

C. — CYLINDRES DE LA SUSIANE

Nous ne devrions pas faire ici un chapitre spécial pour les cylindres d'origine Élamite. Le royaume d'Élam, dont nous connaissons la haute antiquité par la mention des guerres que la Chaldée et le pays d'Élam se sont livrées, a sans doute partagé sur bien des points la vie de la Chaldée; les monuments de cette époque lointaine nous échappent et ce n'est guère qu'à partir du moment où les Assyriens, maîtres de la Chaldée, ont pénétré à Suse que nous trouvons quelques renseignements. Nous indiquerons un cylindre du Musée de La Haye (Cat. n° 48-17) qui semble justifier notre attribution par l'inscription qu'il porte; mais comme nous ne saurions distinguer ces cylindres que par des indications analogues et que ces inscriptions nous manquent ou présentent des difficultés de lecture qui rendent la tâche très difficile, on comprendra notre réserve à cet égard.

III. — SECOND EMPIRE DE CHALDÉE

Un long silence enveloppe encore l'histoire des derniers siècles du Premier-Empire de Chaldée, et nous le voyons finir au moment où Sargon force Mérodach-baladan à abandonner Babylone pour se réfugier dans les îles du Golfe Persique.

La Chaldée lutta longtemps contre l'Assyrie; un jour elle finit par se relever victorieuse à son tour et par anéantir Ninive. La prépondérance que l'empire de Chaldée a prise dans la Haute-Asie à partir de cette époque, nous ramène naturellement à Babylone où l'art primitif, dont nous avons perdu la trace, s'est réveillé peut-être sous l'influence assyrienne. Dans tous les cas, les œuvres des artistes du Second-Empire de Chaldée ne ressemblent pas à celles du Premier-Empire. La différence est telle, qu'on a été tenté de leur attribuer une autre origine. Nous ne suivrons pas la transformation des types, mais nous pourrons en constater le dernier état; nous n'avons plus, il est vrai, la comparaison avec les grands monuments de l'architecture; nous n'avons plus pour nous guider d'inscriptions sur les cylindres; mais nous aurons encore recours à un moyen d'investigation que nous avons indiqué jusqu'ici comme un contrôle et qui va désormais nous servir de base pour nos appréciations; je veux parler des cachets qui ont été apposés sur les contrats d'intérêt privé.

Nous avons relevé au Musée Britannique un certain nombre d'empreintes de cylindres ou de cônes, sur des documents datés de Nabuchodonosor et de ses successeurs, qui nous font connaître les types des sujets usités à cette époque. Nous trouvons, par exemple, sur un contrat daté du vingt-quatrième jour du mois Tasri (septembre) pendant la troisième année du règne de Nabonid (547 av. J.-C.), le cachet d'un nommé Nabu-zir-damik, le scribe; l'empreinte incomplète nous laisse voir un personnage nu tête, les cheveux ras, la main droite élevée dans la pose de l'adoration; le costume n'est plus celui des anciens Chaldéens; la robe, retenue à la ceinture, tombe sans pli jusque sur les talons. Il y a là un type bien particulier; or, nous rencontrons précisément ce même personnage sur un cylindre de notre Collection (Pl. XXXIV, n° 372) qui nous donne la scène tout entière. Enfin, pour qu'il n'y ait pas d'équivoque, nous voyons sur d'autres contrats de la même période la trace des autels qui figurent sur notre cylindre. Ce cachet paraît avoir été adopté avec quelques variantes par une famille *Égibi* dont le nom est fréquent dans les transactions de cette époque. D'autres empreintes nous permettent d'attribuer à la même période les cylindres compris dans la Planche XXXIV, n°ˢ 373-374.

Les types antiques ont-ils été complètement abandonnés? Nous ne le croyons pas. Cependant nous ne pouvons indiquer jusqu'à quel moment ils ont dû persister. Nous avons des cylindres, surtout parmi ceux qui renferment une simple invocation à côté d'un seul personnage, qui ont été certainement gravés sous le Second-Empire de Chaldée; on les croirait anciens si des détails caractéristiques ne permettaient pas de les reconnaître. Il s'est manifesté, particulièrement sous le règne de Nabonid, un goût prononcé pour l'archaïsme; les recherches archéologiques de ce souverain expliquent ou justifient cette tendance. Or, à cette époque, on a imité l'antique; mais les inscriptions, malgré la forme archaïque des caractères, trahissent leur provenance relativement moderne par des expressions faciles à reconnaître. Il y a plus : on découvre souvent, dans le champ des cylindres, des symboles accusateurs; il se pourrait donc que nous eussions fait figurer, dans le paragraphe relatif aux invocations religieuses, des cylindres que nous avons attribués à la période du Premier-Empire de Chaldée et qu'on devrait peut-être faire descendre à une époque plus récente. Il y a là une grave question que nous ne sommes pas en mesure de résoudre d'une manière satisfaisante quant à présent du moins.

IV. — CYLINDRES PERSES

La conquête iranienne a amené la révolution la plus considérable qui se soit fait sentir sur l'Asie Occidentale. L'invasion perse, aussi prompte, aussi rapide dans son expansion que celle qui devait, deux cents ans plus tard, précipiter du trône le dernier des Darius, a beaucoup détruit; elle n'a rien fondé d'original. La Perse apportait cependant au monde un dogme nouveau; mais, pour nous donner immédiatement une idée du peu de ressources qu'elle trouvait dans son génie artistique,

4*

il nous suffira de considérer le symbole qu'elle a choisi pour représenter le dieu de Zoroastre. Les vainqueurs ont pris celui des vaincus, et l'image du dieu suprême de la Mésopotamie, *Ilou*, cette figure au buste humain terminé par des appendices ornithomorphes, est devenue celle d'*Ormuzd;* l'art perse l'a acceptée; on l'a sculptée sur les temples et burinée sur les pierres précieuses. Ce détail suffit pour nous indiquer ce que l'art iranien pouvait être; on n'improvise pas toute une architecture toute une sculpture aussi abondante, aussi compliquée que celle de Persépolis. On entrevoit aujourd'hui l'influence de l'Égypte et de la Grèce sur cette architecture merveilleuse, de même que celle de l'Assyrie sur l'ensemble et sur les détails de l'ornementation. On a trouvé des taureaux à face humaine aux portes des temples et, sur les murs, de gigantesques figures de héros luttant contre le lion, le taureau ou quelque autre animal fantastique à l'instar des héros assyriens sculptés sur les murs des palais de Nimroud ou de Koyoundjik; puis sur les marbres des grandes salles, ces longues processions de guerriers, de serviteurs, de prêtres, de savants, de vainqueurs et de vaincus auxquelles les découvertes assyriennes nous ont initiés; il y a un peu plus de mouvement dans la pose des personnages et un costume nouveau; voilà tout le changement.

Nous n'aurions pas la comparaison des palais persépolitains pour nous guider, que nous trouverions dans la glyptique même le type des cylindres perses; on possède, en effet, le cachet d'un Darius dont le nom est écrit sur le monument dans les trois langues en usage sous les Achéménides. Ce cylindre appartient au Musée Britannique; la scène représente un roi sur son char conduit par l'Aurige et lançant des flèches contre un lion qui se dresse devant lui. Le sujet a été copié sur un bas-relief assyrien que nous avons indiqué jadis; il ne diffère du modèle que par le costume du monarque et une pauvreté d'exécution qui marque la décadence de la glyptique orientale. Quelques cylindres portent encore des inscriptions perses qui en assurent la provenance; mais, en général, le plus grand nombre ne s'écarte pas d'un type assez facile à reconnaître et dont nous trouvons de nombreux exemples dans la Planche XXXIV, nᵒˢ 375-385. C'est toujours un dynaste achéménide la tête ceinte du bandeau royal, luttant contre des monstres qu'il maintient de chaque main.

Tous ces sujets ne présentent que des différences insignifiantes; aussi nous bornerions là nos observations, si ce n'est que nous devons appeler particulièrement l'attention sur un remarquable cylindre de notre Collection (Pl. XXXIV, nᵒ 385) en calcédoine blonde, qui nous montre une divinité assise sur un trône élevé, recevant les offrandes d'un dynaste perse. Quelle est cette divinité? elle n'est point assyrienne; elle en a la pose, mais elle en diffère par le costume qui rappelle celui de l'Égypte. Nous croyons pouvoir chercher et découvrir dans ce monument un épisode de l'innovation religieuse dont Artaxerxès a pris l'initiative. Nous y verrions ainsi un souvenir de l'initiation de ce souverain au culte d'Anaïtis; pour le démontrer, il faudrait se livrer à une étude spéciale que nous avons faite et que nous produirons un jour; mais nous avons cru devoir l'ajourner parce que nous ne voulions pas devancer la publication de cet important document.

Constatons toutefois que l'invasion perse n'a rien changé dans la vie civile et religieuse de la Chaldée; on trouve, en effet, à Babylone une suite de contrats postérieurs à Nabonid, qui nous prouvent que les traditions se sont perpétuées sous les Achéménides et que la Perse n'a eu aucune influence sur l'état des arts dans la Mésopotamie-Inférieure.

Le cylindre, ornement, amulette ou cachet accepté par la Perse, s'y est perpétué comme en Assyrie et en Chaldée jusqu'au moment où il paraît avoir été remplacé par les cachets plats. Sous cette forme, les pierres gravées de la Perse sont encore très nombreuses; lorsque nous nous en occuperons, nous pourrons suivre les œuvres de la glyptique longtemps après que l'usage des cylindres aura disparu.

V. — CYLINDRES ÉGYPTO-ASSYRIENS

En Egypte, le travail de l'intaille remonte à la plus haute antiquité. L'artiste, qui burinait des hiéroglyphes sur le granit des temples et des palais, gravait également sur les chatons des bagues ou sur le ventre des scarabées le nom du propriétaire du bijou dont on faisait un cachet. — Quant aux cylindres, ils avaient une autre destination. Quelques-uns renferment, dans un cartouche, les noms et les titres de plusieurs rois de la IVe dynastie, mais, en général, les cylindres d'une origine purement égyptienne sont en terre émaillée[1]; ils ne sont donc nullement propres à être employés comme cachets, ainsi que nous l'avons vu en Assyrie. Ce n'est qu'au moment où l'Égypte entra dans une période de décadence, après les conquêtes des rois assyriens, que nous trouvons des cylindres en pierre dure sur les bords du Nil. Notre collection ne présente pas de monuments anciens. La Planche XXXV comprend sous les numéros 386 à 392, une série d'intailles qui se rattachent plus ou moins directement à l'Égypte, mais qui ne nous paraissent pas purement égyptiennes. L'un d'eux, le n° 386, fournit un sujet égyptien assez correct; mais, à côté de la scène, on voit deux lignes de caractères assyriens qui révèlent immédiatement une influence étrangère. Il est évident que la première ligne indique le nom du propriétaire du cachet, et la seconde, sa filiation; comme ces noms ne se prêtent pas à une lecture sérieuse, rien ne nous renseigne sur le point le plus intéressant de la question, puisqu'ils nous cachent leur nationalité? Nous essaierons d'y répondre lorsque nous étudierons plus spécialement ces monuments dans le Catalogue[2]. — Les autres cylindres présentent des personnages égyptiens plus ou moins nombreux, quelquefois mêlés à des assyriens ou à des chaldéens. — Le numéro 391 ne se rattache à l'Egypte que par la présence de la Croix ansée. Il y a donc dans ces œuvres un résultat mixte qu'il est assez difficile d'apprécier.

Le travail de l'intaille est généralement très soigné et annonce une provenance que les graveurs assyro-chaldéens ou égyptiens ne pourraient répudier. Malheureusement on ignore l'endroit où ces cylindres ont été trouvés et cette circonstance rend impossible de saisir sous quelle influence initiale ils ont été gravés et la part prépondérante qui revient à chaque nation dans l'œuvre commune. Nous nous bornons dès lors à constater ce mélange des types dont on trouve les premiers exemples sous les Sargonides et qui s'est perpétué sous le Second-Empire de Chaldée, sous les Achéménides, et même au-delà.

Nous croyons, sans pouvoir l'affirmer, que quelques-uns des cylindres que nous avons classés dans ce paragraphe ont été gravés par l'un ou l'autre des peuples qui sont indiqués d'après le costume

---

[1] PIERRET, *Catalogue de la Salle historique de la Galerie Égyptienne au Musée du Louvre*, p. 120, n°s 499-500. — Voyez aussi les *Empreintes et Cachets* classés sous les n°s 552-559.

[2] M. OPPERT a signalé à l'Académie des Inscriptions et Belles-Lettres, dans la séance du 6 avril 1884, deux cylindres égyptiens qui portent des noms phéniciens écrits en caractères cunéiformes.

des personnages ou par les symboles qui ornent le champ des cylindres; mais il n'en sera pas toujours ainsi. Il existe, en effet, des œuvres de fabrication secondaire, des *imitations* de sujets assyriens, perses, chaldéens ou égyptiens, contre lesquels il faut nous mettre en garde; aussi nous ne pouvons passer sous silence le peuple qui a répandu dans le monde ces nombreux pastiches et qui a transmis ainsi les données les plus fausses que l'antiquité classique ait pu recueillir sur l'histoire de l'Orient; nous voulons parler des Phéniciens.

VI. — CYLINDRES PHÉNICO-ASSYRIENS

Un seul cylindre dans notre Collection porte la marque d'une provenance phénicienne indiquée par l'inscription qui l'accompagne (Pl. XXX, n° 321). L'influence que les Phéniciens ont exercée sur la civilisation orientale a été immense; ce sont les ouvriers qu'on trouve au service de tous les peuples qui n'ont pas un art national; voici quelques renseignements qui ne s'écarteront point de l'histoire de la glyptique et qui feront suffisamment comprendre notre pensée.

Il est prouvé que les Phéniciens apprirent de bonne heure l'art de graver les pierres dures; ils y étaient devenus fort habiles au VIe siècle avant notre ère [1]. Cependant les échantillons de leurs œuvres qui nous sont parvenus ne nous donnent pas une haute idée de leur talent. La Glyptique, comme tous les Arts du reste, n'a jamais été pour eux qu'un art d'imitation [2]. Notre cylindre n'est point phénicien; il est visible que le nom a été gravé sur un cylindre assyrien par un Phénicien qui a voulu se l'approprier. C'était, hélas! le procédé ordinaire des Phéniciens de la côte de Syrie. Lorsqu'ils eurent besoin de se servir de cachets pour les apposer sur les actes qui les concernaient dans leurs transactions avec les Assyriens, les Chaldéens ou les Perses, ils prirent des cylindres tout faits et se contentèrent d'y graver leurs noms. Quand ils voulurent en fabriquer à leur tour, ils copièrent les sujets qu'ils avaient sous les yeux, sans discernement, en estropiant les types et les symboles. C'est particulièrement dans les colonies, à Cypre surtout, qu'on s'est livré à la fabrication des cylindres. Quelques-uns de ces produits anonymes figurent nécessairement dans notre Collection; mais comme nous ignorons le lieu où ils ont été trouvés, leur origine nous échappe, et nous n'avons pu les classer qu'en suivant les indications qui nous étaient fournies par le sujet des intailles. Il n'y a que les cylindres dont la découverte a été constatée par les explorateurs, par exemple, dans les îles de Cypre [3] et de Sardaigne [4], sur lesquels, en raison de leur nombre et des précautions qui ont été prises au moment des fouilles, il est possible de se prononcer avec certitude.

Les Phéniciens commencèrent à entrer en rapport avec l'Assyrie vers le VIIIe siècle avant J.-C. Bientôt après, nous les voyons figurer dans les contrats assyriens, sceller de leurs cachets, cylindres ou cónes, les actes dans lesquels ils étaient intéressés et se mêler ainsi à toutes les phases

---

[1] De Luynes, *Numismatique des Satrapies*, p. 69.
[2] Renan, *Mission de Phénicie*, p. 825.
[3] Cesnola (Louis Palma di), *Cyprus its ancient Cities, Tombs and Temples*. London 1877. Pl. XXXI.
[4] G. Spano, *Notize dell' antica citta di Taros*. Dans le *Bolletino archeologico Sardo*. T. II, p. 88.

du développement de la vie orientale ; ils gravèrent d'abord leur écriture sur des cylindres assyriens, chaldéens, égyptiens ou perses, suivant les différentes époques ou les besoins de leurs relations ; puis ils firent des cachets ; ils mélangèrent les types et les provenances et arrivèrent à des productions hybrides qu'ils répandirent dans le monde. Les ports de Tyr, de Sidon, de Byblos devinrent alors des officines où l'on fabriqua non seulement de faux cachets assyriens, chaldéens, égyptiens ou perses, mais encore de fausses divinités, et les Phéniciens les colportèrent dans tous leurs comptoirs sur les bords de la Méditerranée. C'était précisément au moment où les grandes civilisations de l'Égypte et de l'Assyrie, triturées par les conquêtes de la Perse, allaient comme la Perse elle-même s'effacer devant la civilisation grecque. La Grèce ne songea pas à se préoccuper de ces travestissements ; aussi elle n'a guère connu l'Orient que par les produits de ce peuple de marins et de trafiquants dont nous commençons à peine à découvrir le véritable rôle.

VII. — CYLINDRES D'ORIGINE INCONNUE

Nous sommes loin d'avoir soupçonné la provenance de tous les monuments qui entrent dans nos Collections. Il est certain que les différents peuples de la Haute-Asie ont taillé des cylindres, et que chaque peuple y a laissé la marque de son originalité. L'histoire de la glyptique orientale, dont nous esquissons les premières données, se complètera à mesure qu'on parviendra à dégager les caractères distinctifs de chaque École, et qu'on pourra arriver ainsi à déterminer l'origine des monuments sur lesquels nous sommes obligés de garder aujourd'hui le silence.

Parmi les cylindres de cette nature, il en est sur lesquels nous croyons devoir appeler l'attention, et qui se recommandent par une certaine similitude de travail ou par des symboles qui les font immédiatement reconnaitre comme appartenant à une même famille, si je puis m'exprimer ainsi ; j'en signalerai deux catégories bien tranchées.

La première renferme des cylindres qui rappellent par leur travail et par leurs sujets ceux de l'Assyrie et de la Chaldée, mais qui s'en éloignent par la présence de symboles spéciaux qu'on ne retrouve pas ailleurs, ou par certains détails dans la pose et dans le costume des personnages. A l'aide de ces indices, on peut les comparer déjà à des sculptures qu'on rencontre sur des ruines dans des localités déterminées et les rattacher aux peuples qui ont laissé ces vestiges ; malheureusement ces peuples sont encore peu connus et leur nom est même l'objet de sérieuses controverses. Ce qui est certain, c'est que ces envahisseurs ont parcouru toute l'Asie-Mineure et que leurs monuments sont bien reconnaissables[1] ; les personnages portent une coiffure particulière et une chaussure à bouts recourbés ; ils ont une certaine manière de marcher ; on dirait qu'ils courent[1]. Quelques-uns sont montés sur des animaux comme on en voit en Assyrie et en Chaldée ; mais d'autres, et c'est là un élément caractéristique, paraissent portés sur le sommet des montagnes. A côté de ces bas-reliefs,

---

[1] Rylands, Dans les *Transactions of S. B. A.* Vol. VII, p. 429.
[2] G. Perrot et E. Guillaume, *Exploration archéologique de la*   *Galatie et de la Bithynie*. — La Ptérie. T. I, pp. 321 et suiv., pl. XXXIV, XLVIII, LII. — Euïuk, T. I, pp. 340 et suiv., pl. LIII.

on trouve des inscriptions qui révèlent une écriture figurative dans laquelle la *téte de bœuf* apparait fréquemment comme un des éléments graphiques. Or, un grand nombre de cylindres présentent également ces caractères ou ces symboles qui semblent les rattacher ainsi aux monuments que nous avons indiqués. Le peuple qui a sculpté cesbas-re liefs, qui a gravé ces inscriptions, a été désigné provisoirement sous le nom de *Hittite*[1]. Je ne crois pas cette dénomination suffisamment justifiée pour l'accepter aujourd'hui ; quoi qu'il en soit, les cylindres que je pourrais indiquer comme se rapportant à cette catégorie sont compris dans la Planche XXXV, n°8 393 et suiv., peut-être dans la Planche III, n° 27 et dans la Planche IV, n° 34; enfin parmi les cylindres d'un caractère douteux que nous n'avons pas classés.

La seconde série de cylindres dont nous voulons parler offre des types d'une autre nature ; ils sont taillés dans des pierres assez tendres, d'un travail très grossier et généralement accompagnés d'inscriptions mal gravées; les personnages ont des formes bizarres, indiquées le plus souvent sans aucun sentiment du dessin. Ce ne sont pas des œuvres d'art, ce sont les ébauches d'un enfant; mais cet enfant doit être un peuple dont il faut maintenant essayer de lire l'écriture et expliquer les symboles. Ces cylindres sont représentés sur la Planche XXXVI sous les n°8 402-409 et aussi sur la Planche XXXVII sous les n°8 411-414.

Les inscriptions ne peuvent se rattacher à l'écriture cypriote, moins encore à l'écriture palmyrénienne, ni même au coufique ; car si on vient à les examiner de près, il est impossible d'y reconnaître une seule lettre de ces alphabets ; elles sont restées indéchiffrables. Déjà M. Mordtmann a signalé des cylindres analogues et s'est livré à des recherches consciencieuses que nous devons signaler malgré leur insuccès[1]. Le cylindre n° 403 paraît renfermer deux sortes d'écritures ; M. James Darmesteter, à qui nous avons soumis ces monuments, nous suggère que l'une de ces écritures peut être la cursive de l'autre? Tous ces faits sont utiles à signaler, car les cylindres de cette nature sont assez nombreux, et, dès lors, on ne saurait admettre une fabrication fortuite. Leur aspect n'a rien de séduisant; ils sont, pour ce fait, dédaignés des amateurs ; mais ce n'est pas une raison pour que l'archéologue ne cherche pas à les étudier, et c'est en les réunissant pour pouvoir les comparer qu'on arrivera nécessairement à quelque solution sérieuse.

[1] Sayce, *On the Monuments of the Hittites*; dans les *Transactions of the Society of Biblical Archæology*, vol. VII, p. 248.

[1] Mordtmann, dans la *Zeitschrift der Deutschen Morgenlænd. Gesellschaft*. XXXI, p. 589.

J. MENANT.

1er Décembre 1884.

RÉSUMÉ

Nous avons arrêté, en conséquence de ce qui précède, les divisions suivantes que nous formulons en *Résumé*, afin de permettre au lecteur de saisir l'ensemble de notre travail d'un seul coup d'œil.

Six chapitres ont d'abord été formés d'après les grandes époques historiques. — Le premier chapitre comprend six paragraphes : le premier est déterminé par la nature même du travail; le second, par le titre des propriétaires des cachets; les quatre autres, par les localités auxquelles se rapportent nos cylindres; le dernier paragraphe comprend un grand nombre de subdivisions correspondantes aux types et aux cérémonies qu'elles représentent. — Le chapitre second comporte trois divisions. — Il n'y a pas eu lieu d'en faire dans les quatre suivants. — Enfin un septième chapitre est réservé pour un genre d'intailles dont l'origine et la provenance nous sont inconnues.

Notre Collection comprend 440 cylindres représentés sur trente-huit Planches et désignés chacun par un numéro d'ordre de 1 à 414; les Planches XXXVII et XXXVIII renferment sous le titre d'*Addenda* des cylindres que nous avons reçus pendant que ces pages étaient sous presse; nous avons donné à 26 d'entre eux des numéros *bis* ou *ter* qui les rattachent à ceux des Planches auxquelles nous devons les rapporter; les autres ont suivi l'ordre naturel des chiffres. Le lecteur pourra ainsi se reporter, — soit aux explications générales qui se trouvent dans l'Introduction, — soit aux descriptions détaillées, — soit enfin aux numéros des Planches du Recueil.

Dans chacune de ces divisions, aucun ordre absolu n'a été suivi ; toutefois nous avons toujours cherché, autant que cela était possible, à procéder du type principal aux scènes plus compliquées ou s'en éloignant davantage. Le doute dans lequel nous étions nous a, en outre, engagés à ne pas mentionner ici les trois subdivisions indiquées dans l'Introduction pour le § III du Chapitre II.

Les inscriptions des cylindres présentent quelquefois de grandes difficultés de lecture ; nous les avons soumises à MM. Oppert et Menant et nous indiquons le nom des traducteurs qui nous ont fourni les plus importantes interprétations.

Après chaque description, nous avons soigneusement noté la matière des intailles d'après les appréciations de M. Jouanin, expert du Gouvernement. Nous donnons les dimensions en hauteur (**H.**) et en diamètre (**D.**); puis nous renvoyons, autant que nous le pouvons, aux grands recueils, tels que ceux de Cullimore et de Lajard, dans lesquels on trouve des cylindres dont les sujets sont analogues à ceux que nous possédons.

Enfin, pour que le lecteur soit à même d'apprécier les différentes localités auxquelles nous rapportons les objets de notre Collection, nous avons dressé une carte de la Haute-Asie sur laquelle sont indiqués les villes et les pays par leurs noms anciens à côté de leur dénomination moderne.

CHAPITRE PREMIER

CYLINDRES

DU

PREMIER EMPIRE DE CHALDÉE

CYLINDRES

DU

PREMIER EMPIRE DE CHALDÉE

§ I. — CYLINDRES ARCHAÏQUES

1. — Cylindre de grande dimension et d'un travail très archaïque. — La scène représente trois ànimaux cornus, probablement des antilopes, passant à gauche. Dans le champ, plusieurs signes inconnus : deux devant le premier animal, dans le sens de la hauteur, deux en dessous, dans le sens de la largeur et un derrière lui; enfin, un dernier signe au-dessus du dos du second animal. Les signes que nous venons d'indiquer sont formés d'une sorte de boule à laquelle s'adapte, sur le côté gauche, une tige droite au dessous de laquelle se trouve une boule plus petite. Ces signes représentent peut-être des *Ampullæ*.

Marbre blanc. — H. 0,034. D. 0,028.

2. — Gros cylindre d'un style très archaïque. — Il représente le double portique d'un temple ; les deux portes sont ornées de dessins au trait; elles sont supportées et encadrées par deux montants striés et par une forte traverse. A côté de ce portique, quatre animaux superposés et accroupis, de profil à gauche ; les deux du bas ont des cornes recourbées projetées en avant; ceux du haut, au contraire, ont des cornes très longues projetées en arrière.

Marbre blanc. — H. 0,036. D. 0,031.

3. — Sujet très vague. — Au haut et au bas, une bande ornée de traits. Entre ces deux bandes, quelques signes que l'on ne peut définir, peut-être un animal courant à gauche et poursuivi par trois autres.

Porphyre jaune. — H. 0,029. D. 0,012.

4. — Sujet en deux registres. — Celui du haut est formé d'une bande de traits quadrillés, celui du bas, d'une seconde bande sur laquelle est représenté un oiseau de profil à gauche, le corps terminé en queue de poisson et placé entre deux scorpions. (Voyez A. Cesnola, *Salamis*, Pl. XIV, n°ˢ 47 et 48.)

Porphyre noir. — H. 0,021. D. 0,008.

5. — Style très archaïque et sujet difficile à définir. — On y distingue quatre bandes gravées composées chacune de deux personnages superposés, assis à gauche, le bras tendu en avant. Ces quatre sujets sont séparés entre eux, d'abord par deux colonnes d'ornements composés de trois boules superposées accompagnées symétriquement de chaque côté de six boules plus petites, puis de deux autres colonnes formées de cinq boules superposées ayant chacune, à droite et à gauche, une ailette abaissée.

Porphyre rouge. — H. 0,024. D. 0,024.

6. — Ce cylindre n'est pas perforé dans le sens de sa longueur, mais il est terminé par une bélière qui servait à le suspendre comme l'indique la gravure ci-jointe; il est concave. — Sur la surface on voit deux grands croissants superposés avec les pointes tournées, l'une vers le sommet, l'autre vers la base; puis un signe placé obliquement entre deux traits, peut-être un poisson : ces deux sujets se répètent deux fois. — Sur la base (6 *bis*), un scorpion et deux signes qu'il est impossible de définir.

Marbre blanc. — H. 0,028. D. 0,017.

7. — Grand cylindre divisé en deux registres séparés l'un de l'autre et encadrés par des bandes ornées de dessins réguliers. — Dans le registre supérieur, deux animaux courant l'un vers l'autre dans une forêt? L'un des animaux a de longues cornes striées semblables à celles du bouc; l'autre paraît être un taureau; derrière ce dernier, un signe difficile à déterminer : deux palmes s'écartant à droite et à gauche et rattachées l'une à l'autre sur un objet inconnu orné de traits et en forme de cloche évasée (signes ornythomorphes?). — Dans le registre inférieur, on distingue seulement un candélabre à trois branches et une barque à la proue très recourbée, dans laquelle se trouvent assis deux personnages; l'un de face, barbu, coiffé du bonnet à larges bords retroussés et à pointe centrale, est placé à la poupe; ses bras sont pendants en dehors de la barque, il paraît en diriger la marche; l'autre, assis au centre, de profil à gauche, tient le bras droit levé en avant et la main gauche ramenée à la ceinture; il est coiffé d'un béret plat à rebord. On y aperçoit encore le haut du corps d'un personnage de face, tête nue, le bras gauche levé de côté; puis les vestiges d'un animal cornu, un taureau peut-être. — Ce cylindre, d'un style très archaïque, est fort intéressant; malheureusement l'usure de la pierre rend son étude difficile [1].

Marbre blanc. — H. 0,052. D. 0,022.

8. — Grand cylindre séparé en deux registres par une bande de trois traits. — Dans le registre supérieur, une divinité assise, de profil à gauche, semble tenir un sceptre de la main droite tendue en avant; puis vient un adorant de profil à droite, vêtu d'une longue robe à plis; la main gauche est tendue en avant vers la divinité et l'autre est ramenée à la ceinture; à sa droite, une seconde divinité semblable à la première, mais assise de profil à droite, tient dans la main gauche un petit vase d'où s'échappe un filet d'eau; derrière elle, apparaît la partie supérieure d'un monument qui semble le panneau d'un portique. — Dans le registre inférieur, on distingue tout d'abord une barque à la poupe relevée qui porte, placé dans le sens de la longueur et sur un catafalque, le corps d'un

---

[1] La barque se retrouve dans de nombreux monuments. On la voit, par exemple, sur un cylindre publié par Lajard (*Mithra*, pl. L, n° 8); — dans le registre inférieur de ma plaque de bronze figurant l'enfer assyrien, qui sera publié ultérieurement dans ce Catalogue, et qui a déjà fait l'objet d'une étude de la part de M. Clermont-Ganneau (*Revue archéologique*, décembre 1879); — sur un cylindre publié par M. Menant dans sa *Glyptique orientale*, Pl. II, n° 4.

On est tenté de reconnaître dans quelques-unes de ces représentations la pensée première du passage des morts aux Enfers.

défunt, couvert de ses vêtements et coiffé d'un bonnet plat. Derrière la barque, court à droite un animal la queue relevée et la tête tournée en arrière. La proue de la barque semble être formée par le buste d'un personnage tenant de ses deux mains un grand candélabre? à trois branches allumées. — Un trou latéral, pratiqué au centre du cylindre, vient se joindre à l'usure pour rendre plus difficile l'étude de ce curieux sujet [1].

Marbre blanc. — H. 0,051. D. 0,020.

9. — Moitié d'un cylindre qui a été scié et qui était de même matière et de même travail que le précédent. — Deux divinités assises, l'une de profil à droite, l'autre de profil à gauche; entr'elles, l'adorant de face; les trois personnages sont vêtus de la longue robe à plis droits. Derrière la divinité de gauche, un autre adorant semblable au premier.

Marbre blanc. — H. 0,024. D. 0,020.

10. — Cylindre d'un style très archaïque, séparé en deux registres par un double trait. — Registre supérieur : Personnage fantastique assis de profil à gauche, coiffé d'un chapeau à cornes, la main droite levée en avant; il est vêtu d'une longue tunique terminée par des plis droits; dans le champ, à droite et à gauche de sa tête, deux petits globes entourés chacun d'un cercle; devant lui, autre personnage fantastique debout de profil à gauche; ses deux bras sont tendus vers la gauche, l'un en haut, l'autre en bas; il a une tunique longue à plis droits. Vient ensuite un autre personnage assis de profil à gauche, le bras droit élevé et la main gauche tendue en avant; sa tête est à peine indiquée et son vêtement est semblable à celui du premier personnage. — Registre inférieur : Animal fantastique, cornu, de face, avec deux grandes ailes déployées; puis un animal passant à gauche, portant deux grandes cornes striées, un bouc sans doute. Enfin un personnage, marchant à gauche, les deux bras levés à droite et à gauche; il est vêtu d'une robe avec ceinture s'arrêtant aux genoux. — Sujet bizarre, difficile à définir.

Marbre blanc. — H. 0,038. D. 0,011.

11. — Cylindre divisé en deux registres par une ligne de doubles traits. — Le registre inférieur est occupé par un quadrillé de traits. — Le registre supérieur contient un adorant de face, vêtu d'une longue robe à plis droits et à franges, le bras gauche tendu en avant, la main droite ramenée à la ceinture. De chaque côté, deux divinités assises se faisant face, vêtues de longues robes à plis droits et à franges; l'une tient une ampulla? l'autre un candélabre à deux branches? Derrière chacune des divinités, un adorant de face, les mains ramenées à la ceinture, vêtu d'une longue robe passée en écharpe sur l'épaule gauche. (Voyez A. Cesnola, *Salamis*, Pl. XIV, nᵒˢ 47 et 48.)

Marbre blanc. — H. 0,035. D. 0.014.

12. — Petit cylindre de style archaïque. — Un oiseau, un aigle peut-être, posé de face, les ailes largement ouvertes, la tête tournée à gauche vers un animal cornu, une antilope sans doute, qui se dresse en fuyant à gauche.

Porphyre noir. — H. 0,017. D. 0,009.

13. — Un personnage de face, vêtu d'une robe avec ceinture s'arrêtant aux genoux; de la main droite levée en avant, il tient une hache; de la main gauche, il saisit par la patte un animal

---

[1] Voir la note du cylindre précédent.   [2] Ces mutilations sont fréquentes.

cornu qui paraît être un taureau se dressant sur ses jambes de derrière; sous ce taureau, marchant à droite, un animal plus petit, un chien peut-être. Enfin, derrière le taureau, un autre animal, tigre ou léopard? qui se dresse également sur ses pattes de derrière et semble vouloir le dévorer; dans le champ, en haut, un signe qui paraît être un poisson.

Porphyre blanc. — H. 0,020. D. 0,010.

14. — Petit cylindre d'un style très archaïque. — Deux animaux, dressés sur leurs pattes de derrière, la queue relevée, l'un de profil à gauche et l'autre de profil à droite; ils sont placés de chaque côté d'un groupe composé de deux hommes nus, tournés l'un vers l'autre, sur lesquels ils appuient leurs pattes de devant; l'un de ces personnages, de profil à droite, est debout; il tient de la main gauche le pied gauche et de la main droite la jambe droite du second, qui a la tête en bas et qui est exactement dans la même attitude, mais renversée; derrière l'animal de gauche, un personnage de profil à droite, portant les deux mains levées et tendues en avant; à droite, derrière lui, un animal, dressé sur ses pattes de derrière, de profil à droite; il a de longues cornes recourbées et sa tête est retournée en arrière. Enfin, un signe inconnu, formé d'un trait vertical sur lequel vient s'appuyer un demi-cercle, et, en bas, deux traits; en dessous, un autre signe difficile à distinguer, peut-être un scorpion.

Porphyre vert. — H. 0,013. D. 0,008.

15. — Le sujet semble divisé en deux groupes. — Le premier, composé de deux animaux à cornes recourbées (chèvres ou antilopes?); tous les deux sont dressés sur leurs jambes de derrière et font face à une longue tige droite surmontée d'un signe difficile à distinguer, peut-être un flambeau. — Le second, composé de deux personnages semblables placés l'un devant l'autre et vêtus d'une robe à plis striés, laissant le bas des jambes à découvert; le bras droit est tendu en avant et la main gauche est ramenée à la ceinture. Entre eux un objet qui paraît représenter un trépied sur lequel est posée une sorte de chaudière.

Porphyre vert foncé. — H. 0,022. D 0,010.

16. — Neuf poissons nageant, de profil à droite. Ils sont placés trois par trois et superposés l'un à l'autre. (Voyez A. Cesnola, *Salamis*, Pl. XIV, n° 48.)

Porphyre noir. — H. 0,023. D. 0,015.

17 — Deux léopards ou lions, dressés sur leurs pattes de derrière et croisés, se disposent à attaquer deux animaux cornus (antilopes?), placés de chaque côté, dressés également sur leurs pattes de derrière et la tête retournée en arrière. Entre les deux antilopes, un personnage de profil à gauche, dans l'attitude du combat.

Porphyre vert. — H. 0,023. D. 0,010.

18. — Un personnage debout, les deux bras tendus à droite et à gauche, celui de gauche portant un globe? Puis un quadrupède de profil à gauche, fort long et accroupi; la tête est de face et porte de très grandes cornes recourbées. En face de lui, de profil à droite, un autre animal plus petit, à quatre pattes, la queue relevée; il a des cornes de cerf. Dans le champ, en haut, un oiseau avec de longues pattes (un coq?); puis un signe inconnu, longue tige ornée de feuillage peut-être; en bas, une étoile à quatre rayons? ou un oiseau? et le croissant de la lune, les pointes en bas, avec un globe dans le centre, figurant sans doute le soleil.

Porphyre aventurine. — H. 0,025. D. 0,009.

19. — Un personnage debout, de profil à droite, tient de la main droite, par la queue, un animal cornu (antilope?), dressé sur ses jambes de derrière, de profil à droite et qui retourne la tête vers lui ; de la main gauche, il tient en l'air un glaive ; enfin un groupe composé de deux lions? dressés et croisés ; dans le champ, entre ce dernier groupe et le personnage, un trait.

Marbre blanc. — H. 0,019. D. 0,010.

20. — Le sujet est presque impossible à décrire à cause de l'usure de la pierre. — On y remarque pourtant deux lions ou léopards dressés sur leurs jambes de derrière et attaquant un animal cornu qui se trouve entre eux et semble dressé sur les jambes de devant ; derrière ce groupe, un personnage informe, puis encore un animal dressé sur les jambes de derrière de profil à gauche ; enfin des signes que l'on ne peut distinguer.

Porphyre blanc. — H. 0,026. D. 0,020.

21. — Deux lions? dressés sur leurs pattes de derrière et croisés attaquent deux animaux cornus (antilopes?) qui se trouvent à droite et à gauche et sont dressés sur leurs jambes de derrière en leur faisant face ; leur tête est tournée en arrière? L'animal de droite est également attaqué de dos par un grand carnassier à la queue relevée (léopard?) ; derrière le léopard se trouve l'emplacement d'un cartouche qui devait contenir une inscription ; en dessous, un signe qui paraît être un scorpion?

Marbre transparent. — H. 0,032. D. 0,020.

21 *bis*[1]. — La gravure de ce cylindre, très roulé, ne permet de distinguer que des formes assez vagues ; cependant on reconnaît le style archaïque des premiers temps de la Chaldée. — On y voit un personnage debout, de face, tenant à sa droite et à sa gauche deux animaux fantastiques, des licornes, sans doute, dressés vers lui ; ces deux animaux sont à leur tour attaqués par d'autres animaux qui posent leurs pattes de devant sur leur dos ; le reste ne peut se deviner.

Porphyre gris. — H. 0,034. D. 0,020.

22. — Cylindre primitivement à deux registres ; il a été scié irrégulièrement par la moitié[1], car on distingue encore plusieurs têtes d'animaux fantastiques qui faisaient partie du registre inférieur. — Le registre supérieur se compose de deux groupes principaux. — L'un représente un lion? et un léopard? dressés sur les jambes de derrière et croisés ; ils saisissent à la gorge deux animaux cornus (antilopes?) qui sont dressés en leur faisant face, mais en tournant la tête en arrière. — L'autre représente un personnage debout et de face qui tient de ses deux mains tendues en l'air, à droite, un animal cornu (antilope?) dressé devant lui sur les jambes de derrière et détournant la tête en arrière ; à gauche un autre animal cornu (un taureau?), dressé sans doute mais dont on ne peut distinguer la pose. Entre ces deux groupes on aperçoit un personnage fantastique, debout, de profil à droite ; la tête paraît de face, la main gauche est levée en avant et la main droite, tendue également en avant, tient un glaive? Derrière lui, dans le champ, un petit quadrupède, debout, avec un long cou et la tête tournée en arrière.

Lapis-lazuli. — H. 0,029. D. 0,020.

23. — Un personnage fantastique qui semble nu et a la tête entourée de rayons ; à sa droite

[1] Voyez Planche XXXVII, *Addenda*.   [1] Voyez *supra*, n° 9 et la note.

et à sa gauche, il tient par le cou, de chacune de ses mains, deux quadrupèdes fantastiques, l'un de profil à droite, l'autre de profil à gauche; ils ont de très longs cous ondulés surmontés d'une tête d'oiseau? — La même scène se répète une seconde fois.

Cornaline orientale. — H. 0,018. D. 0,014.

24. — Ce cylindre est divisé en deux registres, mais sans séparation. — Dans celui du haut, on distingue une rosace? à huit rayons, un animal (un chien?) passant à droite la queue relevée; puis un groupe composé d'un homme court vêtu, de profil à droite, tenant de ses deux mains, à droite et à gauche, les pieds de derrière de deux animaux cornus (taureaux ou antilopes?), dressés sur leurs jambes de devant et tous deux de profil à droite; enfin, un lion passant à gauche, la queue redressée. — Dans le registre du bas, on croit reconnaître un personnage court vêtu tenant de la main gauche un animal cornu (antilope?), dressé de profil à droite, la tête retournée en arrière; puis deux animaux (lion et léopard?) dressés et croisés; puis encore un groupe composé d'un personnage court vêtu, de face et tenant de chaque main, à sa droite et à sa gauche, dressés sur leurs jambes de derrière, deux animaux cornus lui tournant le dos mais ayant la tête rejetée en arrière; enfin deux animaux (lions ou léopards?) dressés et croisés.

Porphyre lilas. — H. 0,041. D. 0,023.

25. — Un lion? dressé sur ses jambes de derrière, de profil à droite, est croisé avec un animal cornu (antilope?) également dressé sur ses pattes de derrière et de profil à gauche; ce dernier est attaqué par un carnassier (léopard?) dressé sur ses pattes de derrière, de profil à droite et la queue relevée. Le premier lion semble attaquer un animal cornu (antilope?) qui se trouve à sa droite. Celui-ci, debout sur ses jambes de derrière, de profil à droite, est saisi par le cou par un autre carnassier (léopard?) de profil à gauche, la queue relevée et dressé sur ses pattes de derrière; enfin un signe inconnu, composé d'une longue tige dressée et ondulée, peut-être un serpent.

Marbre blanc. — H. 0,029. D. 0,017.

26. — Ce cylindre est partagé par un trait sans être séparé en deux registres; il présente cependant plusieurs zones irrégulières de sujets. — En bas on remarque un grand animal, chèvre ou bouc, avec des cornes ondulées, le poil long, la queue courte et relevée; il est de profil à gauche et lève la tête comme pour saisir une feuille qu'il voudrait manger; derrière lui un rhinocéros? de profil à gauche; puis un groupe de deux animaux à cornes recourbées, taureaux ou buffles, tournés l'un vers l'autre et la tête abaissée vers une ampulla? — Dans une zône médiane, on voit deux poissons dressés sur leur queue, deux arbres, enfin un grand oiseau avec une large queue, les ailes déployées et la tête abaissée vers le rhinocéros sur le dos duquel il semble vouloir se poser. — Dans la zône supérieure, on remarque un premier groupe composé d'un personnage à tête radiée? tenant, dressés à sa droite et à sa gauche, en les saisissant par les pattes, deux animaux fantastiques à quatre pattes qu'il est impossible de décrire; dans ce groupe se trouve également un arbre; puis un second groupe composé d'un personnage fantastique, debout, de face, les deux mains appuyées sur deux objets inconnus, la tête ornée de deux cornes striées et recourbées et de différents autres plumets et attributs. A droite, à gauche et en haut, se détachent deux animaux fantastiques à corps de serpent, avec des têtes cornues dissemblables, l'un de profil à droite, l'autre de profil à gauche.

Agate blanche brûlée. — H. 0,036. D. 0,020.

27. — Cylindre couvert de représentations et de signes qui ne paraissent pas se relier les uns aux autres. — En bas, deux grands quadrupèdes avec de très longues cornes recourbées en arrière sont placés l'un derrière l'autre, de profil à gauche et accroupis; sous la tête de chacun d'eux, un petit animal se dresse de profil à droite, la tête renversée en arrière. Au-dessus de l'un d'eux, sous les cornes, est figuré un gros scorpion; au-dessus de l'autre, et également sous les cornes, une rosace à neuf rayons; sur la croupe, un petit scorpion; plus haut, une longue tresse placée en angle et sur la dernière torsade de laquelle est posé un oiseau, peut-être une autruche? Puis un ornement, en forme de rosace à quatre branches, un petit signe inconnu, un animal, la tête en bas; en dessous de lui, le croissant de la lune, une tête de taureau aux larges cornes, un petit signe en forme de clou? l'apex? et une tortue. On distingue encore une tête d'animal avec des cornes en zigzag; enfin, deux autres têtes d'animaux avec deux grandes cornes recourbées à droite et à gauche et striées (boucs?). — Travail assez soigné, peut-être phénicien. (Voyez L. Cesnola, *Curium*, Pl. XXXII, n° 21, et Pl. XXXIII, n° 32.

Porphyre vert. — H. 0,044. D. 0,012.

28. — Le sujet se divise en deux groupes. — Le premier représente un personnage debout, de profil à droite; le corps est composé d'une tige godronnée, la tête est celle d'un oiseau avec bec pointu et triple aigrette de plumes; il tient par la tête un animal fantastique à quatre pattes, de profil à gauche; son corps est également couvert de godrons, son cou est fort long; le bec? semble armé d'une corne? relevée; sa queue est composée de deux longues tiges; dans le champ, tige droite. — Le second groupe montre un personnage semblable à celui du premier groupe et comme lui de profil à droite. Le bras droit est relevé en arrière, et, de la main gauche, il saisit l'extrémité de la queue d'un animal à quatre pattes, de profil à droite, dont le corps est couvert de godrons; le cou très long; la tête, ornée d'un bec et d'une triple aigrette, est tournée en arrière; il semble avoir des bras. Entre les deux groupes, tige avec saillie centrale? — Travail rudimentaire.

Porphyre brun. — H. 0,047. D. 0,026.

29. — Un ornement inconnu composé d'une tige à laquelle est rattachée, en haut, de chaque côté, une rosace formée de trois circonférences. A droite et à gauche, en dessous de chaque rosace, deux autres signes inconnus en forme de rectangle long? Le même sujet se répète dans la seconde partie du cylindre, mais renversé.

Porphyre vert foncé. — H. 0,023. D. 0,010.

30. — Personnage assis de profil à gauche, la main droite tendue en avant; il semble avoir une longue barbe; devant lui, dans le champ, une tête d'animal de face avec longues cornes recourbées; en dessous, croissant de la lune; puis on distingue une longue tige renflée à la base et se terminant en pointe de lance. Dans le champ inférieur, étoile à quatre rayons, et, en haut, une tige en zigzag. Enfin un personnage debout, de face, les deux mains tendues à droite et à gauche; à sa droite, dans le champ supérieur, autre étoile à quatre rayons; dans le champ inférieur, poignard; en outre, tige avec saillie centrale, et, au-dessus, autre tige brisée en zigzag.

Porphyre brun. — H. 0,027. D. 0,012.

31. — Divinité assise de profil à gauche sur un trône à deux degrés; elle est vêtue d'une robe côtelée avec ceinture; sa figure semble barbue, elle est coiffée d'un bonnet plat; de la main droite tendue en avant, elle tient une ampulla, et, de la main gauche tendue en arrière,

un candélabre à plusieurs branches. Sous le trône, on aperçoit un petit animal carnassier de profil à gauche ; devant lui, dans le champ supérieur, autre petit animal de profil à gauche, le croissant de la lune avec le globe du soleil ; en dessous, les ornements ornithomorphes ; puis un objet inconnu et un petit personnage dont on ne peut définir l'espèce. Dans le champ inférieur, un petit vase, un autel? et au-dessus de lui, deux animaux inconnus se faisant face ; enfin un oiseau, les ailes déployées de profil à gauche. (Voyez A. Cesnola, *Salamis*, Pl. XII, n° 12 et 13.)

Porphyre brun. — H. 0,020. D. 0,009.

32. — Un personnage debout, de profil à gauche, coiffé d'un béret rond, le bras droit tendu en avant et le bras gauche levé en arrière ; devant lui, un arbre avec ornements divers superposés ; derrière lui, un oiseau de profil à droite et plusieurs objets qu'il est impossible de distinguer.

Porphyre noir. — H. 0,022. D. 0,010.

33. — Trois personnages de profil à droite, placés l'un derrière l'autre ; ils sont vêtus d'une longue robe côtelée et coiffés d'un béret plat strié ; devant eux, un quatrième personnage de profil à droite et qui semble nu, est coiffé du même béret ; il tient de la main gauche la patte de derrière d'un carnassier dressé sur ses jambes de devant, de profil à gauche, et il pose le pied droit sur la tête de l'animal furieux.

Marbre noir. — H. 0,022. D. 0,013.

34. — Un personnage fantastique, de profil à gauche, qui porte une ceinture et un court vêtement, semble avoir la tête d'un oiseau avec aigrette derrière la tête ; la main droite, tendue en avant, tient une arme en forme de bâton recourbé ; la main gauche est tendue en arrière ; devant lui, dans le champ, une tige droite? et une rosace entourée de rayons ; puis une chèvre? de profil à gauche, une tête de taureau de face avec un petit globe au-dessus, entre ses longues cornes recourbées ; en dessous, un objet que l'on distingue mal mais qui semble être un autel. (Voyez L. Cesnola, *Curium, Passim.*)

Porphyre noir. — H. 0,018. D. 0,008.

35. — Un personnage, le bras gauche levé en avant dans l'attitude du combat, devant d'autres personnages que l'usure de la gravure et l'archaïsme du travail empêchent de décrire.

Porphyre brun. — H. 0,023. D. 0,010.

36. — Le sujet est difficile à préciser à cause de la naïveté du travail et de l'usure de la gravure. — On y remarque cependant un personnage de face, nu, les deux mains étendues à droite et à gauche ; un autre personnage, le bras droit tombant le long du corps, le bras gauche relevé à droite ; dans le champ, des petits globes et autres signes que l'on ne peut distinguer.

Porphyre noir. — H. 0,027. D. 0,010.

37. — Un personnage de profil à droite assis sur un trône à dossier avec degrés ; ses mains sont levées en avant en signe d'adoration. Devant lui un autel sur lequel sont déposées les offrandes ; de l'autre côté, et de profil à gauche, un groupe de trois personnages semble aider au sacrifice et apporter des offrandes sur l'autel ; au-dessus de ce dernier, un oiseau (aigle?) aux ailes déployées ; enfin, derrière ce groupe, un dernier personnage, de profil à gauche, tenant dans

ses mains une branche d'arbre ou un candélabre? Au-dessus, dans le champ devant lui, un animal à quatre pattes courant à droite; derrière lui, un signe incertain, peut-être un scorpion.

Porphyre noir. — H. 0,022. D. 0,008.

38. — Un objet difficile à définir, peut-être un autel; de chaque côté, un personnage de profil à gauche, vêtu d'une robe courte bordée de franges, tient de la main droite un rameau; dans le champ, en haut, le croissant de la lune les pointes renversées; en bas, une étoile à six rayons.

Porphyre noir. — H. 0,014. D. 0,009.

39. — Un personnage, le corps de face, vêtu d'une longue robe côtelée, tient de chacune de ses mains, à sa droite et à sa gauche, deux longues tiges recourbées et terminées en haut par une fleur; dans le champ, en bas, à sa gauche, deux signes superposés, peut-être deux oiseaux, et à sa droite, un objet qui semble être un glaive à lame élargie vers la poignée; puis, un grand scorpion, un globe et deux oiseaux? enfin l'arbre sacré avec de nombreux rameaux.

Hématite. — H. 0,019. D. 0,008.

40. — Un personnage, un genou en terre, de profil à gauche, la main droite tendue en avant et tenant un glaive? tandis que la main gauche tombe naturellement le long du corps; devant lui, un sphynx ailé, assis, de profil à droite, la patte gauche levée en avant; derrière lui, un cerf, de profil à gauche, dressé sur les jambes de derrière et la tête tournée en arrière.

Porphyre noir. — H. 0,015. D. 0,009.

Nous avons compris dans ce paragraphe quelques cylindres qui, par la nature du travail, ont été classés parmi ceux de l'époque archaïque. Un examen nouveau permettra probablement de reconnaître qu'ils n'appartiennent pas à la Chaldée. (Pl. I, n°s 2, 4, 7, 8. — Pl. II, n°s 9, 10, 11, 12. — Pl. III, n°s 24, 25, 26, 27. — Pl. IV, n°s 29, 30, 31, 34.) M. Menant a dès à présent une grande tendance à les attribuer aux Hittites, et cette opinion sera peut-être confirmée un jour; aussi nous formulons ici les plus expresses réserves à leur égard.

§ II. — CYLINDRES DES PATÉSI

LÉGENDE D'ISDUBAR

Nous arrivons à des scènes parfaitement définies dont nous trouvons l'explication dans les vieilles légendes de la Chaldée. La légende d'Isdubar est une de celles qui ont fourni le plus de sujets aux artistes et nous allons en voir l'application fréquente[1].

41. — Ce beau cylindre nous montre Isdubar, nu, avec une longue barbe frisée et les cheveux divisés en trois boucles de chaque côté de la tête qui se présente de face tandis que le corps est de trois quarts à droite; de ses mains il soulève, à droite et à gauche, par une patte de derrière, deux lions à la forte crinière dont la tête seule touche la terre; à côté de ce groupe, une antilope dressée sur les pattes de derrière, de profil à gauche, la tête tournée en arrière. Dans le champ, derrière l'antilope, quelques arbres, et, dans le haut, une rosace; devant l'antilope, un petit personnage accroupi, de profil à gauche. — Ici se trouve un cartouche contenant quatre lignes d'écriture en caractères du style archaïque de Babylone. — En dessous du cartouche, un être fantastique, avec le corps d'un taureau, passant à droite; sa tête est celle d'un homme de face, barbe longue et frisée, cheveux divisés en triples boucles de chaque côté de la tête (le Taureau à face humaine); dans le champ, posé sur le dos de ce monstre, un animal qui paraît n'avoir que deux pattes, le corps d'un insecte ailé et une tête hideuse avec large crinière hérissée.

As·ri·ni·lum	Asrinilu, ou Asrizallu,
tur Kan·ik·la (?)	fils? de Iligalla?
Pa·te·si	Patési (gouverneur)
U·mal·na·ru	d'Uma(l)naru.

(OPPERT.)

Ce texte est très difficile à lire, surtout la seconde ligne[1]; dans la quatrième ligne, la première

---

[1] Cette légende nous est arrivée dans un état de mutilation regrettable; cependant de nombreux passages nous sont encore conservés. Voyez pour les textes et traductions qui ont été déjà données : G. SMITH, *The Chaldean account of Genesis*, p. 167 et suiv. — Voyez encore l'explication de la légende d'Isdubar et d'Héa-Bani ainsi que l'épisode du Taureau à face humaine dans l'Introduction de ce Catalogue, chapitre intitulé : Cylindres d'A-gadé, et particulièrement les pages 10 et 11 ; puis les chapitres de la *Glyptique orientale* de M. MENANT, intitulés : *Monuments des Patési*, Iᵉ Partie, (p. 63), *Agadé* (p. 71), *Isdubar* (p. 84), *Le Taureau céleste* (p. 92). — Voyez surtout les *Fragments mythologiques* publiés par M. OPPERT.

[1] L'extrême difficulté que présente la seconde ligne rend douteuse notre interprétation à laquelle on pourrait substituer celle-ci :

« Asrinila, fille de Iligalla, Patési de Uma(l)naru (?) »

On peut défendre la lecture : *tur-sal* « fille ». (OPPERT.)

lettre est à lire dans le sens vertical ; la plupart des caractères ne sont pas encore rigoureusement assimilés à leur forme moderne. — Le nom du possesseur du cachet est compris dans la première ligne ; la seconde commence par le signe qui indique la filiation, *fils de;* la troisième renferme le titre de *Patési;* enfin la quatrième donne le nom de la localité qu'il gouvernait.

Lapis-lazuli. — H. 0,036. D. 0,021.

42. — Le sujet peut se diviser en deux groupes. — L'un est composé d'un animal cornu, un cerf sans doute, dressé sur les jambes de derrière, de profil à droite, la tête rejetée en arrière. A sa gauche, un lion saisit dans sa gueule la tête de cet animal ; il est dressé de profil à droite, la queue relevée. Derrière ce lion, Isdubar debout de profil à gauche, retourne en arrière le haut de son corps pour saisir le lion par la tête et par la queue ; il porte une longue barbe, de longs cheveux bouclés et une coiffure élevée de forme bizarre. A sa droite, Hea-Bani debout de profil à gauche ; le bas du corps est celui d'un taureau, le buste celui d'un homme barbu avec des oreilles et des cornes de taureau. — L'autre groupe montre une antilope dressée sur les jambes de derrière, de profil à droite, la tête rejetée en arrière. A sa gauche, un lion également dressé sur les jambes de derrière, de profil à droite, la queue relevée, s'apprête à la dévorer. A sa droite, un personnage singulier, debout, tête nue, de profil à gauche, semble saisir le lion par les pattes de devant. — Derrière ce personnage, une inscription en caractères cunéiformes du style archaïque de Babylone d'une lecture très difficile. On y voit certainement le mot : *Tup-sar* « Scribe ou Secrétaire ». La première lettre est douteuse.

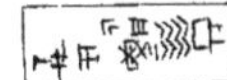

Me - ši - kan   tup - sar   Mésikan, le Scribe.

(OPPERT.)

Jaspe rouge. — H. 0,021. D. 0,013.

43. — Le sujet est divisé en deux groupes. — Le premier représente Isdubar, nu, le corps de trois quarts à droite, la tête de face, avec longue barbe frisée et triples boucles de cheveux à droite et à gauche de la tête ; il saisit de ses deux mains un taureau dressé à sa gauche, le corps de profil à gauche et la tête tournée en arrière ; à sa droite est dressé, de profil à droite, un lion, la queue relevée, qui semble vouloir le dévorer. — Le second montre un personnage fantastique (le Taureau à face humaine) dressé de profil à droite ; il a le corps d'un taureau, une figure d'homme avec longue barbe frisée et divisée en tresses, oreilles et cornes de taureau ; la tête, tournée en arrière, se présente de face. Il est saisi de chaque côté par deux autres personnages fantastiques : l'un placé à droite, Héa-Bani, est debout de profil à gauche ; il a le bas du corps d'un taureau, le haut celui d'un homme, une longue barbe frisée, de longues oreilles et des cornes projetées en avant ; l'autre, placé à gauche, Isdubar, est debout de profil à droite ; il a le corps d'un homme nu, la tête tournée à gauche en arrière ; il porte une longue barbe, des oreilles de taureau, de longs cheveux bouclés et une coiffure élevée et ornée de plumes[1]. Entre les deux groupes, un tout petit personnage, le corps de face, la tête de profil à droite, vêtu d'une robe

---

[1] Les coiffures ornées de plumes se retrouvent souvent sur les monuments chaldéens. On en voit un exemple sur un fragment de stèle découvert à Tello ; il a été publié par les soins de M. HEUZEY dans l'ouvrage intitulé : *Découvertes en Chaldée de M. de Sarzec,* et reproduit par MM. PERROT et CHIPIEZ dans leur *Histoire de l'art,* T. II, p. 592. Cette coiffure se retrouvera n°s 43 *bis,* 45 et 45 *bis.*

avec ceinture s'arrêtant aux genoux ; ses deux mains sont ramenées à la ceinture ; sa tête ressemble à celle d'un oiseau et porte une coiffure élevée et bizarre. Au-dessus de ce petit personnage, deux traits et une place vide qui devait être destinée, très probablement, à recevoir une inscription.

Lapis-lazuli. — H. 0,022. D. 0,013.

43 *bis*[1]. — Divinité assise de profil à gauche. Elle tient de la main droite tendue en avant l'ampulla, la main gauche est ramenée à la ceinture ; elle est vêtue d'une longue robe à broderies et à franges ; elle porte une longue barbe et de longs cheveux derrière la tête ; celle-ci est couverte du bonnet en forme de tiare. Derrière la divinité, un adorant de profil à gauche, la main droite levée en avant en signe d'adoration, la main gauche ramenée à la ceinture ; il est vêtu d'une longue robe bordée de franges et paraît imberbe, nu-tête, avec boucles de cheveux derrière la tête. Devant la divinité, un aide des sacrifices de profil à droite, imberbe, tête nue, au court vêtement, présente un chevreau aux longues cornes posé sur ses bras[2]. Entre la divinité et l'aide des sacrifices, petit personnage, debout, de profil à droite, la main gauche levée en avant et tenant l'ampulla, la main droite ramenée à la ceinture ; il est vêtu d'une longue robe à franges, il paraît imberbe, nu-tête avec boucles de cheveux derrière la tête ; puis le sacrificateur ? debout, de profil à droite, la main gauche levée en signe d'adoration, la main droite tenant le glaive ; il est vêtu d'une longue robe à plis droits avec ceinture ; il porte une longue barbe et paraît nu-tête. — Inscription de deux lignes en caractères cunéiformes du style archaïque de Babylone.

Lu - kan - ik	Avil - Higal
Bit - Kakkullu	du Bit Kakkul.

(Oppert.)

Notre interprétation est très douteuse ; on ne peut dire en assyrien : « un tel, de tel temple ? » ; c'est plutôt le cachet impersonnel d'une communauté, avec l'inscription : « Celui qui approvisionne le temple *Kakkullu* ou *Namzitu.* » (C'est-à-dire celui qui pourvoit à ses besoins matériels[3].)

Lapis-lazuli. — H. 0,024. D. 0,014.

44. — Le sujet se divise en deux groupes. — Le premier représente un autre type d'Isdubar ; le haut du corps et les jambes nus, le corps de trois quarts à droite, avec une longue barbe et la tête nue ; il saisit de chaque main le Taureau à face humaine avec cornes, dressé sur ses jambes de derrière, l'un de profil à droite, l'autre de profil à gauche, mais tous deux la tête de face avec une longue barbe frisée et divisée en tresses. — Le second groupe montre un taureau dressé sur ses jambes de derrière, de profil à gauche, la tête rejetée en arrière ; il est saisi par les pattes de

---

[1] Voyez planche XXXVIII, *Addenda.*

[2] Quoique ce beau et curieux cylindre montre l'offrande du chevreau qui fera un peu plus loin l'objet d'un § spécial, son style est tellement particulier que nous avons cru indispensable de le classer, abstraction faite de sa représentation, avec les cylindres de l'époque des Patési à laquelle il se rattache incontestablement.

[3] L'approvisionnement matériel des temples jouait un grand rôle dès les temps les plus reculés. Le roi Gudea fait le vœu, dans un texte, de fournir journellement au temple de Ninip un *bath* (vingt litres) de boisson fermentée, le même volume de nourriture et encore deux autres prestations. Avant Gudea, le roi Sukkal-Duggina se vante, dans un de ses documents, d'avoir établi un réservoir contenant soixante *grands baths* de boisson fermentée. (Le *grand bath* équivaut à un multiple du *bath* encore indéterminé ; peut-être valait-il soixante *baths* ordinaires.)

devant par un homme debout, nu, de profil à droite et coiffé d'un bonnet carré ; à sa droite, un lion dressé sur les jambes de derrière, de profil à gauche, s'apprête à le dévorer. Le lion est, à son tour, saisi par la queue et par la crinière par Héa-Bani debout, de profil à gauche ; le bas du corps de ce dernier est celui d'un taureau, le haut celui d'un homme ; il a une longue barbe, des cornes et des oreilles de taureau ; sa tête est tournée en arrière. Derrière ce dernier personnage on voit une inscription de trois lignes en caractères du style archaïque de Babylone ; au-dessous, couché, de profil à gauche, un animal cornu, peut-être une chèvre.

A · ḥid - ut - tir	Nar - uttir,
tur Sa · lum (ou *Git · lum*)	fils de Salum,
(*avil ?*) *Ni*[1] - *gab.*	Gardien.

(OPPERT.)

Sardoine. — H. 0,023. D. 0,015.

45. — Le sujet se divise en trois groupes. — Le premier se compose d'un taureau debout sur ses jambes de derrière, de profil à droite ; la tête est rejetée en arrière. A gauche, un lion dressé de profil à droite, saisit la tête du taureau dans sa gueule ; sa queue est relevée ; à droite, Isdubar de trois quarts à gauche, nu, la tête de face, avec une longue barbe frisée, et, de chaque côté de la tête, de triples boucles de cheveux ; il tient, de ses deux mains ramenées à la ceinture, les pattes de devant du taureau. — Le second groupe montre Héa-Bani dressé sur ses jambes de derrière, de profil à gauche ; le haut de son corps est celui d'un homme avec longue barbe, oreilles et cornes de taureau ; le bas du corps est celui d'un taureau. Il saisit, par les pattes de devant, un cerf dressé sur ses jambes de derrière, de profil à droite, la tête rejetée en arrière. — Le troisième représente Isdubar debout de profil à droite, nu, avec longue barbe frisée, oreilles de taureau, longs cheveux bouclés, coiffure élevée et bizarre. Devant lui, dressé de profil à gauche, le Taureau à face humaine ; une ceinture entoure son corps ; il porte une longue et large barbe toute frisée et divisée en tresses ; la tête, rejetée en arrière à droite, est de face, avec les oreilles et les cornes d'un taureau. Enfin un petit animal, ressemblant à une antilope, se voit dans le champ sous un triple trait ; il est dressé de profil à droite avec la tête rejetée en arrière.

Lapis-lazuli. — H. 0,029. D. 0,018.

45 *bis*[1]. — Isdubar debout de profil à gauche, nu, barbu et coiffé d'une couronne ornée de plumes ; il tient, de la main droite par une corne et de la main gauche par la queue, un taureau dressé, de profil à gauche, la tête tournée en arrière ; entre eux, dans le champ, un signe en forme de poignard. — Viennent ensuite deux groupes composés : le premier de deux lions furieux, dressés et croisés, qui tous deux saisissent dans leur gueule, l'un le cou du taureau et l'autre la tête de l'un des animaux formant le second groupe ; celui-ci est, en effet, composé de deux Taureaux à face humaine dressés et croisés ; ils ont la tête de face, une longue et abondante barbe toute frisée, les oreilles, les cornes et le corps d'un taureau.

Lapis-lazuli. — H. 0,031. D. 0,019.

---

[1] Le signe *ni*, par distraction du graveur, semble être gravé en sens direct.

[1] Voyez Planche XXXVII, *Addenda.*

Nous avons considéré que l'art, sous les *Patési,* était sorti de l'état archaïque que les premiers essais des graveurs chaldéens nous avaient révélé et qu'il n'avait pas encore atteint le développement que nous allons bientôt constater sous les rois d'Agadé. Cette époque peut représenter, selon nous, un état intermédiaire que la théorie réclamait; mais, nous ne saurions trop le répéter, les grandes divisions que nous avons adoptées sont loin de trouver une application immédiate dans les faits dont nous disposons actuellement; c'est surtout quand il s'agit de l'appréciation d'un monument particulier qu'on s'aperçoit de la difficulté de lui assigner une place définie. Il faut donc largement ouvrir la porte aux découvertes possibles qui ne manqueront pas de surgir dès qu'on voudra fouiller les nombreux tumuli encore inexplorés de la Basse-Chaldée et qui nous apporteront nécessairement des monuments importants de cette époque où ce vaste pays, gouverné par des chefs indépendants, aspirait à l'unité qui devait faire un jour sa puissance.

§ III. — ÉCOLE D'AGADÉ

SUITE DE LA LÉGENDE D'ISDUBAR

46. — Le sujet forme un ensemble composé de deux scènes semblables. — Isdubar se tient le genou gauche en terre, le corps de trois quarts à gauche, la tête de face; sa taille est entourée d'une ceinture avec franges tombantes; il porte une longue et large barbe frisée, divisée en tresses, et, de chaque côté de la tête, de triples boucles de cheveux; sa musculature annonce une grande force; il présente des deux mains un vase en forme d'ampulla d'où jaillit une double gerbe d'eau; en face de lui un taureau debout, de profil à droite, relève la tête pour s'abreuver à l'une de ces gerbes; il a deux grandes cornes striées et recourbées. — Le même groupe, mais retourné, est exactement reproduit une seconde fois; les deux taureaux sont ainsi placés dos à dos. — Posé sur leur croupe, maintenu et encadré par la pointe de leurs cornes, un cartouche contenant une inscription de huit lignes en caractères cunéiformes très archaïques. — En dessous de cette scène on voit un fleuve avec ses bords; les quatre gerbes d'eau qui s'échappent des ampullæ tombent dans ce fleuve.

Sar-ga-ni-	De Sargani-sar-luh,
sar-luḫ(sukallu)	
sar	roi
A-ga-de-ki	d'Agadé,
Ib-ni-	Ibni-sar,
sar	
tup-sar	le Scribe, (secrétaire)
arad śu.	son serviteur.

Ce cylindre, aussi remarquable par la finesse et la vigueur de la gravure que par le sens de l'inscription, nous fait connaître le cachet d'un roi d'Agadé dont le règne remonte au quarantième siècle avant notre ère.

M. Menant a donné ainsi, depuis longtemps, la traduction de cette importante inscription :

De Sargani-sar-luh, roi d'Agadé, Ibni-sar, le Scribe, son serviteur.

Le nom de Sargani-sar-luh, que M. Menant avait lu d'abord *Segani-sar-luh* sur une mauvaise empreinte, a été l'occasion d'une intéressante polémique entre M. Menant et M. Pinches, du Musée Britannique. M. Pinches, en faisant connaître un monument du même roi découvert à Abouhabbah par M. H. Rassam et qui portait une inscription analogue, voulait identifier Sargani-sar-luh, qu'il lisait seulement Sargani, avec Sargon-l'Ancien, roi d'Agadé, dont le nom s'écrit *Sar-gina*[1]. M. Menant soutenait que le nom du roi inscrit sur notre cylindre doit se lire *Sargani-sar-luh* en un mot et non pas *Sargani;* il soutenait également que ce roi ne pouvait être identique à Sargon-l'Ancien et qu'il devait être antérieur à ce prince dont la vie touche cependant à l'époque légendaire. En présence du texte photographié, M. Menant maintient ici son opinion de la manière la plus formelle[2].

  M. Oppert propose de lire le nom du roi : « *Sargani-sar-imsi* » ou probablement : « *Bingani-sar-imsi* » et le traduit par : « Le dieu Sargan (ou Bingan) a oint le roi. » La lecture du signe *Bin* pourrait se défendre quand même le premier élément ne se trouverait pas écrit en toutes lettres[3].

Jaspe brun. — H. 0,040. D. 0,027.

  47. — Le sujet est composé de deux scènes identiques placées à droite et à gauche d'un cartouche avec une inscription cunéiforme en caractères du style archaïque de Babylone dans laquelle on lit à la première ligne le nom du dieu Héa; la seconde ligne est illisible. En dessous du cartouche, un scorpion vu de dos et de profil à droite.

  Les scènes représentent Isdubar nu, debout, le corps de trois quarts à droite, avec ceinture, la tête de face, avec longue barbe divisée en tresses et triples boucles de cheveux de chaque côté de la tête. Il saisit de la main droite, par la patte gauche de devant, un lion furieux, dressé devant lui, de profil à gauche et la queue relevée, en même temps qu'il le frappe en plein poitrail de la main gauche. — Ce cylindre, dont la gravure a un très beau caractère, est de forme légèrement concave.

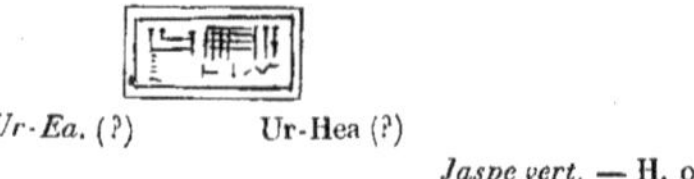

Ur-Ea. (?)   Ur-Hea (?)

Jaspe vert. — H. 0,038. D. 0,016.

  48. — Deux scènes identiques, mais retournées, sont figurées à droite et à gauche d'une partie unie destinée à recevoir une inscription. — Elles représentent, l'une, Isdubar nu, debout, le corps de trois quarts à droite, avec ceinture à franges ; la tête est de face, avec barbe large, longue et séparée en tresses, bandeau frontal et triples boucles de cheveux. Il tient de la main droite la queue, et de la main gauche la patte droite de derrière d'un lion furieux dressé sur les jambes de devant et dont la tête est relevée en avant; il pose en même temps le pied sur l'encolure du lion. — L'autre scène est semblable, mais retournée. (LAJARD, *Mithra.* Pl. XXXIV, n° 12.)

Jaspe vert. — H. 0,033. D. 0,020.

  49. — Le sujet est divisé en deux groupes. — Le premier représente Isdubar debout, nu, le corps de trois quarts à gauche, la tête de face, ornée d'un bandeau et de trois boucles de cheveux de chaque côté de la tête, la barbe est longue, frisée et divisée en tresses. Il saisit par une jambe de devant et frappe d'un glaive à la poitrine un taureau dressé devant lui, de profil à droite, la

---

[1] Voyez les *Proceedings* de la Société d'Arch. Bibl., 6 nov. 1883.

[2] Voyez du reste : MENANT, *Recherches sur la Glyptique orientale*, p. 73 ; — et, pour sa réponse à M. PINCHES, les *Proceedings* de la Société d'Archéologie Biblique, 5 février 1884 et suiv.

[3] Le nom de *Bin* est écrit en toutes lettres sur un cylindre à New-York. Voyez MENANT, *Glyptique orientale*, p. 76, et Pl. I, n° 1.

tête renversée en arrière. — Le second montre Héa-Bani debout, nu, le corps de trois quarts à droite, la tête de face; il porte une ceinture, le bas du corps est celui d'un taureau, le haut celui d'un homme; il a une longue barbe divisée en tresses et des cornes de taureau. De la main droite il saisit la patte gauche d'un lion furieux, dressé devant lui, la queue relevée, de profil à gauche; de la main gauche il frappe au poitrail ce même lion. — Entre ces deux scènes, un cartouche contenant une inscription de deux lignes en caractères cunéiformes du style archaïque de Babylone, séparées par un trait dans lequel on lit le nom d'une divinité. — En dessous de ce cartouche, couché, de profil à gauche, un lion, la queue redressée. — Beau caractère. (MENANT, *Glyptique orientale*, Ire Partie, *fig.* 35.)

| *An-en-kit* | Bel, |
| *Dam-kar* | Damqar [1]. |

(OPPERT.)

Porphyre noir. — H. 0,039. D. 0,027.

50. — Le sujet est divisé en deux groupes. — L'un représente Isdubar debout, le corps de trois quarts à gauche, la tête de face avec triples boucles de cheveux de chaque côté de la tête et barbe longue divisée en tresses. Il saisit de la main gauche un taureau par la patte droite et le frappe en même temps d'un glaive en pleine gorge; celui-ci est dressé devant lui, de profil à droite, il a de grandes cornes et sa tête est renversée en arrière; dans le champ, en dessous, un arbre. — L'autre montre Héa-Bani debout, le corps de trois quarts, la tête de face; le bas du corps est celui d'un taureau, le haut, celui d'un homme; la tête porte des cornes et des oreilles de taureau et une longue barbe tressée. Il tient de la main droite par la patte gauche un lion furieux dressé devant lui, de profil à gauche, qu'il frappe en même temps d'un glaive en pleine gorge. Entre les deux groupes, dans le champ, d'un côté, une étoile à huit rayons, et, de l'autre, un espace vide où devait être gravée une inscription. — Ce cylindre est légèrement concave.

Porphyre vert. — H. 0,033. D. 0,021.

51. — Le sujet est divisé en deux groupes. — L'un représente Isdubar nu, debout, de profil à droite, avec sa longue barbe frisée et divisée en tresses, ses triples boucles de cheveux de chaque côté de la tête, saisissant de la main droite la patte gauche d'un taureau dressé de profil à gauche, qu'il frappe en même temps d'un glaive en pleine gorge; ce dernier a la tête renversée en arrière et de longues cornes recourbées. Dans le champ, en bas, un signe difficile à définir, peut-être un glaive à lame élargie vers le manche. — Le second groupe montre Héa-Bani debout et de face; le bas du corps est celui d'un taureau, le haut, celui d'un homme; il a la barbe divisée en longues tresses, des oreilles et des cornes de taureau; de la main droite il soulève, par la patte

---

[1] Le mot *Damqar* est un nom de profession fréquent dans les textes; on l'a traduit par *Ouvrier*, (peut-être *Laboureur*). Voyez OPPERT et MENANT, *Documents juridiques*, p. 74. — M. MENANT remarque que le signe que M. OPPERT lit *qar* dans le mot *Damqar* n'a pas sur le monument la forme ordinaire du signe qui exprime cette valeur. — A propos de ce cylindre, M. OPPERT pense que le mot « *Damqar* » est un terme sumérien adopté par les Assyriens. C'est peut-être un complexe dans lequel le premier élément a le sens de « *Conjoint* » et le second, celui de « *Gage* ». Dès lors il pourrait représenter le fonctionnaire devant lequel les fiancés échangeaient leurs gages et qui donnait à leur union la consécration juridique.

droite de devant, un lion furieux qu'il tient en travers devant lui, de profil à gauche, en le maintenant en même temps par la queue qu'il a saisie de la main gauche. Dans le champ, en bas, un petit animal cornu de profil à gauche, et, en haut, une étoile à huit rayons. Enfin une inscription de deux lignes en caractères du style archaïque de Babylone. Ce cylindre est concave.

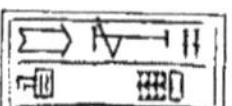

Ṣur·ri·a   Surria,
tup·sar   le Scribe.

Porphyre aventurine. — H. 0,035. D. 0,024.

52. — Le sujet est divisé en deux groupes. — L'un représente Isdubar debout, le corps de trois quarts à droite, la tête de face, avec triples boucles de cheveux à droite et à gauche de la tête, barbe longue et divisée en tresses. De la main droite il saisit par la patte gauche un taureau qu'il frappe en même temps de la main gauche en pleine gorge; ce dernier est dressé sur les jambes de derrière, de profil à gauche, a de longues cornes striées et tient la tête renversée en arrière. — L'autre montre Héa-Bani debout, le corps de trois quarts à gauche; le bas du corps est celui d'un taureau, le haut celui d'un homme; la tête de face porte des oreilles et des cornes de taureau et une longue barbe tressée. De la main gauche il saisit par la patte droite un lion furieux dressé de profil à droite et la queue relevée, qu'il frappe en même temps de la main droite en plein poitrail. — Dans un cartouche une inscription d'une ligne en caractères du style archaïque de Babylone, et sous ce cartouche un petit taureau couché de profil à droite. (Menant, *Glyptique orientale*, Pl. II, n° 3.) — M. Oppert voit dans ce monument une amulette contre les piqûres du scorpion.

Gi-gir   . . . .

Porphyre vert. — H. 0,026. D. 0,017.

53. — Le sujet se divise en deux groupes. — L'un représente Isdubar nu, debout, le corps de trois quarts à gauche, saisissant de la main gauche la patte droite d'un taureau dressé devant lui de profil à droite, qu'il frappe en même temps en pleine gorge. — Dans l'autre, Héa-Bani, le corps de profil à droite, saisit de la main droite par la patte gauche un lion furieux dressé devant lui, de profil à gauche et la queue relevée, qu'il frappe en même temps au poitrail de la main gauche. — L'usure de la pierre ne permet pas de voir distinctement les détails de la gravure. — Entre les deux groupes, cartouche contenant une inscription de deux lignes en caractères cunéiformes qui résiste à toute interprétation.

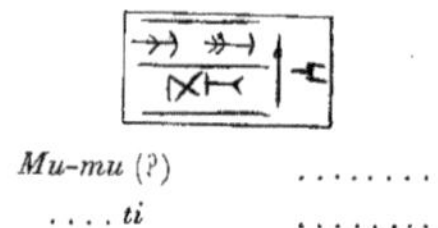

Mu-mu (?)   . . . .
. . . . ti   . . . .

Porphyre vert. — H. 0,025. D. 0,016.

54. — Ce cylindre montre deux groupes identiques, mais retournés. — Le premier représente

Isdubar debout, vêtu d'une tunique courte à plis ; le corps de trois quarts à gauche, la tête de face avec barbe longue tressée et triples boucles de cheveux de chaque côté de la tête ; au bout de chaque pied se voit un ornement relevé et terminé par une petite boule ; de la main gauche il saisit la patte droite d'un taureau dressé devant lui, de profil à droite, pendant qu'il le frappe à la gorge d'un glaive qu'il tient de la main droite ; le taureau tourne la tête en arrière. — Le même sujet se retrouve dans le second groupe, mais retourné, et Isdubar semble avoir la tête de profil à droite, au lieu de l'avoir de face. Entre les deux groupes, une étoile à huit rayons, et, de l'autre côté, un rameau ou un arbrisseau. (CULLIMORE, Pl. 7, n° 36, et MENANT, *Glyptique orientale*, fig. 49 et 58.)

Porphyre vert clair.— H. 0,027. D. 0,017.

55. — Le sujet est divisé en deux groupes. — L'un représente Isdubar nu, debout ; le corps de trois quarts à gauche porte une ceinture dont les bouts tombent le long de la jambe ; la tête est de face avec large et longue barbe séparée en tresses et triples boucles de cheveux de chaque côté de la tête. De la main gauche, il saisit la patte droite d'un taureau dressé devant lui, de profil à droite, pendant qu'il le frappe à la gorge d'un glaive ; il tient la jambe droite levée ; le taureau a la tête renversée en arrière et le corps entouré d'une ceinture. — L'autre montre Héa-Bani debout avec le bas du corps, les oreilles et les cornes d'un taureau, le buste et la tête d'un homme ; il est nu, debout, porte une ceinture, la tête est de face avec large et longue barbe divisée en tresses ; de la main droite il saisit la patte gauche de devant d'un lion furieux, dressé devant lui, de profil à gauche, qu'il frappe en même temps au poitrail d'un glaive ; la queue du lion est relevée, sa crinière semble tressée et le corps est orné d'une ceinture. — Inscription de deux lignes.

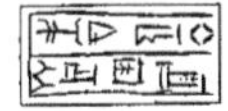

<table>
<tr><td>*Mu-ni-us-ḫir*</td><td>Muniushir,</td></tr>
<tr><td>*tur Ur-zu-ṭu*</td><td>fils de Urzutu.</td></tr>
</table>

(OPPERT.)

Porphyre vert. — H. 0,032. D. 0,018.

56. — Le sujet est divisé en deux groupes. — L'un représente Isdubar debout, nu, de profil à gauche, la tête de face, la barbe tressée, avec triples boucles de cheveux de chaque côté de la tête. De la main droite il frappe d'un glaive un taureau dressé devant lui de profil à droite, la tête retournée en arrière et dont il saisit la patte droite de la main gauche ; derrière lui, un lion furieux, dressé, la queue relevée, de profil à droite s'apprête à le dévorer ; derrière le lion, un pontife debout de profil à droite, les deux mains levées en signe d'adoration ; il est vêtu d'une longue robe à plis et coiffé du bonnet en forme de tiare. Entre Isdubar et le taureau, dans le champ en bas, un animal accroupi, cercopitèque ? — L'autre montre Héa-Bani debout de profil à droite ; le bas du corps est celui d'un taureau, le haut celui d'un homme ; il porte une ceinture ; la tête est de face, avec longue barbe frisée et tressée, des oreilles et des cornes de taureau. De la main droite il saisit la patte gauche d'un lion furieux dressé devant lui de profil à gauche, et le frappe en même temps à la gorge d'un glaive qu'il tient de la main gauche. — Entre les deux groupes, dans le champ, une tige droite, et, en haut, derrière le pontife, un croissant.

Hématite. — H. 0,021. D. 0,013.

57. — Le sujet est divisé en deux groupes. — L'un représente un personnage debout, de profil

à gauche, vêtu d'une tunique courte, Isdubar peut-être? (L'usure de la pierre empêche de distinguer la tête.) De la main droite, il saisit, par la corne droite, un taureau dressé de profil à gauche et la tête renversée en arrière, de la gauche il tient la queue du même taureau. — L'autre montre un personnage debout, de profil à droite (autre représentation d'Isdubar?); de la main gauche, il saisit par la crinière un lion furieux dressé de profil à droite, la tête retournée en arrière; de la main droite, il tient la queue du même lion. — Entre les deux groupes est gravé, dans le bas, un signe inconnu. Çà et là quelques lettres romaines ont été gravées à une époque beaucoup plus récente; elles ne paraissent avoir aucun sens et ressemblent aux caractères que l'on trouve sur les abraxas :   CI IVO.
                                        Λ   Λ

Porphyre vert. — H. 0,030. D. 0,021.

58. — Le sujet est divisé en trois groupes. — Le premier représente Isdubar debout, la tête de face, le corps de trois quarts à gauche; il est nu, porte une ceinture dont le bout retombe le long de la jambe, sa barbe est longue et de chaque côté de la tête les cheveux sont divisés en triples boucles; il a les oreilles et les cornes d'un taureau. De la main 'gauche il saisit la patte du Taureau à face humaine qui est dressé devant lui, le corps de profil à droite, la tête de face rejetée en arrière ; de la main droite il le frappe d'un glaive en pleine gorge. Le Taureau porte, comme Isdubar, une longue barbe frisée et divisée en tresses, de triples boucles de cheveux de chaque côté de la tête, des cornes et des oreilles de taureau. — Dans le second groupe on voit exactement le même sujet, mais retourné. — Le troisième montre Héa-Bani, avec ses jambes et sa queue de taureau, le haut de son corps et sa tête d'homme, avec longue barbe tressée, triples boucles de cheveux de chaque côté de la tête, oreilles et cornes de taureau ; il saisit, de la main gauche, la patte droite d'un lion furieux dressé devant lui de profil à droite, et le frappe au poitrail d'un glaive qu'il tient dans la main droite. — Une inscription d'une ligne en caractères cunéiformes du style archaïque de Babylone.

Zu · zu tup · sar   Zuzu, le Scribe.

Lapis-lazuli. — H. 0,028. D. 0,017.

59. — Le sujet se divise en trois groupes. — Le premier représente Isdubar nu, debout, de profil à droite, avec sa longue barbe tressée, ses cheveux bouclés derrière la tête, ses cornes et oreilles de taureau; de la main droite il saisit la patte gauche du Taureau à face humaine dressé devant lui de profil à gauche, la tête rejetée en arrière et de face, pendant qu'il le frappe au poitrail d'un glaive qu'il tient de la main gauche. Ce dernier a la barbe longue et divisée en tresses, de triples boucles de cheveux de chaque côté de la tête, des oreilles et des cornes de taureau. — Le second groupe figure un sujet identique mais retourné et avec cette seule différence qu'Isdubar présente la tête de face et non plus de profil. — Le troisième montre Héa-Bani, avec ses jambes de derrière et sa queue de taureau, son corps et sa face humaine, barbe divisée en tresses, longs cheveux bouclés derrière la tête, oreilles et cornes de taureau; il est debout, de profil à droite, et saisit de la main droite la patte gauche d'un lion furieux dressé devant lui de profil à gauche, pendant qu'il le frappe au poitrail de la main gauche avec un glaive.

— Une inscription de deux lignes en caractères cunéiformes du style archaïque de Babylone que M. Menant propose de lire ainsi :

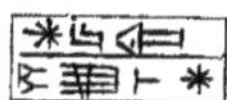

An ur-ris   Garradu,
tur Is - me - ilu fils d'Ismiel.

Porphyre vert foncé. — H. 0,035. D. 0,024.

60. — Le sujet est divisé en trois groupes. — Le premier représente Héa-Bani avec le bas du corps, les oreilles et les cornes d'un taureau, le buste et la tête d'un homme; il est nu, debout, de profil à gauche, sa tête est de face; il a une longue barbe divisée en tresses. De la main gauche il saisit la patte droite d'un lion furieux dressé devant lui, de profil à droite, la tête rejetée en arrière, la queue relevée, et le frappe en pleine gorge d'un glaive qu'il tient de la main droite. — Le second groupe montre Isdubar avec sa longue barbe tressée; il est de profil à droite et vêtu d'une tunique courte; de la main droite il tient la patte gauche du Taureau à face humaine dressé devant lui de profil à gauche, la tête de face, rejetée en arrière et portant une longue barbe divisée en tresses, les oreilles et les cornes d'un taureau; en même temps il le frappe en pleine gorge d'un glaive qu'il tient de la main gauche. — Le troisième groupe représente un personnage debout, nu, de profil à droite; il porte une ceinture et une longue barbe; la tête est nue et les cheveux sont rejetés en arrière, sans doute représentation légèrement modifiée de Isdubar (?); il saisit de la main droite la patte gauche d'un lion furieux dressé devant lui de profil à droite, la tête rejetée en arrière, la queue relevée, et le frappe à la gorge d'un glaive qu'il tient de la main gauche.

Porphyre vert foncé. — H. 0,034. D. 0,022.

61. — Le sujet est divisé en deux groupes. — L'un représente Isdubar nu, de profil à gauche; il a une longue barbe tressée, un bonnet plat et des cheveux longs derrière la tête; de la main gauche il saisit la patte droite du Taureau à face humaine dressé devant lui, la tête rejetée en arrière, avec longue barbe divisée en tresses, oreilles et cornes de taureau; de la main droite il le frappe d'un glaive en pleine poitrine; entre ces deux personnages, dans le champ, un signe difficile à distinguer, peut-être un serpent? — Le second groupe montre Isdubar nu, de profil à droite, coiffé d'un béret plat avec cheveux longs derrière la tête et barbe tombante divisée en tresses. De la main droite il saisit la queue d'un lion dressé de profil à droite devant lui et il le frappe d'un glaive de la main gauche; ce dernier saisit dans sa gueule la gorge du Taureau à face humaine dressé devant lui de profil à gauche, la tête rejetée en arrière, avec sa longue barbe divisée en tresses, ses oreilles et ses cornes de taureau. Entre ces deux animaux, dans le champ, candélabre lumineux à quatre étages. Entre les deux groupes, deux traits horizontaux qui formaient sans doute le cadre d'une inscription aujourd'hui disparue. Dans le champ, en dessous, un signe difficile à déterminer, mais qui semble être un glaive avec poignée et lame élargie vers la base.

Porphyre aventurine. — H. 0,033. D. 0,020.

62. — Sujet divisé en quatre groupes. — Le premier montre Isdubar debout, la tête de face avec oreilles et cornes de taureau, le corps de trois quarts à gauche, la barbe longue divisée en tresses; de chaque main il saisit, à droite, le Taureau à face humaine, avec sa longue barbe tressée, ses cornes et ses oreilles de taureau, dressé de profil à droite, la tête de face rejetée en

8

arrière, et, à gauche, un lion furieux dressé vers lui, la queue relevée et de profil à gauche. — Le
second groupe figure, en petit, Héa-Bani nu, de profil à droite, saisissant les pattes d'un
animal cornu (antilope?), dressé devant lui de profil à gauche et la tête rejetée en arrière.
Au-dessus, devant lui, un trait horizontal qui devait former la base d'une inscription. — Le troisième
groupe représente, en grandeur normale, Isdubar nu, de profil à droite, avec longue barbe tressée
et coiffure élevée et bizarre. Il saisit de la main droite la patte gauche d'une antilope dressée devant
lui et la tête rejetée en arrière pendant qu'il la frappe d'un glaive de la main gauche. — Enfin dans
le quatrième groupe Héa-Bani est debout de profil à droite, avec sa longue barbe divisée en
tresses, ses oreilles, ses cornes et le bas de son corps de taureau; de la main droite il saisit la
patte gauche d'une antilope dressée devant lui de profil à gauche, la tête rejetée en arrière, et il
la frappe d'un glaive qu'il tient de la main gauche.

Porphyre vert. — H. 0,034. D. 0,021.

63. — Isdubar debout de profil à droite, nu, coiffé d'un béret plat, avec longs cheveux
derrière la tête et longue barbe; de la main droite il saisit la patte d'un animal qu'on ne peut
distinguer, pendant qu'il le frappe de la main gauche. — On voit encore une autre représentation
d'Isdubar semblable à la première, et, devant lui, un taureau dressé de profil à gauche, la tête rejetée
en arrière.

Porphyre noir. — H. 0,026. D. 0,015.

64. — Le sujet est divisé en deux groupes. — Le premier représente Isdubar nu, debout, la
tête de face, le corps de profil à droite; de la main droite il saisit la patte gauche du Taureau à
face humaine dressé devant lui de profil à gauche, la tête rejetée en arrière, avec longue barbe
divisée en tresses, oreilles et cornes de taureau et il le frappe de la main gauche. — Le second
groupe montre Isdubar nu, debout, de profil à gauche; de la main gauche il saisit la patte droite
du Taureau à face humaine dressé devant lui, de profil à droite, la tête rejetée en arrière, avec
sa barbe longue divisée en tresses, ses oreilles et ses cornes de taureau et le frappe de la main
droite. Derrière Isdubar, un lion furieux, dressé de profil à gauche, semble lui saisir la tête avec
la gueule. Dans le champ inférieur, en face d'Isdubar, un signe difficile à déterminer qui représente
peut-être un glaive dont la lame s'élargit vers la poignée.

Lapis-lazuli. — H. 0,022. D. 0,009.

65. — Le sujet est divisé en trois groupes — Le premier montre Isdubar nu, debout, de profil
à droite, avec sa longue barbe divisée en tresses et sa ceinture. De la main gauche il saisit la
patte droite du Taureau à face humaine dressé devant lui de profil à gauche, avec triple ceinture,
longue barbe divisée en tresses, oreilles et cornes de taureau et le frappe au poitrail d'un glaive
qu'il tient de la main droite. — Le second groupe représente le même sujet, mais retourné; Isdubar
est de profil à gauche et le Taureau à face humaine de profil à droite. — Le troisième groupe
figure Héa-Bani, avec le bas de son corps, ses oreilles et ses cornes de taureau et sa longue barbe
divisée en tresses; il est debout, nu, de profil à droite; de la main gauche il saisit la patte droite
d'un animal inconnu (taureau?) dressé devant lui de profil à gauche, et il le frappe au poitrail d'un
glaive qu'il tient de la main droite. Derrière ce dernier groupe, un trait horizontal, et, dans le
champ inférieur, petit personnage à robe longue à plis droits, le corps de face, la tête de profil
à droite coiffé du bonnet en forme de tiare et dont les deux mains sont ramenées à la ceinture.

Porphyre vert et rouge. — H. 0,034. D. 0,024.

66. — Le sujet est divisé en deux groupes. — Le premier représente Isdubar nu, debout de profil à droite, qui saisit de la main droite la patte gauche du Taureau à face humaine dressé devant lui de profil à gauche, la tête rejetée en arrière, avec sa longue barbe divisée en tresses, ses oreilles et ses cornes de taureau; il le frappe de la main gauche. — Le second groupe figure un lion furieux dressé de profil à droite, la queue relevée, qui va saisir un animal cornu (antilope?) dressé devant lui de profil à droite, la tête rejetée en arrière; une antilope semblable et dans la même attitude est placée derrière lui.

Porphyre vert foncé. — H. 0,029. D. 0,018.

67. — Isdubar debout, de profil à droite et ne portant pour tout vêtement qu'une tunique courte; il a une longue barbe; de chacune de ses mains, à sa droite et à sa gauche, il tient par le cou un animal cornu (antilope?) dressé vers lui et la tête rejetée en arrière. Un lion furieux dressé de profil à droite semble vouloir dévorer l'antilope placée à la droite d'Isdubar, pendant qu'un nouveau personnage, peut-être une seconde représentation d'Isdubar, debout de profil à droite, vêtu d'une tunique courte, portant une longue barbe et un béret plat, saisit de ses deux mains la queue du lion. Un autre lion dressé de profil à gauche est sur le point de saisir la seconde antilope.

Porphyre vert. — H. 0,035. D. 0,022.

68. — Le sujet est divisé en deux groupes. — Le premier représente Héa-Bani avec le bas de son corps, ses oreilles et ses cornes de taureau, son buste et sa tête d'homme à longue barbe divisée en tresses; il est debout de profil à droite, la tête de face, et porte une ceinture. Il saisit de la main droite la patte gauche du Taureau à face humaine dressé devant lui de profil à gauche, la tête de face rejetée en arrière, avec longue barbe divisée en tresses, oreilles et cornes de taureau, et de la main gauche le frappe au poitrail. — Le second groupe montre exactement le même sujet, mais retourné. Entre ces deux groupes, dans le champ inférieur, un symbole, sans doute un candélabre, composé d'une tige striée, divisée au sommet en deux branches terminées chacune par une tête d'animal; entre ces deux branches, ampulla. Devant l'un des Héa-Bani, dans le champ inférieur, autre signe composé d'une longue tige striée et un cartouche renfermant une inscription de deux lignes en caractères cunéiformes du style archaïque de Babylone; au-dessous, un symbole inconnu, peut-être un oiseau aux ailes déployées?

An-ut	Le dieu Samas.
An-a-a	Le dieu Malik [1].

Hématite. — H. 0,022. D. 0,015.

69. — Isdubar debout, nu, de profil à droite, avec sa longue barbe tressée; il est coiffé d'un béret plat, avec longs cheveux derrière la tête; de chacune de ses mains il saisit un taureau

---

[1] Le groupe *an-a-a* a été lu d'abord dans les noms propres *Ilaï* ou *Ihuya* : mais différents textes (voyez Oppert, *Chronologie biblique* p. 14, note 5), ont fait adopter la lecture *Malik* et ont introduit dans le Panthéon assyrien cette divinité qui se retrouve dans la mythologie phénicienne. Un passage d'une liste de Divinités (W. A. I. II) semble indiquer que le groupe représente une divinité féminine, épouse du Soleil, et une inscription bilingue de Saos-Duchin nomme *an-a-a*, en propres termes, « la fiancée du Soleil ». Il n'y a donc pas à douter que ce groupe n'exprime une divinité féminine, dont la prononciation reste encore à fixer : elle a probablement été confondue avec la déesse *Sala.*

(Oppert.)

8*

dressé devant lui, la tête rejetée en arrière, l'un de profil à droite, l'autre de profil à gauche. Sur chacun d'eux se précipitent, s'apprêtant à les dévorer, deux lions furieux dressés l'un de profil à droite, l'autre de profil à gauche, et la queue relevée.

Porphyre vert foncé. — H. 0,026. D. 0,016.

70. — Isdubar de profil à droite, nu, avec ceinture ; de la main droite il saisit la patte gauche du Taureau à face humaine dressé devant lui de profil à gauche, la tête rejetée en arrière avec sa longue barbe tressée, ses oreilles et ses cornes de taureau. Puis un autre Taureau à face humaine, dans la même attitude, mais retourné, et, devant lui, dressé de profil à gauche, un lion furieux, la queue relevée, semble s'apprêter à le dévorer.

Porphyre jaune rubané de blanc. — H. 0,017. D. 0,009.

71. — Isdubar debout, nu, avec une triple ceinture, une longue barbe divisée en tresses et de triples boucles de cheveux de chaque côté de la tête. De la main gauche il saisit la patte droite d'un taureau dressé devant lui de profil à droite, pendant qu'il le frappe au poitrail d'un glaive qu'il tient de la main droite ; ce taureau est lui-même croisé d'un autre taureau dressé de profil à gauche. — Inscription de trois lignes en caractères cunéiformes du style archaïque de Babylone.

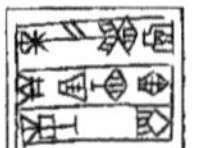

An-sis-ki-ram	Nannar-naram [1],
tur Zu-na-aḥ	fils de Zunah,
Dam - ḫar	Damqar [2].

(Oppert.)

Cornaline blanche. — H. 0,019. D. 0,011.

72. — Isdubar debout de face, nu, la main gauche levée, la droite abaissée. De chaque côté et dressé vers lui, un animal cornu (antilope?), et derrière chaque antilope et dressé vers elle un lion furieux, la tête tournée en arrière et la queue relevée ; entre les deux lions, un second personnage debout, nu, de profil à droite, saisit de la main droite le lion placé à sa gauche et le frappe d'un glaive.

Porphyre vert foncé. — H. 0,020. D. 0,012.

73. — Un personnage debout de face ; le bas du corps paraît être celui d'un taureau, les mains sont ramenées à la ceinture, il semble barbu (peut-être Héa-Bani). Devant lui, dans le champ inférieur, un poisson ; dans le champ supérieur, un oiseau, les ailes déployées ; puis, un personnage, le genou droit en terre, de profil à droite, nu, avec triple ceinture, coiffé d'un béret plat strié et la tête tournée en arrière ; la main droite est levée en arrière, la main gauche est abaissée en avant. Dressé vers lui de profil à gauche, animal fantastique, avec les pieds de derrière d'un oiseau de proie, une queue courte relevée, le corps couvert de plumes, deux ailes déployées, les jambes de devant et la tête d'un lion ; il semble se préparer à dévorer le personnage précédent. Vient ensuite un autre animal fantastique accroupi sur les jambes de derrière, le

---

[1] Sin est quelquefois appelé *Nannar ; naram* veut dire *ellu*, c'est-à-dire *élevée :* les deux traductions se confondent.

[2] Voir la note du cylindre n° 49.

corps dressé de profil à gauche, avec quadruple ceinture, long cou, la tête ornée d'une longue trompe striée ; un lion, dressé de profil à gauche derrière lui, s'apprête à le dévorer. Enfin, dans le champ inférieur, la tige avec saillie centrale, symbole de la Justice, et, au-dessus, signe inconnu, ampulla ?

Hématite. — H. 0,009. D. 0,010.

74. — Le sujet se divise en deux groupes. — Celui de gauche montre Héa-Bani avec le bas du corps, les oreilles et les cornes d'un taureau et la figure d'un homme; le corps est de trois quarts à droite, la tête est de face ; il porte une ceinture et une longue barbe tressée. De la main droite il saisit la patte gauche d'un lion furieux, la queue relevée, dressé vers lui pendant qu'il le frappe au poitrail de la main gauche ; dans le champ inférieur, deux globes. — Le groupe de droite représente un autre lion dressé de profil à droite ; il fait face à un animal fantastique dressé devant lui, avec une tête et les pattes de devant d'un lion, un corps d'oiseau aux ailes déployées, une queue courte relevée et des pieds d'aigle; entre eux, deux globes ; enfin, dans le champ inférieur, un personnage, le genou droit en terre, de profil à droite ; il est nu et porte une longue barbe divisée en tresses ; de ses deux bras, tendus à droite et à gauche, il semble vouloir saisir les lions par la patte de derrière. Dans le champ supérieur, animal inconnu avec le corps et la queue d'un poisson, les pattes de devant et la tête d'un tigre. Derrière Héa-Bani, deux globes : l'un en haut, l'autre en bas.

Hématite. — H. 0,020. D. 0,012.

75. — Le sujet se divise en deux groupes. — Celui de gauche se compose d'un personnage, un genou en terre, de profil à gauche, nu, les deux mains levées en l'air dans l'attitude de la défense. Devant lui, dressé de profil à droite, un animal fantastique se prépare à le dévorer; celui-ci a les pattes d'un oiseau de proie, la queue courte en éventail, le corps couvert de plumes, deux ailes déployées, le cou et la tête d'un lion. — Le groupe de droite montre un animal fantastique, accroupi sur ses jambes de derrière, le corps dressé de profil à droite, le cou très long, la tête ornée d'une trompe ou d'un long bec strié ; de chaque côté de lui, un lion furieux, dressé vers lui, s'apprête à le dévorer ; entre les deux groupes, dans le champ supérieur, le croissant de la lune, symbole de Sin.

Hématite. — H. 0,022. D. 0,011.

76. — Le sujet se divise en trois groupes. — Au centre, Isdubar, la tête de face, le corps de trois quarts à gauche, nu et portant une ceinture, avec sa longue barbe tressée et ses cheveux bouclés, tient de la main gauche la patte droite d'un taureau dressé vers lui et la tête renversée en arrière, pendant qu'il le frappe à la gorge d'un glaive qu'il tient de la main droite. — A gauche, Héa-Bani, avec le bas de son corps, ses oreilles et ses cornes de taureau et sa figure humaine; il a la tête de face, le corps de trois quarts à droite et porte une longue barbe tressée; de la main droite il saisit la patte gauche d'un lion furieux dressé vers lui, pendant qu'il le frappe au poitrail d'un glaive qu'il tient de la main gauche. — A droite, même représentation, si ce n'est que le lion dressé vers Héa-Bani affecte une forme fantastique ; il a le corps recouvert de plumes, ses pieds sont ceux d'un oiseau de proie; enfin il a deux ailes déployées d'une forme assez particulière et une queue courte dressée.

Hématite. — H. 0,024. D. 0,018.

77. —Le sujet se divise en deux groupes. — Le premier représente Isdubar de profil à droite, barbu, coiffé d'un bonnet haut en forme de cône et vêtu d'une tunique courte s'arrêtant aux genoux. De la main gauche il a saisi la patte d'un taureau dressé devant lui, de profil à gauche, la tête renversée en arrière, pendant qu'il le frappe en plein poitrail d'un glaive qu'il tient de la main droite. — Le second groupe montre encore Isdubar de profil à droite, avec de longs cheveux derrière la tête, un bonnet plat à rebord et un vêtement ajusté et court. De la main droite il saisit la patte d'un animal cornu, sans doute une antilope, dressé devant lui de profil à gauche, pendant qu'il le frappe à la gorge d'un glaive qu'il tient de la main gauche. — Inscription de deux lignes en caractères archaïques du style de Babylone.

Ḥal·da-na·gir
nit an . . . .

Haldanagir,
serviteur du dieu . . . .
(OPPERT.)
Porphyre noir. — H. 0,023. D. 0,012.

78. — Le sujet se divise en deux groupes. — L'un montre Isdubar debout de profil à droite, vêtu d'une tunique courte et coiffé d'un béret rond ; de la main gauche il saisit la patte d'un taureau dressé devant lui de profil à gauche et la tête renversée en arrière, et le frappe à la gorge d'un glaive qu'il tient de la main droite. Entre eux, dans le champ inférieur, un petit personnage accroupi de profil à gauche ; les deux bras relevés à droite et à gauche semblent tenir à hauteur de sa tête un objet inconnu, peut-être un bâton. — L'autre groupe représente un lion furieux, dressé de profil à droite, qui semble se préparer à dévorer un taureau dressé devant lui de profil à gauche et qui tient la tête renversée en arrière ; entre ces deux animaux, dans le champ en bas, tige avec un anneau. — Entre ces deux groupes, candélabre? composé d'une longue tige, au sommet de laquelle se trouvent plusieurs branches.

Porphyre vert clair. — H. 0,022. D. 0,013.

79. — Le sujet se divise en deux groupes. — L'un représente un personnage debout de profil à droite, barbu, coiffé d'un béret rond avec boucles de cheveux derrière la tête et vêtu d'une tunique brodée s'arrêtant aux genoux ; de la main droite il saisit la patte gauche d'un lion furieux dressé devant lui de profil à gauche, la queue relevée, et le frappe au poitrail d'un glaive qu'il tient de la main gauche. — L'autre groupe figure le même sujet.

Porphyre vert. — H. 0,020. D. 0,012.

80. — Le sujet se divise en deux groupes. — Le premier montre Isdubar de profil à gauche, avec vêtement court ; de la main gauche il saisit la patte droite d'un lion furieux dressé devant lui de profil à droite et le frappe à la gorge d'un glaive qu'il tient de la main droite. — Le second représente le même sujet, si ce n'est que le lion est remplacé par un taureau la tête renversée en arrière. — Entre les deux groupes, d'un côté, une ligne d'écriture en caractères cunéiformes du style archaïque de Babylone que nous n'avons pu traduire, et, de l'autre, des signes inconnus.

. . . .

Porphyre noir. — H. 0,024. D. 0,013.

81. — Le sujet est divisé en deux groupes. — Le premier représente Isdubar le corps de trois quarts à gauche, la tête de face; il est debout, nu, et porte une ceinture dont les bouts tombent le long de la jambe ; il a une longue et large barbe tressée, des triples boucles de cheveux de chaque côté de la tête; des deux mains il tient en l'air les deux pattes de derrière d'un lion furieux dressé sur les jambes de devant de profil à gauche. — Le second montre Héa-Bani debout, le corps de trois quarts à droite et la tête de face; le bas de son corps est celui d'un taureau, le haut celui d'un homme; il porte une longue et large barbe frisée, séparée en tresses et des oreilles et des cornes de taureau; de la main droite il saisit par la patte gauche un lion furieux dressé devant lui, de profil à gauche, la queue relevée, pendant qu'il le frappe d'un glaive au poitrail de la main gauche. — Les deux groupes sont séparés par une inscription de deux lignes en caractères cunéiformes du style archaïque de Babylone, divisée elle-même en deux registres [1]; on n'y distingue malheureusement qu'une partie des caractères par suite de l'action du feu sur ce cylindre.

Ti-ga-lum	Tigalu,	*Ṣur-da-ki*	de la ville de Surda (*Saḥrin* ou *Kitrin*),
. . . .	. . . . .	*tur La·ni*	fils de Lani.

(Oppert.)

Calcaire blanc. — H. 0,035. D. 0,023.

---

[1] Cette division en deux registres est caractéristique et mérite d'appeler l'attention; nous la retrouverons, du reste, sur quelques cylindres, et notamment au n° 84. — La seconde ligne du premier registre renferme peut-être l'indication d'une fonction royale

§ IV. — ÉCOLE D'ÉRECH

82. — Le sujet se compose de deux personnages assis de profil et se faisant face, vêtus d'une longue robe toute plissée et couverte de broderies, coiffés d'une tiare ornée de plusieurs rangées de cornes, leurs cheveux tombant en longues tresses jusqu'au milieu du dos. Entre les personnages, dans un cartouche, une inscription de quatre lignes en caractères cunéiformes du style archaïque de Babylone. — D'un côté de ce groupe, on voit un personnage debout, de profil à droite, les deux mains ramenées à la ceinture, avec une longue barbe divisée en tresses et portant exactement le même vêtement et la même coiffure que les personnages assis. — De l'autre côté se montre d'abord un personnage debout de profil à gauche, les deux mains ramenées à la ceinture, barbu, coiffé d'un béret rond strié, avec cheveux derrière la tête et longue robe unie, avec broderies ou franges sur le devant, passant en écharpe sur l'épaule gauche et laissant à découvert l'épaule droite. Ensuite, un second personnage debout de profil à gauche, la main gauche ramenée à la ceinture, la main droite levée en avant; il est imberbe, vêtu d'une longue robe ornée de broderies très simples sur le devant; il porte un béret rond strié auquel est attaché, de chaque côté, près des oreilles, une petite rosace ? avec appendice composé d'une courte tige [1] .

Nin unu-ki	A la déesse d'Éreck,
Bel an-sit	Bel an sit (le maître du temple)
kit Unu-ki	d'Éreck,
tur Sar-su	fils de Sarsu.

Cette inscription est du plus haut intérêt; la lecture présente peu de difficulté; cependant il n'est pas sûr que ce cylindre se rapporte à un homme; il pourrait être aussi le cachet dont les prêtres se servaient pour sceller des actes au nom de la divinité. (OPPERT.)

Agate rubanée de rouge. — H. 0,031. D. 0,018.

83. — Une divinité assise de profil à droite, barbue, coiffée de la tiare ornée de cornes, avec de longues tresses de cheveux qui descendent jusqu'au milieu du dos, vêtue d'une longue robe brodée et à côtes passant sur l'épaule droite en écharpe et laissant l'épaule gauche à découvert; ses deux mains sont ramenées à la ceinture. Derrière la divinité, un trépied supportant un vase de forme ovale orné de dessins vers son ouverture, et, devant ce trépied formant autel, un petit personnage

---

[1] Les types représentés sur ce cylindre et les suivants sont tout-à-fait particuliers ; les personnages, portant de hautes coiffures entourées de riches ornements et de longues robes couvertes de broderies, doivent évidemment représenter des divinités ou de grands dignitaires; les autres, au contraire, avec leur bonnet rond et strié paraissent être des personnes ordinaires. Il y a, en tout cas, dans l'aspect de ces monuments, un caractère complètement tranché qui détermine parfaitement l'indication d'une École spéciale à Érech. (Voyez à propos de ce cylindre, l'appréciation de M. MENANT, *Glyptique orientale*, p. 105.)

à genoux de profil à droite, vêtu d'une longue robe, barbu et coiffé d'un béret plat strié avec cheveux tombant derrière la tête; sa main droite est abaissée vers le trépied et sa main gauche levée en signe d'adoration. Dans le champ, au dessus, deux vases pareils à celui qui est sur le trépied. Sur les genoux de la divinité, un petit personnage assis de profil à droite, la tête retournée en arrière vers la divinité à laquelle il semble parler; il porte un vêtement court avec ceinture, il est coiffé du béret plat, strié, avec cheveux bouclés derrière la tête; la main gauche tombe naturellement; la main droite est levée en arrière vers la divinité[1]. Dans le champ supérieur croissant de la lune, symbole de Sin. Puis, un pontife de profil à gauche, avec longue robe à franges dans le bas et à broderies sur le devant, longue barbe divisée en tresses, béret plat strié et cheveux bouclés derrière la tête; la main droite est levée en avant vers la divinité en signe d'adoration; la main gauche, ramenée à la ceinture, tient un chevreau[2] posé la tête en arrière sur l'épaule gauche du pontife. Derrière ce dernier, un aide des sacrifices debout de profil à gauche, avec longue robe à franges et à broderies, béret plat strié, cheveux tombant derrière la tête; la main gauche est ramenée à la ceinture, la main droite, tombant en avant, tient un petit vase à anse pour le sacrifice. — Enfin un cartouche contenant une inscription de deux lignes en caractères cunéiformes du style archaïque de Babylone qui ne paraissent pas écrites par la même main.

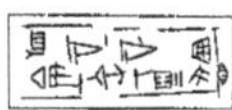

Su ni-ni-šu   Suninisu,
nam-ti-la-ni-ku   pour la vie.
                  (Oppert.)
Porphyre vert. — H. 0,029. D. 0,018.

83 *bis*[3]. — Divinité assise de profil à gauche, vêtue d'une longue robe à plis striés; la main droite tendue en avant tient l'ampulla? la main gauche est ramenée à la ceinture; elle est barbue et coiffée du bonnet en forme de tiare; de son épaule droite s'échappe une gerbe d'eau qui tombe jusqu'à terre. Devant elle, pontife debout de profil à droite, la main gauche levée en signe d'adoration, la main droite ramenée à la ceinture et tenant le glaive; il est vêtu d'une longue robe à plis droits, barbu et coiffé du bonnet à cornes. Derrière le Dieu, un personnage qui paraît être Isdubar debout de profil à gauche, la tête tournée en arrière; il est nu et porte une

---

[1] Le sujet de ce cylindre a une grande ressemblance avec celui de la collection du Louvre cité par M. Menant dans sa *Glyptique orientale*, page 166, fig. 104. Comme lui il montre un personnage assis, richement vêtu, coiffé de la tiare aux bords relevés, avec de longs cheveux flottants sur le dos; seulement celui-ci est barbu et ses mains sont ramenées à la ceinture. Il ne s'agit donc là ni de « *Istar dans son rôle de mère* », comme le propose M. Menant pour un cylindre du Musée du Louvre, ni « *de la nourrice de l'enfant trouvé* » dont il est parlé dans les *Documents juridiques*, pages 42 et 48 et dans l'inscription publiée par le Musée Britanique *W. A. I.* II, Pl. VI. Il y a plus: ici le petit personnage est barbu! Ce n'est donc pas davantage Sargon-l'Ancien, l'enfant soigné dans « *la famille de Akki, le Chef des Eaux* ». *W. A. I.* III, Pl. XLVII.

Les hypothèses produites pour le cylindre du Louvre ne peuvent alors s'appliquer au nôtre; nous inclinerions pourtant à penser que les deux sujets sont analogues et ne présentent que des variantes de détails et de costumes qui n'altèrent pas le sens général qui demeure inconnu. Voyez à ce sujet le cylindre du *British Museum* publié par Cullimore, Pl. XVII, n° 90, et par Lajard, *Recherches sur Mithra*, Pl. XL, n° 6. Enfin nous ne pouvons nous empêcher de remarquer une certaine analogie entre cette scène et celle du n° 43 *bis* où nous voyons figurer à la fois le pontife qui porte le chevreau et le petit personnage qui, au lieu d'être sur les genoux de la divinité, se trouve debout à ses pieds.

[2] Nous rencontrons pour la seconde fois, la représentation de l'offrande du chevreau (43 *bis*), mais ici encore nous croyons utile, ainsi que pour le cylindre n° 83 *bis*, de faire une exception à notre règle en classant ces deux monuments dans le chapitre de l'École d'Érech auxquels ils appartiennent par leur style.

[3] Voyez Pl. XXXVIII, *addenda*.

9

ceinture avec franges tombantes le long de la jambe ; il a une longue barbe et sa tête est ornée d'un bandeau ; des deux mains tendues en avant il s'appuie sur une longue tige qui paraît être une lance garnie d'un anneau. Derrière lui, adorant debout, de profil à gauche, la main droite levée en signe d'adoration, la main gauche ramenée à la ceinture, vêtu d'une longue robe brodée avec franges, barbu et coiffé du bonnet plat strié. Il est suivi d'un aide des sacrifices ou d'un serviteur court vêtu debout de profil à gauche, barbu, nu-tête, avec bandeau sur le front, qui porte sur son épaule un chevreau à longues cornes [1]. — Ce cylindre est légèrement concave.

Porphyre vert. — H. o,o33. D. o,o2ɪ.

Voyez la note n° 2 du cylindre précédent.

§ V. — ÉCOLE DE ZIRGURLA

Le nom de cette localité est encore très difficile à déterminer. M. Menant a lu pendant longtemps ce nom, avec M. Oppert, *Zirgurla*, en donnant au second signe du groupe qui le compose la valeur de *gur;* elle n'était nécessitée que par le besoin de le rapprocher du nom de *Zirghoul* (la Grande Ruine), où l'on avait trouvé des briques portant l'inscription antique dans laquelle ce nom figure. Il est certain que le signe qu'on lisait *gur* n'a pas cette valeur, mais qu'il a celle de *pur;* il serait donc plus exact de lire *Zirpurla* sans être plus sûr toutefois d'avoir le nom véritable. Plus tard, M. Oppert a proposé de lire *Zirtella* pour se rapprocher du nom de *Tello* (les Monts), où M. de Sarzec a fait ses belles découvertes. Nous maintenons ici la lecture de *Zirgurla* pour ne pas nous écarter de la désignation que M. Menant a indiquée dans l'Introduction.

84. — Divinité debout de profil à gauche, avec longue barbe, bonnet à cornes, longue robe à côtes striées passant en écharpe sur l'épaule gauche laissant à découvert l'épaule et le bras droits, et qui, ouverte sur le devant, découvre également la jambe droite tendue en avant et posée sur un scabellum ou sur un rocher? La main gauche est ramenée à la ceinture; la main droite, levée en avant, tient l'ampulla. Devant la divinité, un pontife de profil à droite, avec longue barbe bonnet à cornes, cheveux longs et bouclés derrière la tête; il est vêtu d'une longue robe à côtes striées, passant en écharpe sur l'épaule gauche et laissant à découvert l'épaule et le bras droits; la main gauche est levée en avant en signe d'adoration. De la main droite il amène l'initié qu'il a saisi par la main gauche; celui-ci, de profil à droite, tient la main droite levée en signe d'adoration; il est vêtu d'une longue robe brodée à plis droits et à franges. Derrière l'initié, autre pontife, de profil à droite, vêtu d'une longue robe à plis droits et à double frange dans le bas. Les défauts de la pierre empêchent de voir le haut du corps. — Un cartouche divisé en deux registres par un trait transversal contient une inscription de six lignes en caractères du style archaïque de Babylone.

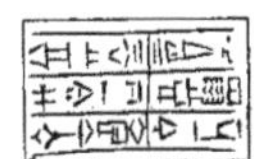

Ka-mum-a	De Kamuma,	.... (*lugal*)	... son Roi...
Patési	Patési (gouverneur)	*tup-sar*	le Scribe, (secrétaire)
Zir-gur-la-ki	de Zirghoul, (Zirtella)	*arad śu*	son serviteur.
			(MENANT.)

Cette inscription donne un intérêt tout particulier à ce cylindre, puisqu'elle nous apprend que c'est le cachet du secrétaire d'État d'un prince que nous nommons *Gudea* ou *Kamuma*[1]; il nous présente ainsi un des plus anciens produits de l'art de la glyptique dans cette localité. L'époque du règne de Kamuma n'est pas encore rigoureusement fixée; cependant il est évidemment contemporain

---

[1] Ce nom est écrit en caractères idéographiques dont la transcription phonétique n'est pas encore déterminée.

d'Urkam et d'Ilgi, ainsi que M. Menant le prouve par une intaille du musée de La Haye [1], contrairement à une opinion qu'il avait exprimée précédemment [2].

D'après les dernières découvertes, un cylindre de Nabonide fixe la date du règne d'Urkham vers l'an 3200 avant Nabonide, par conséquent le règne de Kamuma vers l'an 3555 av. J. C. Les explorations de M. de Sarzec rendent ce cylindre très intéressant, car c'est le cachet du roi dont il a fouillé le palais.

Porphyre brun. — H. 0,037. D. 0,023.

85. — Divinité debout, de profil à gauche, à longue barbe, coiffée du béret rond à rebord, la main droite tendue en avant; la main gauche tombant naturellement le long du corps semble tenir une arme. Elle est vêtue d'une tunique courte à plis droits et à ceinture; le pied gauche relevé en avant repose sur un rocher. Devant et derrière la divinité, deux montants de portes ornés de doubles stries tracées régulièrement de place en place, et, de l'autre côté de chacune de ces portes, deux pontifes, l'un de profil à droite, l'autre de profil à gauche. Ils sont vêtus d'une longue robe à plis droits avec ceinture, portent une longue barbe, sont coiffés du bonnet à rebord, et ouvrent les portes à un adorant qui se trouve derrière l'un d'eux; celui-ci a la tête de profil à gauche avec le corps de face, la main gauche ramenée à la ceinture, la main droite levée en signe d'adoration; il a une longue barbe, est coiffé d'un bonnet rond strié, vêtu d'une longue robe avec ceinture et franges au bas [3].

Porphyre noir. — H. 0,041. D. 0,026.

[1] L'intaille du musée de La Haye, dont l'écriture est d'une grande netteté présente, à la quatrième ligne un signe incertain qu'on serait presque tenté de lire *tur*, ce qui ferait de Dungi un fils de Kamuma ; M. Menant a cru y voir un signe qu'il a traduit par *Sakkanaku* « lieutenant». Cette lecture n'est peut-être pas plus exacte ; dans tous les cas ce monument établit un lien certain entre les deux souverains et les rattache à la même époque. (Menant, *Catalogue des Cylindres orientaux du Cabinet royal des médailles de La Haye*, p. 59, n° 149-60. Pl. VII, n° 35.)

[2] Menant, *Babylone et la Chaldée*, p. 64.

[3] Certains détails nous ont fait rattacher ce cylindre à l'École de Zirghoul ; il serait peut-être plus facile de le rapporter à celle d'Érech à cause du type d'un personnage qui figure sur un cylindre du Musée de La Haye. (Menant, *Cat.*, n° 56-120.) G. Smith avait cru voir dans des scènes analogues une allusion à la construction de la Tour de Babel, mais M. Menant a fait justice de cette hypothèse; il n'est question ni dans les textes, ni sur les cylindres, de cette fameuse Tour. (*Glyptique orientale*, p. 121.) Les cylindres qui reproduisent ces scènes sont assez nombreux. On trouve, par exemple, ces mêmes montants de portes dans Lajard, *Recherches sur Mithra* : planche XVIII, n° 1 (Bibliothèque nationale), —n° 2 (British Muséum), — n° 3 (Collection du chevalier de Palin), — n° 4 (Collection Robert Stewart); planche XXVIII, n° 10 (Musée de La Haye), — n° 15 (Musée de La Haye); — enfin planche XL, n° 8 (Collection Robert Stewart.). Du reste, ce détail ne peut être douteux, car on voit les gonds des portes très nettement exprimés sur divers monuments, notamment sur un cylindre publié par G. Smith (*Genesis*, p. 113) et sur un cylindre du Musée du Louvre. (Longpérier, *Notice*, n° 540.)

Nous sommes tentés de voir dans ce sujet une pensée religieuse d'une autre nature ; en effet, si dans les cylindres précédents, le pontife amenait par la main l'adorant vers la divinité, dans celui-ci il semble lui ouvrir la porte de la demeure des Dieux. Nous savons par la légende d'Istar que cette Déesse elle-même, voulant pénétrer dans les Enfers, pour implorer la Grande Déesse Allat, est obligée de franchir sept portes.

§ VI. — ÉCOLE DE UR

CONSÉCRATIONS

(A. B. C.)

Nous devons faire remarquer ici que nous avons interverti l'ordre des types indiqués dans l'Introduction ; le n° 86 forme à lui seul le troisième type dont nous nous occupons ici ; les deux autres types comprennent les cylindres n°ˢ 87 à 139 dans leur ordre régulier.

86.— Un Dieu debout de profil à gauche, avec longue barbe, bonnet rond à rebord, longue tunique à franges passant en écharpe sur l'épaule gauche et laissant à découvert une partie de la poitrine et l'épaule droite ; la main gauche est ramenée à la ceinture ; de la main droite, tendue en avant et tenant une ampulla, il verse l'eau sacrée sur un autel d'où retombent, à droite et à gauche, deux tiges arrondies et se terminant chacune par une boule. De l'autre côté de l'autel, le pontife de profil à droite, avec longue barbe, bonnet en forme de tiare, cheveux bouclés derrière la tête et longue robe à côtes striées passant en écharpe sur l'épaule gauche et laissant à découvert l'épaule et le bras droits, la main droite ramenée à la ceinture, la main gauche tendue en avant au-dessus de l'autel en signe d'adoration. Derrière le Dieu, un adorant imberbe, de profil à gauche, coiffé du bonnet à cornes avec cheveux bouclés derrière la tête, vêtu d'une longue robe à plis droits qui laisse à découvert une partie de la poitrine et l'épaule gauche ; les mains sont levées en avant en signe d'adoration. — Une inscription de dix-huit lignes, en deux registres, en caractères cunéiformes du style archaïque de Babylone.

Ce magnifique cylindre a déjà appelé l'attention des savants. Le texte de l'inscription a été publié et commenté plusieurs fois et ne présente aucune difficulté sérieuse. La beauté du travail, la nature de la pierre (agate blanche) avaient fait douter de son authenticité ; on se croyait en présence d'une copie antique d'un original plus ancien qui aurait disparu. Les raisons qu'on invoquait alors, d'après un examen sans doute très superficiel, doivent disparaître aujourd'hui. L'étude paléographique des caractères démontre qu'ils ont bien été tracés à l'époque indiquée par le nom du roi que l'inscription fait connaître. Il suffirait de les rapprocher de ceux de l'inscription de la pierre de Kamuma (agate) au Musée de La Haye, si nous n'avions pas aujourd'hui de nombreux points de comparaison. Le texte reste donc avec toute sa valeur. — Quant à l'objection tirée de la matière du monument, elle n'est pas plus sérieuse. On ne peut douter aujourd'hui que les agates, calcédoines et autres pierres dures, ainsi que le cristal de roche, n'aient été travaillées par les graveurs des temps les plus reculés comme l'hématite et les porphyres. Il faudrait donc rejeter comme de grossières copies, les intailles sur pierre dure du travail le plus achevé. Quand un copiste ou un faussaire se livre à sa dangereuse industrie, il ne se donne pas autant de mal. On ne suspecte pas l'authenticité d'un cylindre du Musée Britannique qui porte le nom du même roi, et qui représente une scène analogue que M. Menant a étudiée dans sa *Glyptique orientale*, p. 140. L'écriture de l'inscription est d'un style plus archaïque, le sujet, d'un travail beaucoup moins soigné, et, enfin, la matière (hématite?) beaucoup plus commune à toutes les époques. Celui que nous présentons reste donc comme un des plus beaux spécimens de l'École de Ur au trente-cinquième siècle avant notre ère.

L'inscription est ainsi conçue :

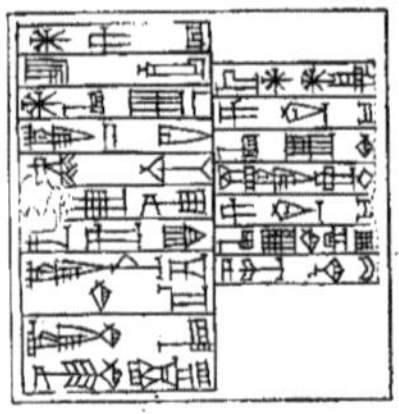

An pa-ku	A Nusku[1],	*Ur an-an. . . .*	(moi) Ur dungerra,
e - du	le Seigneur (de la Justice)?	*Pa- te- și*	Gouverneur
an-en-kit-lal	Mullilba (Bel),	*an-kit-ki*	de Nipur,
lugal a-ni	son Roi,	*tur Sar . . . .*	fils de Sar- (dur-kali),
nam-ti	pour le salut de la vie	*Pa-te-și*	Gouverneur
an Dun-gi	de Dungi	*en-kit-ki-ka-u*	de Nipur,
us ag-ga	le vaillant héros,		
lugal sis-anu	roi de Ur,	*a-mu-na-ru*	a consacré ceci.
ki-ma			
lugal ki-en	roi des Sumers		
gi-ki tilla-gatu	et des Akkads		

(Oppert et Menant.)

Agate blanche. — H. 0,035. D. 0,022.

Nous devons rappeler ici que les types qui vont suivre n°s 87 à 112 dérivent de la scène représentée sur le beau cylindre de Urkam appartenant au Musée Britannique[2].

87. — Divinité assise de profil à gauche, coiffée d'un béret à rebord, robe longue à côtes, la main droite tendue en avant, la main gauche ramenée à la ceinture. Dans le champ supérieur, devant elle, croissant de la lune, symbole de Sin[2]. En face de la divinité, le pontife vêtu d'une longue robe à côtes, la main gauche relevée, lui présente l'initié de la main droite. — Ce cylindre, un peu roulé, porte une inscription de deux lignes assez effacée.

Ka-sa-a-ga	Kasaga,
tur-us (?) an-nin-gir-su	fils d'Abil-Ninip.

(Oppert.)

Porphyre vert. — H. 0,027. D. 0,015.

---

[1] Le Dieu nommé Nusku qui est indiqué à l'égal des autres Dieux par Assurbanhabal, semble originairement être identique à Nebo, dont il partage les attributions ; d'après d'autres indices, il pourrait être un dieu du Feu. Il est désigné comme *maître du burin à écrire*. Il n'est pas démontré que le mot de Nusku exprime le nom du Dieu même ; il pourrait seulement désigner l'objet qui lui est spécialement consacré.   (Oppert.)

[2] Voyez Menant, *Glyptique orientale*, p. 129.

[2] Nous avons déjà rencontré et nous retrouverons fréquemment dans le champ des cylindres les symboles de Sin, la Lune, Samas, le Soleil, et Istar, l'Étoile ; ils ont été nettement déterminés dans plusieurs documents et particulièrement dans une tablette du Musée Britannique, qui a été publiée par M. Menant dans sa *Glyptique orientale*, p. 245. Nous ne pouvons mieux faire que de transcrire

88. — Divinité assise à droite sur un siège à triple coussin surélevé d'un degré, coiffée d'un béret rond à rebord, avec longue barbe, robe longue brodée passant en écharpe sur l'épaule gauche ; la main droite, tendue en avant, tient une ampulla, la main gauche est ramenée à la ceinture. Devant elle, dans le champ supérieur, le disque rayonnant du soleil dans le croissant de la lune, symboles de Sin et de Samas ; puis le pontife coiffé du bonnet en forme de tiare, avec robe longue striée et côtelée, passant en écharpe sur l'épaule gauche et laissant à découvert l'épaule et le bras droits, la main gauche levée en signe d'adoration, présente l'initié qu'il conduit par la main droite ; ce dernier imberbe, tête nue, la main droite levée, longue robe à franges, laissant l'épaule et le bras droits à découvert. Derrière la divinité, dans le champ supérieur, un oiseau à longues pattes, avec large queue, long cou et tête d'oie ; dans le champ inférieur, un scorpion.

Porphyre vert. — II. 0,028. D. 0,015.

89. — Divinité assise à gauche sur un trône élevé d'un degré, imberbe, coiffée du bonnet à cornes, cheveux longs derrière la tête, robe longue côtelée passant en écharpe sur l'épaule gauche et laissant à découvert l'épaule et le bras droits ; la main droite, tendue en avant, tient une ampulla, la main gauche est ramenée à la ceinture. Devant elle, le pontife imberbe, coiffé du bonnet à cornes, cheveux longs derrière la tête, longue robe à côtes passant en écharpe sur l'épaule gauche, la main gauche tendue en avant, présente l'initié qu'il conduit par la main droite ; ce dernier imberbe, tête nue, robe longue, la main droite levée en signe d'adoration. — L'inscription est complètement effacée.

Porphyre noir. — H. 0,024. D. 0,012.

ici le paragraphe de cet ouvrage qui traite de la question :

« Cette tablette en pierre grise de 0,20 de hauteur porte en tête une première inscription de deux lignes qui nous met au courant du sujet:

« Coci (représente) les divinités Sin, Samas, Istar portées sur l'onde Zu-ap); dans l'intérieur (du portique), le dieu Serah tient le bâton de la mesure. »

« Ces trois divinités sont en effet représentées par leurs symboles.

« Le premier représente le dieu Sin, exprimé par le croissant de la lune ; Sin, le dieu *Lunus*, est une divinité mâle dont le symbole occupe constamment la première place sur les monuments ; il avait un rang très élevé dans la hiérarchie des Dieux, principalement en Chaldée. C'était le Dieu tutélaire de la ville d'Ur ; aussi nous avons généralement rencontré le croissant dans le champ des cylindres qui commémorent une cérémonie spéciale à cette localité. Sin est souvent nommé dans les textes *le Chef puissant, le Roi des Esprits*, ailleurs le *Dieu des Trente Jours;* c'est peut-être pour cela qu'il est rendu par un signe qui exprime le chiffre 30, et qui, par une bizarre coïncidence, a la valeur syllabique de Sin ; ce Dieu est aussi nommé *le Seigneur du Zodiaque, l'Architecte qui veille sur la terre, le brillant Nannara.*

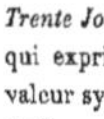

« Le second symbole est celui du dieu Samas, le soleil. Cette divinité est représentée par un disque dans lequel on voit une étoile à quatre branches, du milieu desquelles s'échappent des rayons scintillants. Il ne peut y avoir d'équivoque ; c'est, en effet, le même symbole que nous voyons sur l'autel et qui est ainsi désigné dans la première ligne de l'inscription qui l'accompagne :

« Couronne du dieu Samas...... »

« La seconde ligne présente de grandes difficultés d'interprétation à cause de l'incertitude qui règne sur la coupure du dernier caractère. Samas était particulièrement adoré à Sippar; c'est à lui que le temple mentionné dans la grande inscription était dédié, le fameux *Bit-Parra*, dont on peut suivre l'histoire dans les textes des différentes époques. Il est, du reste, encore désigné dans la troisième inscription qui explique ainsi le grand disque semblable exposé sur l'autel :

« Image du dieu Samas, le grand Seigneur, adoré dans le Bit-Parra, situé dans la ville de Sippar. »

« Le troisième symbole, une étoile à huit branches, représente la déesse Istar, divinité féminine dont nous avons fait connaître le caractère multiple et sur lequel il est inutile de revenir. Nous avons ainsi la certitude de la signification des symboles qui expriment les trois divinités Sin, Samas et Istar.

« Un renseignement précis nous est encore fourni par ces courtes inscriptions sur un objet dont le sens n'avait pas été compris jusqu'ici. Nous avons souvent remarqué dans le champ des cylindres un symbole ainsi représenté : 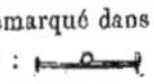 Rien n'avait pu nous éclairer sur sa signification. M. F. Lenormant l'avait pris pour une *balance* ; nous avions pensé à un *instrument de mesure ;* nous étions l'un et l'autre sur la voie et nous avions maintenu jusqu'ici notre hypothèse. Aujourd'hui nous pouvons lui donner son véritable caractère. Il figure en effet aux mains du dieu Sérah, et l'inscription nous dit que ce Dieu tient dans sa main le bâton de la mesure *(timeru mesrit);* nous n'avons pas besoin d'insister sur la traduction de ces deux mots pour reconnaître dans ce symbole *le Sceptre de la Justice.* »

Nous renvoyons à cette note toutes les fois que se présenteront sur les monuments décrits les symboles correspondants à ceux indiqués ci-dessus.

90. — Divinité assise à gauche, barbue, coiffée d'un béret strié, vêtue d'une longue robe
à côtes, la main droite tendue en avant, la main gauche ramenée à la ceinture. Dans le champ
supérieur, devant elle, croissant de la lune, symbole de Sin. En face de la divinité, le pontife, la
main gauche levée en signe d'adoration, coiffé du bonnet à cornes, cheveux longs derrière la
tête, vêtu d'une longue robe à côtes laissant à découvert l'épaule droite, présente l'initié qu'il conduit
par la main droite; ce dernier, coiffé d'un bonnet strié, vêtu d'une longue robe avec broderies, la
main droite levée en signe d'adoration. — Inscription de deux lignes en caractères cunéiformes du
style archaïque de Babylone.

An·im   Le dieu Bin
au An-Sa-la   et la déesse Sala.

Hématite. — H. 0,018. D. 0,008.

91. — Divinité assise de profil à gauche sur un trône surélevé d'un degré, imberbe, cheveux
bouclés derrière la tête, coiffée du bonnet à cornes, vêtue d'une longue robe côtelée; la main droite,
tendue en avant tient l'ampulla, la main gauche est ramenée à la ceinture. Dans le champ supérieur,
devant elle, croissant de la lune et disque du soleil, symboles de Sin et de Samas. En face de
la divinité, le pontife imberbe, avec cheveux bouclés derrière la tête, coiffé du bonnet à cornes, vêtu
d'une longue robe côtelée, la main gauche tendue en avant, présente l'initié qu'il conduit par la
main droite; ce dernier imberbe, tête nue, la main droite levée en signe d'adoration, longue robe à
franges laissant l'épaule et le bras droits à découvert.

Porphyre vert clair. — H. 0,024. D. 0,013.

92. — Divinité assise à gauche sur un trône à triple coussin, avec béret rond à rebord, longue
barbe, robe longue à côtes; la main droite tendue en avant tient l'ampulla, la main gauche
est ramenée à la ceinture. En face de la divinité, le pontife vêtu d'une robe longue à côtes, la
main gauche levée en avant, lui présente l'initié qu'il conduit par la main droite; ce dernier, tête
nue, la main droite levée en signe d'adoration, vêtu d'une longue robe à franges. Entre la divinité
et le pontife, dans le champ supérieur, le croissant de la lune, symbole de Sin. — Inscription
de trois lignes en caractères cunéiformes du style archaïque de Babylone.

Ba·ni·hum   Banih,
arad an·nin·kit·gal (*Allat*)   serviteur de Mylitta,
tur Ku·ga·tu·la   fils de Kugilla.

(OPPERT.)

Porphyre noir moucheté de blanc. — H. 0,027. D. 0,014.

93. — Divinité assise de profil à gauche, barbue, coiffée d'un béret rond strié, robe longue
avec broderies passant en écharpe sur l'épaule gauche; la main droite, tendue en avant, tient une
ampulla; la main gauche est ramenée à la ceinture. En face de la divinité, le pontife, la main
gauche ramenée à la ceinture, barbu, coiffé du bonnet strié et vêtu d'une longue robe à franges
passant en écharpe sur l'épaule gauche, amène, par la main droite, l'initié vêtu comme lui, la main

droite levée en signe d'adoration. Entre la divinité et le pontife, dans le champ inférieur, un oiseau à long cou et à longues pattes; dans le champ supérieur, croissant de la lune, symbole de Sin. Derrière la divinité, un candélabre.

Porphyre violacé. — H. 0,025. D. 0.014.

94. — Divinité assise à gauche sur un trône à triple coussin surélevé d'un degré, avec bonnet à rebord, longue barbe, robe avec broderies, passant en écharpe sur l'épaule gauche ; la main droite tendue en avant, tient une ampulla ; la main gauche est ramenée à la ceinture. En face de la divinité, le pontife imberbe, avec bonnet à cornes, cheveux bouclés derrière la tête, robe longue à plis verticaux passant en écharpe sur l'épaule gauche et laissant à découvert l'épaule et le bras droits, la main gauche levée en signe d'adoration, présente l'initié qu'il conduit par la main droite; ce dernier imberbe, tête nue, la main droite levée en signe d'adoration, est vêtu d'une longue robe à franges passant en écharpe sur l'épaule gauche. Entre la divinité et le pontife, dans le champ supérieur, croissant de la lune, symbole de Sin. — Inscription de trois lignes en caractères cunéiformes du style archaïque de Babylone.

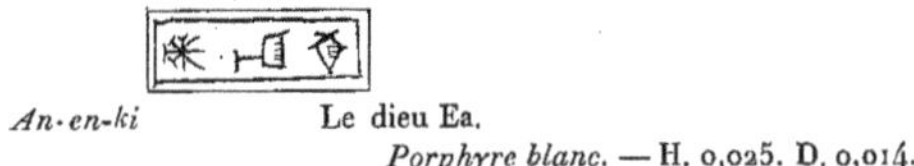

Śa·ba·ni·ku (?)	Sabaniku,
ku-pal	kupal, (désignation de l'emploi)
tur Til-la-ga-u-zi	fils de Tillagauzi[1].

(Oppert.)

Hématite. — H. 0,022. D. 0,013.

95. — Divinité assise à gauche, avec bonnet à cornes et longue robe à côtes, la main droite tendue en avant, la main gauche ramenée à la ceinture. Devant elle, le pontife imberbe, avec bonnet à cornes et robe longue à côtes passant en écharpe sur l'épaule gauche, la main gauche levée, lui présente l'initié qu'il conduit de la main droite ; ce dernier imberbe, coiffé d'un bonnet rond, la main droite levée en signe d'adoration, porte une robe longue à franges. Entre la divinité et le pontife, dans le champ supérieur, croissant de la lune, symbole de Sin. — Inscription d'une ligne en caractères du style lapidaire de Babylone.

An·en·ki	Le dieu Ea.

Porphyre blanc. — H. 0,025. D. 0,014.

96. — Divinité assise à gauche, avec bonnet strié plat, longue robe à côtes passant sur l'épaule gauche ; la main droite, tendue en avant, tient une ampulla ; la main gauche est ramenée à la ceinture. Devant elle, le pontife imberbe, avec bonnet à cornes, cheveux bouclés derrière la tête, longue robe à côtes passant en écharpe sur l'épaule gauche et laissant à découvert l'épaule droite, amène l'initié de la main droite; ce dernier barbu[2], coiffé d'un bonnet strié, vêtu d'une longue robe brodée à franges, tient la main droite levée en signe d'adoration. Entre le pontife et

---

[1] Lecture difficile. M. Menant propose : *Til-la-ga-u-nu.*

[2] Ce caractère est très important, car il détermine le sexe de l'initié et ne permet pas de voir dans cette scène une allusion à la coutume indiquée par Hérodote suivant laquelle on présentait chaque nuit une femme au Dieu qui résidait dans le temple de Bélus. Voy. Menant, *Glyptique orientale*, p. 139.

l'initié, trois globes superposés, et, devant la divinité, dans le champ supérieur, croissant de la lune, symbole de Sin. — Inscription de deux lignes.

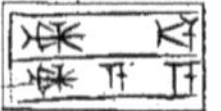

An·ut	Le dieu Samas.
An-aï	Le dieu Malik[1].

Hématite. — H. 0,018. D. 0,011.

97. — Divinité assise de profil à gauche, avec bonnet à cornes et robe longue à côtes passant en écharpe sur l'épaule gauche, la main droite tendue en avant, la main gauche ramenée à la ceinture. Puis, le pontife, avec bonnet à cornes et longue robe côtelée passant sur l'épaule gauche, la main gauche levée en avant, amène de la main droite l'initié dont il tient la main gauche; ce dernier barbu[1], coiffé d'un bonnet rond, vêtu d'une longue robe ouverte sur le devant, la main droite levée en signe d'adoration. Entre la divinité et le pontife, dans le champ supérieur, le croissant de la lune, symbole de Sin; dans le champ inférieur, cercopithèque accroupi de profil à droite, et, devant l'initié, en haut, ampulla, et en bas, la tige avec saillie centrale, symbole de la Justice. — Inscription de deux lignes en caractères du style lapidaire de Babylone.

Zu-ka-ṭu (?)	Zukatu,
tur A-bu-um-ḫi-bu-um	fils d'Abuhibu.

Hématite. — H. 0,020. D.0,011.

98. — Divinité assise à gauche, avec robe longue à côtes, passant en écharpe sur l'épaule gauche, la main droite tendue en avant, la main gauche ramenée à la ceinture. Puis, le pontife avec bonnet à cornes et longue robe à côtes passant en écharpe sur l'épaule gauche, la main gauche levée en signe d'adoration, lui amène de la main droite l'initié, tête nue, la main droite levée en signe d'adoration et vêtu d'une longue robe. Entre la divinité et le pontife, dans le champ supérieur, croissant de la lune, symbole de Sin. — Inscription de quatre lignes en caractères cunéiformes du style archaïque de Babylone.

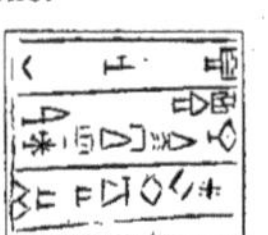

U-nu·(bar-) um	Unum,
na·ram[2] (?)	aimé de
An en-nin-in·na	la déesse Inna,
tur Ta-ki·im (?)	fils de Takim (?)

(Oppert.)

Porphyre noir. — H. 0,022. D. 0,012.

---

[1] Voyez la note sous le n° 68.
[2] Voyez la note du n° 96.

[2] La lecture *Naram* est peu sûre; il y a peut-être *Ni-bi-is*, c'est-à-dire « créature. »

99. — Divinité assise de profil à gauche sur un trône à triple coussin, coiffée du bonnet à cornes, avec longue barbe, cheveux bouclés derrière la tête, robe longue à côtes passant en écharpe sur l'épaule gauche, la main droite tendue en avant, la main gauche ramenée à la ceinture. Puis, le pontife imberbe, coiffé du bonnet à cornes, cheveux bouclés derrière la tête, avec robe longue à côtes passant en écharpe sur l'épaule gauche, la main gauche levée en avant, lui amène l'initié qu'il conduit de la main droite ; ce dernier imberbe, tête nue, la main droite levée en signe d'adoration, vêtu d'une longue robe qui passe sur l'épaule gauche, laissant à découvert l'épaule et le bras droits ; elle est bordée de franges, ouverte sur le devant et laisse voir le bas de la jambe gauche. Entre la divinité et le pontife, dans le champ supérieur, le disque rayonnant du soleil dans le croissant de la lune, symboles de Sin et de Samas. — Inscription de trois lignes en caractères du style archaïque de Babylone.

Se-ni	Seni,
tup-sar	le Scribe, (Secrétaire)
tur Su-ni-ni-śu	fils de Suninisu [1].

Porphyre vert clair. — H. 0,024. D. 0,013.

100. — Divinité assise à gauche, vêtue d'une longue robe à côtes passant en écharpe sur l'épaule gauche, la main droite tendue en avant, la main gauche ramenée à la ceinture. Devant elle, le pontife avec robe longue à franges, passant en écharpe sur l'épaule gauche, cheveux bouclés derrière la tête et bonnet à cornes, tient la main gauche levée en avant et amène de la main droite l'initié vêtu d'une longue robe, coiffé d'un bonnet rond et tenant la main droite levée en signe d'adoration. — Inscription de deux lignes en caractères cunéiformes du style archaïque de Babylone.

Su-mu-gi-ga-ar	Sumugigar,
tur Na-bi-ku	fils de Nabiku.

Cristal de roche. — H. 0,027. D. 0,012.

101. — Divinité assise à gauche, imberbe, portant un bonnet à cornes et une robe longue à côtes passant en écharpe sur l'épaule gauche ; la main droite tendue en avant, la main gauche ramenée à la ceinture. Devant elle, le pontife, la main gauche levée en signe d'adoration et ayant une robe longue passant en écharpe sur l'épaule gauche, lui présente l'initié qu'il a saisi de la main droite ; ce dernier imberbe, avec une robe longue à franges, la main droite levée en signe d'adoration. — Inscription de deux lignes en caractères du style archaïque de Babylone.

Kan-na-bi	Kannabi,
tur Ur-sa-kis	fils de Ursakis.

Cristal de roche. — H. 0,028. D. 0,016.

---

[1] Nous avons déjà rencontré le même nom sur le cylindre n° 83.

102. — Divinité assise à gauche, avec bonnet à cornes, longue robe à côtes, la main droite tendue en avant, la main gauche ramenée à la ceinture. Devant elle, le pontife, la main gauche tendue en avant, coiffé d'un béret plat strié avec cheveux bouclés derrière la tête et vêtu d'une robe longue à plis droits, amène, de la main droite, l'initié qui est vêtu d'une longue robe. — Inscription de deux lignes en caractères du style archaïque de Babylone.

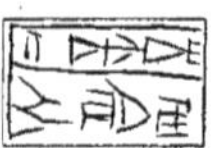

A · nu · gir-su (?)   Anugirsu (?)
tur Gar · ra   fils de Garra.

Porphyre noir. — H. 0,022. D. 0,011.

103. — Divinité assise à gauche sur un trône à coussins surélevé d'un degré, avec longue barbe, béret rond à rebord et robe longue à franges ; la main droite tendue en avant tient une ampulla, la main gauche est ramenée à la ceinture. Devant elle, dans le champ supérieur, le croissant de la lune, symbole de Sin. En face du Dieu, le pontife présente de la main droite l'initié ; tous deux sont vêtus de longues robes, l'une à côtes, l'autre à plis droits ; le pontife tient la main gauche de l'initié qui a la main droite levée en signe d'adoration. — Inscription de deux lignes en caractères du style archaïque de Babylone.

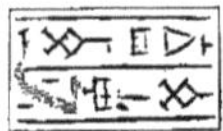

A · bu · ku · ni-a   Abukunia ,
tur Ak (?) · *bu*   fils d'Akbu.

Hématite. — H. 0,021. D. 0,012.

103 *bis*[1]. — Une divinité assise de profil à gauche, la main droite tendue en avant, la main gauche ramenée à la ceinture, avec longue robe passant en écharpe sur l'épaule gauche, béret en forme de tiare, cheveux longs et bouclés derrière la tête. Dans le champ supérieur, devant elle, le croissant de la lune, symbole de Sin, et, en bas, un scorpion dressé. Puis un pontife debout, de profil à droite, vêtu d'une longue robe passant en écharpe sur l'épaule gauche, barbu, coiffé du bonnet en forme de tiare, avec cheveux longs et bouclés derrière la tête ; sa main gauche est levée en avant en signe de prière et de sa main droite il amène devant le Dieu l'initié par la main gauche ; celui-ci est debout, de profil à droite, vêtu d'une longue robe à franges, imberbe, tête nue, les cheveux ras, la main droite levée en avant en signe de prière. — Enfin une inscription de quatre lignes en caractères archaïques de Babylone.

[1] Voyez planche XXXVII, *Addenda*.

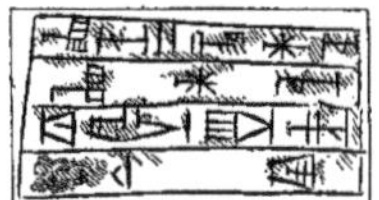

En ri-su-gi An-ri	Au Maître du . . . . . des Dieux,
En An-ri	le Maître des Dieux,
Ba-al-sa-ri	Balsari,
nit-śu	son serviteur.

(Oppert.)

Jaspe noir. — H. 0,028. D. 0,013.

104. — Divinité assise à gauche sur un trône surélevé d'une marche, avec bonnet à cornes, robe longue à volants passant en écharpe sur l'épaule gauche, la main droite tendue en avant et l'autre ramenée à la ceinture. Dans le champ supérieur, devant elle, le croissant de la lune, symbole de Sin. En face de la divinité, le pontife, même coiffure et même robe, lui présente l'initié qu'il a saisi de la main droite; ce dernier imberbe, tête nue, la main droite levée en signe d'adoration, longue robe à franges. — Inscription de deux lignes en caractères du style archaïque de Babylone.

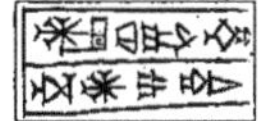

An·en·zu-i-din-na-am	Sin-idinna [1],
nit an maś (?)	Serviteur de . . .

Hématite. — H. 0,018. D. 0,009.

105. — Divinité assise à gauche, imberbe, avec bonnet à cornes, robe longue à volants plissés passant en écharpe sur l'épaule gauche, la main droite tendue en avant, la main gauche ramenée à la ceinture. Dans le champ supérieur, devant elle, croissant de la lune, symbole de Sin. En face de la divinité, le pontife, la main gauche levée en signe d'adoration, imberbe, coiffé du bonnet à cornes, avec une robe longue à plis droits laissant à découvert l'épaule et le bras droits, lui présente l'initié qu'il amène de la main droite; ce dernier imberbe, tête nue, la main droite levée en signe d'adoration, est vêtu d'une longue robe. — Inscription de deux lignes en caractères du style archaïque de Babylone.

Ḥa'-la-la-a	Halalâ,
dam Ku-ra-ti-ni-ni	Épouse [2] de Kuratiel.

(Oppert.)

Porphyre vert. — H. 0,020. D. 0,012.

---

[1] Le nom de Sin-idinna est très commun en Chaldée. Il a été porté par un des rois du Premier Empire ; on le trouve très souvent sur les cylindres et parmi les noms des parties qui figurent sur les contrats d'intérêt privé.

[1] Le signe *Ha* est écrit verticalement, mais la forme semble certaine.

[2] La femme prenait rarement la qualité d'épouse sur les cylindres; nous en trouverons un autre exemple au n° 199.

106. — Divinité assise à gauche, avec bonnet à cornes, grande barbe, robe longue à volants plissés passant en écharpe sur l'épaule gauche, la main droite tendue en avant, la main gauche ramenée à la ceinture ; ses pieds reposent sur un animal accroupi ayant le cou et la tête d'une antilope avec longues cornes et le corps d'un poisson. Dans le champ supérieur, devant lui, croissant de la lune, symbole de Sin. En face de la divinité, le pontife imberbe, avec longs cheveux, bonnet à cornes, robe longue à volants plissés laissant à découvert l'épaule et le bras droits, la main gauche levée, présente l'initié qu'il conduit par la main droite ; ce dernier, tête nue, la main droite levée en signe d'adoration ; son vêtement, composé d'une espèce de stola ouverte par devant dans le bas, laisse voir la jambe gauche et passe sur l'épaule gauche en écharpe. — Inscription de trois lignes en caractères du style archaïque de Babylone.

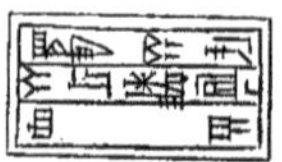

<table>
<tr><td>Sar·tur-us</td><td>Sarhabal,</td></tr>
<tr><td>tur ur-an-en-kit·lal</td><td>fils d'Avil-Bel,</td></tr>
<tr><td>supah</td><td>l'homme supah.</td></tr>
</table>

(Oppert.)

Porphyre vert foncé. — H. 0,025. D. 0,013.

107. — Divinité barbue assise à gauche, avec bonnet à cornes, longue robe à volants plissés passant en écharpe sur l'épaule gauche, la main droite tendue en avant et la main gauche ramenée à la ceinture. Devant elle, le pontife imberbe, avec bonnet à cornes, cheveux bouclés derrière la tête, la main gauche levée en avant, longue robe à volants plissés passant en écharpe sur l'épaule gauche, amène l'initié de la main droite ; ce dernier, imberbe, avec bonnet plat strié, longue robe brodée, la main droite levée en signe d'adoration. — Dans le champ supérieur, entre la divinité et le pontife, croissant de la lune, symbole de Sin ; dans le champ intermédiaire, trois globes ; dans le champ inférieur, un scorpion dressé. Entre le pontife et l'initié, dans le champ supérieur, petite ampulla ; dans le champ inférieur, tige avec saillie centrale, symbole de la Justice. Derrière l'initié, dans le champ supérieur, cercopithèque accroupi de profil à droite ; dans le champ inférieur, un scorpion dressé ; en outre, grand candélabre à plusieurs branches.

Hématite. — H. 0,023. D. 0,014.

108. — Divinité assise à gauche sur un trône élevé d'un degré, avec longue barbe, bonnet en forme de tiare, cheveux bouclés derrière la tête, robe longue à volants plissés passant en écharpe sur l'épaule gauche, la main droite levée en avant et la gauche ramenée à la ceinture. Dans le champ supérieur, devant elle, le croissant de la lune, symbole de Sin ; dans le champ inférieur, petit personnage, avec le corps de face, les pieds, les genoux et les coudes en dehors, les mains ramenées à la ceinture, la tête de profil à droite. En face du Dieu, le pontife imberbe, avec longue robe à volants plissés passant en écharpe sur l'épaule gauche, cheveux bouclés derrière la tête, bonnet en forme de tiare, lui présente l'initié qu'il conduit par la main droite ; celui-ci imberbe, tête nue, vêtu d'une stola brodée passant en écharpe sur l'épaule gauche, ouverte sur le devant et laissant voir la moitié de la jambe gauche, tient la main droite levée en signe d'adoration. Entre le pontife et l'initié, une ampulla. — Cartouche de quatre lignes d'écriture en caractères du style archaïque de Babylone supporté par un taureau passant à gauche.

Nin ka-da-su[1]	Ninkadasu,
tur Zi-ni	fils de Zini,
nit[2] *Su-an-na-(ki)*	Serviteur de Su-an-na-ki. (Babylone)

(OPPERT.)

Hématite. — H. 0,024. D. 0,014.

109. — Divinité assise de profil à gauche ; elle est vêtue d'une longue robe striée; la main gauche est ramenée à la ceinture; la main droite, tendue en avant, tient l'ampulla. Toute la partie supérieure du corps est invisible par suite de la cassure de la pierre. Puis le pontife de profil à droite, la main gauche levée en avant en signe d'adoration, amène l'initié de la main droite ; tous les deux sont vêtus de longues robes avec ceintures et à plis droits. L'usure de la pierre empêche de distinguer les détails. — Inscription de deux lignes en caractères du style archaïque de Babylone.

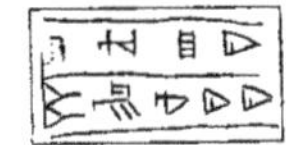

A - ḫu - su - ni	Ahusuni,
tur En - nu - ni - ni	fils de Bel-salam-Ili.

(MENANT.)

Porphyre vert foncé. — H. 0,026. D. 0,014.

110. — Divinité assise à gauche avec bonnet en forme de tiare, cheveux bouclés derrière la tête, robe longue passant en écharpe sur l'épaule gauche; la main gauche est ramenée à la ceinture ; la main droite, tendue en avant, tient l'ampulla. Dans le champ supérieur, croissant de la lune, symbole de Sin ; dans le champ inférieur, petite ampulla. Devant la divinité, le pontife, avec longue robe, bonnet à cornes, la main gauche levée en signe d'adoration, présente l'initié qu'il amène de la main droite ; celui-ci est debout, de profil à droite, coiffé du bonnet plat strié et vêtu d'une longue robe à franges, le bras droit levé en signe d'adoration. Entre ces deux derniers personnages, le bâton avec saillie centrale, symbole de la Justice. — Inscription de deux lignes en caractères du style archaïque de Babylone.

An·Nirgal	Le dieu Nirgal,
Sukkal An-ri (Tavat)	Coopérateur de la déesse Tavat.

Porphyre vert clair. —H. 0,020. D. 0,013.

---

[1] M. Menant propose la lecture *Tuklat-kadasu*, mais la forme du premier signe n'est pas certaine.

[2] Le signe *nit* de la troisième ligne est fait d'une manière peu usuelle; il faudrait peut-être lire *nit-du* et traduire alors : « serviteur d'Anu ». (OPPERT.)

111. — Un Dieu assis à gauche, avec barbe courte, béret strié à rebord, robe à volants plissés, la main droite levée en avant et la gauche ramenée à la ceinture. Devant lui, dans le champ supérieur, croissant de la lune, symbole de Sin ; puis, le pontife de profil à gauche, avec barbe courte, bonnet strié à rebord, longue robe brodée, la main gauche tendue vers le Dieu, lui amène de la main droite l'initié dont il a saisi la main gauche ; celui-ci, coiffé comme les deux précédents, est vêtu d'une longue robe à plis droits avec ceinture. Dans le champ supérieur, entre ces deux derniers, croissant de la lune les pointes en bas. — Inscription de deux lignes en caractères inconnus qui semblent gravés après coup.

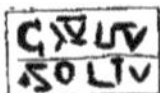

Porphyre noir. — H. 0,024. D. 0,012.

112. — Divinité assise à gauche, imberbe, avec béret strié, longue robe à volants plissés passant en écharpe sur l'épaule gauche, la main droite levée en avant tenant l'ampulla, la main gauche ramenée à la ceinture. Devant elle, dans le champ supérieur, croissant de la lune, symbole de Sin. Puis le pontife, la main gauche levée en avant en signe d'adoration, vêtu d'une longue robe à volants plissés laissant à découvert l'épaule et le bras droits, coiffé d'un bonnet à cornes, amène de la main droite l'initié dont il a saisi la main gauche ; ce dernier est coiffé d'un béret strié, vêtu d'une robe longue à plis et tient la main droite levée en avant en signe d'adoration. Derrière le Dieu, on voit debout Héa-Bani avec le bas de son corps, ses oreilles et ses cornes de taureau, son buste d'homme et sa tête barbue ; celui-ci tient à sa droite, des deux mains, une longue tige surmontée d'un croissant.

Hématite. — H. 0,018. D. 0,010.

113. — Divinité assise à gauche sur un trône à coussins surélevé de deux degrés, avec longue robe à franges passant en écharpe sur l'épaule gauche et laissant à découvert l'épaule et le bras droits, très longue barbe et béret rond à rebord ; la main droite levée en avant tient une ampulla, la main gauche est ramenée à la ceinture. Devant la divinité, dans le champ supérieur, croissant de la lune et disque du soleil, symboles de Sin et de Samas ; dans le champ inférieur, un petit personnage accroupi un genou en terre, nu, avec longue barbe, cheveux bouclés retombant à droite et à gauche de la tête, semble tenir sur sa poitrine, de ses deux mains, un objet que l'on ne peut distinguer. Puis l'initié debout, imberbe, tête nue et cheveux courts, longue robe à franges passant en écharpe sur l'épaule gauche et laissant à découvert l'épaule et le bras droits, le corps de face, la tête de profil à droite, les deux mains ramenées à la ceinture. Derrière lui, le pontife de profil à droite, imberbe, avec cheveux bouclés derrière la tête, bonnet à cornes, longue robe à volants plissés, les deux mains levées en avant en signe d'adoration. Dans le champ, entre ces deux derniers personnages, petite représentation d'Isdubar debout, barbu, nu, de face, les cheveux bouclés, les mains ramenées à la ceinture. — Inscription de sept lignes, en deux registres, formée de caractères très frustes.

Ce beau cylindre, dont malheureusement l'écriture est à peine visible, est évidemment un cylindre royal ; l'inscription affecte la même disposition que celle des cylindres d'Urkham et de Gamil-Sin ; elle est en partie fruste et ne laisse apercevoir que quelques caractères suffisants peut-être pour préciser sinon le nom du roi, au moins son titre. Le premier signe de la première ligne a disparu ; il ne reste plus que la dernière partie du nom propre qui se termine par l'expression idéographique du nom du dieu Sin ; l'ensemble peut donc se rapporter à deux noms royaux que nous connaissons : Gamil-Sin ou Zikar-Sin, tous deux rois de Ur, en y ajoutant la formule ordinaire : « Roi des Quatre Régions ». Le dernier signe du mot Quatre (*ba*) est seul apparent ; le nom du scribe compris dans la première ligne du second registre est fruste ; il ne reste de lisible que son titre *tup-sar* et la formule finale *nit-śu*, son serviteur [1].

Jaspe rouge. — H. 0,030. D. 0,019.

114. — Divinité assise à gauche sur un trône à triple coussin surélevé de deux degrés, avec longue barbe, béret rond à rebord, longue robe avec broderies passant en écharpe sur l'épaule gauche et laissant à découvert l'épaule et le bras droits ; la main droite tendue en avant tient l'ampulla, la main gauche est ramenée à la ceinture. Dans le champ supérieur, devant elle, le croissant de la lune et le disque rayonnant du soleil, symboles de Sin et de Samas. En face de la divinité, l'initié imberbe, tête nue et cheveux courts, les mains ramenées à la ceinture ; il est vêtu d'une robe longue avec broderies passant sur l'épaule gauche et laissant à découvert l'épaule et le bras droits [2]. Derrière lui, le pontife avec longue barbe, bonnet à cornes, cheveux longs bouclés derrière la tête, longue robe à volants plissés, les deux mains tendues en avant dans l'attitude de l'adoration. — Inscription de deux lignes en caractères du style archaïque de Babylone.

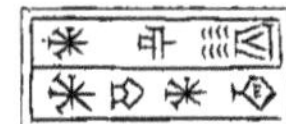

An Mar-tu   Le dieu Martu.
An tik An-na   Le Dieu gardien du Ciel.

Hématite. — H. 0,024. D. 0,013.

115. — Divinité assise à gauche sur un trône à triple coussin surélevé de deux degrés, avec béret rond à rebord, barbe longue et tombante, robe à franges passant en écharpe sur l'épaule gauche et laissant à découvert l'épaule et le bras droits ; la main droite levée en avant tient une ampulla, la main gauche est ramenée à la ceinture. Dans le champ supérieur, devant elle, croissant de la lune et disque rayonnant du soleil, symboles de Sin et de Samas. Puis l'initié imberbe, tête nue, avec longue robe droite bordée de broderies ou franges qui passe sur l'épaule gauche et laisse à découvert l'épaule et le bras droits ; le corps est de face, la tête de profil à droite, les deux bras croisés à la hauteur de la taille. Derrière lui, dans le champ, en bas, longue tige recourbée à sa partie supérieure en forme de pédum ; en haut, candélabre à deux branches. Enfin le pontife de profil à droite, imberbe, avec longue robe à volants plissés, les mains levées en avant dans l'attitude de l'adoration. — Inscription de quatre lignes en caractères du style archaïque de Babylone.

[1] Voyez MENANT, *Glyptique orientale*, 1re partie, p. 137.

[2] L'initié paraît être ici une femme ; il en est de même sur plusieurs autres cylindres, et notamment sur les n°s 115, 117 et 118. Malgré cela nous persistons à croire qu'il ne s'agit pas de la femme que l'on amenait chaque nuit dans le temple et dont parle Hérodote, ainsi que nous l'avons dit à propos du cylindre 96 ! Nous en trouvons la preuve dans ce monument même et dans ceux de notre collection, qui montrent des scènes identiques et dans lesquelles l'initié est barbu, le sexe est donc certain. Nous estimons dès lors que les femmes, comme les hommes, pouvaient être admises à la présentation, et que, par conséquent, dans notre sujet, c'est bien une femme qui vient rendre hommage à la divinité.

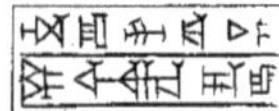

An Mar-tu nir-nit (?)	Le dieu Martu, *Sakkanak* (Pontife-Roi)
Mat Me-el-su-ul	du pays de Melsul,
sa mu-ba-ab	qui éclaire
bit tuk-ma-at	le Temple des Combats.

(Oppert.)

Jaspe rouge. — H. 0,031. D. 0,019.

116. — Divinité assise à droite sur un siége à double coussin surélevé d'un degré, avec bonnet rond à rebord, barbe longue et tombante, robe bordée de franges passant en écharpe sur l'épaule gauche et laissant à découvert l'épaule et le bras droits; la main droite levée en avant tient une ampulla, la main gauche est ramenée à la ceinture. Dans le champ supérieur, devant elle, croissant de la lune et disque du soleil, symboles de Sin et de Samas; dans le champ inférieur, petit personnage mâle, imberbe, nu, le corps de face, la tête de profil à droite, les jambes écartées, la main gauche levée en avant, la main droite posée sur la poitrine. Puis, l'initié, imberbe, tête nue, cheveux courts, les bras ramenés à la ceinture, robe longue bordée de franges passant en écharpe sur l'épaule gauche et laissant à découvert l'épaule et le bras droits. Derrière lui, le pontife de profil à droite, avec bonnet en forme de tiare, longue robe à volants, les mains levées en avant dans l'attitude de l'adoration. — Inscription de deux lignes en caractères du style archaïque de Babylone.

Nit-ra-mu-ba-ni-ya[1]	Zikarya-baniya,
tur Ar	fils de . . . .

(Oppert.)

Jaspe rouge moucheté de blanc. — H. 0,027. D. 0,015.

117. — Divinité assise de profil à gauche sur un trône à triple coussin surélevé d'un degré, avec longue barbe, béret rond à rebord, robe longue à broderies; la main droite tendue en avant tient une ampulla, la main gauche est ramenée à la ceinture. Devant elle, dans le champ supérieur, croissant de la lune et disque rayonnant du soleil, symboles de Sin et de Samas; dans le champ inférieur, un petit personnage mâle, nu, avec un bonnet plat à rebord, le corps de face, la tête de profil à droite, le bras gauche tendu en avant, le bras droit posé sur la poitrine, les jambes écartées. Puis l'initié imberbe, tête nue, cheveux courts, les mains ramenées à la ceinture, vêtu d'une longue robe avec broderies passant sur l'épaule gauche et laissant à découvert l'épaule et le bras droits. (La forme de la poitrine fait supposer que c'est une femme.) Derrière lui, dans

---

[1] La forme du second signe de la première ligne est incertaine; on pourrait peut-être lire *nit-um-mu-ba-ni-ya;* nous aurions alors « Zikar-um-mu-baniya », mais la lecture *um* est douteuse. — Rappelons toutefois que le père de Hammurabi se nomme *Ummu-banit.* (Menant.)

le champ supérieur, un petit globe ; dans le champ inférieur, un animal assis de profil à droite. Derrière l'initié, le pontife barbu, de profil à droite, avec bonnet à cornes, cheveux longs et bouclés derrière la tête, longue robe striée et côtelée, les deux bras tendus en avant en signe d'adoration. Enfin, dans le champ, en haut, une tête barbue avec boucles de cheveux de chaque côté, cornes et oreilles de taureau ; au milieu, un scorpion ; en bas, un globe. — Dans un cartouche deux lignes d'écriture du style archaïque de Babylone ; en dessous, un animal furieux passant à gauche, la queue relevée, (une panthère), et derrière elle, une ampulla ; enfin la barre avec saillie centrale, symbole de la Justice.

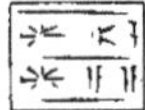

An-ut	Le dieu Samas.
An-a-a	Le Dieu Malik.

Hématite. — H. 0,025. D. 0,015.

118. — Divinité assise à gauche sur un trône à triple coussin surélevé d'un degré, avec longue barbe tombante, béret rond à rebord, robe brodée passant en écharpe sur l'épaule gauche et laissant à découvert l'épaule et le bras droits ; la main droite tendue en avant tient une ampulla, la main gauche est ramenée à la ceinture. Devant elle, dans le champ, le croissant de la lune et le disque rayonnant du soleil, symboles de Sin et de Samas ; puis l'initié, avec barbe courte, bonnet plat strié et longue robe brodée à plis droits, passant en écharpe sur l'épaule gauche et laissant à découvert l'épaule et le bras droits. Derrière l'initié le pontife coiffé du bonnet à cornes et vêtu d'une longue robe à volants plissés ; les deux bras sont tendus en avant en signe d'adoration. — Deux lignes d'écriture du style archaïque de Babylone.

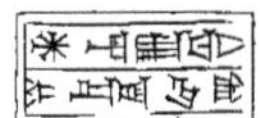

An-en-kit-ba-ni	Bel-bani,
tur ur-um-ka-ga	fils de Avil-Tur-illu [1].

(OPPERT.)

Porphyre vert. — H. 0,022. D. 0,011

119. — Divinité imberbe, assise à gauche sur un trône à triple coussin surélevé d'un degré, avec béret rond à rebord, robe longue à broderies passant en écharpe sur l'épaule gauche et laissant à découvert l'épaule et le bras droits ; la main droite tendue en avant tient une ampulla, la main gauche est ramenée à la ceinture. Devant elle, l'initié, tête nue, les mains ramenées à la ceinture, vêtu d'une longue robe avec broderies ; derrière lui, le pontife, avec bonnet à cornes, cheveux bouclés derrière la tête, longue robe à volants, les mains tendues en avant en signe d'adoration. — Trois lignes d'écriture en caractères du style archaïque de Babylone.

---

[1] Ce nom signifie littéralement « *l'homme de la sainte demeure*. » (OPPERT.)

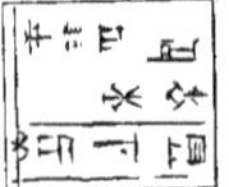

<table>
<tr><td>Zi - ku - ur - An - ut[1]</td><td>Zikur-Samas,</td></tr>
<tr><td>tur A - zu - um</td><td>fils de Azum.</td></tr>
</table>

(Oppert.)

Hématite. — H. 0,021. D. 0,013.

120. — Divinité assise à gauche sur un trône à triple coussin surélevé d'un degré, avec longue barbe tombante, béret rond à rebord et longue robe brodée à plis droits passant en écharpe sur l'épaule gauche et laissant à découvert l'épaule et le bras droits; la main droite, tendue en avant, tient une ampulla, la main gauche est ramenée à la ceinture. Devant elle, dans le champ supérieur, croissant de la lune et disque rayonnant du soleil, symboles de Sin et de Samas; en outre, un grand nombre de caractères cunéiformes. Ensuite l'initié les bras ramenés à la ceinture, imberbe, tête nue, les cheveux ras, avec longue robe brodée à plis droits passant sur l'épaule gauche et laissant à découvert l'épaule et le bras droits. Derrière l'initié, une ligne d'écriture cunéiforme, puis le pontife les deux bras tendus en avant en signe d'adoration; il paraît imberbe, est coiffé du bonnet à cornes et vêtu d'une longue robe à côtes striées. — Inscription de trois lignes en caractères du style archaïque de Babylone.

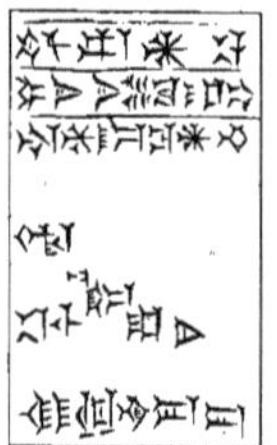

<table>
<tr><td>Im-gur-An-ut</td><td>Imgur-Samas,</td></tr>
<tr><td>tur Ni-ni-tu-ra-am</td><td>fils de Ninituram</td></tr>
<tr><td>nit An te-ba-an-na</td><td>Serviteur (du dieu renouvelé du Ciel)</td></tr>
<tr><td>u-da[2]</td><td>. . .</td></tr>
<tr><td>ne</td><td>. .</td></tr>
<tr><td>ba si ra ni</td><td>. . . .</td></tr>
<tr><td>mi pal na mal mal.</td><td>. . . . . .</td></tr>
</table>

(Oppert.)

Hématite. — H. 0,024. D. 0,013.

121. — Un dieu assis de profil à gauche, sur un trône surélevé d'un degré et avec un dossier bas à l'égyptienne; il est vêtu d'une longue robe brodée avec ceinture et passant en

---

[1] M. Menant propose la lecture *Zikur-An-im*, « Zikur-Bin? », mais la forme des deux derniers signes est douteuse.

[2] Quoique la lecture des dernières lignes soit assurée, l'interprétation résiste encore.

écharpe sur l'épaule gauche; il a une longue barbe, est coiffé du béret rond à rebord, la main gauche est ramenée à la ceinture, la main droite, tendue en avant, tient l'ampulla; dans le champ supérieur, devant lui, une étoile à huit rayons. Devant le Dieu, l'initié debout, de profil à droite, imberbe, tête nue, les cheveux courts, les deux mains ramenées à la ceinture, porte une longue robe à franges passant en écharpe sur l'épaule gauche. — Enfin, en deux registres, une inscription de sept lignes en caractères du style archaïque de Babylone.

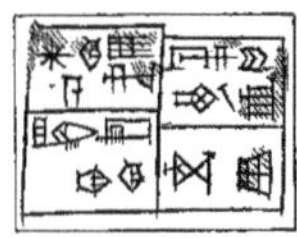

An-ki-śa	*Im-ru*	Anki Sâri,	Imru
-a-ri	*Am-kur* (?)-*ra*	roi de Ganhar,	Amkurra (?)
Sar Gan-	*nit-su*		son serviteur.
ḥar-ki			

(OPPERT.)

Jaspe rouge. — H. 0,033. D. 0,018.

Ce document est très important; il est évident que c'est le cachet d'un roi de Chaldée; mais quel est ce roi? quelle est cette région *Ganhar* dont il est le souverain? Jusqu'ici nous n'en avons pas rencontré la mention dans les textes. Les caractères du second nom sont assez lisibles, sauf l'avant-dernier.

121 *bis* [1]. — Un Dieu assis sur un trône à dossier, de profil à gauche, tient de la main droite tendue en avant un renard par le cou; la main gauche est ramenée à la ceinture; il est vêtu d'une longue robe à plis, a une longue barbe, porte le bonnet en forme de tiare, avec boucles de cheveux derrière la tête. Derrière lui, dans le champ supérieur, croissant de la lune, symbole de Sin; en-dessous, petit personnage de face, les mains ramenées à la ceinture, les coudes et les genoux écartés. Devant lui, un adorant ou un pontife, debout, de profil à droite, vêtu d'une longue robe à franges couverte de broderies, ouverte sur le devant et laissant voir la jambe gauche; la main droite est levée en avant en signe d'adoration, la main gauche est ramenée à la ceinture; il a une longue barbe et sa tête est couverte du bonnet plat strié. Entre lui et le Dieu, dans le champ supérieur, cercopithèque accroupi, de profil à droite. — Inscription de trois lignes en caractères du style archaïque de Babylone.

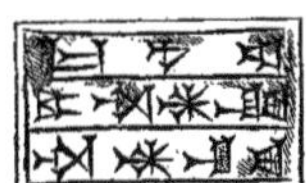

Ma-nu-um	Manum,
tur nit An-en-zu	fils de Arad - Sin,
nit An-en-zu	Serviteur de Sin.

(OPPERT.)

Hématite. — H. 0,027. D. 0,014.

[1] Voyez planche **XXXVIII**. *Addenda.*

122. — Un Dieu assis de profil à gauche sur un trône à triple coussin surélevé d'un degré, avec longue robe à franges passant en écharpe sur l'épaule gauche, barbe longue et bonnet rond à rebord; la main gauche ramenée à la ceinture et la main droite, tendue en avant, tenant une ampulla. Dans le champ, devant lui, le globe rayonnant du soleil, dans le croissant de la lune, symboles de Sin et de Samas. Devant le Dieu, l'initié debout, de profil à droite, les mains ramenées à la ceinture, vêtu d'une longue robe à franges passant en écharpe sur l'épaule gauche, la tête nue et les cheveux ras. Derrière l'initié, le pontife, debout de profil à droite, les deux mains levées en signe d'adoration et vêtu d'une longue robe à plis. — Enfin une inscription de quatre lignes en caractères du style archaïque de Babylone.

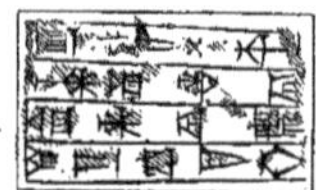

Tu - uk - ti.	Tukti,
An - nin - gir · su[1]	(prêtresse?) de Ninip
au *An · Ba · u*	et de Baü,
tur - sal(?) *Du - ba - ni - tu.*	fille de Dubanit.

(Oppert.)

Jaspe brun. — H. 0,033. D. 0,021.

Ce cylindre appartenait certainement à une femme.

Les deux noms propres sont très difficiles à lire à cause de l'usure du texte. Les deux divinités nous sont connues; le nom du dieu Ninip est écrit de la manière usitée sur les monuments de Tello; nous avons déjà vu le dieu Baü dont le nom est si fréquent dans les inscriptions de la même localité. Le premier nom signifie probablement *Paonne*, et le second pourrait avoir un sens tiré d'une espèce d'oiseau analogue [2].

123. — Un Dieu assis, de profil à gauche, sur un trône à triple coussin surélevé d'un degré; il a une longue barbe tombante, est coiffé du béret rond à rebord et vêtu d'une longue robe brodée à plis droits passant en écharpe sur l'épaule gauche et laissant à découvert l'épaule et le bras droits; la main droite, tendue en avant, tient l'ampulla; la main gauche est ramenée à la ceinture. Devant lui, dans le champ supérieur, croissant de la lune et disque rayonnant du soleil, symboles de Sin et de Samas; puis l'initié, les mains ramenées à la ceinture, le corps de face, la tête de profil à droite; il est court barbu, coiffé d'un béret plat strié et vêtu d'une longue robe brodée à plis droits passant en écharpe sur l'épaule gauche et laissant à découvert l'épaule et le bras droits. Derrière l'initié, dans le champ supérieur, une étoile à huit rayons; dans le champ inférieur, et placé sur un escabeau carré, un petit personnage mâle, nu, le corps de face, la tête de profil à droite; il est coiffé du béret plat strié, tient la main gauche tendue en avant en signe d'adoration, la main droite ramenée sur la poitrine et les jambes écartées. Enfin, le pontife, les deux mains levées en signe d'adoration, barbu, coiffé du bonnet en forme de tiare et vêtu d'une longue robe à volants plissés. Derrière le Dieu, l'aide des sacrifices, de profil à gauche, vêtu d'un vêtement court et collant, imberbe, les cheveux courts, le bras droit tombant le long du

---

[1] C'est sous cette forme que le dieu Ninip est mentionné dans les textes de Tello.

[2] Un grand nombre de noms propres féminins perses appar- | tiennent à cette idée, par exemple: Parmys, *Abeille*, — Parysatis, *Hirondelle*, — Statiera, *Perdrix*, — Cassandane, *au cou de Cygne*, et d'autres.

corps, le bras gauche tendu en avant. — Deux lignes d'écriture en caractères du style archaïque de Babylone.

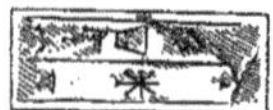

An-bel-zu ...   Sin . . . . . .
nit An. . . . . .   Serviteur du Dieu . . .

Hématite. — H. 0,026. D. 0,016.

124. — Divinité assise de profil à gauche sur un trône surélevé de deux degrés et à triple coussin ; elle a une longue barbe tombante, est coiffée d'un béret rond à rebord et vêtue d'une longue robe brodée à plis droits passant en écharpe sur l'épaule gauche et laissant à découvert l'épaule et le bras droits ; le bras gauche est ramené à la ceinture ; la main droite, tendue en avant, tient l'ampulla. Dans le champ supérieur, devant elle, croissant de la lune et disque rayonnant du soleil, symboles de Sin et de Samas. Devant le Dieu, l'initié, avec la tête nue, les cheveux ras, une longue robe brodée à plis droits passant en écharpe sur l'épaule gauche et laissant à découvert l'épaule et le bras droits, les mains ramenées à la ceinture, le corps de trois quarts à droite, la tête de profil à droite. Puis vient le pontife, de profil à droite, les bras levés en avant en signe d'adoration, avec une courte barbe, un bonnet en forme de tiare, les cheveux longs et bouclés, et une longue robe à volants plissés. Derrière ce personnage, se trouve le sacrificateur, avec une longue barbe tombante, un béret rond à rebord, une tunique courte s'arrêtant aux genoux, ouverte devant et laissant à découvert presque toute la jambe gauche ; le bras droit tombe le long du corps ; la main gauche, ramenée à la ceinture, tient la massue et le bâton recourbé en forme de pedum. — Inscription de deux lignes en caractères du style archaïque de Babylone.

An-im ...   Le dieu Bin. . . .
au An-Sa-la   et le dieu Sala.

Hématite. — H. 0,023. D. 0,013.

125. — Un Dieu assis à gauche sur un trône à triple coussin surélevé d'un degré, avec barbe longue et tombante, béret rond à rebord, longue robe bordée de franges passant en écharpe sur l'épaule gauche et laissant à découvert l'épaule et le bras droits ; la main droite, tendue en avant, tient une ampulla ; la main gauche est ramenée à la ceinture. Dans le champ, derrière lui, trois globes placés verticalement ; devant lui, dans le champ supérieur, le croissant de la lune et le disque rayonnant du soleil, symboles de Sin et de Samas ; dans le champ inférieur, petit personnage mâle, nu, le corps de face, la tête de profil à droite et coiffée du béret plat strié, les jambes pliées et écartées, le bras droit relevé en avant, le bras gauche ramené sur la poitrine. Devant le Dieu, l'initié, imberbe, avec cheveux ras, longue robe bordée de franges, passant en écharpe sur l'épaule gauche et laissant à découvert l'épaule et le bras droits, les mains ramenées à la ceinture, le corps de face, la tête de profil à droite. Derrière lui, le pontife de profil à droite, barbu, avec bonnet en forme de tiare, cheveux bouclés derrière la tête, longue robe

12*

striée, les bras levés en avant dans l'attitude de l'adoration. Entre ces deux derniers personnages, dans le champ supérieur, trois globes formant triangle; au centre de chacun d'eux, un petit mamelon; dans le champ inférieur, petit personnage de profil à droite, les bras tendus dans la pose de la prière, avec bonnet plat d'où s'échappent par derrière des cheveux en boucles, et longue robe à plis droits. Derrière le pontife, dans le champ supérieur, ampulla; dans le champ inférieur, la tige avec saillie centrale, symbole de la Justice. — Inscription de deux lignes en caractères du style archaïque de Babylone.

An - nin - gir - su [1]	Le dieu Ninip,
An - um (?)- *ta - ud · du*	le dieu du Soleil levant (?)

(Oppert.)

Hématite. — H. 0,026. D. 0,017.

126. — Un Dieu assis à gauche sur un trône surélevé d'un degré et à double coussin, avec longue barbe, béret plat strié, robe longue brodée passant en écharpe sur l'épaule gauche et laissant à découvert l'épaule et le bras droits; la main droite, tendue en avant, tient l'ampulla, la main gauche est ramenée à la ceinture. Dans le champ supérieur, devant lui, croissant de la lune, symbole de Sin; dans le champ inférieur, une ampulla. Derrière le Dieu, trois globes; devant lui, l'initié, les mains ramenées à la ceinture, le corps de face, la tête de profil à droite; il est imberbe, coiffé du béret plat, vêtu d'une longue robe avec broderies passant sur l'épaule gauche et laissant à découvert l'épaule et le bras droits. Derrière l'initié, dans le champ, signe inconnu affectant la forme de l'anse du panier aux offrandes; en dessous, un globe, et, plus bas, la tige avec saillie centrale, symbole de la Justice. Enfin un adorant, avec barbe courte, béret plat strié, longue robe à plis droits passant sur l'épaule gauche et laissant l'épaule et le bras droits à découvert, la main gauche ramenée à la ceinture, la main droite levée en signe d'adoration. — Deux lignes d'écriture en caractères du style archaïque de Babylone.

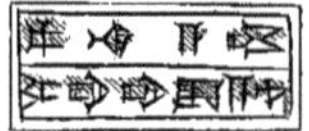

Pa - na - a - tuv	Panâtu,
tur Ga - bi - da - a - nu.	fils de Gabidânu.

(Oppert.)

Hématite. — H. 0,025. D. 0,015.

127. — Divinité assise, de profil à gauche, avec longue barbe tombante, bonnet à cornes et longue robe brodée; la main gauche est ramenée à la ceinture, la main droite, tendue en avant, tient l'ampulla. Devant elle, dans le champ, croissant de la lune, symbole de Sin; puis l'initié, le corps de trois quarts, la tête nue et de profil à droite, les deux mains ramenées à la ceinture, vêtu d'une longue robe brodée passant sur l'épaule gauche et laissant l'épaule et le bras droits découverts. Derrière lui, le pontife de profil à droite, les deux mains levées en signe d'adoration

---

[1] Voyez *supra*, n° 122.

et vêtu d'une longue robe à plis striés. — Deux lignes d'écriture en caractères du style archaïque
de Babylone que nous n'avons pu traduire.

. . . .
. . . .

Porphyre noir. — H. 0,029. D. 0,017.

128. — Divinité assise de profil à gauche sur un trône à triple coussin et surélevé d'un
degré; elle est vêtue d'une longue robe striée passant en écharpe sur l'épaule gauche et laissant à
découvert l'épaule et le bras droits; la main gauche est ramenée à la ceinture; la main droite,
tendue en avant, tient l'ampulla. Devant elle, dans le champ supérieur, disque rayonnant du
soleil dans le croissant de la lune, symboles de Sin et de Samas; puis l'initié, vêtu d'une longue
robe à plis droits, coiffé d'un bonnet plat, les mains ramenées à la poitrine; enfin le pontife,
avec longue robe à plis striés, les mains levées en avant en signe d'adoration. — Derrière le Dieu,
un cartouche contenant une inscription de deux lignes, et, en dessous, un lion? ou un chien?
passant à gauche.

An-ut [1]   Le dieu Samas.
An-a-a   Le dieu Malik.

Hématite. — H. 0,019. D. 0,011.

129. — Divinité assise de profil à gauche sur un trône surélevé d'un degré et à triple
coussin; elle a une longue barbe, est coiffée du béret rond à rebord et vêtue d'une longue robe
brodée passant en écharpe sur l'épaule gauche et laissant à découvert l'épaule et le bras droits;
celui-ci, tendu en avant, tient l'ampulla; la main gauche est ramenée à la ceinture. Dans le champ
supérieur, devant elle, le disque du soleil dans le croissant de la lune, symboles de Sin et de Samas.
Devant le Dieu, l'initié, avec barbe courte, béret plat strié, longue robe à plis droits passant
en écharpe sur l'épaule gauche et laissant l'épaule et le bras droits à découvert; les mains sont
ramenées à la ceinture. Dans le champ, derrière lui, en haut, une ampulla; en bas, la tige
avec saillie centrale, symbole de la Justice. Derrière l'initié, le pontife, barbu, coiffé du bonnet en
forme de tiare, cheveux longs et bouclés derrière la tête; il est vêtu d'une longue robe à volants
plissés et lève les deux mains en signe d'adoration. — Cartouche contenant une inscription de
deux lignes; et, en dessous, un animal, tigre ou panthère? passant à gauche, la queue relevée.

Pour cette inscription et celle des trois numéros suivants, voyez ce que nous avons dit dans la note du n° 68, *Supra*.

An-ut   Le dieu Samas.
An-a-a   Le dieu Malik.

Hématite. — H. 0,024. D. 0,015.

130. — Divinité assise à gauche sur un trône surélevé d'un degré et à triple coussin ; elle
a une longue barbe tombante, est coiffée du béret rond à rebord et vêtue d'une longue robe brodée
à plis droits passant en écharpe sur l'épaule gauche et laissant à découvert l'épaule et le bras
droits ; la main droite, tendue en avant, tient une ampulla, la main gauche est ramenée à la ceinture.
Devant elle, dans le champ supérieur, croissant de la lune, symbole de Sin ; en dessous, cercopithèque accroupi de profil à droite ; devant le Dieu, l'initié (qui semble être une femme), avec longue
robe à plis droits et brodée passant en écharpe sur l'épaule gauche et laissant à découvert l'épaule.
et le bras droits ; les mains sont ramenées à la ceinture. Derrière ce dernier, dans le champ, un bâton
recourbé ; puis le pontife, avec longue robe à volants plissés, levant les deux mains en signe
d'adoration. — Dans un cartouche, inscription de deux lignes, et, sous ce cartouche, un chien
passant à gauche, la queue relevée.

An-ut   Le dieu Samas.
An-a-a   Le dieu Malik.

Hématite. — H. 0,023. D. 0,012.

130 *bis*[1]. — Un Dieu assis sur un trône à double coussin, de profil à gauche ; la main droite
est ramenée à la ceinture ; la main gauche, tendue en avant, tient l'ampulla ; il est vêtu d'une longue
robe à plis et à franges passant en écharpe sur l'épaule gauche, est coiffé du bonnet rond à
rebord et porte une longue barbe. Devant lui, dans le champ supérieur, le disque rayonnant du
soleil intercalé dans le croissant de la lune, symboles de Sin et de Samas ; en dessous, cercopithèque
accroupi, de profil à droite. Puis vient l'initié, qui se tient debout devant la divinité, le corps de
face, la tête de profil à droite ; il est vêtu d'une longue robe à franges passant en écharpe sur
l'épaule gauche et laissant l'épaule droite à découvert ; il est imberbe et porte le béret plat strié.
Derrière ce personnage, le pontife debout, de profil à droite, les deux mains levées en avant en
signe d'adoration ; il est vêtu d'une longue robe à plis et à franges, coiffé du bonnet à cornes,
et paraît imberbe ; devant lui, dans le champ, en haut, une ampulla, et, en bas, le signe
composé d'une tige avec saillie centrale, symbole de la Justice. — Enfin un cartouche contenant
une inscription de deux lignes en caractères du style archaïque de Babylone, et, au-dessous,
un quadrupède qui paraît être un chien.

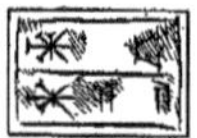

An-ut   Le dieu Samas.
An-a-a   Le dieu Malik.

Hématite. — H. 0,023. D. 0,014.

[1] Voyez planche XXXVIII. *Addenda.*

131. — Divinité assise à gauche sur un trône à triple coussin, avec longue barbe, béret rond à rebord, longue robe brodée à plis droits passant en écharpe sur l'épaule gauche et laissant à découvert l'épaule et le bras droits ; le bras gauche est ramené à la ceinture ; la main droite, tendue en avant, tient l'ampulla ? Devant le Dieu, dans le champ supérieur, croissant de la lune, symbole de Sin, et, en dessous, un petit personnage mâle, nu, le corps de face, la tête de profil à droite ; il est coiffé d'un béret plat, tient la main gauche tendue en avant en signe d'adoration ; la main droite est ramenée sur la poitrine, les jambes sont écartées. Puis l'initié, avec les mains ramenées à la ceinture, le corps de face, la tête de profil à droite, une barbe courte, un béret plat strié, une longue robe brodée à plis droits passant en écharpe sur l'épaule gauche et laissant l'épaule et le bras droits découverts. Derrière lui, dans le champ, en haut, trois globes posés en forme de triangle, et, en bas, un scorpion ; enfin, un adorant de profil à droite, vêtu comme l'initié, la main droite tendue en avant en signe d'adoration et la main gauche ramenée à la ceinture. Derrière la divinité, personnage barbu, court vêtu, coiffé du béret rond à rebord, tenant des deux mains un signe inconnu, longue tige droite doublement recourbée en haut et se terminant par une tête d'animal? peut-être un long serpent.

Porphyre noir. — H. 0,027. D. 0,017.

132. — Divinité assise à gauche, coiffée du béret rond à rebord, vêtue d'une longue robe brodée passant en écharpe sur l'épaule gauche et laissant à découvert l'épaule et le bras droits ; la main droite, tendue en avant, tient l'ampulla ; la main gauche est ramenée à la ceinture. Dans le champ supérieur, croissant de la lune, symbole de Sin. Devant le Dieu et tourné vers lui, l'initié avec bonnet rond à rebord et longue robe à franges passant en écharpe sur l'épaule gauche et laissant à découvert l'épaule et le bras droits ; les deux mains sont ramenées à la ceinture ; derrière l'initié, le pontife debout, de profil à droite, coiffé et vêtu de même, les mains levées en avant en signe d'adoration. Enfin un objet inconnu, en forme de tige striée, se divisant dans la partie supérieure en deux branches recourbées se terminant chacune par une tête d'animal fantastique, peut-être un candélabre.

Hématite. — H. 0,022. D. 0,011.

132 *bis*[1]. — Un Dieu assis, de profil à gauche ; la main droite, tendue en avant, tient un sceptre? la main gauche est ramenée à la ceinture ; il est vêtu d'une longue robe à volants plissés, coiffé du bonnet en forme de tiare, avec boucles de cheveux derrière la tête, et porte une longue barbe. Devant lui, dans le champ supérieur, un chien accroupi, de profil à gauche ; dans le champ inférieur, le bâton en forme de pedum et un autel. Derrière lui, un chevreau, accroupi de profil à gauche, la tête tournée en arrière, et, en dessous, deux tiges croisées et terminées chacune en haut par deux globes et en bas par deux autres globes plus gros. Devant la divinité, un adorant, debout, de profil à droite, la main gauche ramenée à la ceinture, la main droite levée en avant en signe de prière, vêtu d'une longue robe brodée, barbu, coiffé du béret rond à rebord. Derrière ce personnage, longue tige ondulée représentant sans doute un serpent dressé sur sa queue. — Enfin inscription de deux lignes en caractères du style archaïque de Babylone.

[1] Voyez planche **XXXVII**. *Addenda.*

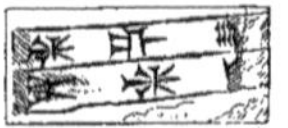

An-Mar-tu   Le dieu Martu,
tur An . . .   fils du dieu . . . .

Hématite. — H. 0,025. D. 0,013.

133. — Divinité assise de profil à gauche sur un trône à double coussin et surélevé d'un degré. Elle est coiffée du bonnet plat strié, a une longue barbe, est vêtue d'une robe à volants plissés passant en écharpe sur l'épaule gauche et laissant à découvert l'épaule et le bras droits; la main gauche est ramenée à la ceinture; la main droite, tendue en avant, tient l'ampulla. Dans le champ supérieur, devant le Dieu, le croissant de la lune, symbole de Sin; puis un adorant debout de profil à droite, la main gauche ramenée à la ceinture, la main droite levée en avant en signe d'adoration; il a une longue barbe, est coiffé du bonnet plat strié et vêtu d'une longue robe à franges. Derrière lui, le pontife debout de profil à droite, les deux mains levées en avant en signe d'adoration, avec bonnet en forme de tiare, cheveux bouclés derrière la tête, robe à plis striés. Entre ces deux derniers personnages, dans le champ supérieur, une étoile à six rayons. Derrière le Dieu, tige avec saillie centrale, symbole de la Justice.

Porphyre vert foncé. — H. 0,022. D. 0,012.

134. — Divinité assise, de profil à gauche, sur un trône surélevé d'un degré et à coussins; (la cassure de la pierre empêche de distinguer la tête). Elle est vêtue d'une longue robe brodée passant en écharpe sur l'épaule gauche et laissant à découvert l'épaule et le bras droits; la main droite, tendue en avant, tient l'ampulla; la main gauche est ramenée à la ceinture. Devant elle, dans le champ supérieur, croissant de la lune, symbole de Sin; dans le champ inférieur, un animal accroupi à droite, cercopithèque; puis l'initié, avec barbe courte, bonnet plat strié, longue robe brodée passant sur l'épaule gauche et laissant à découvert l'épaule et le bras droits; les mains sont ramenées à la ceinture. Derrière ce dernier, dans le champ, en haut, une ampulla; en bas, tige avec saillie centrale, symbole de la Justice; puis le pontife barbu, avec bonnet en forme de tiare, cheveux longs et bouclés derrière la tête, longue robe à volants plissés, les deux mains levées en avant en signe d'adoration. — Inscription de deux lignes en caractères du style lapidaire de Babylone.

Ma (?)-ta-a-ku   Matâku,
Nit An-Mar-tu   Serviteur du dieu Martu.

Hématite. — H. 0,025. D. 0,014.

134 *bis*[1]. — Un Dieu, assis sur un trône à double coussin surélevé d'un degré, tient l'ampulla de la main droite tendue en avant; la main gauche est ramenée à la ceinture; il porte une longue robe à franges passant en écharpe sur l'épaule gauche; il a une longue barbe, est coiffé

---

[1] Voyez planche XXXVIII. *Addenda.*

du bonnet rond à rebord; derrière lui, dans le champ inférieur, le bâton recourbé en forme de pedum; devant lui, dans le champ supérieur, croissant de la lune, symbole de Sin; puis l'initié imberbe, debout, le corps de face, la tête de profil à droite, vêtu d'une longue robe à franges passant en écharpe sur l'épaule gauche, et coiffé du bonnet plat strié; derrière lui, dans le champ en haut, ampulla et tige avec saillie centrale, symbole de la Justice; enfin le pontife, debout de profil à gauche, vêtu d'une longue robe brodée et à plis, les deux mains levées en avant en signe d'adoration et la tête couverte d'un bonnet en forme de large bandeau. — Inscription de deux lignes en caractères du style archaïque de Babylone.

<table>
<tr><td>Na - ra - am - An - en - zu</td><td>Naram-Sin [1],</td></tr>
<tr><td>nit An - Mar - tu</td><td>Serviteur du dieu Martu.</td></tr>
</table>

Hématite. — H. 0,027. D. 0,016.

135. — Divinité assise de profil à gauche sur un trône à triple coussin et surélevé d'un degré, avec longue barbe tombante, béret à rebord et longue robe brodée à plis droits passant en écharpe sur l'épaule gauche; la main gauche est ramenée à la ceinture; la main droite, tendue en avant, tient l'ampulla. Devant elle, dans le champ supérieur, le croissant de la lune et le disque rayonnant du soleil, symboles de Sin et de Samas; puis l'initié, les mains ramenées à la ceinture, dans la pose de l'attente; le corps est de face, la tête est nue et de profil à droite; il est imberbe et vêtu d'une longue robe brodée à plis droits passant en écharpe sur l'épaule gauche et laissant à découvert l'épaule et le bras droits. Derrière l'initié, dans le champ, en haut, une ampulla, et, en bas, le signe en forme de tige avec saillie centrale, symbole de la Justice; puis le pontife, les deux mains levées en avant en signe d'adoration; il est de profil à droite, coiffé du bonnet à cornes avec cheveux longs et bouclés derrière la tête, et vêtu d'une longue robe à volants plissés. Derrière le Dieu, Héa-Bani, avec longue barbe et bonnet à cornes; les oreilles et le bas du corps sont ceux d'un taureau; il tient par les pattes un lion debout et furieux.

Hématite. — H. 0,024. D. 0,015.

135 bis[2]. — Un Dieu assis de profil à gauche sur un siège soutenu par un taureau accroupi de profil à droite; il a une longue barbe, est coiffé du béret plat strié; sa main droite, tendue en avant, tient l'ampulla; sa main gauche est ramenée à la ceinture; il est vêtu d'une longue robe brodée et à plis droits striés. Derrière lui, Héa-Bani, avec le bas du corps d'un taureau, le buste et la tête d'un homme, une longue barbe, un bonnet plat et des cornes de taureau; il est de trois quarts à gauche et tient de ses deux mains par les pattes de derrière un lion dressé sur ses pattes de devant, de profil à droite, la tête relevée. Devant la divinité, dans le champ supérieur, le disque du soleil dans le croissant de la lune, symboles de Sin et de Samas; puis, une ampulla; en dessous, un poisson dressé sur sa queue et le bâton avec saillie centrale, symbole de la Justice. On voit ensuite une série de trois personnages: le premier, debout, de profil à

<hr>

[1] Le nom de Naram-Sin est comme celui de Sin-indinnam (Supra n° 104, p. 75) très fréquent en Chaldée; il a été porté par un des plus anciens rois de Sippar (Agadé) dont le règne remonte au XXXVIII° siècle (3750) avant notre ère. Voyez Supra, Introduction, p. 11.

[2] Voyez planche XXXVIII, Addenda.

droite, barbu, coiffé du bonnet plat strié, les deux mains levées en signe d'adoration ; il est vêtu d'une longue robe brodée avec ceinture à plis striés, ouverte devant vers le bas et laissant voir la jambe gauche ; le second est identiquement pareil au premier si ce n'est que sa robe passe en écharpe sur l'épaule droite laissant voir l'épaule et le bras gauches et que la main droite est ramenée à la ceinture. Entre ces deux personnages, dans le champ supérieur, une étoile, et, plus bas, trois petits globes? Le troisième personnage paraît être l'aide des sacrifices ; il est debout, de profil à droite, imberbe, porte le bonnet strié et un vêtement court passant en écharpe sur l'épaule gauche et laissant à découvert l'épaule et le bras droits, la main gauche est ramenée à la ceinture, le bras droit tombe naturellement en arrière.

Hématite. — H. 0,022. D. 0,013.

136. — Divinité assise à droite sur un trône à degrés ; elle est coiffée d'un béret plat strié et vêtue d'une longue robe brodée à plis droits passant sur l'épaule droite en écharpe et laissant l'épaule et le bras gauches à découvert. Dans le champ supérieur, devant lui, petit animal ? de profil à gauche (un cheval?). Devant le Dieu, personnage de profil à gauche, coiffé d'un béret plat strié, vêtu d'une robe brodée courte et ouverte devant ; la main gauche est tendue en avant en signe d'adoration. Derrière le Dieu, le pontife de profil à droite, les deux mains levées en signe d'adoration, avec bonnet à cornes, cheveux longs et bouclés derrière la tête et longue robe à volants plissés. Entre ces deux derniers personnages, l'aide des sacrifices, coiffé d'un béret plat et vêtu d'une robe courte, brodée, ouverte par devant et laissant à découvert la jambe gauche. Dans le champ, plusieurs signes presque invisibles.

Hématite. — H. 0,018. D. 0,009.

137. — Divinité assise de profil à gauche sur un trône à double coussin surélevé d'un degré, avec barbe longue tombante, béret rond à rebord, brobe rodée à plis droits passant en écharpe sur l'épaule gauche et laissant à découvert l'épaule et le bras droits ; la main gauche est ramenée à la ceinture ; la main droite, tendue en avant, tient l'ampulla. Devant elle, dans le champ supérieur, croissant de la lune, symbole de Sin ; en dessous, cercopithèque accroupi de profil à droite ; puis l'initié, tête nue, cheveux courts, les deux mains ramenées à la ceinture et vêtu d'une longue robe brodée à plis droits passant en écharpe sur l'épaule gauche et laissant à découvert l'épaule et le bras droits. Derrière l'initié, dans le champ supérieur, une ampulla, et, en dessous, la tige avec saillie centrale, symbole de la Justice ; puis le pontife, les mains tendues en avant en signe d'adoration ; il est de profil à droite, vêtu d'une longue robe à volants plissés, coiffé du béret rond à rebord avec cheveux bouclés derrière la tête. Derrière le Dieu, deux personnages séparés par un trait : Héa-Bani, avec une longue barbe, les oreilles, les cornes et le bas du corps d'un taureau, et un homme nu, coiffé d'un béret plat strié. (Ces deux personnages occupent la place préparée pour une inscription et ne paraissent pas du même travail.)

Hématite. — H. 0,026. D. 0,017.

138. — Divinité assise de profil à gauche sur un trône à triple coussin, avec longue barbe tombante, béret rond à rebord et longue robe brodée à plis droits passant en écharpe sur l'épaule gauche et laissant à découvert l'épaule et le bras droits ; la main gauche est ramenée à la ceinture ; la main droite, tendue en avant, tient l'ampulla. Devant elle, dans le champ supérieur, croissant de la lune et disque rayonnant du soleil, symboles de Sin et de Samas. Puis l'initié (peut-

être une femme), avec cheveux courts, longue robe brodée à plis droits passant sur l'épaule gauche et laissant à découvert l'épaule et le bras droits; les mains sont ramenées à la ceinture, le corps est de face, la tête de profil à droite. Derrière l'initié, le pontife, de profil à droite, les deux mains levées en signe d'adoration; il est coiffé du bonnet à cornes et a une longue robe à volants plissés. Enfin un groupe composé de deux représentations de Héa-Bani avec une barbe longue, les oreilles, les cornes et le bas du corps d'un taureau. Les deux Héa-Bani se tiennent par une main et lèvent l'autre en signe d'adoration; les deux têtes sont de face et les deux corps sont tournés l'un vers l'autre.

Lapis-lazuli. — H. 0,022. D. 0,012.

139. — La scène se compose de deux groupes. — Le premier représente une divinité assise de profil à gauche; la main droite, tendue en avant, tient l'ampulla; la main gauche est ramenée à la ceinture. Elle a une longue barbe, est coiffée du béret rond à rebord et vêtue d'une longue robe brodée à plis droits passant en écharpe sur l'épaule gauche et laissant à découvert l'épaule et le bras droits. Devant le Dieu, dans le champ inférieur, un petit personnage de profil à droite, un genou en terre, la main gauche tendue vers le Dieu et la tête couverte d'une coiffure striée. En haut, un autre personnage plus petit, de profil à gauche, ayant également un genou en terre et les bras abaissés en avant, un signe que l'on ne peut distinguer et le disque rayonnant du soleil dans le croissant de la lune, symboles de Sin et de Samas; puis un personnage, de profil à droite, les deux mains ramenées à la ceinture, avec longue barbe, béret rond à rebord, longue robe à pans brodés, ouverte sur le devant et laissant voir une partie des jambes. Derrière le Dieu, un personnage (le sacrificateur?) de profil à gauche; la main droite, tendue, tient un glaive; la main gauche est abaissée en avant; il a une longue barbe, est coiffé du bonnet en forme de tiare et vêtu d'une longue robe brodée, ouverte sur le devant. Dans le champ, devant lui, en haut, signe inconnu; au milieu, animal indéterminé, debout, de profil à droite; en bas, petit personnage renversé sur le dos; derrière lui une torche enflammée? et, en dessous, un petit animal de profil à gauche. — Le deuxième groupe montre un personnage de profil à gauche, la main droite levée en avant, la main gauche ramenée à la ceinture; il est vêtu d'une longue robe brodée passant en écharpe sur l'épaule gauche. Devant lui, autre personnage, la tête de profil à droite, le corps de face, les deux mains tendues en avant à droite et à gauche; il est vêtu d'une tunique courte brodée avec ceinture et laissant à découvert une partie des jambes. Entre ces deux personnages, cercopythèque accroupi, de profil à gauche.

Hématite. — H. 0,020. D. 0,011.

SUITE DE L'ÉCOLE DE UR

D. — CÉRÉMONIES DIVERSES

Nous rattachons les Cylindres qui vont suivre à l'école de Ur, bien que le travail en soit différent; mais les sujets nous ont paru inspirés par les idées qui avaient cours dans la Basse-Chaldée et qui étaient particulièrement traités par les artistes de ce pays; ils nous présentent, en effet, des scènes analogues et faciles à reconnaître d'après la pose des personnages.

140. — Divinité assise de profil à gauche sur un trône bordé de franges, avec longue robe brodée et à volants passant en écharpe sur l'épaule gauche et laissant à découvert l'épaule et le bras droits; elle est barbue, coiffée du bonnet en forme de tiare avec cheveux longs tombant derrière la tête; la main gauche est ramenée à la ceinture, la main droite levée en avant tient un objet difficile à déterminer composé d'une tige s'élargissant vers le haut, peut-être une fleur? Sur les épaules du Dieu, et s'élevant à droite et à gauche, deux ornements semblables avec feuillage autour de la tige. Devant le Dieu, un adorant debout de profil à droite, avec longue robe à plis droits et ceinture, longue barbe séparée en tresses, bonnet à cornes et cheveux bouclés derrière la tête; les deux mains sont tendues en avant vers le Dieu. Ce personnage est entouré de rameaux ou de fleurs, dont six à ses pieds, deux partant de la ceinture, deux des épaules et deux du sommet de la tête. Derrière lui, un autre adorant vêtu et posé comme lui mais n'ayant aucun ornement de fleurs si ce n'est un court rameau sur la tête. — Puis viennent deux lignes d'écriture cunéiformes d'un style très archaïque[1] et un troisième adorant ayant même pose et même costume que le précédent, si ce n'est que son bonnet à cornes est orné d'une proéminence élevée en forme de cône à triple rang de cornes. — Enfin un petit personnage debout, de profil à droite, la main droite ramenée à la ceinture, la main gauche levée en avant en signe d'adoration; il est vêtu d'une longue robe passant en écharpe sur l'épaule droite et laissant l'épaule et le bras gauches à découvert; il est coiffé du béret plat strié avec cheveux tombant derrière la tête. — Ce cylindre est légèrement concave.

Da - da[1]   Dada,
avil ram   homme Mesureur.

(OPPERT.)

Porphyre vert foncé. — H. 0,039. D. 0,021.

[1] Cette courte inscription présente une grande difficulté à l'interprétation; elle a cependant un véritable intérêt. Rien ne prouve qu'elle soit écrite dans la langue sémitique de la Chaldée; elle pourrait nous cacher un des anciens idiomes qui ont été parlés dans la Mésopotamie Inférieure avant l'établissement des Sémites. Le travail de l'intaille ne s'opposerait pas à cette hypothèse et les découvertes récentes de M. de Sarzec la justifieraient au besoin.

(MENANT.)

[1] Le mot *da-da* se trouve également sur un magnifique cylindre en jaspe rose du Musée de Vienne provenant de la Collection Rich et reproduit par Lajard, *Mithra*, planche XIX, n° 1, et par Cullimore, n 138.

(MENANT.)

141. — Divinité assise sur un siège en forme d'X, de profil à gauche; elle est vêtue d'une longue robe à volants plissés passant en écharpe sur l'épaule gauche et laissant à découvert l'épaule et le bras droits; la main gauche est ramenée à la ceinture, la main droite, tendue en avant, tient l'ampulla; elle est barbue, coiffée d'un béret plat avec cheveux tombant derrière la tête. Dans le champ supérieur devant elle, le croissant de la lune, symbole de Sin; puis un autel en forme de fût de colonne d'où s'échappent quatre grandes gerbes de flammes; de l'autre côté de l'autel on voit un personnage fantastique [1]; le haut du corps est de forme humaine; il est vêtu d'un corsage plissé passant en écharpe sur l'épaule droite et laissant à découvert l'épaule gauche et coiffé d'un béret plat avec cheveux tombant derrière la tête; il porte une barbe courte; la main droite est ramenée à la ceinture, la main gauche est tendue en avant et tient l'ampulla; le bas du corps à partir de la ceinture n'est composé que de deux traits horizontaux pliés quatre fois sur eux-mêmes et se relevant en arrière en un zigzag imitant une queue de serpent. Dans le champ, devant le personnage fantastique, en haut, croissant de la lune, symbole de Sin, et, un peu plus bas, une étoile à six rayons. — Les côtés du cylindre sont fortement concaves.

Porphyre vert foncé. — H. 0,019. D. 0,029.

142. — Divinité assise de profil à gauche, avec robe brodée à volants, barbe longue, bonnet à cornes orné d'une saillie centrale et cheveux tombant derrière la tête; la main gauche est ramenée à la ceinture; la main droite, tendue en avant, tient une ampulla. — Devant le Dieu, deux lignes d'écriture en caractères du style archaïque de Babylone. — De l'autre côté de cette inscription on voit d'abord un personnage de profil à droite avec longue robe à plis droits, barbe longue divisée en tresses, bonnet à cornes et cheveux tombant derrière la tête; les deux mains sont ramenées à la ceinture; puis un adorant debout, de profil à droite, vêtu d'une longue robe à bande brodée sur le devant et à franges dans le bas; il semble être tête nue et avoir les cheveux coupés ras; la main droite est ramenée à la ceinture, la main gauche est levée en avant en signe d'adoration; enfin un troisième personnage vêtu et posé comme le second, si ce n'est que ses deux mains sont ramenées à la ceinture.

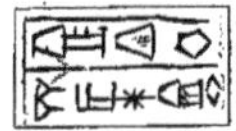

Ka-šu-uḥ   Ka-suh,
tur Ur-An-sak-ki.   fils d'Avil-Marduk.
                  (Oppert.)

Lapis-lazuli. — H. 0,018. D. 0,010.

143. — Divinité assise de profil à gauche; elle est vêtue d'une longue robe à volants plissés, le bras gauche est ramené à la ceinture, la main droite est levée en avant et tient une ampulla; elle est barbue et coiffée du bonnet à cornes avec bouton central. Dans le champ supérieur, en face du Dieu, le croissant de la lune, symbole de Sin; puis deux lignes verticales sur toute la

---

[1] Ce monstrueux personnage se rapporte à quelque légende encore inexpliquée et qui devait cependant être très populaire, car nous connaissons au moins cinq cylindres qui reproduisent identiquement le même sujet. Voyez d'abord, F. Lajard, *Mithra*, planche XLII, n° 3; — un sujet analogue a été proposé à la Bibliothèque nationale, Cabinet des médailles, et n'a point été acquis; — la Collection du Louvre en renferme un semblable; — nous pouvons citer celui qui nous occupe; — et enfin un cinquième qui nous avait été offert et que nous n'avons pu retrouver.

(Menant.)

hauteur du cylindre et qui figurent la porte d'un temple, deux lignes horizontales au sommet et une seule ligne en bas. Derrière le Dieu, tige avec de nombreux rameaux représentant l'arbre sacré; devant le Dieu, un pontife debout, de profil à droite, ouvre la porte du temple pour présenter l'initié à la divinité; il est vêtu d'une longue robe à plis droits, porte une barbe longue divisée en tresses et un bonnet à cornes avec saillie centrale; vient ensuite l'initié semblable au précédent mais qui a les deux mains ramenées à la ceinture, et, sur chaque épaule, une gerbe de rayons. Enfin on voit un troisième personnage vêtu et posé comme le dernier mais sans ornement sur les épaules [1].

Porphyre noir. — H. 0,034. D. 0,021.

144. Divinité assise de profil à gauche, sur un siège en forme de pliant; elle est vêtue d'une longue robe avec bandes de broderies et franges vers le bas; elle est barbue, coiffée d'un bonnet plat avec longue mèche de cheveux relevée par derrière; la main droite est tendue en avant et tient l'ampulla, la main gauche est ramenée à la ceinture. Derrière le Dieu, l'arbre sacré; devant lui, dans le champ supérieur, étoile à sept rayons; puis un personnage debout, de profil à droite, vêtu d'une longue robe avec bande de broderies par devant et franges dans le bas, et coiffé d'un bonnet plat avec longue mèche de cheveux relevée en arrière; la main droite est ramenée à la ceinture; la main gauche, tendue en avant, tient un objet ressemblant à un glaive ou à une torche et qu'il paraît présenter à la divinité. Derrière ce personnage, trois autres se succèdent, vêtus et posés comme lui, si ce n'est que leurs mains sont ramenées à la ceinture.

Porphyre noir. — H. 0,026. D. 0,020.

145. — Divinité assise, de profil à droite; elle est barbue, vêtue d'une longue robe avec bande brodée et franges dans le bas, coiffée d'un bonnet rond avec mèches de cheveux relevées derrière la tête; la main droite est ramenée à la ceinture; la main gauche, levée en avant, tient l'ampulla? Devant elle, dans le champ supérieur, croissant de la lune, symbole de Sin; au centre du croissant, un signe inconnu. Derrière le Dieu, un arbre (l'arbre sacré?) et un personnage fantastique, debout, de profil à droite; sa tête est celle d'un animal et porte deux longues cornes de taureau; il est vêtu d'une longue robe à plis droits; la main droite est ramenée à la ceinture, la main gauche est tendue en avant en signe d'adoration. Devant le Dieu, autre personnage fantastique, debout, de profil à droite; il semble être nu (?), a le corps d'un homme, ramène à la ceinture la main gauche et tend en arrière, vers le Dieu, la main droite; sa tête, également retournée en arrière, est celle d'un oiseau à long bec sur lequel est placée une huppe et au sommet de laquelle sont posées des cornes de taureau. Derrière ce personnage, un arbre.

Porphyre jaune. — H. 0,024. D. 0,013.

146. — Divinité assise à gauche sur un trône carré, vêtue d'une longue robe, coiffée d'un bonnet à cornes, avec boucles de cheveux derrière la tête; la main droite, tendue en avant, tient l'ampulla; la main gauche est ramenée à la ceinture. Dans le champ supérieur, devant le Dieu, croissant de la lune, symbole de Sin; puis, placé devant lui à terre, un autel en forme d'X sur lequel sont placées des offrandes. Derrière l'autel, un adorant, imberbe, coiffé du béret

---

[1] Nous sommes bien tentés, après nouvel examen, de rapprocher cette scène de celle que nous avons indiquée, *Supra*, p. 66, n° 85, à propos d'un cylindre de l'Ecole de Zirghoul; il y aurait là, selon nous, l'ébauche de la même idée. Voyez au surplus, Menant, *Glyptique orientale*, 1re partie, p. 121.

plat, vêtu d'une longue robe, le bras droit ramené à la ceinture, le bras gauche tendu en avant;
enfin vient l'initié vêtu comme lui avec les deux mains ramenées à la ceinture.

Lapis-lazuli. — H. 0,022. D. 0,012.

147. — Divinité assise de profil à gauche, la main droite tendue en avant, la main gauche
ramenée à la ceinture; elle est barbue, coiffée d'un bonnet rond avec cheveux bouclés derrière la
tête et vêtue d'une longue robe à plis droits. En face d'elle, un personnage barbu, de profil à
droite, les deux mains ramenées à la ceinture et avec longue robe à plis droits. — Inscription de
quatre lignes en caractères du style archaïque de Babylone dont le sens général est difficile à
déterminer bien que la lecture des signes soit assurée. (Ce cylindre paraît être d'une date plus
récente que les précédents.)

Tar·ba·su	Prospérité
mu·ba–li–it	vivifiante,
An·ṣur (?)·ut	par le dieu Mérodach,
ri·me·ni	le Miséricordieux [1].

(Oppert.)

Porphyre jaune. — H. 0,028. D. 0,014.

148. — Divinité assise de profil à droite, avec barbe longue, bonnet à cornes, longue robe à
volants, la main gauche tendue en avant tenant un sceptre. Devant elle, le pontife, avec longue
barbe et longue robe à plis droits, présente l'initié qu'il tient de la main gauche; celui-ci est
barbu et porte une longue robe à plis droits. Derrière ce dernier, deux personnages de face,
barbus, avec longue robe à plis droits et bonnet à cornes. Entre eux, dans le champ, longue tige
verticale surmontée d'une étoile à cinq rayons.

Porphyre noir moucheté de jaune. — H. 0,033. D. 0,021.

149. — Divinité assise de profil à droite, barbue, avec bonnet à cornes, robe longue
à volants passant en écharpe sur l'épaule droite et laissant à découvert l'épaule et le bras gauches,
la main gauche tendue en avant tenant le sceptre? la main droite ramenée à la ceinture. Dans le
champ supérieur, devant elle, croissant de la lune, symbole de Sin, et étoile à huit rayons; dans
le champ inférieur, un autel en forme de fût de colonne strié. Devant le Dieu, le pontife, avec
bonnet à cornes, robe longue à plis droits, la main droite, tendue en avant, présente de la main
gauche l'initié qu'il a saisi par la main droite; ce dernier barbu, coiffé d'un béret rond, vêtu
d'une longue robe, apporte en offrande sur son bras gauche un animal cornu (un chevreau).
Devant l'initié, dans le champ supérieur, étoile à huit rayons; dans le champ inférieur, symbole inconnu. Entre deux lignes de caractères cunéiformes, l'aide des sacrifices, barbu, de profil

---

[1] Il me semble qu'il faut lire la première ligne : *Tar-ba-su;* la troisième ligne, assez mal exécutée, mais fidèlement rendue par le dessin, paraît contenir le nom de Mérodach, dont l'épithète est *Rimeni*, le Miséricordieux.

à gauche, avec béret rond, cheveux bouclés derrière la téte, longue robe brodée sur le devant, la main gauche levée en signe d'adoration et la main droite tenant le panier aux offrandes.

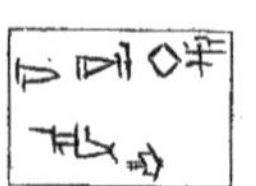

Ni·ni·a·hi·tuv   Niniahitu [1]
al (?)·ul   . . . .

(OPPERT.)

Porphyre vert clair. — H. 0,027. D. 0,018.

150. — Ce cylindre est divisé en deux registres séparés par un double trait. — Au registre supérieur, on voit une divinité barbue, assise de profil à droite, vêtue d'une longue robe à volants plissés, coiffée d'un béret rond peu élevé, avec cheveux tombant derrière la téte et une longue mèche relevée en l'air; la main droite est ramenée à la ceinture; la main gauche, tendue en avant, tient l'ampulla. Derrière le Dieu, un adorant debout, de profil à droite, vêtu d'une longue robe à bande brodée par devant et à franges dans le bas; il est coiffé comme le Dieu et ses deux mains sont ramenées à la ceinture; derrière lui un arbre (l'arbre sacré). Devant le Dieu, autre adorant debout, de profil à gauche, vêtu et coiffé comme le précédent, la main gauche ramenée à la ceinture, la main droite levée en avant et tenant un objet inconnu. Enfin, un aide des sacrifices, debout, de profil à gauche, vêtu et coiffé comme l'adorant, présente de la main droite abaissée en avant un objet difficile à déterminer, peut-être le couteau des sacrifices; la main gauche tombant en arrière tient le panier aux offrandes. — Le registre inférieur représente un personnage barbu, coiffé d'un béret plat, avec cheveux longs derrière la téte, Isdubar sans doute, de profil à gauche, tenant de ses deux mains écartées à droite et à gauche deux antilopes dressées vers lui, la tête rejetée en arrière. Derrière chaque antilope, et dressé vers elles, un lion furieux, la queue relevée, qui s'apprête à les dévorer; enfin, sorte de candélabre, composé d'une tige terminée en bas par un triangle, coupé au milieu par deux traits formant anneau et surmonté d'une étoile à huit ou neuf rayons. — Le sujet de ce second registre nous reporte aux scènes d'animaux fantastiques que nous avons signalées plus haut. Voyez *Supra*, p. 45, n°⁵ 42 à 45.

Porphyre noir. — H. 0,038. D. 0,014.

[1] Ce groupe de signes pourrait être sumérien et ne pas représenter un nom propre.

SUITE DE L'ÉCOLE DE UR

E. — LES SACRIFICES

A. — SACRIFICE DU CHEVREAU

151. — Le sacrificateur, de profil à gauche, la main gauche ramenée à la ceinture, la main droite abaissée en avant tenant le couteau sacré; il est coiffé du bonnet en forme de tiare et vêtu d'une longue robe à volants plissés. En face de lui, l'offrant portant le chevreau sur son bras gauche, la main droite ramenée à la ceinture; il semble barbu, est coiffé d'un bonnet strié et vêtu d'une longue robe à volants plissés. — Inscription de quatre lignes en caractères du style monumental de Babylone.

Ni-ni-i-din-nam	Ili-idinnam,
tur An-ba-ni	fils de Ilu-bani,
nit An....	Serviteur du dieu . . . . .
au An-nin . .	et de la déesse . . . .

Hématite. — H. 0,028. D. 0,014.

152. — Le sacrificateur, de profil à gauche, avec la main gauche ramenée à la ceinture, la main droite abaissée en avant tenant le couteau, la jambe droite tendue en avant reposant sur l'escabeau, barbe longue, bonnet élevé en forme de tiare, cheveux bouclés derrière la tête, longue robe sans ornements ouverte sur le devant. Devant lui, l'offrant, de profil à droite, présente le chevreau de la main gauche, la main droite est ramenée à la ceinture; il est barbu, coiffé du béret à rebord et vêtu d'une longue robe sans ornements ouverte sur le devant. Derrière lui, un adorant, de profil à droite, les deux mains tendues en avant en signe d'adoration; il est imberbe, coiffé

d'un bonnet en forme de tiare avec cheveux longs et bouclés derrière la tête, et vêtu d'une longue robe à côtes. — Inscription de deux lignes en caractères du style lapidaire de Babylone.

Ra - ma - at   Ramat,
tur - sal An - bel - zu - su - ri - tuv.   fille de Sin-surit.

Hématite. — H. 0,022. D. 0,012.

153. — Le sacrificateur de profil à gauche, avec barbe courte, bonnet rond à cornes, longue robe à plis droits ouverte sur le devant et serrée à la taille par une ceinture, la main gauche ramenée à la poitrine, la main droite tendue en avant tenant un signe inconnu composé d'une tige surmontée de deux autres tiges enlacées en zigzag; de cette même main il semble tenir une laisse se rattachant au cou d'un taureau accroupi sur lequel il pose la jambe droite. Devant lui, l'offrant, de profil à droite, apporte sur le bras gauche le chevreau; la main droite est tendue en avant en signe d'adoration; il est barbu, coiffé d'un béret à rebord et vêtu d'une longue robe à plis droits striés. Entre ces deux personnages, dans le champ, disque du soleil dans le croissant de la lune, symboles de Sin et de Samas. Derrière l'offrant, l'aide des sacrifices de profil à droite, barbu, coiffé d'un bonnet rond, vêtu d'une longue robe brodée, la main droite ramenée à la ceinture et la main gauche tendue en avant tenant un vase d'où s'échappent deux gerbes d'eau sacrée. En haut, dans le champ, un oiseau? — Inscription de trois lignes en caractères du style lapidaire de Babylone.

An - ri - (?) - mu - ba - ni - it   Tavat-mubanit,
tur Itti-ya   fils de Ittiya,
nit sa An - im.   Serviteur du dieu Bin.

Hématite. — H. 0,026. D. 0,013.

154. — Le sacrificateur, de profil à gauche, la main gauche ramenée à la ceinture, la main droite, tendue en avant, tenant le couteau verticalement; il est barbu, coiffé d'un bonnet en forme de tiare et vêtu d'une longue robe à plis droits ouverte sur le devant et serrée à la taille par une ceinture; la jambe droite, tendue en avant, repose sur le scabellum. Devant le sacrificateur, dans le champ, cercopythèque accroupi de profil à droite, puis l'offrant, de profil à droite, présentant de la main gauche le chevreau; la main droite est levée en avant en signe d'adoration; il est barbu, coiffé du béret à rebord et vêtu d'une longue robe à plis droits. Derrière l'offrant, l'aide des sacrifices, de profil à droite; la main droite, tendue en avant, tient un vase contenant l'eau sacrée; de la main gauche, abaissée en avant, il porte le panier aux offrandes; il est imberbe, nu-tête, a les cheveux ras et n'est vêtu que d'une sorte de vêtement court. —

Inscription de deux lignes en caractères du style lapidaire de Babylone; la première ligne est fruste.

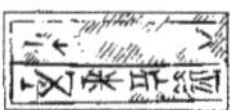

. . . .
nit An-Mar-tu   Serviteur du dieu Martu.

Hématite. — H. 0,019. D. 0,009.

155. — Le sacrificateur, de profil à droite, avec longue barbe, bonnet en forme de tiare et cheveux bouclés derrière la tête; la main gauche abaissée en avant tient le couteau sacré, la main droite est ramenée à la ceinture; il est vêtu d'une longue robe à plis droits ouverte devant et serrée à la taille par une ceinture, la jambe gauche tendue en avant repose sur le scabellum. Devant lui, dans le champ, en haut, croissant de la lune symbole de Sin; puis l'offrant, de profil à gauche, présentant de la main droite le chevreau et tenant la main gauche levée en signe d'adoration; il a une longue barbe, est coiffé d'un béret rond et vêtu d'une longue robe brodée ouverte sur le devant laissant voir une partie de la jambe droite; derrière lui, de profil à gauche, l'adorant, les deux mains tendues en avant en signe d'adoration; il semble barbu, est coiffé du bonnet en forme de tiare avec cheveux bouclés derrière la tête et vêtu d'une longue robe à volants plissés. Derrière le sacrificateur, un personnage dans une attitude martiale (que nous désignerons bientôt d'une manière plus précise), de profil à droite, barbe longue, coiffé d'un béret rond; le bras gauche tombe naturellement le long du corps, le bras droit est ramené à la ceinture; il est vêtu d'une tunique courte à pans laissant à découvert une partie des jambes; puis derrière lui, dans le champ supérieur, cercopithèque accroupi de profil à droite et groupe de quatre globes, deux plus petits et deux plus grands. En dessous, petit personnage mâle, le corps nu de face, la tête de profil à droite; il est coiffé d'un béret plat, tient la main gauche levée en avant au-dessus de sa tête; la main droite est ramenée à la ceinture, les jambes sont écartées.

Hématite. — H. 0,023. D. 0,014.

156. — La scène peut se diviser en deux groupes. — Premier groupe. — Le sacrificateur, de profil à droite, tient de la main gauche une espèce de sceptre composé d'une tige terminée à chaque extrémité par un globe sur lequel sont attachées quatre autres petites tiges superposées, terminées également par deux globes; la main droite est ramenée à la poitrine; deux armes, composées d'une tige terminée par une boule, sont passées dans la ceinture et paraissent à droite et à gauche du corps; il est barbu, coiffé d'un haut bonnet en forme de tiare avec cheveux bouclés derrière la tête et vêtu d'une longue robe à plis droits ouverte sur le devant et serrée à la taille par une ceinture; la jambe gauche, tendue en avant, repose sur le corps d'un animal accroupi, la tête est relevée et surmontée de cornes. En face de lui, l'offrant, de profil à gauche, présente le chevreau de la main droite, la main gauche est ramenée à la ceinture; il est barbu, coiffé d'un béret rond à rebord, vêtu d'une longue robe à plis droits, brodée, avec ceinture, ouverte sur le devant et laissant voir une partie de la jambe droite. — Second groupe. — Le sacrificateur, de profil à droite, ayant dans la main gauche une arme composée d'une tige terminée, en bas, par un globe, et, en haut, par un fer recourbé en forme de hache; la main droite tenant le couteau

14'

des sacrifices est relevée derrière la tête dans l'attitude de frapper; il est barbu, coiffé d'un haut bonnet en forme de tiare avec cheveux bouclés derrière la tête et vêtu d'une tunique courte; les jambes nues sont écartées et le pied gauche, tendu en avant, repose sur un animal accroupi dont la tête, portant de longues cornes, est relevée. Devant lui, un pontife, de profil à gauche, la main droite ramenée à la ceinture, la main gauche levée en avant en signe d'adoration; il est barbu, coiffé d'un béret rond à rebord et vêtu d'une longue robe à plis droits brodés. Entre ces deux personnages, dans le champ supérieur, croissant de la lune, symbole de Sin.

Hématite. — H. 0,024. D. 0,009.

157. — Nous trouvons encore deux groupes sur ce cylindre. — Premier groupe. — Le sacrificateur, de profil à gauche, avec longue barbe, bonnet en forme de tiare et cheveux bouclés derrière la tête; la main droite, abaissée en avant, tient le couteau sacré; la main gauche, ramenée à la ceinture, semble tenir une arme; il est vêtu d'une longue robe à plis droits, ouverte devant, avec franges au bas et ceinture serrant la taille; la jambe droite, tendue en avant, repose sur le scabellum. Dans le champ supérieur, disque rayonnant du soleil, symbole de Samas. Devant lui, l'offrant, de profil à droite, avec longue barbe et béret à rebord, présente de la main gauche le chevreau et tient la main droite levée dans l'attitude de l'adoration; il est vêtu d'une longue robe brodée, ouverte devant, laissant voir une partie des jambes; puis l'adorant, de profil à droite, barbu, coiffé du bonnet en forme de tiare, avec cheveux bouclés derrière la tête, les deux mains levées en signe d'adoration et vêtu d'une longue robe à volants plissés. Derrière le sacrificateur, l'aide des sacrifices, placé sur un scabellum surélevé de deux degrés; il est de profil à gauche, la main droite, tendue en avant, tient verticalement le couteau; la main gauche, ramenée à la ceinture, semble tenir une arme; il est imberbe, a les cheveux ras avec une mèche tombant sur le front et porte un vêtement court. — Second groupe. — Un pontife, de profil à gauche, la main gauche ramenée à la ceinture, la main droite abaissée en avant tenant une espèce de sceptre en forme de tige recourbée par le haut et terminée par une tête d'animal (un serpent); il a une barbe longue, est coiffé du bonnet en forme de tiare avec cheveux bouclés derrière la tête et vêtu d'une longue robe à plis droits, ouverte devant, serrée à la ceinture, avec franges dans le bas; la jambe droite, tendue en avant, repose sur le scabellum. Devant lui, de profil à droite, le pontife, la main gauche ramenée à la ceinture, la main droite levée en avant dans l'attitude de l'adoration; il a une barbe courte, est coiffé d'un béret rond strié et vêtu d'une longue robe brodée à plis droits.

Hématite. — H. 0,023. D. 0,015.

158. — Le sacrificateur, de profil à gauche, tenant de la main droite le couteau sacré, vêtu d'une longue robe à plis droits, la jambe droite tendue en avant reposant sur le scabellum. Devant lui, l'offrant, de profil à droite, la main droite levée en signe d'adoration, présente le chevreau de la main gauche; il est barbu, coiffé du béret à rebord et vêtu d'une longue robe à plis droits brodés. Derrière lui, l'adorant de profil à droite, les deux mains levées en signe d'ado-

ration, coiffé du bonnet en forme de tiare, avec cheveux bouclés derrière la tête et vêtu d'une longue robe à volants plissés. — Inscription de deux lignes presque invisibles.

. . . .
. . . .

Hématite. — H. 0,023. D. 0,011.

159. — Le sacrificateur, de profil à gauche, la main gauche ramenée à la ceinture, la main droite abaissée en avant et tenant le couteau en forme de scie; il est barbu, coiffé d'un bonnet en forme de tiare avec cheveux longs bouclés derrière la tête et vêtu d'une longue robe à plis droits avec ceinture et ouverte par devant; la jambe droite portée en avant repose sur l'escabeau. Devant lui, l'offrant, de profil à droite, présente un chevreau qu'il porte de la main gauche; la main droite est levée en signe d'adoration; il est coiffé d'un béret à rebord et vêtu d'une longue robe brodée ouverte par devant et laissant à découvert la jambe gauche. Dans le champ, entre ces deux personnages, croissant de la lune, symbole de Sin. Derrière l'offrant, tige en forme de candélabre, duquel semble s'élever une gerbe de flammes.

Hématite. — H. 0,026. D. 0.013.

160. — Le sacrificateur, de profil à gauche; la main droite, abaissée en avant, tient le couteau; la main gauche est ramenée à la ceinture; il est barbu, coiffé d'un bonnet haut à rebord, vêtu d'une longue robe à plis droits, avec ceinture et ouverte devant; la jambe droite, tendue en avant, repose sur l'escabeau. Devant lui, dans le champ, disque rayonnant du soleil intercalé dans le croissant de la lune, symboles de Sin et de Samas, et, en dessous, une espèce de candélabre composé d'une tige striée, surmontée de trois branches terminées chacune par une tête d'animal; puis vient le sacrificateur sous son autre type, de profil à droite; la main droite tombe naturellement le long du corps; la main gauche, ramenée à la ceinture, tient l'arme en forme de massue; il est barbu, coiffé du béret à rebord, vêtu d'une tunique courte à plis droits qui laisse à découvert une partie des jambes. Derrière lui, dans le champ supérieur, une tête de profil à droite; puis l'offrant, de profil à droite qui présente de la main gauche le chevreau; la main droite est ramenée à la ceinture; il est coiffé d'un bonnet en forme de tiare et vêtu d'une longue robe à plis droits striés. Derrière l'offrant, un adorant, de profil à droite, les mains levées en signe d'adoration; il est coiffé du bonnet en forme de tiare et vêtu d'une longue robe à plis droits avec ceinture. Entre les deux derniers personnages, dans le champ, un signe inconnu composé d'une tige se terminant par une tête d'animal. Derrière le sacrificateur, en haut, tête de profil à gauche, et, en bas, cercopythèque accroupi, de profil à gauche.

Hématite. — H. 0,024. D. 0,010.

161. — Le sujet de ce cylindre est divisé en deux groupes. — Premier groupe. — Le sacrificateur, de profil à gauche, la main gauche ramenée à la ceinture; la main droite, abaissée en avant, tient le couteau; il est coiffé d'un bonnet en forme de tiare et vêtu d'une longue robe à volants plissés. Dans le champ, en haut, disque rayonnant du soleil intercalé dans le croissant

de la lune, symboles de Sin et de Samas. Devant le sacrificateur, l'offrant, de profil à droite, présente le chevreau de la main gauche; la main droite est ramenée à la ceinture; il est vêtu d'une longue robe à volants plissés. (Une cassure empêche de distinguer la tête.) — Second groupe. — Divinité debout, de profil à gauche, la main gauche ramenée à la ceinture, la main droite tenant l'ampulla; elle semble barbue, porte un béret plat avec saillie au centre et les cheveux bouclés derrière la tête; elle est vêtue d'une longue robe à volants plissés. Devant elle un adorant, de profil à droite, la main droite tendue en avant en signe d'adoration, la main gauche ramenée à la ceinture; il semble barbu, est coiffé d'un bonnet à rebord élevé au centre et vêtu d'une longue robe à volants plissés. Entre ces deux personnages, dans le champ, en haut, disque rayonnant du soleil intercalé dans le croissant de la lune, symboles de Sin et de Samas; en bas, trois poissons de profil à gauche. Entre les deux groupes, d'un côté, une ligne d'écriture illisible; de l'autre inscription de deux lignes en caractères du style archaïque de Babylone.

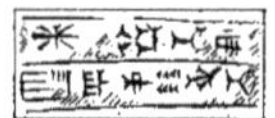

An‑nin‑gir‑su [1]	Le Dieu Ninip,
luḫ‑gal zi‑an‑na	grand Ministre de l'Esprit du Ciel.

(OPPERT.)

Hématite. — H. 0,024. D. 0,014.

162. — Le sujet est divisé en deux groupes. — Premier groupe. — Divinité assise de profil à gauche sur un trône ornementé et posé sur une estrade à poutres apparentes; ses pieds sont placés sur un coussin carré; elle a une longue barbe, est coiffée du bonnet en forme de tiare, avec cheveux bouclés derrière la tête; la main droite, tendue en avant, tient un sceptre ou une arme en forme de massue; la main gauche est ramenée à la ceinture; elle est vêtue d'une robe à volants richement brodée. Dans le champ supérieur, disque rayonnant du soleil intercalé dans le croissant de la lune, symboles de Sin et de Samas. Devant elle, l'offrant, de profil à droite, présente le chevreau de la main gauche; la main droite est ramenée à la ceinture; il a une longue barbe, est coiffé du béret à rebord et vêtu d'une longue robe richement brodée à plis droits, ouverte devant et laissant voir une partie des jambes. Derrière elle, dans le champ supérieur, petite tête d'homme, de profil à gauche, imberbe, avec cheveux ras et mèche sur le front; puis un pontife, avec la tête de face, le corps de profil à gauche, la main droite relevée en signe d'adoration, la main gauche ramenée à la ceinture, une large barbe, une longue robe à volants finement brodée et un béret surmonté d'une saillie carrée de la forme du modius; de ce béret tombent à droite et à gauche de la figure deux chaînettes terminées chacune par un globe. — Second groupe. — Isdubar, nu, la tête et le corps de face, les jambes de profil à droite; il a une large barbe, un béret rond, des boucles de cheveux de chaque côté de la tête et les deux mains ramenées à la ceinture; une d'elles tient sans doute un vase, que l'on ne voit pas, et duquel s'échappe un jet d'eau sacrée qui vient tomber dans une ampulla posée à terre. En face de lui, un pontife, de profil à gauche, la main gauche ramenée à la ceinture; la main droite

---

[1] Voyez, *Supra* n°ˢ 122 et 125.

tendue en avant, tient un vase d'où s'échappe une double gerbe d'eau sacrée qui tombe dans la même ampulla; il a une longue barbe, est coiffé du bonnet en forme de tiare, avec cheveux bouclés derrière la tête, et vêtu d'une longue robe à volants. Entre ces deux personnages, dans le champ supérieur, animal fantastique de profil à droite; la tête et les jambes de devant sont ceux d'un quadrupède, le corps et la queue ceux d'un poisson.

Hématite. — H. 0,023. D. 0,013.

163. — Le sacrificateur, de profil à gauche; la main gauche, ramenée à la ceinture, tient la massue; la main droite, abaissée en avant, tient le couteau en forme de scie; il a une longue barbe, est coiffé d'un bonnet en forme de tiare avec cheveux longs bouclés derrière la tête et vêtu d'une longue robe à plis droits, ouverte sur le devant et serrée à la taille par une ceinture; la jambe droite, tendue en avant, repose sur l'escabeau. Devant lui, dans le champ supérieur, croissant de la lune, symbole de Sin; puis l'offrant, de profil à droite, présente le chevreau de la main gauche et tient la main droite levée en signe d'adoration; il a une longue barbe, est coiffé du bonnet à rebord et vêtu d'une longue robe brodée à plis droits. Derrière le sacrificateur, Héa-Bani, la tête de face, le corps de profil à gauche, tient de ses deux mains une longue lance sur laquelle il s'appuie; il a une barbe touffue, est coiffé du bonnet en forme de tiare; les oreilles et le bas du corps sont ceux d'un taureau.

Hématite. — H. 0,023. D. 0,012.

164. — Le sacrificateur, de profil à gauche, la main gauche ramenée à la ceinture, la main droite, abaissée en avant, tenant le couteau; il a une longue barbe, est coiffé d'un bonnet en forme de tiare avec cheveux longs bouclés derrière la tête et vêtu d'une longue robe à plis droits ouverte sur le devant et serrée à la taille par une ceinture; la jambe droite, tendue en avant, repose sur l'escabeau. Devant lui, dans le champ supérieur, disque rayonnant du soleil dans le croissant de la lune, symboles de Sin et de Samas; en bas, tête de profil à droite; puis l'offrant, de profil à droite, présente le chevreau de la main gauche; la main droite est ramenée à la ceinture; il a une longue barbe, est coiffé d'un béret à rebord et vêtu d'une longue robe brodée ouverte sur le devant. Derrière le sacrificateur, Héa-Bani, la tête de face, le corps de profil à gauche, tient de ses deux mains une longue lance sur laquelle il s'appuie; il a une barbe touffue et porte un bonnet en forme de tiare; ses oreilles et le bas de son corps sont ceux d'un taureau.

Hématite. — H. 0,020. D. 0,010.

165. — Le sacrificateur, de profil à gauche, la main droite, abaissée en avant, tenant le couteau, la main gauche ramenée à la ceinture; il est imberbe, coiffé du bonnet à cornes avec boucles de cheveux derrière la tête et vêtu d'une longue robe à plis droits ouverte sur le devant avec ceinture et double écharpe brodée sur les épaules; la jambe droite, tendue en avant, repose sur l'escabeau. Devant lui, l'offrant, de profil à droite, présente le chevreau de la main gauche et tient la main droite levée en signe d'adoration; il est imberbe, coiffé d'un béret rond et vêtu d'une longue robe à plis droits striés, ouverte sur le devant et laissant voir une partie de la jambe gauche. Entre ces deux personnages, dans le champ, en haut, croissant de la lune, symbole de Sin; puis une longue tige striée et ondulée, serpent? En bas, un chevreau, de profil à gauche, debout

sur les pattes de derrière, et la tête renversée en arrière. Derrière le sacrificateur, dans le champ, en haut, une étoile; en bas, un poisson debout sur sa queue; puis, un pontife, de profil à gauche, les deux mains levées en signe d'adoration ; il est barbu, coiffé du bonnet à cornes avec boucles de cheveux derrière la tête et vêtu d'une longue robe à volants plissés. — Derrière ce dernier, trois registres de scènes superposées.—En haut, petit personnage nu, couché sur le dos, la main droite levée en l'air et coiffé d'un béret plat; derrière lui, une panthère accroupie de profil à gauche. Au milieu, trois antilopes à longues cornes passant à gauche l'une derrière l'autre. En bas, un Dieu assis, de profil à gauche; la main droite, tendue en avant, tient l'ampulla; la main gauche est ramenée à la ceinture; il est imberbe, coiffé d'un béret plat et vêtu d'une longue robe à volants plissés; devant lui, dans le champ supérieur, croissant de la lune, symbole de Sin, puis l'initié, imberbe, de profil à droite, la main gauche tendue en avant, la main droite ramenée à la ceinture; il a les cheveux ras et porte une tunique brodée ouverte sur le devant laissant voir en partie la jambe gauche; ensuite un pontife, de profil à droite, les mains levées en signe d'adoration et vêtu d'une longue robe à plis droits striés, et, enfin, un sacrificateur, de profil à droite, la main gauche levée en avant, la main droite tombant naturellement le long du corps et tenant la massue; il est imberbe, coiffé d'un béret plat et vêtu d'une tunique striée ouverte sur le devant et laissant voir la jambe gauche.

Hématite. — H. 0,029. D. 0,018.

166. — Le sacrificateur, de profil à gauche, la main droite, abaissée en avant, tenant le couteau, la main gauche ramenée à la ceinture; il est barbu, coiffé du bonnet en forme de tiare, avec cheveux bouclés derrière la tête, vêtu d'une longue robe à plis droits, ouverte sur le devant, avec ceinture; la jambe droite, levée en avant, repose sur l'escabeau. Devant lui, l'offrant, de profil à droite, avec les cheveux ras et une mèche sur le front, présente le chevreau qu'il tient sur le bras gauche; le bras droit est ramené à la ceinture; il est imberbe, vêtu d'une courte tunique ouverte sur le devant et brodée; puis un adorant de profil à droite, les deux mains levées en avant en signe d'adoration, coiffé du bonnet en forme de tiare avec cheveux bouclés derrière la tête et vêtu d'une longue robe à volants plissés. Derrière le sacrificateur, quatre petits personnages formant deux groupes superposés; en haut, le sacrificateur, de profil à gauche, la main droite, tendue en avant, tenant le couteau, la main gauche ramenée à la ceinture; il paraît barbu, coiffé d'un béret à triple saillie centrale et vêtu d'une tunique courte. En face de lui, un adorant, de profil à droite, la main droite levée en avant, la main gauche ramenée à la ceinture; il est imberbe, coiffé d'un béret rond et vêtu d'une longue robe brodée et à volants plissés. En dessous, l'initié, de profil à gauche, les deux mains ramenées à la ceinture, imberbe, coiffé d'un béret rond et vêtu d'une longue robe à plis droits et avec ceinture. En face de lui, un adorant, de profil à droite, la main gauche levée en avant, la main droite ramenée à la ceinture, coiffé d'un béret plat et vêtu d'une longue robe avec broderies.

Hématite. — H. 0,020. D. 0,008.

167. — Le sacrificateur, de profil à gauche, la main gauche ramenée à la ceinture, la main droite, abaissée en avant, tenant le couteau; il a une longue barbe, est coiffé d'un bonnet en forme de tiare, avec cheveux longs bouclés derrière la tête, et vêtu d'une longue robe à plis droits, ouverte devant et avec ceinture; la jambe droite, tendue en avant, repose sur un rocher. Devant lui, dans le champ supérieur, disque rayonnant du soleil dans le croissant de la lune, symboles

de Sin et de Samas; puis l'offrant, de profil à droite, présente de la main gauche le chevreau; la main droite est ramenée à la ceinture; il a une longue barbe, est coiffé du bonnet à rebord et vêtu d'une longue robe brodée ouverte devant et laissant voir la jambe gauche; enfin le pontife, de profil à droite, les deux mains levées en signe d'adoration, coiffé du bonnet en forme de tiare avec cheveux bouclés derrière la tête, et vêtu d'une longue robe à volants plissés. Derrière le sacrificateur, aide des sacrifices, de profil à gauche; sa main droite, tendue en avant, présente verticalement le couteau; sa main gauche, ramenée à la ceinture, tient la massue; il est imberbe et tête nue; il a les cheveux ras, avec une mèche sur le front, et n'est vêtu que d'une sorte de caleçon court; il est placé sur un escabeau surélevé de deux degrés. Derrière ce dernier, autre sacrificateur[1], de profil à droite, la main gauche tombant naturellement le long du corps, la main droite levée en arrière au-dessus de sa tête; il a une longue et large barbe, est coiffé du bonnet à rebord avec cheveux bouclés derrière la tête; il est vêtu d'une courte tunique serrée à la taille, a les jambes nues et tient sous son pied gauche, tendu en avant, un petit personnage qu'il a renversé et qu'il se prépare à sacrifier. Dans le champ supérieur, devant lui, un chevreau accroupi de profil à droite, la tête rejetée en arrière.

Hématite. — H. 0,021. D. 0,012.

168. — Le sujet est divisé en deux groupes. — Premier groupe. — Le sacrificateur, debout, de profil à gauche, avec la main droite, abaissée en avant, tenant le couteau, la main gauche ramenée à la ceinture, la barbe longue, un bonnet en forme de tiare, les cheveux bouclés derrière la tête, une longue robe à volants plissés ouverte sur le devant, et la jambe droite, tendue en avant, reposant sur l'escabeau. Devant lui, l'offrant, debout, de profil à droite, présente le chevreau de la main gauche; sa main droite est levée en signe d'adoration; il est barbu, vêtu d'une longue robe brodée et coiffé du béret rond à rebord. Derrière lui, le sacrificateur dans son second type, debout, de profil à droite; l'usure de la pierre empêche de distinguer le haut du corps, mais on peut voir que la main gauche est ramenée à la ceinture et que le vêtement est court. — Puis un second groupe composé du sacrificateur sous son second type, debout, de profil à droite, la main gauche ramenée à la ceinture tenant la massue, la main droite tombant naturellement le long du corps, le vêtement court, les jambes nues, la barbe longue couvrant presque toute la poitrine et la tête couverte du béret rond à rebord. Puis un pontife, debout, de profil à gauche, les deux mains levées en signe d'adoration, barbu, coiffé du bonnet en forme de tiare

---

[1] Nous remarquons sur ce cylindre deux personnages d'aspects différents et que nous sommes obligés d'appeler cependant d'un même nom car nous les trouvons ailleurs remplissant des fonctions équivalentes.

L'un est presque toujours vêtu d'une longue robe avec ceinture ouverte sur le devant, un de ses pieds porté en avant est posé sur l'escabeau, et l'une de ses mains abaissée en avant tient horizontalement le couteau des sacrifices dont la lame est souvent en forme de scie; il est coiffé du bonnet en forme de tiare et a une longue barbe droite. C'est véritablement celui qui égorge la victime pour le sacrifice et c'est toujours à lui qu'on présente le chevreau offert en holocauste.

L'autre a une attitude martiale et fière, on dirait un guerrier! Une de ses mains tombe naturellement le long du corps, l'autre est ramenée à la ceinture et tient le glaive et la massue; il est vêtu d'une tunique courte avec pans devant et derrière, sa barbe longue s'étale en éventail sur la poitrine et son béret est de forme ronde avec rebord. Nous le trouvons ici terrassant la victime, et se préparant à sacrifier une créature humaine qu'il tient sous son pied, alors que le personnage de notre premier type se prépare à égorger un chevreau. Nous aurions été tenté d'en conclure que ce dernier était le sacrificateur des animaux et que l'autre, ayant un rôle plus élevé, était réservé pour immoler les humains. Mais cette hypothèse a été renversée par plusieurs sujets représentés dans le paragraphe intitulé « Sacrifices humains », cylindres n°° 176 et suivants, où l'on voit notre premier sacrificateur égorgeant aussi une victime humaine!

Nous avons alors été réduits, ne pouvant plus faire la distinction, à les appeler tous les deux d'un titre commun : « Le Sacrificateur ».

15

et avec une robe longue à volants plissés. Entre ces deux personnages, dans le champ supérieur, disque rayonnant du soleil dans le croissant de la lune, symboles de Sin et de Samas, et, en bas, un quadrupède inconnu assis sur ses pattes de derrière, de profil à droite. On distingue encore, derrière le sacrificateur, un oiseau de profil à gauche, et, devant lui, un signe presque effacé, mais qui paraît être un poisson.

Hématite. — H. o,o24. D. o,o12.

169'. — Le sacrificateur debout, de profil à gauche, la main droite, abaissée en avant, tenant le couteau, la main gauche ramenée à la ceinture, avec longue barbe, bonnet en forme de tiare, boucles de cheveux derrière la tête, longue robe à plis droits ouverte sur le devant et laissant à découvert la jambe droite; celle-ci est posée en avant sur un escabeau qu'une brisure de la pierre empêche de distinguer. Devant lui, dans le champ supérieur, le symbole de Sin (croissant de la lune), et, en dessous, un signe difficile à déterminer, peut-être un oiseau; puis, un adorant debout, de profil à droite, la main gauche ramenée à la ceinture, la main droite levée en avant en signe d'adoration; il est vêtu d'une longue robe brodée, coiffé du béret rond à rebord et porte une longue barbe. Derrière le sacrificateur, dans le champ supérieur, petit cercopithèque accroupi, de profil à droite, et, en bas, un insecte ailé dressé, une abeille sans doute. Derrière l'adorant, en bas, un petit taureau, de profil à droite, avec une forte bosse sur le garrot. Au-dessus de cet animal, une ampulla et un candélabre composé d'une hampe se divisant en deux longues branches et en zigzag; enfin, la tige avec saillie centrale, symbole de la Justice. — Le sujet se termine par une inscription cunéiforme de trois lignes en caractères du style archaïque de Babylone.

A–ni–ik-ka·ki   Anikkaki,
tur I·ni-ya· tuv   fils d'Iniyatu ',
nit An-im.   Serviteur du dieu Bin.
                              (Oppert.)

Hématite. — H. o,o22. D. o,o10.

170. — Le sacrificateur, de profil à gauche; la main droite, abaissée en avant, tient le couteau; la main gauche est ramenée à la ceinture; il a une longue barbe, est coiffé du bonnet en forme de tiare, avec boucles de cheveux derrière la tête, et vêtu d'une longue robe à plis droits avec ceinture et ouverte sur le devant; la jambe droite est posée en avant sur un escabeau. Devant lui, un adorant, de profil à droite, la main gauche ramenée à la ceinture, la main droite levée en avant, en signe d'adoration; il est barbu, coiffé du béret plat strié et vêtu d'une longue robe à plis droits. Derrière lui, aide des sacrifices, de profil à gauche; il tient de la main droite abaissée la corbeille des sacrifices et de la main gauche, levée en avant, le couteau des sacrifices; il a les cheveux ras et porte une tunique courte. Le reste du champ est occupé par différents

<hr>

' Le chevreau n'est pas figuré sur les six derniers cylindres de ce paragraphe; malgré cela nous les avons classés à cette place à cause de la grande similitude des scènes. — ' Ces deux noms ne paraissent pas assyriens.

signes : une longue tige doublement recourbée et se terminant par une tête d'animal fantastique ;
quatre petits globes, trois en bas et un en haut ; deux petits personnages superposés, nus, le
corps de face, la tête de profil à droite, les jambes écartées, pour l'un les bras ramenés à la
ceinture, et pour l'autre le bras droit ramené à la ceinture et le bras gauche tendu en avant ; puis
un personnage mâle, Héa-Bani, nu, de profil à gauche, les bras tendus en avant ; enfin trois
petits globes et un animal inconnu dressé de profil à gauche.

Hématite. — H. 0,025. D. 0,013.

171. — Le sacrificateur, de profil à gauche ; la main droite, tendue en avant, tenant le couteau,
la main gauche ramenée à la ceinture ; il a une longue barbe, est coiffé du bonnet en forme de
tiare avec cheveux bouclés derrière la tête et vêtu d'une longue robe à plis droits avec double
ceinture et ouverte sur le devant ; la jambe droite, tendue en avant, repose sur un escabeau. Devant
lui, dans le champ supérieur, un croissant, et, en dessous, un cercopithèque accroupi, de profil
à droite ; puis, l'initié, debout, de profil à droite, les deux mains ramenées à la ceinture, coiffé
d'un bonnet plat strié et vêtu d'une longue robe brodée. Derrière lui, dans le champ, en haut,
une ampulla, et, en bas, la tige avec saillie centrale, symbole de la Justice ; enfin le pontife, de
profil à droite, les deux mains levées en signe d'adoration, barbu, coiffé du bonnet en forme de
tiare, avec cheveux bouclés derrière la tête, et vêtu d'une longue robe à plis droits avec double
ceinture. Derrière lui, une tige recourbée au sommet et terminée par une tête d'animal fantastique.

Hématité. — H. 0,026. D. 0,013.

172. — Le sacrificateur, de profil à gauche ; de la main droite il tient le couteau en forme
de scie, la main gauche est ramenée à la ceinture ; il est barbu, coiffé du bonnet en forme de
tiare, avec cheveux bouclés derrière la tête, et vêtu d'une longue robe à plis droits avec ceinture
ouverte sur le devant ; la jambe droite, tendue en avant, repose sur l'escabeau. Devant lui, dans
le champ supérieur, le disque rayonnant du soleil dans le croissant de la lune, symboles de Sin et
de Samas ; puis un adorant, de profil à droite, la main gauche ramenée à la ceinture, la main
droite levée dans l'attitude de la prière, barbu, coiffé d'un bonnet plat strié et vêtu d'une longue
robe brodée ; enfin, un autre adorant, de profil à droite, la main gauche levée dans l'attitude de
la prière, la main droite ramenée à la ceinture, coiffé du béret à rebord et vêtu d'une longue
robe à plis droits avec ceinture. Entre ces deux derniers personnages, dans le champ, en haut,
une ampulla, en bas, la tige avec saillie centrale, symbole de la Justice. — Le sujet se termine
par une inscription de deux lignes en caractères du style archaïque de Babylone en dessous de
laquelle on voit un cercopithèque assis de profil à droite et un signe indéterminé en forme de
potence.

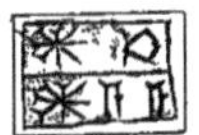

An-ut[1]   Le dieu Samas.
An-a-a   Le dieu Malik.

Hématite. — H. 0,024. D. 0,012.

---

[1] L'inscription est la même que celles des cylindres n°° 68, 128, 129, 130 et 130 *bis*.

173. — Le sacrificateur de profil à gauche; la main droite abaissée en avant tenant le couteau, la main gauche ramenée à la ceinture; il est barbu, coiffé du bonnet en forme de tiare, avec cheveux bouclés derrière la tête, et vêtu d'une longue robe à plis droits avec ceinture, ouverte sur le devant; la jambe droite, tendue en avant, repose sur l'escabeau. Devant lui, dans le champ supérieur, un candélabre ; en dessous, tout petit personnage de profil à droite, nu, coiffé d'un bonnet plat, le genou droit en terre, la main gauche levée en avant en signe de prière, la main droite ramenée à la ceinture; puis un pontife, de profil à gauche, les deux mains levées en avant en signe d'adoration, coiffé du bonnet en forme de tiare, avec cheveux bouclés derrière la tête, et vêtu d'une longue robe à côtes. Derrière le sacrificateur, dans le champ, en bas, taureau passant à droite; au-dessus, un candélabre à deux branches et le disque rayonnant du soleil dans le croissant de la lune, symboles de Sin et de Samas. — Inscription de trois lignes en caractères cunéiformes du style archaïque de Babylone; les deux premières sont presque illisibles.

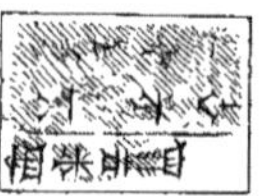

. . . .
nit An·im   Serviteur du dieu Bin
au An-Mar-tu   et du dieu Martu.

Hématite. — H. 0,028. D. 0,010.

174. — Cylindre très roulé. — Le sacrificateur, debout, de profil à gauche; la main droite tendue en avant tenant le couteau, la main gauche tombant naturellement le long du corps, barbu, coiffé d'un bonnet rond avec cheveux bouclés derrière la tête, vêtu d'une tunique longue ouverte sur le devant et avec double ceinture; la jambe droite, portée en avant, repose sur l'escabeau. Devant lui, dans le champ supérieur, croissant de la lune, symbole de Sin ; puis un pontife, de profil à droite, les deux mains levées en signe d'adoration; il est barbu, coiffé d'un bonnet rond, avec cheveux bouclés derrière la tête, et vêtu d'une longue robe à plis droits. — Inscription de trois lignes en caractères cunéiformes du style archaïque de Babylone.

An . . . .
. . . .
. . , ...

Porphyre noir. — H. 0,022. D. 0,010.

175. — Le sacrificateur, de profil à gauche, la main gauche ramenée à la ceinture, la main droite tendue en avant tenant une ampulla? d'où s'échappent, par le haut, trois jets de flammes? et, par le bas, une gerbe d'eau sacrée que semble boire un animal accroupi sur lequel il a le pied droit posé; il porte une longue barbe, est coiffé d'un bonnet en forme de tiare, avec cheveux bouclés derrière la tête, et vêtu d'une longue robe à plis droits, à triple ceinture et ouverte sur le devant. Dans le champ, devant lui, une ampulla, un petit cercopithèque de profil à droite et la

tige avec saillie centrale, symbole de la Justice; puis un pontife, de profil à droite, les mains levées en signe d'adoration, barbu, coiffé du bonnet en forme de tiare, avec cheveux bouclés derrière la tête et vêtu d'une longue robe à volants plissés. Derrière le sacrificateur, autre adorant, vêtu comme le précédent, et signes divers que le mauvais état de la pierre empêche de distinguer.

Hématite. — H. 0,019. D. 0,007.

Nous devons faire ici une remarque importante. Il est certain que le Sacrifice du Chevreau n'était pas une cérémonie spéciale à Ur, et que cette partie essentielle du culte antique devait s'accomplir dans toutes les localités du monde oriental que nous étudions. Les représentations n'ont pas manqué. Il s'agissait de déterminer l'origine des monuments qui nous transmettaient cette cérémonie. Nous avons été guidés dans notre appréciation par les types que la scène reproduisait; nous avions à l'appui deux indications principales, à défaut d'une inscription précise : — d'une part, le costume des personnages, en nous rattachant ainsi aux types qui sont fournis par le beau cylindre d'Urkham au Musée Britannique (voyez Menant, *Glyptique Orientale*, Ire part., p. 129); — d'autre part, les symboles gravés dans le champ des cylindres indiquant que le sacrifice était accompli en l'honneur de Sin, la grande divinité adorée particulièrement à Ur. Nous étions donc fondés à attribuer aux artistes de cette localité tous les cylindres qui nous présentaient la réunion de ces deux indications; mais lorsque l'une d'elles nous fait défaut, particulièrement la première, nous ne pouvons dissimuler notre incertitude, car le dieu Sin a eu des temples ailleurs qu'à Ur, et on lui a offert des sacrifices dans d'autres villes; de sorte que nous avons groupé dans le même paragraphe des cylindres qui appartiennent peut-être à des localités différentes; aussi, en l'absence de toute autre indication, nous avons dû les y maintenir parce qu'ils appartiennent tous à la Basse-Chaldée.

SUITE DE L'ÉCOLE DE UR

E. — LES SACRIFICES

B. — SACRIFICES HUMAINS

176. — Le sacrificateur, de profil à gauche, avec bonnet rond à cornes, barbe longue, robe à plis droits serrée à la ceinture et ouverte sur le devant; la jambe droite, portée un peu en avant, est visible en partie; la main gauche, tendue en avant, tient une arme ou une torche; la main droite portée en l'air, en avant, frappe au cou le sacrifié, avec le couteau des sacrifices. Celui-ci, de profil à droite, la tête renversée, tombe expirant sur un bûcher; il est coiffé d'un bonnet à cornes en forme de tiare, il a une longue barbe; de la main gauche relevée, il semble vouloir écarter le couteau qui pénètre dans sa gorge, la main droite tombe derrière lui en s'appuyant sur le bûcher; il paraît nu et entouré de flammes. Derrière le bûcher, un aide des sacrifices, de profil à droite, vêtu d'une tunique courte et serrée à la taille, le genou droit en terre; il a une courte barbe et tient de ses mains, tendues en avant, une torche avec laquelle il vient sans doute d'allumer le bûcher. Derrière le sacrificateur, un adorant, de profil à gauche, vêtu d'une longue robe serrée à la taille et à plis droits, la main droite levée en avant, la main et le bras gauche ramenés à la ceinture, tient un chevreau destiné à un nouveau sacrifice. — Inscription de deux lignes en caractères du style archaïque de Babylone, qui nous fait connaître le nom d'un prince (*Riu*), mais qui n'indique pas la capitale de son Empire.

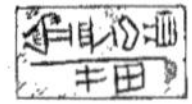

Ka-sa-ru-um	Kasaru,
Sibu	Pasteur[1].

Porphyre blanc. — H. 0,026. D. 0,016.

---

[1] Le mot *Sibu*, en assyrien *Riu* (Pasteur) semble indiquer ici le titre du personnage. Si c'est un titre, ce cylindre aurait toute l'importance d'un cylindre royal de la plus haute antiquité. —

M. Menant a publié un cylindre du Musée de Bruxelles qui présente également ce mot très rare sur les monuments de cette espèce. — Voyez *Glyptique orientale,* 1re partie, p. 205.

177. — Le sujet est divisé en deux groupes. — Premier groupe. — Le sacrificateur, debout, de profil à gauche; il semble nu avec une ceinture en forme de cordelière, porte une longue barbe et un bonnet à cornes en forme de tiare; de la main droite, portée en avant et armée du couteau sacré, il ouvre la gorge du sacrifié, pendant que de la main gauche il lui enfonce dans le flanc un autre couteau. La victime debout, de profil à droite et coiffée comme le sacrificateur, porte une longue barbe et une longue robe avec ceinture à plis droits, ouverte sur le devant et laissant voir la jambe gauche; la tête est renversée complètement en arrière de manière à présenter la gorge au sacrificateur; la main gauche, levée en avant, semble chercher à écarter le couteau et le bras droit tombe naturellement le long du corps. — Second groupe. — Le second groupe reproduit exactement la même scène retournée, si ce n'est que le sacrifié est nu. — Entre les deux groupes, inscription de deux lignes en caractères cunéiformes du style archaïque de Babylone.

Me An·en·zu	. . . . . Sin,
tur-sal ur-kit	fille d'Avil-Bel.

Porphyre noir. — H. 0,024. D. 0,014.

178. — Le sacrificateur, debout, de profil à gauche, avec longue barbe, bonnet à cornes en forme de tiare et longs cheveux bouclés derrière la tête; de la main droite, tendue en avant, il tient verticalement le couteau des sacrifices; la main gauche semble s'appuyer en arrière sur le bûcher ou sur un rocher; il est vêtu d'une longue robe à plis droits et serrée avec une ceinture en forme de cordelière; la jupe, ouverte sur le devant, laisse à découvert la jambe droite qui est posée en avant sur un rocher. Derrière lui, quelques signes qui paraissent représenter les flammes du bûcher ou peut-être un arbre? Devant lui, le sacrifié, nu, avec ceinture en forme de cordelière, longue barbe et bonnet à cornes en forme de tiare; la tête est complètement renversée en arrière; les deux bras sont étendus à droite et à gauche; il a le genou droit en terre et se présente aux coups du sacrificateur; puis vient un pontife, de profil à droite, avec une longue barbe, coiffé comme le sacrificateur, vêtu d'une longue robe à plis droits et à ceinture; les mains sont ramenées à la ceinture et tiennent un glaive; enfin un adorant, de profil à droite, avec bonnet rond strié, longue barbe, longue robe à plis droits et ceinture; la main gauche est tendue en avant en signe d'adoration; de la main et du bras droits il porte un chevreau dont la tête est tournée en arrière et qui est destiné sans doute à un second sacrifice. Derrière lui, dans le champ inférieur, un arbre.

Porphyre noir. — H. 0,024. D. 0,014.

179. — Le sacrificateur de profil à gauche; la main droite, tendue en avant, tient le couteau des sacrifices, la main gauche est ramenée à la ceinture; il est coiffé d'un bonnet plat strié et vêtu d'une longue robe à plis droits avec ceinture. Devant lui, dans le champ supérieur, croissant de la lune, symbole de Sin; puis le sacrifié, de profil à droite et un genou en terre; la main gauche est ramenée à la ceinture, la main droite levée; il est coiffé d'un bonnet plat et vêtu d'une tunique courte serrée à la ceinture. Derrière ce dernier, dans le champ supérieur, ampulla, et,

en dessous, la tige avec saillie centrale, symbole de la Justice; enfin un adorant, de profil à droite, la main gauche tendue en avant en signe d'adoration, la main droite ramenée à la ceinture, coiffé d'un béret plat strié et vêtu d'une tunique courte avec ceinture. Derrière le sacrificateur, longue tige striée, terminée au sommet par trois branches dont deux sont doublement recourbées et surmontées de têtes d'animaux fantastiques, peut-être un candélabre.

Porphyre noir. — H. 0,018. D. 0,010.

180. — Le sujet est divisé en deux groupes. — Premier groupe. — Le sacrificateur, debout de profil à gauche, avec longue barbe, bonnet à cornes, cheveux longs bouclés derrière la tête, et tunique courte avec double ceinture; la main droite, tendue en avant et horizontalement, tient le glaive ou le couteau des sacrifices; la main gauche, abaissée en avant, tient une torche pour allumer le bûcher? Devant lui, la victime humaine assise de profil à droite sur le bûcher; elle est nue, mais porte une ceinture à double cordelière, une longue barbe, un bonnet à cornes en forme de tiare et de longs cheveux bouclés derrière la tête; la main gauche est abaissée en avant et la main droite tombe naturellement derrière le corps. — Second groupe. — Le sacrificateur, de profil à droite, en tout semblable à celui du groupe précédent. Devant lui, le sacrifié, de profil à gauche, le genou gauche en terre, la main droite abaissée en avant, la main gauche tombant naturellement derrière le corps; il est coiffé comme la victime dans le premier groupe, est nu et porte une double ceinture et une écharpe passant sur l'épaule gauche.

Porphyre jaune foncé. — H. 0,021. D. 0,013.

180 *bis*[1]. — Ce cylindre paraît se rattacher aux sacrifices humains. — Un personnage debout, de profil à gauche, nu mais portant une ceinture, imberbe, coiffé d'un béret plat avec longue mèche de cheveux relevée derrière la tête, saisit de la main gauche le bras gauche du sacrifié, pendant qu'il le frappe d'un glaive à la tête. Celui-ci est debout, de profil à droite, nu mais avec ceinture, imberbe, coiffé d'un béret plat avec longue mèche de cheveux relevée derrière la tête; son bras gauche est abaissé en avant, son bras droit tombe naturellement en arrière; enfin des rayons, tracés devant lui, semble figurer les flammes du bûcher. — La même scène se reproduit exactement une seconde fois.

Marbre vert clair. — H. 0,027. D. 0,016.

181. — Le sujet se divise en trois groupes. — Le premier représente le sacrificateur, debout, de profil à droite; il semble nu mais porte une double ceinture, a une longue barbe, est coiffé du bonnet en forme de tiare avec cornes et boucles de cheveux derrière la tête; de sa main droite, abaissée en avant, il tient une torche avec laquelle il semble se disposer à mettre le feu à un bûcher placé devant lui et sur lequel le sacrifié est assis; de sa main gauche, levée en avant, il frappe ce dernier à la tête; il paraît avoir deux grandes ailes déployées à droite et à gauche? Devant lui, le sacrifié assis sur le bûcher? de profil à gauche, nu, avec une ceinture, une longue barbe, un bonnet à cornes en forme de tiare, les mains tombant naturellement à droite et à gauche. — Le second groupe montre un aide des sacrifices, debout, de profil à droite, vêtu d'une très courte jupe, barbu, coiffé du bonnet en forme de tiare avec cornes; il pousse de ses

---

[1] Voyez *Addenda*, planche **XXXVIII**.

deux mains, par le bras et par la tête, une seconde victime vers le bûcher. Celle-ci marche devant lui, de profil à droite ; elle est nue, avec double ceinture, et coiffée du béret à cornes en forme de tiare ; son corps est légèrement incliné et ses deux bras sont abaissés en avant. Entre le premier et le second groupe, dans le champ, une torche posée verticalement. — Enfin, le troisième groupe montre deux personnages debout et affrontés qui paraissent représenter encore un sacrificateur et une troisième victime humaine. Celle-ci, de profil à droite, nue, avec longue barbe, béret à cornes en forme de tiare, tient horizontalement de sa main droite, tombant le long du corps, une torche ou un glaive ; la main gauche est ramenée à la ceinture. Le sacrificateur est debout, de profil à gauche, et vêtu d'une courte jupe ; il porte une longue barbe, est coiffé du béret à cornes en forme de tiare avec cheveux longs derrière la tête, et tient, par le bras gauche, la troisième victime pendant qu'il la frappe à la tête de la main droite. Entre eux, dans le champ, un serpent dressé sur sa queue.

Porphyre noir. — H. 0,031. D. 0,019.

181 *bis*[1]. — Les sujets représentés sur ce cylindre peuvent être divisés en trois groupes. — Le premier représente un sacrifice humain. Le sacrificateur, barbu, debout, de profil à gauche, vêtu d'un court vêtement avec ceinture, saisit de la main droite, par la barbe, la victime en lui relevant la tête, pendant qu'il la frappe au cou d'un glaive qu'il tient de la main gauche ; le supplicié, debout, de profil à droite, n'est vêtu que d'un court vêtement avec ceinture laissant à découvert tout le buste ; il tend en avant sa main gauche et tient de sa main droite tombant en arrière un bâton? Entre eux, en bas, un petit personnage, debout, de trois quarts à droite, vêtu d'une robe brodée à franges, lève le bras droit au-dessus de sa tête et ramène sa main gauche à la ceinture. — Le second groupe montre un homme, de profil à droite, barbu, coiffé d'un bonnet carré, tenant sur son épaule gauche un glaive et dans sa main droite une arme en forme de faucille ; il est à cheval sur un taureau? passant à droite et foulant aux pieds un petit personnage étendu à terre mais qui cherche encore à se défendre ; au-dessus, dans le champ, un oiseau aux ailes déployées et à la large queue semble s'abattre sur la tête du taureau ; puis le croissant de la lune et une étoile rayonnante. — Le troisième groupe représente un combat entre Héa-Bani et un personnage inconnu ; celui-ci est debout, de profil à droite, nu, mais avec une ceinture, barbu, coiffé d'un bonnet plat, avec boucles de cheveux derrière la tête ; de la main gauche il a saisi la main droite d'Héa-Bani qui se défend et protège sa tête, pendant qu'il cherche à le frapper d'un glaive en plein corps ; à droite et à gauche de ce personnage, on voit des rayons qui peuvent faire supposer qu'il a des ailes ; dans d'autres sujets analogues, nous avons cru y voir les flammes du bûcher des sacrifices? Héa-Bani, avec le bas du corps d'un taureau, une ceinture et le buste d'un homme barbu, tient de la main gauche tombant naturellement une arme en forme de massue ; il est debout, porte la tête de face et le corps de profil à droite. Derrière ce groupe on voit encore un arbre.

Marbre noir. — H. 0,039. D. 0,025.

182. — Le sujet est divisé en deux groupes. — Premier groupe. — Le sacrificateur, de profil à gauche, avec tunique courte, barbe longue et bonnet à cornes ; de la main droite, tendue en

[1] Voyez *Addenda*, planche XXXVIII.

16

avant et armée du glaive, il frappe à la gorge la victime, pendant que, de la main gauche, il la frappe au flanc. Devant lui, le sacrifié, vêtu d'une longue robe, se tient debout de profil à droite, les deux bras écartés à droite et à gauche. — Second groupe. — Le sacrificateur, semblable au précédent, mais de profil à droite, frappe à la gorge et au poitrail un taureau debout sur les jambes de derrière, de profil à gauche et la tête renversée en arrière.

Lapis-lazuli. — H. 0,017. D. 0,010.

M. Menant, dans son ouvrage sur la *Glyptique Orientale* (Iᵉ part., p. 150), a constaté la tradition de l'existence des sacrifices humains en Chaldée sur des cylindres qui, par la facture des personnages, se rapportaient évidemment aux artistes de Ur. Il a montré comment l'ensemble de la scène pouvait se reconstruire et s'expliquer par une série de représentations qui en donnaient les différentes phases en faisant connaître le rôle de chacun des acteurs de ce drame lugubre.

Sur les cylindres que nous avons cités ici (nᵒˢ 176 à 182) la scène est évidemment la même; il s'agit encore d'un sacrifice dans lequel la vie humaine est en jeu, seulement les personnages n'ont plus le même caractère et dès lors on peut se demander à quelle localité on doit les rapporter, et quels sont les artistes qui les ont burinés? Nous nous trouvons ainsi en présence d'une difficulté analogue à celle que nous avons déjà signalée à propos du sacrifice du chevreau *(Supra*, p. 111) et rien ne vient nous guider pour donner à ces monuments une attribution précise. La facture nous reporte à une haute antiquité et l'inscription du nᵒ 176 nous indique une période où le titre de *Pasteur* était porté par tous les souverains indépendants des contrées arrosées par le cours inférieur du Tigre et de l'Euphrate. Le nom du monarque inconnu qui figure sur le cylindre n'a rien de sémitique, et l'ensemble de l'inscription ne nous éclaire pas davantage sur le caractère de l'idiome dans lequel elle est conçue. Il en est de même de l'inscripiton du nᵒ 177 qui ne nous donne rien de plus. Toutes ces considérations ne nous permettent pas de préciser autrement nos attributions et nous portent cependant à penser que ces cylindres qui appartiennent à la Basse-Chaldée doivent remonter à une époque antérieure à la domination des Sémites.

SUITE DE L'ÉCOLE DE UR

E. — LES SACRIFICES

C. — LE SACRIFICATEUR

Nous avons déjà expliqué, dans la note relative au cylindre n° 167 (Voyez *Supra,* p. 107), comment nous avions été amenés à donner le titre de *Sacrificateur* à deux personnages de deux types très différents ; nous ne devons donc pas revenir sur ce sujet, mais nous avons remarqué que, sur un grand nombre de cylindres, le personnage représenté sous la forme de notre second type du *Sacrificateur* n'était plus seulement l'un des acteurs de la scène représentée, mais qu'il devenait le centre même de l'action et que c'était à lui que s'adressaient les hommages et les adorations. Nous en avons conclu que le *Sacrificateur*, sous cette seconde forme, jouait, dans les coutumes de ces temps reculés, un rôle prédominant et qu'on pouvait presque l'assimiler à une divinité. Nous avons donc cru utile de classer dans une subdivision spéciale de notre paragraphe intitulé : *Les Sacrifices,* tous les cylindres sur lesquels notre *Sacrificateur* du second type occupe la place principale.

183. — Le sacrificateur, de profil à droite, avec longue et large barbe, béret à rebord, tunique laissant les jambes à découvert et passant en écharpe sur le bras gauche ; le bras droit tombe naturellement le long du corps et le bras gauche, ramené à la ceinture, tient une arme ayant la forme d'une massue. Devant lui, un adorant, de profil à gauche, les deux mains levées en signe d'adoration ; il est coiffé d'un bonnet en forme de tiare, avec cheveux longs et bouclés derrière la tête, et vêtu d'une longue robe à volants plissés.

Améthyste. — H. 0,027. D. 0,013.

184. — Le sacrificateur, de profil à droite, vêtu d'une tunique courte laissant les jambes à découvert ; le bras droit tombe naturellement le long du corps et la main gauche, ramenée à la ceinture, tient une arme ayant la forme d'une massue. Devant lui, un adorant, de profil à gauche, les mains levées en signe d'adoration, coiffé d'un bonnet en forme de tiare et vêtu d'une longue robe à volants. Entre ces deux personnages, une petite figurine presqu'invisible, et, dans le champ supérieur, croissant de la lune, symbole de Sin.

Hématite. — H. 0,027. D. 0,011.

185. — Le sacrificateur, de profil à droite, barbu, coiffé du béret à rebord, vêtu d'une tunique courte laissant les jambes à découvert et passant en écharpe sur le bras gauche ; le bras droit

16*

tombe naturellement le long du corps et le bras gauche, ramené à la ceinture, tient une arme ayant
la forme d'une massue. Devant lui, un adorant de profil à gauche, les deux mains levées en signe
d'adoration ; il est imberbe, coiffé d'un bonnet en forme de tiare, avec cheveux longs et bouclés
derrière la tête, et vêtu d'une longue robe à volants plissés. — Inscription de deux lignes en
caractères du style monumental de Babylone.

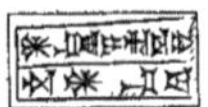

An-en-zu-I-ri-ba-am   Sin-Iriba,
nit An-bel-zu   Serviteur du dieu Sin.

Hématite. — H. 0,029. D. 0,017.

186. — Le sacrificateur, de profil à droite, barbu, coiffé du béret à rebord, vêtu d'une tunique
courte passant en écharpe sur l'épaule gauche ; le bras droit tombe naturellement le long du corps
et le bras gauche, ramené à la ceinture, tient une arme ayant la forme d'une massue. Devant lui,
l'adorant de profil à gauche, les mains levées en signe d'adoration ; il est imberbe, coiffé du bonnet
en forme de tiare, avec cheveux bouclés derrière la tête, et vêtu d'une longue robe à volants
plissés. — Inscription de trois lignes en caractères du style archaïque de Babylone.

Be-li-su-nu   Beli Sunu,
Binit An-a-hu-a-mu   fille de Il-ahuya-iddin (Dieu a donné mon frère)
Zikarat An Martu   Servante du dieu Martu.

(Oppert.)

Cristal de roche. — H. 0,027. D. 0,015.

187. — Le sacrificateur, de profil à droite, avec longue et large barbe, béret à rebord,
tunique courte laissant les jambes à découvert et passant en écharpe sur l'épaule gauche ; le bras
droit tombe naturellement le long du corps et le bras gauche, ramené à la ceinture, tient une arme
ayant la forme d'une massue. Devant lui, un adorant de profil à gauche, les deux mains levées en
signe d'adoration ; il est coiffé d'un bonnet en forme de tiare, avec cheveux longs et bouclés
derrière la tête, et vêtu d'une longue robe à volants plissés. — Inscription de trois lignes en
caractères du style archaïque de Babylone.

Da-na-tav   Danatav,
tur Sin-ta-ai-ar   fils de Sintayar,
Nit An-ri-im-be.-zu   Serviteur du dieu Sin.

Le nom de Danatav est fréquent sur les contrats. — Celui de Sin-tayar est formé avec
le nom du dieu Sin, comme des noms analogues se trouvent composés avec le nom d'autres divi-

nités. On trouve ainsi le nom de Dagan-tayar sur un cylindre du Musée de La Haye qui représente le même sujet. (Voyez Menant, Cat. n° 14 et planche V, n° 24.)

Améthyste. — H. 0,028. D. 0,017.

188. — Le sacrificateur, de profil à droite, avec longue et large barbe, béret à rebord,
tunique courte laissant les jambes à découvert et passant en écharpe sur l'épaule gauche; le bras
droit tombe naturellement le long du corps et la main gauche, ramenée à la ceinture, tient une arme
ayant la forme d'une massue. Derrière lui, l'adorant, de profil à droite, les mains levées en signe
d'adoration; il est coiffé d'un bonnet en forme de tiare, avec cheveux longs et bouclés derrière
la tête, et vêtu d'une longue robe à volants plissés. Entre ces deux personnages, dans le champ
supérieur, un animal avec la queue relevée passant à gauche (un chien?) — Devant le sacrificateur, inscription de deux lignes en caractères du style monumental de Babylone.

An-Im   Le dieu Bin.
An·Sa - la   Le dieu Sala.

Hématite. — H. 0,028. D. 0,015.

189. — Le sacrificateur, de profil à droite, avec longue et large barbe, béret à rebord,
tunique courte laissant les jambes à découvert et passant en écharpe sur l'épaule gauche; le
bras droit tombe naturellement le long du corps et le bras gauche, ramené à la ceinture, tient une
arme ayant la forme d'une massue. Devant lui, un adorant, de profil à gauche, les mains levées
en signe d'adoration; il est imberbe, coiffé d'un bonnet en forme de tiare, avec cheveux longs
bouclés derrière la tête, et vêtu d'une longue robe à volants plissés. — Inscription de quatre lignes
en caractères du style archaïque de Babylone, dont deux dans le même cadre.

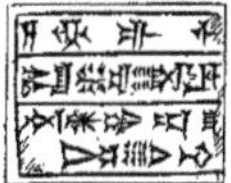

A- ha-mar-si   Ahamarsi,
tur Su—mu—um—li·ib-si   fils de Sumu-libsi [1],
nit An·Kinat-gal   Serviteur du dieu . . .
(?) el in-na   . . .

(OPPERT.)

Hématite. — H. 0,019. D. 0,008.

190. — Le sacrificateur, de profil à droite, avec longue et large barbe, béret à rebord,
tunique courte passant en écharpe sur l'épaule gauche et laissant les jambes à découvert; le bras
droit tombe naturellement le long du corps et le bras gauche, ramené à la ceinture, tient une
arme ayant la forme d'une massue. Devant lui, un adorant, de profil à gauche, les deux mains
levées en signe d'adoration; il est imberbe, coiffé d'un bonnet en forme de tiare, avec cheveux

---

[1] La signification de ce nom propre semble être : « *Que le nom subsiste* ».

longs bouclés derrière la tête, et vêtu d'une longue robe à volants plissés. — Inscription de trois lignes en caractères du style monumental de Babylone.

Anka An-ut-Su-nu-me-a	Cachet de Samas-Sunumea,
tur Na-bi-ra-am-sa-ru-ur	fils de Nabiram-sarur,
nit sa An-nin-an-na	Serviteur de la Souveraine du Ciel.

(OPPERT.)

Hématite. — H. 0,025. D. 0,015.

191. — Le sacrificateur, de profil à droite, avec longue et large barbe, béret à rebord et tunique courte laissant les jambes à découvert; le bras droit tombe naturellement le long du corps et le bras gauche, ramené à la ceinture, tient une arme ayant la forme d'une massue. Devant lui, un adorant, de profil à gauche, les mains levées en signe d'adoration; il est imberbe, coiffé d'un bonnet en forme de tiare, avec cheveux longs et bouclés derrière la tête, et vêtu d'une longue robe à volants plissés. — Inscription de trois lignes en caractères du style archaïque de Babylone.

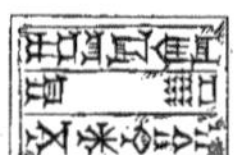

Sip-su-da-mi-ik	Ri'usu-damik,
Tup-sar	le Scribe,
nit An-Na-bi-uv	Serviteur du dieu Nebo.

(OPPERT.)

Hématite. — H. 0,022. D. 0,011.

192. — Le sacrificateur, de profil à droite, avec longue et large barbe, béret à rebord, tunique courte passant en écharpe sur l'épaule gauche; le bras droit tombe naturellement le long du corps et le bras gauche, ramené à la ceinture, tient une arme ayant la forme d'une massue. Devant lui, un adorant, de profil à gauche, les deux mains levées en signe d'adoration; il est imberbe, coiffé d'un bonnet en forme de tiare, avec cheveux longs bouclés derrière la tête, et vêtu d'une longue robe à volants plissés. — Inscription de trois lignes en caractères du style monumental de Babylone.

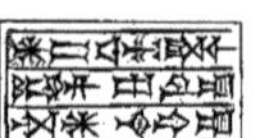

An-sur-ut-mu-sa-lim	Marduk-musalim,
tur Im-gur-ru-um	fils de Imgurru,
nit An-Na-bi-uv	Serviteur du dieu Nebo.

Hématite. — H. 0,027. D. 0,012.

193. — Le sacrificateur, de profil à droite, avec longue et large barbe, béret à rebord, tunique courte passant en écharpe sur l'épaule gauche et laissant les jambes à découvert; le bras

droit tombe naturellement le long du corps; le bras gauche, ramené à la ceinture, tient une arme ayant la forme d'une massue. Devant lui, l'adorant, de profil à gauche, les deux mains levées en signe d'adoration; il est imberbe, coiffé d'un bonnet en forme de tiare, avec cheveux longs bouclés derrière la tête, et vêtu d'une robe longue à volants plissés. Entre ces deux personnages, dans le champ supérieur, croissant de la lune, dans lequel est intercalé le disque rayonnant du soleil, symboles de Sin et de Samas. — Inscription de trois lignes en caractères du style archaïque de Babylone.

Da-ni-in An-En-zu	Danin-Sin,
tur It-ti-An-mi-gir	fils de Itti-ilu-migir,
nit sa An-En-zu	Serviteur du dieu Sin.

Hématite. — H. 0,024. D.0,011.

194. — Le sacrificateur, de profil à droite, avec longue et large barbe, béret à rebord, tunique courte laissant les jambes à découvert et passant en écharpe sur l'épaule gauche; le bras droit tombe naturellement le long du corps et la main gauche, ramenée à la ceinture, tient une arme ayant la forme d'une massue. Devant lui, l'adorant, imberbe, de profil à gauche, les deux mains levées en signe d'adoration, coiffé d'un bonnet en forme de tiare avec cheveux longs bouclés derrière la tête et vêtu d'une longue robe à volants plissés. Entre ces deux personnages, dans le champ supérieur, croissant de la lune, dans lequel est intercalé le disque rayonnant du soleil, symboles de Sin et de Samas. — Inscription de trois lignes en caractères du style archaïque de Babylone.

An-Nin-gir-su	Le dieu Ninip,
luḥ zi An-na	le Ministre de l'esprit du Ciel [1]
iz-pa-kú-su-ul.	qui dispense le Sceptre Saint.

(Oppert.)

Hématite. — H. 0,022. D. 0,010.

195. — Le sacrificateur, de profil à droite, vêtu d'une tunique laissant les jambes à découvert; le bras droit tombe naturellement le long du corps et le bras gauche, ramené à la ceinture, tient une arme ayant la forme d'une massue. — Devant lui, inscription de trois lignes en caractères du style archaïque de Babylone. — De l'autre côté de l'inscription, un adorant de profil à gauche, les deux mains levées en signe d'adoration, coiffé d'un bonnet en forme de tiare et vêtu d'une longue robe à volants plissés.

[1] Voyez *Supra*, n° 161.

An-En-zu-ri-me-ni   Sin-rimeni,
tur Lu-ri-lu   fils de Lurilu,
nit An-En-zu.   Serviteur du dieu Sin.

Hématite. — H. 0,023. D. 0,010.

196. — Le sacrificateur, de profil à droite, avec longue barbe, béret à rebord, tunique courte laissant les jambes à découvert et passant en écharpe sur l'épaule gauche; le bras droit tombe naturellement le long du corps et le bras gauche, ramené à la ceinture, tient une arme ayant la forme d'une massue. Devant lui, un adorant, de profil à gauche, les deux mains levées en signe d'adoration; il est imberbe, coiffé d'un bonnet en forme de tiare, avec cheveux bouclés derrière la tête, et vêtu d'une longue robe à volants plissés. — Inscription de trois lignes en caractères du style archaïque de Babylone. — Cylindre légèrement concave.

. . . .
tur Ek-ba-um-su   fils de Ekba-um-su,
nit An-Nin-gir-su   Serviteur du dieu Ninip.

(Oppert.)

Porphyre noir. — H. 0,030. D. 0,015.

197. — Le sacrificateur, de profil à droite, avec longue et large barbe, béret à rebord et tunique courte laissant les jambes à découvert et passant en écharpe sur l'épaule gauche; le bras droit tombe naturellement le long du corps et le bras gauche, ramené à la ceinture, tient la massue. Devant lui, l'adorant, imberbe, de profil à gauche, les deux mains levées en signe d'adoration, coiffé d'un bonnet en forme de tiare avec cheveux bouclés derrière la tête et vêtu d'une longue robe à volants. Entre ces deux personnages, dans le champ supérieur, signe composé d'une tige doublement recourbée en haut et terminée par une tête d'animal; en dessous, sur un escabeau, un petit personnage de face, coiffé d'un béret plat, les deux mains ramenées à la ceinture et les jambes écartées. — Inscription de quatre lignes en caractères du style archaïque de Babylone.

An-Sur-ut-na-ra-am   Marduk-naram,
tur An-bi-ba-ni   fils de Bibani,
nit An-en-zu (?)   Serviteur du dieu Sin (?)
au An-Mar-tu.   et du dieu Martu.

Hématite. — H. 0,026. D. 0,014.

198. — Le sacrificateur, de profil à droite, imberbe, avec bonnet à cornes en forme de tiare et robe courte; le bras droit tombe naturellement le long du corps, le bras gauche ramené à la ceinture tient la massue. Dans le champ, devant lui, une étoile à huit rayons; en dessous, le bâton recourbé en forme de pédum; puis l'adorant, de profil à gauche, la main droite tendue en avant, la main gauche ramenée à la ceinture; il est coiffé du bonnet à cornes en forme de tiare et vêtu d'une longue robe à volants plissés. Derrière l'adorant, dans le champ, plusieurs signes que l'on distingue mal à cause des cassures de la pierre; on peut y voir une tige surmontée d'un triangle (espèce de candélabre), un oiseau et un petit personnage de face, les jambes écartées, les mains ramenées à la ceinture. — Inscription de trois lignes en caractères du style monumental de Babylone.

An–An–Mar–tu	Le grand dieu Martu,
tur An·na	fils du dieu Anu,
An a-(?) ga [1]	. . . . . . (?)

(Oppert.)

Hématite. — H. 0,026. D. 0,011.

199. — Le sacrificateur, de profil à droite, avec longue et large barbe, béret à rebord et tunique courte laissant les jambes à découvert; le bras droit tombe naturellement le long du corps et le bras gauche, ramené à la ceinture, tient la massue. Devant lui, l'adorant, de profil à gauche, les deux mains levées en signe d'adoration; il est imberbe, coiffé du bonnet en forme de tiare, avec cheveux bouclés derrière la tête, et vêtu d'une longue robe à volants plissés. Entre ces deux personnages, dans le champ supérieur, petite ampulla; en bas, la tige avec saillie centrale, symbole de la Justice. Derrière l'adorant, dans le champ supérieur, petit personnage nu, le corps de face, les mains ramenées à la ceinture, les jambes écartées; en bas, un oiseau. — Inscription de trois lignes en caractères du style archaïque de Babylone.

An·a·nu·bu·tuv	El-aniput,
tur-sal Su–git·ana·An·be	fille de Sugit-ana-Bel,
hirat nin·e·ki·ram	épouse de Ekiram. [2]

(Oppert.)

Hématite. — H. 0,027. D. 0,012.

200. — Le sacrificateur, de profil à droite, coiffé du béret à rebord, vêtu d'une tunique courte laissant les jambes à découvert et passant en écharpe sur l'épaule gauche; le bras droit tombe naturellement le long du corps et le bras gauche, ramené à la ceinture, tient la massue. Devant lui, l'adorant, de profil à gauche, les mains levées en signe d'adoration, coiffé d'un bonnet en forme de tiare et vêtu d'une longue robe à plis droits. — Entre eux, inscription

---

[1] Si la lecture était possible, ce cylindre aurait une importance unique puisqu'il donnerait l'indication de l'un des attributs divins du dieu Martu. — [2] Voyez *Supra* n° 105.

d'une ligne qui semble avoir été ajoutée après coup, et, derrière le sacrificateur, autre inscription de deux lignes en caractères du style archaïque de Babylone.

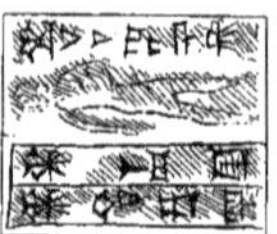

Nit ni·ni·y·a·tu	Serviteur de Niniyatu[1].
An·En·zu	Le dieu Sin.
An·az·ap·gal	La déesse Anunit.

(OPPERT.)

Hématite. — H. 0,026. D. 0,011.

201. — Le sacrificateur, de profil à droite, avec longue et large barbe, béret à rebord, tunique courte laissant les jambes à découvert et passant en écharpe sur l'épaule gauche; le bras droit tombe naturellement le long du corps et la main gauche, ramenée à la ceinture, tient la massue. Devant lui, un adorant, de profil à gauche, les deux mains levées en signe d'adoration, coiffé d'un bonnet en forme de tiare, avec cheveux bouclés derrière la tête, et vêtu d'une longue robe à volants plissés. Entre ces deux personnages, dans le champ supérieur, cercopithèque accroupi de profil à gauche; au milieu, le pédum renversé; en bas, petit personnage nu, imberbe, coiffé d'un béret plat, le corps de face, la tête de profil à gauche, la main droite levée en signe d'adoration, la main gauche ramenée sur la poitrine, les jambes écartées. Derrière le sacrificateur, dans le champ supérieur, le croissant de la lune dans lequel est intercalé le disque rayonnant du soleil, symboles de Sin et de Samas; au milieu, signe inconnu composé de deux tiges réunies par le bas et recourbées par le haut à l'opposé l'une de l'autre, et, en dessous, chèvre cornue accroupie de profil à gauche. — Inscription de trois lignes en caractères du style archaïque de Babylone.

An-Mar-tu	Le dieu Martu,
tur An·na	fils du dieu Anu,
kur·nin·la (?) ·ti·la	dispensateur de toute vie.

(OPPERT.)

Porphyre noir. — H. 0,027. D. 0,014.

202. — Le sacrificateur, de profil à droite, avec longue barbe, bonnet à rebord, tunique courte laissant les jambes à découvert; le bras droit tombe naturellement le long du corps et le bras gauche, ramené à la ceinture, tient la massue. Derrière lui, l'adorant, de profil à droite, les deux mains levées en signe d'adoration; il est imberbe, coiffé d'un bonnet en forme de tiare, avec longs cheveux bouclés derrière la tête, et vêtu d'une longue robe à volants plissés. Devant le sacrificateur, un pontife, de profil à gauche, la main droite tendue en avant et la main

---

[1] La première ligne n'a aucun rapport avec les deux suivantes.

gauche, ramenée à la ceinture, tenant un glaive; il est barbu, coiffé d'un bonnet en forme de tiare, avec longs cheveux bouclés derrière la tête, et vêtu d'une longue robe avec ceinture et large bande de broderie jusqu'au bas.

Cristal de roche. — H. 0,032. D. 0,019.

203. — Le sacrificateur, de profil à droite, avec longue et large barbe, coiffé du bonnet à rebord, vêtu d'une tunique courte passant en écharpe sur l'épaule gauche; le bras droit tombe naturellement le long du corps et le bras gauche, ramené à la ceinture, tient la massue. Derrière lui, l'adorant, de profil à droite, les deux mains levées en signe d'adoration; il est barbu, coiffé d'un bonnet en forme de tiare, avec longs cheveux bouclés derrière la tête, et vêtu d'une longue robe à volants plissés. Devant le sacrificateur du second type, le sacrificateur du premier type, de profil à gauche; la main droite, abaissée en avant, tient le couteau, la main gauche est ramenée à la ceinture; il est barbu, coiffé du bonnet en forme de tiare, avec longs cheveux bouclés derrière la tête, et vêtu d'une longue robe à plis droits avec ceinture et ouverte devant; la jambe droite, tendue en avant, repose sur l'escabeau [1].

Hématite. — H. 0,027. D. 0,016.

204. — Le sacrificateur, de profil à droite, avec longue et large barbe, bonnet à rebord et tunique courte laissant les jambes à découvert et passant en écharpe sur l'épaule gauche; le bras droit tombe naturellement le long du corps et le bras gauche, ramené à la ceinture, tient la massue. Dans le champ supérieur, devant lui, le disque rayonnant du soleil intercalé dans le croissant de la lune, symboles de Sin et de Samas; puis l'adorant, de profil à gauche, les mains tendues en avant en signe d'adoration; il est coiffé d'un bonnet en forme de tiare, avec longs cheveux bouclés derrière la tête, et vêtu d'une longue robe à volants plissés. Derrière l'adorant, l'aide des sacrifices, de profil à droite, la main gauche levée en avant, la main droite ramenée à la poitrine, et vêtu d'une longue robe à plis droits avec ceinture. — Inscription de deux lignes en caractères du style monumental de Babylone.

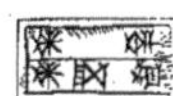

An-im   Le dieu Bin.
An-Sa-la   Le dieu Sala.

Hématite. — H. 0,022. D. 0,011.

205. — Le sacrificateur, de profil à droite, avec longue et large barbe, bonnet à rebord et tunique courte laissant les jambes à découvert; le bras droit tombe naturellement le long du corps et le bras gauche, ramené à la ceinture, tient la massue. Derrière lui, l'adorant, de profil à droite, les deux mains levées en signe d'adoration; il est coiffé du bonnet en forme de tiare,

[1] Nous nous trouvons ici en présence des deux types du « sacrificateur », non plus, chacun, comme jouant un rôle dans des scènes compliquées et séparées, mais tous deux occupant une place d'honneur et presque divine. Devons-nous en conclure que ce personnage était également vénéré sous ses deux représentations? Rien, jusqu'à présent, n'a pu nous le démontrer d'une façon cer- taine. Nous persistons malgré cela à penser que notre « *Sacrificateur* », sous son second type, était l'objet d'un culte plus général et plus élevé, car nous le trouvons adoré isolément un grand nombre de fois sous cette forme.

Nous rencontrerons le rapprochement des mêmes types sur les cylindres 207 et 209.

avec longs cheveux bouclés derrière la tête, et vêtu d'une longue robe à volants plissés. Devant
le sacrificateur, l'aide des sacrifices, de profil à gauche, barbu, coiffé d'un bonnet rond à rebord,
la main droite levée en signe d'adoration, la main gauche ramenée à la ceinture, et vêtu d'une
longue robe à volants plissés; derrière lui, un animal fantastique (peut-être un lion) accroupi de
profil à gauche. — Inscription de deux lignes en caractères du style monumental de Babylone.

An · Nin - gir - su	Le dieu Ninip,
luḥ An - na	Ministre du Ciel.

Jaspe rouge. — H. 0,030. D. 0,016.

206. — Le sacrificateur, de profil à droite, avec longue et large barbe, bonnet à rebord et
tunique courte laissant les jambes à découvert; le bras droit tombe naturellement le long du corps
et la main gauche, ramenée à la ceinture, tient la massue. Devant lui, l'adorant de profil à gauche,
les deux mains levées en signe d'adoration; il est coiffé d'un bonnet en forme de tiare avec cheveux bouclés derrière la tête et vêtu d'une longue robe à volants plissés. Dans le champ, entre
ces deux personnages, en haut, le disque rayonnant du soleil intercalé dans le croissant de la
lune symboles de Sin et de Samas; au centre un oiseau? et en bas, cercopythèque debout, de
profil à droite. Derrière le sacrificateur, personnage dont toute la partie supérieure du corps a
disparu par suite d'une cassure de la pierre; on distingue encore la tête coiffée du bonnet à rebord,
les jambes qui sont nues et l'extrémité d'un vase qu'il tient et d'où s'échappe une double
gerbe d'eau tombant dans une ampulla posée sur le sol. En haut, dans le champ, petite tête de
profil à droite. — Inscription de deux lignes en caractères du style monumental de Babylone.

An-Nin-gir-su	Le dieu Ninip,
luḥ zi An-na	Ministre de l'esprit du Ciel [1].

Hématite. — H. 0,024. D. 0,012.

207. — Le sacrificateur, de profil à droite, avec longue et large barbe, bonnet à rebord et
tunique courte laissant les jambes à découvert; le bras droit tombe naturellement le long du
corps et le bras gauche, ramené à la ceinture, tient la massue. Derrière lui, l'adorant, de profil
à droite, les deux mains levées en signe d'adoration; il est imberbe, coiffé d'un bonnet en forme
de tiare, avec cheveux bouclés derrière la tête, et vêtu d'une longue robe à volants plissés. Devant
le sacrificateur, un pontife de profil à gauche, la main droite abaissée en avant, la main gauche
ramenée à la ceinture; il est barbu, coiffé du bonnet en forme de tiare, avec cheveux bouclés
derrière la tête, longue robe à plis droits ouverte par devant et laissant voir la jambe droite qui
est tendue en avant et repose sur l'escabeau. Derrière le pontife, dans le champ supérieur, cercopythèque debout et de profil à droite; en dessous, petit personnage les jambes écartées. (Une
cassure de la pierre empêche de le distinguer.) — Inscription de deux lignes en caractères du style
archaïque de Babylone.

[1] Voyez, *Supra* n° 194.

| *An-im· na·ad·ni* | Bin-nadni, |
| *nit An·im* | Serviteur du dieu Bin. |

Améthyste claire. — H. 0,023. D. 0,013.

208. — Le sacrificateur, de profil à droite, avec longue et large barbe, bonnet à rebord et tunique courte laissant les jambes à découvert; le bras droit tombe naturellement le long du corps et le bras gauche, ramené à la ceinture, tient la massue. Derrière lui, un adorant de profil à droite, les deux mains levées en signe d'adoration; il est coiffé d'un bonnet en forme de tiare avec cheveux bouclés derrière la tête et vêtu d'une longue robe à volants plissés. Devant lui, un autre adorant de profil à gauche et semblable au précédent. — Inscription de trois lignes en caractères du style lapidaire de Babylone.

Tur · Marduk	Habal-Marduk,
tur Nu-ḥum·an-ut	fils de Nuhum-Samas,
nit·sa An·im	Serviteur du dieu Bin.

(Oppert.)

Hématite. — H. 0,025. D. 0,015.

209. — Le sacrificateur, de profil à droite, avec longue et large barbe, bonnet à rebord et tunique courte laissant les jambes à découvert; le bras droit tombe naturellement le long du corps et le bras gauche, ramené à la ceinture, tient la massue. Derrière lui, l'adorant, de profil à droite, les deux mains levées en signe d'adoration; il est barbu, coiffé d'un bonnet en forme de tiare, avec cheveux bouclés derrière la tête, et vêtu d'une longue robe à volants plissés. Devant le sacrificateur, un pontife, de profil à gauche; la main droite abaissée en avant tient le couteau, la main gauche est ramenée à la ceinture; (une cassure de la pierre empêche de voir la tête); il est vêtu d'une longue robe à plis droits avec ceinture et ouverte devant, et la jambe droite, tendue en avant, repose sur l'escabeau. — Inscription de trois lignes en caractères du style lapidaire de Babylone.

Sa-An-ma-dugut (?)	Sa-Nalbar-Kabittu (?),
tur A· ḥu–ni	· fils d'Ahuni,
nit An-Nin-ip	Serviteur du dieu Ninip.

(Oppert.)

Hématite. — H. 0,020. D. 0,010.

210. — Le sacrificateur, de profil à droite, avec longue et large barbe, bonnet à rebord et tunique courte laissant les jambes à découvert; le bras droit tombe naturellement le long du

corps, le bras gauche, ramené à la ceinture, tient la massue. Devant lui, un pontife de profil à gauche; la main droite est levée en signe d'adoration, la main gauche est ramenée à la poitrine; il est coiffé du bonnet en forme de tiare, avec cheveux bouclés derrière la tête, et vêtu d'une longue robe à plis droits avec ceinture. Entre ces deux personnages, dans le champ supérieur, étoile à quatre rayons, et, en bas, cercopythèque, debout de profil à droite. Derrière le sacrificateur, un aide des sacrifices, de profil à droite; il est coiffé d'un béret rond et vêtu d'une longue robe à plis droits; la main gauche est ramenée à la ceinture et la main droite tendue en avant tient une ampulla d'où s'échappent deux gerbes d'eau.

Hématite. — H. 0,024. D. 0,010.

211. — Deux groupes composés chacun de deux personnages et gravés dans deux sens différents. — Premier groupe. — Le sacrificateur, de profil à droite; la main gauche est ramenée à la ceinture et tient la massue, la main droite tombe naturellement le long du corps; il a une longue et large barbe, est coiffé du béret rond à rebord et vêtu d'une tunique brodée passant en écharpe sur l'épaule gauche. Devant lui, un adorant, de profil à gauche, les deux mains levées en signe d'adoration; il parait imberbe, coiffé du bonnet en forme de tiare, avec cheveux bouclés derrière la tête, et vêtu d'une longue robe à volants plissés. Entre ces deux personnages, dans le champ, en haut, une ampulla? en bas, la tige avec saillie centrale, symbole de la Justice. — Second groupe. — Un personnage de profil à gauche; la main droite tendue en avant porte un candélabre? à deux branches; la main gauche est ramenée à la poitrine; il est coiffé du bonnet en forme de tiare avec cheveux en boucles derrière la tête et vêtu d'une longue robe à plis droits avec ceinture et ouverte sur le devant; il a la jambe droite tendue en avant. Devant lui, un pontife, de profil à droite; la main gauche est ramenée à la ceinture, la main droite est levée en signe de prière; il est barbu, coiffé d'un béret rond à rebord et vêtu d'une longue robe brodée à plis droits. — Inscription de deux lignes en caractères du style archaïque de Babylone.

An·im[1]   Le dieu Bin.

An·Sa-la   Le dieu Sala.

Hématite. — H. 0,027. D. 0,013.

212. — Le sacrificateur, de profil à gauche, avec longue et large barbe, béret à rebord et tunique courte laissant les jambes à découvert; le bras gauche tombe naturellement le long du corps et le bras droit ramené à la ceinture tient la massue. Derrière lui, l'adorant, de profil à gauche, les deux mains levées en avant en signe d'adoration; il est barbu, coiffé d'un bonnet en forme de tiare, avec cheveux bouclés derrière la tête, et vêtu d'une longue robe à plis droits. Devant le sacrificateur, un pontife de profil à droite, la main droite levée en signe d'adoration, la main gauche ramenée à la ceinture; il parait imberbe, est coiffé du bonnet à rebord et vêtu

____
[1] Voy. n°ˢ 90, 124 et 188.

d'une longue robe à plis droits et à double bande de broderie. Entre le sacrificateur et l'adorant, dans le champ inférieur, le pédum. Entre le sacrificateur et le pontife, en haut, croissant de la lune, symbole de Sin, et, en dessous, petite tête de profil à droite, coiffée d'un béret plat.

Hématite. — H. 0,019. D. 0,008.

213. — Le sujet est divisé en deux groupes. — Premier groupe. — Le sacrificateur, de profil à droite, avec longue et large barbe, bonnet à rebord et tunique courte laissant les jambes à découvert; le bras droit tombe naturellement le long du corps et la main gauche, ramenée à la ceinture, tient la massue et le pédum. Devant lui, l'adorant, de profil à gauche, les deux mains levées en signe d'adoration; il est coiffé d'un bonnet en forme de tiare, avec cheveux bouclés derrière la tête et vêtu d'une longue robe à volants plissés. — Deuxième groupe. — Un pontife, de profil à gauche, avec longue robe à plis droits ouverte devant, bonnet en forme de tiare, cheveux bouclés derrière la tête; la main gauche est ramenée à la ceinture; la main droite, tendue en avant, tient une espèce de trident? composé d'une tige striée surmontée d'une pointe au centre et, des deux côtés, de deux tiges terminées par des têtes d'animaux. En face du pontife, l'adorant, de profil à droite, les deux mains levées en signe d'adoration; il est coiffé d'un bonnet en forme de tiare avec cheveux bouclés derrière la tête et vêtu d'une longue robe à volants plissés.

Hématite. — H. 0,018. D. 0,009.

214. — Le pontife, de profil à gauche; la main droite, tendue en avant, tient une lance, la main gauche est ramenée à la poitrine; il est barbu, coiffé du bonnet en forme de tiare avec boucles de cheveux derrière la tête et vêtu d'une longue robe à plis droits, ouverte sur le devant et avec double ceinture; la jambe droite est tendue en avant. Devant lui, le sacrificateur de profil à droite, la main gauche est ramenée à la ceinture; la main droite, tombant naturellement le long du corps, tient une arme terminée par un fer recourbé en forme de faucille; il est coiffé du béret rond à rebord et vêtu d'une longue robe brodée et ouverte sur le devant. Derrière ces personnages, on voit une série d'objets qu'il est difficile de déterminer; parmi eux, on distingue cependant un animal ailé, un lion fantastique? debout, de profil à gauche; un chevreau, les quatre pattes liées ensemble, gravé en sens inverse des autres animaux; un autre animal avec de longues cornes accroupi de profil à gauche, etc., etc.

Hématite. — H. 0,024. D. 0,010.

215. — Premier groupe. — Le pontife, de profil à gauche; la main droite, abaissée en avant, tient le couteau, la main gauche est ramenée à la ceinture; il est barbu, coiffé du bonnet en forme de tiare avec longues boucles de cheveux derrière la tête, vêtu d'une longue robe ouverte sur le devant; la jambe droite, tendue en avant, repose sur l'escabeau. Devant lui, un adorant, de profil à droite, les mains levées en signe d'adoration; il est coiffé d'un béret rond à rebord et vêtu d'une longue robe. — Second groupe. — Le sacrificateur, de profil à droite; la main gauche est ramenée à la ceinture, la main droite tombe naturellement le long du corps; il a une longue barbe, est coiffé du béret rond à rebord et vêtu d'une tunique courte. Devant lui, un adorant, de profil à gauche, les deux mains levées en signe d'adoration, coiffé du bonnet en forme de tiare et vêtu d'une longue

robe à volants plissés. Entre les deux derniers personnages, dans le champ : en bas, la tige avec saillie centrale, symbole de la Justice; en haut, cercopythèque accroupi, de profil à droite.

Hématite. — H. 0,021. D. 0,009.

216. — Le sujet est divisé en deux groupes. — Premier groupe. — Le sacrificateur, de profil à gauche; la main droite, abaissée en avant, tient le couteau en forme de scie; la main gauche est ramenée à la poitrine; il est barbu, coiffé du bonnet en forme de tiare, avec cheveux bouclés derrière la tête, et vêtu d'une longue robe à plis droits avec ceinture et ouverte sur le devant; la jambe droite, tendue en avant, repose sur l'escabeau. Devant lui, un adorant, de profil à droite; la main gauche est ramenée à la ceinture, la main droite est levée en avant en signe de prière; il est barbu, coiffé du béret rond à rebord et vêtu d'une tunique longue brodée ouverte sur le devant et laissant voir une partie de la jambe gauche. Entre eux, dans le champ supérieur, disque rayonnant du soleil intercalé dans le croissant de la lune, symboles de Sin et de Samas. — Second groupe. — Le sacrificateur, de profil à droite; la main gauche, ramenée à la ceinture, tient la massue; la main droite tombe naturellement le long du corps; il a une longue et large barbe, est coiffé d'un béret rond et vêtu d'une tunique courte brodée et ouverte sur le devant. Devant lui, un autre sacrificateur, de profil à gauche; la main droite est ramenée à la ceinture, la main gauche tombant naturellement le long du corps, tient un glaive; il a une longue barbe, est coiffé d'un béret rond à rebord avec cheveux bouclés derrière la tête et vêtu d'une tunique courte, brodée et ouverte sur le devant. Derrière lui, un troisième personnage, l'initié, de profil à gauche; les mains sont ramenées à la ceinture, il a les cheveux ras, est tête nue et vêtu d'une longue robe brodée.

Hématite. — H. 0,022. D. 0,012.

SUITE DE L'ÉCOLE DE UR

F. — LES BELTIS[1]

217. — Une Déesse nue, debout, de face, les mains ramenées sous les seins, et, au-dessus d'elle, dans le champ, une tête d'homme de profil à gauche. La Divinité est placée entre deux personnages plus grands représentant — d'abord, à gauche, le sacrificateur, de profil à droite, la main gauche ramenée à la ceinture et tenant la massue, la main droite tombant naturellement le long du corps; il est barbu, coiffé du béret à rebord et vêtu d'une tunique courte; — ensuite, à droite, un adorant, de profil à gauche, les mains levées en signe d'adoration, coiffé du bonnet en forme de tiare avec cheveux bouclés derrière la tête et vêtu d'une longue robe à volants plissés. — Inscription de trois lignes en caractères du style archaïque de Babylone.

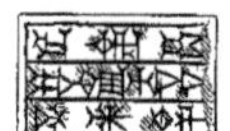

Ma-ar-tuv	Martu,
tur-sal Ki-is-ti-ni-ni	fille de Kisti-ili[2],
ardat An·im	Servante du dieu Bin.

Cachet de femme[3].

Cristal de roche. — H. 0,031. D. 0,016.

---

[1] Les femmes nues et ne portant parfois pour toute parure qu'un collier et des pendants d'oreilles se retrouvent assez fréquemment sur les cylindres. Elles semblent étrangères aux cérémonies qui s'accomplissent près d'elles, se montrent de face et ramènent leurs mains sur la poitrine. Que représentent ces figures? Telle est la difficile question qui se pose. M. Menant, dans sa *Glyptique*, Ire P., p. 170 et suiv., étudie avec grand soin toutes les hypothèses qui peuvent venir à l'esprit sur ce sujet, et, dans l'incertitude où il se trouve, finit très prudemment par dénommer simplement *Beltis* la représentation dont il est question, c'est-à-dire qu'il lui applique le nom qui personnifie toutes les divinités féminines du Panthéon assyro-chaldéen.

Nous nous sommes inclinés devant cette haute autorité, mais nous ne l'avons fait qu'à regret, car nous avons bien de la peine à croire qu'il ne s'agit pas là d'une des phases de la descente d'Istar aux enfers! Le récit de cette mémorable odyssée mentionne, en effet, une cérémonie importante. Pour pénétrer dans *le Pays immuable*, dans *le Pays dont on ne revient pas*, Istar doit franchir sept portes; à chacune d'elles le Gardien du pays des morts, la dépouille de ses vêtements et enfin de son collier et de ses pendants d'oreilles. Or, notre déesse est nue, contrairement aux autres représentations de la femme que nous possédons, et elle porte presque toujours un collier et des pendants d'oreilles, ce qui indique l'intention formelle chez l'artiste d'attirer l'attention sur ces objets. Nous persistons donc à croire que le graveur a résumé, autant qu'il le pouvait, ce curieux épisode de la vieille légende chaldéenne et que notre Beltis est réellement l'image d'Istar dans une de ses personnifications les plus importantes.

[2] Sur un cylindre dont nous avons perdu la trace on trouve le nom de *Kisti-Bin*. (Menant, *Glypt. orient.*, Ire P., p. 173, n° 110.)

[3] Les femmes en Assyrie étaient admises à contracter au même titre que les hommes. Nous voyons, par exemple, un certain Nabu-bani-ahi exercer son droit de créance sur un homme Babiya, une femme Nana-Suma et sa fille. La femme devait donc avoir son cachet, *Kunuk*, pour l'apposer sur la tranche des contrats à côté de celui des autres intéressés; lorsqu'elle n'en a pas, elle y appose simplement la marque de son ongle, *Supur*.

Voyez Oppert et Menant, *Documents juridiques*, p. 175, 258, 272 et *passim*.

218. — Une Déesse nue, debout, de face, les mains ramenées sous les seins; ses pieds reposent sur un scabellum; à sa droite, dans le champ inférieur, cercopythèque accroupi de profil à droite. De chaque côté de la Déesse et lui faisant face, un adorant, les mains levées en signe d'adoration, coiffé du bonnet en forme de tiare avec boucles de cheveux derrière la tête et vêtu d'une longue robe à volants plissés. — Inscription de trois lignes en caractères frustes du style archaïque de Babylone.

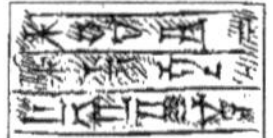

An nir – uru-gal[1] (?)   . . . .
An . . . du . . . .
. . . .

(Oppert.)

Hématite. — H. 0,025. D. 0,006.

219. — Une Déesse nue, debout, de face, les mains ramenées sous les seins; à gauche, un adorant, de profil à gauche, les mains levées en signe d'adoration et vêtu d'une longue robe à volants plissés. — Inscription de quatre lignes en caractères du style archaïque de Babylone.

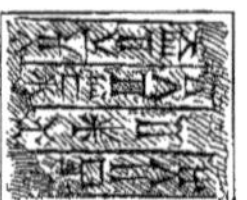

Am-ta-sag-ga-tu   Amta-saggil,
tur-sal (ou *sallat*) *Lubil-ni-ni*   fille (ou esclave) de Lubil-ili,
ardat An-şur-ut   Servante du dieu Marduk
au An-Zar-pa-ni-tuv   et de la déesse Zarpanit.

Cachet de femme[3].

(Oppert.)

Cristal de roche. — H. 0,027. D. 0,012.

220. — Une Déesse nue, debout, de face, les mains ramenées sous les seins. A sa gauche, le sacrificateur, de profil à droite, la main gauche ramenée à la poitrine, la main droite tombant naturellement le long du corps; il a une longue et large barbe, est coiffé du bonnet à rebord et vêtu d'une tunique courte. Dans le champ, entre la Déesse et le sacrificateur, en haut, une ampulla, en bas, la tige avec saillie centrale, symbole de la Justice. Devant ce dernier, dans le champ, en haut, le croissant de la lune, symbole de Sin; au milieu, un oiseau; en bas, cercopythèque accroupi de profil à droite; puis un pontife, de profil à gauche, la main droite tendue en avant et tenant le couteau, la main gauche ramenée à la ceinture, coiffé du bonnet en forme de tiare, avec boucles de cheveux derrière la tête, et vêtu d'une longue robe à volants plissés.

Hématite. — H. 0,021. D. 0,011.

220 *bis*[3]. — Une Déesse nue, debout, de face, portant un collier et des pendants d'oreilles,

---

[1] Le nom de cette divinité se rencontre souvent ainsi sur les cylindres et dans les textes religieux, mais sa transcription phonétique est encore inconnue.

[2] Voyez *Supra*, la note du cylindre n° 217.

[3] Voyez planche XXXVIII, *Addenda*.

les mains ramenées sous les seins. A sa droite, le sacrificateur, debout, de profil à gauche, la jambe droite tendue en avant et le pied posé sur le scabellum; il est barbu, vêtu d'une longue robe à plis droits avec ceinture et coiffé du bonnet plat strié; la main gauche est ramenée à la ceinture, la droite tendue en avant tient le couteau sacré. Devant lui, un aide des sacrifices, debout, de profil à droite, vêtu d'une courte tunique avec ceinture, présente, de la main droite tendue en avant, une ampulla, pendant que, de sa main gauche tombant naturellement, il tient le panier aux offrandes.

Hématite. — H. 0,019. D. 0,010.

221. — Une Déesse nue, de face, placée debout sur le scabellum, portant un collier et des pendants d'oreilles, les mains ramenées sous les seins et coiffée d'un béret plat strié. A sa gauche, le sacrificateur, de profil à droite, la main gauche ramenée à la ceinture tenant la massue, la main droite tombant naturellement le long du corps; il porte une longue et large barbe, est coiffé du béret à rebord et vêtu d'une tunique courte. En face de lui, un adorant, de profil à gauche, les mains levées en signe d'adoration, coiffé du bonnet en forme de tiare avec cheveux bouclés derrière la tête et vêtu d'une longue robe à volants plissés. Entre ces deux personnages, dans le champ, en haut, disque rayonnant du soleil intercalé dans le croissant de la lune, symboles de Sin et de Samas; en bas, le bâton recourbé par le haut en forme de pédum.

Hématite. — H. 0,022. D. 0,010.

222. — Une Déesse nue, de face, portant un collier et des pendants d'oreilles, placée debout sur le scabellum, les mains ramenées sous les seins et coiffée d'un béret plat. A sa gauche, le sacrificateur, de profil à droite, la main gauche ramenée à la ceinture tenant la massue, la main droite tombant naturellement le long du corps; il porte une longue et large barbe, est coiffé du béret à rebord et vêtu d'une tunique courte. En face de lui, un adorant, de profil à gauche, les mains levées en signe d'adoration, coiffé du bonnet en forme de tiare avec cheveux bouclés derrière la tête et vêtu d'une longue robe à volants plissés. — Inscription de deux lignes en caractères du style archaïque de Babylone, gravée en sens directe sur le cylindre et se présentant en sens inverse sur l'empreinte.

La-ka-i-tu-An-im   Lakaïtu-Bin,
tur Śi-ga-ni-im   fils de Siganim.
                            (OPPERT.)

Hématite. — H. 0,022. D. 0,011.

223. — Une Déesse nue, debout, de face, les mains ramenées sous les seins. Au-dessus d'elle, dans le champ, disque rayonnant du soleil dans le croissant de la lune, symboles de Sin et de Samas. La Déesse est placée entre deux personnages plus grands représentant, à sa gauche, le sacrificateur, de profil à droite, la main gauche ramenée à la ceinture tenant la massue, la main droite tombant naturellement le long du corps; il est barbu, coiffé du béret à rebord et vêtu d'une

tunique courte laissant voir une partie des jambes, et, à sa droite, un adorant, de profil à gauche, les mains levées en signe d'adoration, coiffé du bonnet en forme de tiare, avec cheveux bouclés derrière la tête et vêtu d'une longue robe à volants plissés. — Inscription de trois lignes en caractères du style archaïque de Babylone.

.... *nin-ge-* ..... *-ra-si* (?)	....
tur An-en-zu-du-um-[*ku*]	fils de Sin-dumku,
nit An-nin-gir-śu	Serviteur de Ninip.
	(OPPERT.)

Hématite. — H. 0,028. D. 0,015.

224. — Une Déesse nue, debout, de face, la tête de profil à droite, la main gauche tendue en avant, la main droite ramenée sous les seins. En dessous d'elle, un animal passant à droite, peut-être un chien; au-dessus, le disque rayonnant du soleil dans le croissant de la lune, symboles de Sin et de Samas. La Déesse est placée entre deux personnages plus grands représentant, le premier, à sa gauche, le sacrificateur, de profil à droite, la main gauche ramenée à la ceinture tenant la massue, la main droite tombant naturellement le long du corps, avec une longue et large barbe, un bonnet à rebord et une tunique courte; le second, à sa droite, un adorant de profil à gauche, les mains levées en signe d'adoration, coiffé du bonnet en forme de tiare et vêtu d'une longue robe. (Ce cylindre est à moitié perforé.) — Inscription de trois lignes en caractères du style archaïque de Babylone.

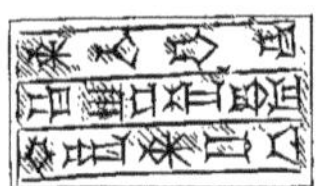

Na-bi-um	Nabu,
tup-sar sag-ga-tu	Scribe du (E-) saggil,
ki-ram An-sur-ut	aimé du dieu Marduk.
	(OPPERT.)

Hématite. — H. 0,028. D. 0,011.

225. — Une Déesse nue, debout, de face, les mains ramenées sous les seins; elle est placée, avec beaucoup d'autres signes, dans le champ entre deux personnages plus grands. A sa gauche, on voit d'abord un candélabre composé d'une tige surmontée de deux branches en zigzag, puis la tige avec saillie centrale, symbole de la Justice; au-dessus, une ampulla? une abeille? un cercopythèque? accroupi de profil à droite et un animal inconnu accroupi de profil à gauche. Le personnage de gauche représente le sacrificateur, de profil à droite, la main gauche ramenée à la ceinture, la main droite tombant naturellement le long du corps; il est barbu, coiffé du béret à rebord et vêtu d'une tunique courte brodée; en bas, à ses pieds, le caractère cunéiforme, *An* : « le Dieu ». (Un trou fait après coup couvre une partie de la poitrine.) Derrière lui, dans le

champ supérieur, le disque rayonnant du soleil dans le croissant de la lune, symboles de Sin et de Samas; en dessous, un poisson dressé sur sa queue et un cercopythèque? accroupi de profil à droite. En face du sacrificateur, l'adorant, de profil à gauche, les mains levées en signe d'adoration; il est coiffé du bonnet en forme de tiare avec boucles de cheveux derrière la tête et vêtu d'une longue robe à franges sur le bas de laquelle est gravé le même caractère, *An*. — Inscription de trois lignes en caractères du style archaïque de Babylone.

An·ut-sak-ki   Samas-sakki,
en pu-qur-rat   Maître des revendications judiciaires
ina-kak zi-kur-u-sal·lat (?) pour tous esclaves mâles et femelles[1]
                          (OPPERT.)
           Porphyre noir. — H. 0,028. D. 0,009.

226. — Le sujet est divisé en deux groupes. — Premier groupe. — Une Déesse nue, debout, de face, les mains ramenées sous les seins, placée entre deux représentations plus grandes d'Isdubar et d'Héa-Bani. Le premier est nu, de profil à gauche, avec une longue barbe frisée et la tête ornée de trois boucles de cheveux de chaque côté de la figure. Le second est également nu et de profil à droite; le haut du corps est celui d'un homme avec longue barbe, oreilles et cornes de taureau, le bas du corps est celui d'un taureau; tous les deux se donnent les mains en signe d'alliance? Derrière Héa-Bani, dans le champ supérieur, un animal inconnu, de profil à gauche et debout sur les jambes de derrière. En dessous, une abeille? ou un oiseau? — Second groupe. — Le sacrificateur, de profil à droite, la main gauche ramenée à la ceinture tenant la massue, la main droite tombant naturellement le long du corps; il a une longue et large barbe, est coiffé du béret rond à rebord et vêtu d'une tunique courte. Devant lui, un pontife, de profil à gauche, la main droite levée en avant, la main gauche ramenée à la ceinture; il a une longue barbe, est coiffé d'un béret plat et vêtu d'une longue robe brodée à plis droits avec ceinture et franges dans le bas. Entre ces deux personnages, dans le champ supérieur, le croissant de la lune, symbole de Sin, et, en bas, un aide des sacrifices, de profil à droite, la main droite tendue en avant tenant le couteau sacré, la main gauche tombant naturellement le long du corps et portant le panier aux offrandes. Derrière le sacrificateur, dans le champ supérieur, une tête de profil à droite, barbue, avec les cheveux ras et une mèche de cheveux sur le front. En bas, un petit personnage de face, barbu, coiffé du bonnet en forme de tiare, vêtu d'une longue robe serrée à la ceinture et à volants plissés; puis un adorant, de profil à droite, vêtu d'une longue robe à volants plissés, les mains levées en signe d'adoration.

           Porphyre noir. — H. 0,029. D. 0,017.

227. — Une Déesse nue, debout, de profil à droite, les mains ramenées sous les seins, la tête

<hr>

[1] Dans tous les textes mentionnant des ventes d'esclaves à Babylone, il est inscrit une clause de recours contre un garant qui répond, vis-à-vis de l'acquéreur, de la révolte de l'esclave ou de sa revendication par un ancien propriétaire; ce garant répond, en outre, de la soumission de l'esclave devant l'officier de police et le juge, et, par conséquent, du préjudice causé, dans le cas contraire, par la punition de l'esclave (sa mort ou sa mutilation). Le revendiquant est nommé *paqirânu*, et, d'après ce cylindre, il semblerait qu'il ait existé des hommes dont le métier était d'introduire ces demandes en restitution des esclaves vendus.   (OPPERT.)

surmontée d'un croissant. Derrière elle, dans le champ, en bas, une tige doublement recourbée
en haut, une double tige en forme de croix surmontée d'un croissant, probablement un candélabre;
puis un autre personnage, de profil à gauche, la main droite tombant naturellement le long du corps,
la main gauche ramenée à la ceinture et vêtu d'une longue robe à plis droits. Dans le champ, deux
séries de signes indéchiffrables quant à présent.

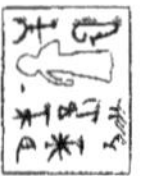

Hématite. — **H. 0,019. D. 0,009.**

228. — Une petite Déesse nue, debout, le corps de face, la tête de profil à droite, coiffée
du béret rond à rebord, les mains ramenées sous les seins. (Tout le bas du corps a disparu par
suite d'une cassure de la pierre.) Elle est placée entre deux pontifes de plus grande taille, de profil
à droite, vêtus tous deux d'une longue robe, portant une longue barbe et coiffés du béret rond à
rebord avec cheveux bouclés derrière la tête. Celui qui se trouve à la droite de la déesse a la
main gauche ramenée à la ceinture et la main droite levée en avant; celui placé à sa gauche tient
la main droite tombant naturellement le long du corps et semblant porter une arme et la main
gauche ramenée à la ceinture. — Inscription de trois lignes en caractères du style archaïque de
Babylone.

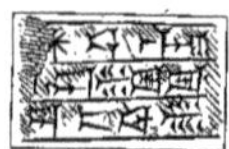

An-ut-as-me-en	Samas-asme-Bel,
tur Du-mu-zu-zu	fils de Dumuzuzu,
nisu (?) *Tab-ba-mu*	Employé Tabbamu.

Jaspe blanc et rouge. — **H. 0,031. D. 0,012.**

229. — Une Déesse nue, debout, de face, les mains ramenées sous les seins; la tête semble
entourée d'un voile; deux objets inconnus sont suspendus à ses bras. A sa gauche, dans le champ
supérieur, un oiseau volant, avec une queue de poisson; en bas, un poisson dressé sur sa queue;
puis un pontife, de profil à droite, les mains ramenées à la ceinture, barbu, la tête nue, les cheveux
ras et vêtu d'une longue robe à plis droits striés. A la gauche du pontife, dans le champ, en
haut, une abeille? au milieu, un poisson dressé sur sa queue et la tige recourbée en forme de
pedum; puis un autre pontife, de profil à gauche, la main droite tendue en avant tenant un
sceptre, sorte de tige surmontée de deux branches terminées chacune par une tête d'animal, la
main gauche tombant naturellement le long du corps et portant une arme terminée par un fer
recourbé; il est barbu, coiffé du bonnet en forme de tiare, avec boucles de cheveux derrière la
tête, et vêtu d'une longue robe à plis droits avec ceinture et ouverte sur le devant; la jambe droite,
tendue en avant, repose sur le scabellum. — Travail très archaïque.

Jaspe vert. — **H. 0,018. D. 0,009.**

230. — Le sujet de ce cylindre est divisé en deux groupes. — Premier groupe. — Une Déesse

nue, debout, de face, les mains ramenées sous les seins, portant un collier, des pendants d'oreilles et une coiffure radiée. A sa gauche, dans le champ supérieur, une tige terminée par une tête d'animal; en bas, un cercopythèque? accroupi de profil à gauche. A sa droite, en haut, le croissant de la lune, symbole de Sin; en bas, un autre cercopythèque? accroupi de profil à droite; puis un aide des sacrifices, de profil à droite, la main gauche levée en avant et la droite ramenée à la ceinture; il est coiffé du béret rond strié et vêtu d'une tunique courte avec ceinture. Derrière lui, dans le champ supérieur, une tête de profil à droite, coiffée du bonnet strié. — Second groupe. — Le sacrificateur, de profil à droite, la main gauche ramenée à la ceinture tenant la massue, la main droite tombant naturellement le long du corps; il a une longue et large barbe, est coiffé du béret rond à rebord et vêtu d'une tunique courte ouverte sur le devant laissant à découvert une partie des jambes. Devant lui, un adorant, imberbe, de profil à gauche, les mains levées en signe d'adoration, coiffé du bonnet en forme de tiare avec cheveux bouclés derrière la tête et vêtu d'une longue robe à volants plissés. Entre ces deux derniers personnages, dans le champ supérieur, le disque rayonnant du soleil dans le croissant de la lune, symboles de Sin et de Samas; en dessous, une tige droite terminée par une flamme, (torche?) en bas, un taureau accroupi, de profil à droite, sur le dos[1] duquel se trouve placé un candélabre composé d'une tige surmontée de trois branches en zigzag.

Hématite. — H. 0,025. D. 0,012.

231. — Une Déesse nue, debout, de face, portant un collier et des pendants d'oreilles, les mains ramenées sous les seins. A sa gauche, dans le champ supérieur, trois étoiles; puis le sacrificateur, de profil à droite, la main gauche ramenée à la ceinture, la main droite tombant naturellement le long du corps; il a une longue et large barbe, est coiffé du béret plat et vêtu d'une tunique courte. Devant lui, un pontife, de profil à gauche, la main droite abaissée en avant, la main gauche ramenée à la poitrine; il est barbu, coiffé du bonnet en forme de tiare, avec boucles de cheveux derrière la tête, et vêtu d'une longue robe à plis droits avec ceinture. Entre ces deux personnages, dans le champ, en haut, le croissant de la lune, symbole de Sin; en bas, la tige recourbée par le haut en forme de pédum. A droite de la Déesse, en haut, cercopythèque accroupi de profil à droite; en bas, petit personnage, debout, le corps de face, les jambes écartées, la tête de profil à gauche et coiffée du béret plat, la main droite levée en avant, la main gauche ramenée à la poitrine.

Hématite. — H. 0,020. D. 0,008.

232. — Une petite Déesse nue, debout, de face, portant un collier et des pendants d'oreilles, les mains ramenées sous les seins. A sa droite, un pontife de plus grande taille, barbu, de profil à droite, les mains ramenées à la ceinture, coiffé du bonnet en forme de tiare et vêtu d'une longue robe à volants plissés. A sa gauche, un sacrificateur fantastique de profil à droite; il est nu, mais porte une ceinture et tient le couteau des sacrifices de la main droite levée à la hauteur de la tête dans l'attitude de frapper; de la main gauche abaissée naturellement le long du corps il porte une tête humaine[2], de profil à droite, barbue et coiffée du béret plat; le cou du sacrificateur fort long est terminé par une tête d'animal (panthère?) il a les pieds en forme de serres d'oiseau de proie. Devant lui, un pontife, de profil à gauche, la main droite ramenée à la ceinture, la main gauche

[1] Ce candélabre est peut-être placé derrière le taureau et le défaut de perspective le fait paraître posé sur le dos de l'animal.

[2] Ce sujet paraît se rapporter à quelque phase spéciale des sacrifices humains.

tombant naturellement le long du corps et tenant une arme terminée par un fer recourbé en forme de faucille; il est barbu, coiffé du bonnet en forme de tiare avec boucles de cheveux derrière la tête et vêtu d'une longue robe brodée ouverte sur le devant et laissant voir une partie de la jambe droite. Entre ces deux personnages, dans le champ, un candélabre composé d'une tige surmontée de deux branches en zigzag. Entre les deux pontifes, divers signes; en haut, le croissant de la lune, symbole de Sin; en dessous, deux tiges recourbées par le haut à l'opposé l'une de l'autre, et placées sur le dos[1] d'un chevreau accroupi de profil à droite. Enfin un candélabre? surmonté d'une flamme?

Hématite. — H. 0,019. D. 0,008.

233. — Une Déesse nue, debout, le corps de face, la tête de profil à droite, les mains tombant naturellement le long du corps; elle semble se rapprocher du style égyptien et avoir été gravée après coup? Derrière elle, un adorant, de profil à gauche, les mains levées en signe d'adoration, barbu, coiffé d'un bonnet de forme conique avec cheveux longs derrière la tête; il est vêtu d'une longue robe à plis droits avec ceinture et bande de broderies transversales. Devant lui, le sacrificateur, de profil à droite, la main gauche ramenée à la ceinture tenant le glaive, la main droite tombant naturellement le long du corps; il est barbu, coiffé du bonnet rond à rebord et vêtu d'une tunique courte. Entre ces deux personnages, dans le champ, en haut, le disque du soleil dans le croissant de la lune, symboles de Sin et de Samas; en dessous, un oiseau de profil à droite; en bas, un candélabre composé d'une tige surmontée de deux branches en zigzag. (Ce cylindre conserve encore une partie de la monture en bronze qui servait à le suspendre.) — Inscription de quatre lignes en caractères du style archaïque de Babylone.

An-silik-lu-ḫi-ba-ni	Marduk-bani,
tur Ba-ni-an	fils de Baniel,
nit An-silik-lu-ḫi	Serviteur du dieu Marduk
au An-im	et du dieu Bin.

(Oppert.)

Hématite. — H. 0,031. D. 0,016.

234. — Une Déesse nue, debout, de face, les mains ramenées sous les seins, placée au milieu de signes divers gravés dans le champ. Parmi eux, on distingue, à sa gauche, une ampulla et une tige terminée en bas par un crochet; à sa droite, un grand candélabre composé d'une tige striée surmontée de trois branches dont deux sont terminées par des têtes d'animaux, puis un chevreau de profil à gauche, un poisson dressé sur sa queue, une tige recourbée par le haut en forme de pédum et le disque rayonnant du soleil dans le croissant de la lune, symboles de Sin et de Samas. Enfin, on voit un groupe formé du sacrificateur, de profil à droite, la main gauche ramenée à la ceinture, la main droite tombant naturellement le long du corps, barbu, coiffé du béret plat et

---

[1] Voyez *Supra*, la note du cylindre n° 230.

vêtu d'une tunique courte, et, en face de lui, un pontife, de profil à gauche, la main droite levée en avant, la main gauche ramenée à la ceinture, coiffé du béret plat et vêtu d'une longue robe. Entre ces deux personnages, dans le champ, en haut, le croissant de la lune, symbole de Sin, et, en bas, un cercopithèque accroupi de profil à droite.

Hématite. — H. 0,016. D. 0,008.

235. — Le sujet de ce cylindre est divisé en deux groupes. — Premier groupe. — Une Déesse nue, debout, de face, les deux mains ramenées sous les seins, avec ceinture et collier composés de petites boules; elle est coiffée d'un bonnet à visière circulaire surmonté d'un globe d'où s'échappent deux pendeloques ornées de petites boules, probablement des pendants d'oreilles; des deux côtés de la ceinture tombent deux longues chaînettes composées de petites boules et terminées par une boule plus grosse. A sa droite, un adorant nu, de profil à droite, les mains levées en avant en signe d'adoration, barbu et coiffé d'un béret rond à visière circulaire. Derrière lui, dans le champ, la tige avec saillie centrale, symbole de la Justice. A gauche de la Déesse, dans le champ supérieur, une ampulla. — Second groupe. — Le sacrificateur, de profil à gauche, la main droite, abaissée en avant tenant le couteau, la main gauche ramenée à la ceinture; il a une longue barbe, est coiffé d'un bonnet pointu avec visière circulaire et vêtu d'une longue robe à plis droits avec ceinture ouverte sur le devant; la jambe droite tendue en avant repose sur le scabellum. Derrière lui, dans le champ supérieur, une étoile à six rayons, sept globes juxtaposés, quatre en bas et trois au-dessus, et, en bas, une espèce de candélabre composé d'une tige surmontée de trois globes de différentes grosseurs; puis un pontife, de profil à gauche, la main droite tendue en avant, la main gauche ramenée à la ceinture; il est barbu, coiffé d'un béret rond à visière circulaire et vêtu d'une longue robe à volants. Devant le sacrificateur, dans le champ supérieur, le disque rayonnant du soleil dans le croissant de la lune, symboles de Sin et de Samas, et, en bas, une ampulla; enfin un autre pontife, de profil à droite, exactement semblable au précédent.

Hématite. — H. 0,024. D. 0,014.

236. — Une petite Déesse nue, debout, de face, placée sur le scabellum, les mains ramenées sous les seins et portant un collier et des pendants d'oreilles. Au-dessus d'elle, un petit personnage, de profil à droite, debout sur la jambe droite et tenant de la main gauche la jambe gauche repliée en arrière; il est coiffé d'un bonnet de forme triangulaire et tient la main droite levée en avant. — Le reste du sujet peut se diviser en deux groupes dont les personnages sont de plus grande dimension.

Premier groupe. — Le sacrificateur, de profil à droite, la main gauche ramenée à la ceinture tenant la massue, la main droite tombant naturellement le long du corps; il a une longue et large barbe, est coiffé du béret rond à rebord et vêtu d'une tunique courte brodée. Devant lui, une divinité que nous croyons être Istar[1], la tête et le corps de face, les jambes de profil à gauche, la main droite levée en avant tenant un sceptre formé d'une tige terminée en bas par un globe

---

[1] Nous sommes ici en présence d'un personnage que nous n'avons pas encore rencontré et dans lequel nous croyons voir une autre représentation d'Istar, la grande Déesse d'Erech. Tout d'abord, l'aspect imposant et le riche costume de notre figure nous amène à lui donner sans hésiter le caractère divin; puis elle se présente à nous brillamment parée, portant l'arc et le carquois et tenant d'une main le glaive ou l'arme en forme de faucille, et de l'autre le sceptre; enfin, nous constatons souvent qu'elle pose le pied sur un lion ou qu'elle est accompagnée de ce royal carnassier. Or, Istar est désignée « comme étant la déesse des armées, la reine des batailles, celle qui donne la victoire et qui juge les combats », et, en outre, un texte nous dit que la déesse Istar est appelée : « Istar aux lions. » (*W. A. I.* IV, 66, Rev. c. 6, L. 25.) Tout nous confirme donc dans notre hypothèse. (Voy. Menant, *Glyptique orientale*, Ire p., p. 163.)

et surmontée d'une ampulla avec panse ronde, col allongé et évasé et anses sur les côtés? la main gauche tombant naturellement le long du corps, portant l'arme en forme de faucille; elle est coiffée d'un bonnet à cornes; au-dessus de chacune de ses épaules paraissent deux ornements qui semblent représenter l'arc et le carquois? elle est vêtue d'une longue robe à plis droits ouverte sur le devant, et la jambe droite, tendue en avant, repose sur un animal indéterminé, un lion sans doute.

Second groupe. — Le sacrificateur, de profil à gauche, la main droite abaissée en avant tenant le couteau, la main gauche ramenée à la ceinture; il a une longue barbe, est coiffé du bonnet en forme de tiare, avec boucles de cheveux derrière la tête et vêtu d'une longue robe à plis droits ouverte sur le devant; la jambe droite tendue en avant repose sur le scabellum. Devant lui, en bas, un taureau, de profil à gauche, la queue relevée sur le dos, la tête ramenée vers le corps; en haut, deux petites représentations d'Héa-Bani barbu, coiffé du bonnet en forme de tiare, le bas du corps en forme de taureau; ils sont placés à droite et à gauche d'un candélabre qu'ils tiennent chacun des deux mains et qui est composé d'une tige striée reposant sur un trépied et surmonté du disque rayonnant du soleil, symbole de Samas. Entre cette dernière scène et le sacrificateur, dans le champ supérieur, un petit aide des sacrifices, de profil à droite, vêtu d'une courte tunique, la main droite tendue en avant, la main gauche tombant naturellement le long du corps et tenant le panier aux offrandes.

Hématite. — H. 0,022. D. 0,012.

Conformément au classement indiqué dans l'Introduction et dans le Résumé, nous avons placé ci-dessus et à la suite les uns des autres, du n° 217 au n° 236 inclusivement, tous les cylindres de notre collection sur lesquels une femme nue était représentée. Nous avons pensé en effet que ce type très particulier avait un intérêt tout spécial au point de vue de l'étude de la mythologie encore fort obscure de ces temps reculés. Nous tenons cependant, avant de terminer ce paragraphe, à faire remarquer combien sont grandes les différences de style de ces cylindres qui auraient trouvé leur place toute naturelle dans les divers chapitres précédents, selon leur travail ou leur sujet, si nous n'avions cru utile de faire ressortir par ce groupement le rôle de la Déesse que nous avons dénommée : « Beltis . »

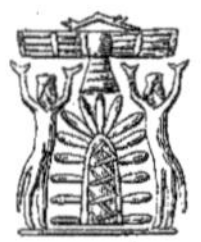

SUITE DE L'ÉCOLE DE UR

G. — LES INVOCATIONS

Nous décrirons en tête de ce paragraphe une suite de sujets qui se rattachent évidemment aux invocations, car les personnages qui y sont représentés se montrent tous dans la pose de l'adoration, et cependant les inscriptions ne contiennent, pour beaucoup d'entre eux au moins, que la formule ordinaire des cachets des particuliers; ce n'est qu'un peu plus loin que ces formules sont remplacées par une prière ou une incantation alors que les scènes restent à peu près les mêmes. A partir du n° 253, pour faire ressortir cette différence et pour que la classification soit plus rigoureuse encore, nous avons cru utile d'ouvrir un sous-paragraphe G *bis*.

237. — On ne voit sur ce cylindre que les traces d'une gravure qui est restée inachevée à côté d'une inscription de trois lignes en beaux caractères du style monumental de Babylone.

An—en-zu ta-bal...(?)	Sin-tabal,
tur Zi-ni-i	fils de Zini,
nit An—en-zu	Serviteur du dieu Sin.

(Oppert.)

Jaspe rouge. — H. 0,030. D 0,015.

238. — Un pontife, de profil à gauche, la main gauche ramenée à la ceinture, la main droite levée en avant en signe d'adoration et vêtu d'une longue robe à volants plissés. (Une cassure de la pierre empêche de voir une grande partie du corps.) Derrière lui, dans le champ, le signe composé de deux tiges recourbées par le haut en forme de pédum placé sur un chevreau accroupi de profil à droite[1]. — Inscription de deux lignes en caractères du style archaïque de Babylone.

An-ut	Le dieu Samas.
An-a-a	Le dieu Malik.

---

[1] Ce cylindre est très important à étudier pour se rendre compte des procédés de la Glyptique à cette époque; il est évident ici que le sujet aurait été gravé après l'inscription.

[2] Voyez la note du cylindre n° 230, *Supra*.

Chaque ligne est précédée d'une étoile; c'est du reste la même inscription que nous avons relevée sur les cylindres 68, 96, 117, 128, 129, 130 et 172.

Jaspe rouge. — H. 0,026. D. 0,010.

239. — Un pontife, de profil à gauche, la main gauche levée en signe d'adoration et offrant un chevreau qu'il porte de la main droite; il est barbu, coiffé du bonnet en forme de tiare et vêtu d'une longue robe. Derrière lui, dans le champ, le disque rayonnant du soleil dans le croissant de la lune, symboles de Sin et de Samas, et, devant lui, une inscription de quatre lignes en caractères du style archaïque de Babylone.

Me-e-za-ak-[ru]	Me-zakru
tur Si-is (ou da) pa-an	fils de Sis? pan . . ,
nit sa An-tu	Serviteur de la déesse Anunit,
sit (sanga) sa bit-Ta-nun(?)	Prêtre du temple Tanun.

(Oppert.)

Hématite. — H. 0,030. D. 0,014.

240. — Un pontife, de profil à gauche, la main droite levée en avant en signe d'adoration, la main gauche ramenée à la ceinture, coiffé d'un béret rond à rebord et vêtu d'une longue robe à plis droits. Derrière lui, dans le champ, en haut, une ampulla; en bas, la tige avec saillie centrale, symbole de la Justice. Devant lui, quelques traces d'un autre personnage que l'usure de la pierre empêche de distinguer. — Enfin une inscription de trois lignes en caractères du style archaïque de Babylone.

Su¹-gur-An	Sugur-ilu,
tur tin-zi...	fils de Balat-napisti,
nit An-en-zu	Serviteur du dieu Sin.

(Oppert.)

Hématite. — H. 0,024. D. 0,010.

240 *bis*¹. — Un pontife, debout, de profil à gauche, vêtu d'une longue robe, coiffé du bonnet rond à rebord et les mains levées en signe d'adoration. Devant lui, deux signes en forme d'oiseaux? — Inscription de quatre lignes en caractères du style archaïque de Babylone.

---

¹ M. Menant lit : *musaru* « Cachet », Cachet de Gurilu? | ² Voyez planche XXXVII, *Addenda*.

E-di-ruv	Honorer.
ga-ma-lu	Être juste.
nin-kur-me-bat	. . . .[1]
en... ti...	le maître de la vie et de la mort.

(OPPERT.)

Sardoine rubanée de blanc. — H. 0,026. D. 0,012.

241. — Un pontife, de profil à droite, les mains levées en signe d'adoration et vêtu d'une longue robe. (Le haut de la tête est invisible à cause d'une cassure de la pierre.) — Inscription de quatre lignes en caractères du style lapidaire de Babylone.

Da-mi-ik-tuv	Damikta,
tur-sal Zi-gur-An-sur-ut	fille de Zigur-Marduk,
ardat An-sur-ut	Servante du dieu Marduk
au An-Zar-pa-ni-tuv.	et de la déesse Zarpanit.

Cachet de femme[2].

Cornaline. — H. 0,029. D. 0,014.

242. — Un pontife, de profil à gauche, les mains levées en signe d'adoration, coiffé du bonnet en forme de tiare, avec cheveux bouclés derrière la tête et vêtu d'une longue robe à volants. — Inscription de trois lignes en caractères du style archaïque de Babylone.

Za-ap-ru-um	Zaprum,
tur A-di-An-kak-a-bi	fils de Adi-il-kalama,
nit An-nin-gir-šu	Serviteur du dieu Ninip.

(OPPERT.)

Sardoine rubanée de blanc. — H. 0,026. D. 0,014.

243. — Un pontife, de profil à gauche, les mains levées en signe d'adoration, coiffé du bonnet en forme de tiare, avec cheveux bouclés derrière la tête et vêtu d'une longue robe à volants

---

[1] La troisième ligne est difficile à lire; elle pourrait renfermer le verbe qui régit l'accusatif : « Le maître de la vie et de la mort. »

[2] Voyez *Supra*, la note du cylindre n° 217.

plissés; puis un autre pontife, en tout semblable au précédent, mais de profil à droite. — Entre eux, inscription de trois lignes en caractères du style archaïque de Babylone.

Ni- ni-is- mi-a-ni   Ili-ismiani,
tur Su-nu-an   fils de Sunuil,
nit An-as-at-(um)-gal[1]   Serviteur du dieu...?

(OPPERT.)

Porphyre noir. — H. 0,033. D. 0,017.

244. — Deux pontifes semblables faisant face à une inscription cunéiforme; ils ont les mains levées en signe d'adoration, sont coiffés du bonnet en forme de tiare, avec cheveux bouclés derrière la tête et vêtus d'une longue robe à volants plissés. Devant l'un d'eux, dans le champ, divers signes, un poignard? un poisson dressé sur sa queue et le signe composé de deux tiges recourbées en forme de pédum. — Inscription de trois lignes en caractères du style archaïque de Babylone.

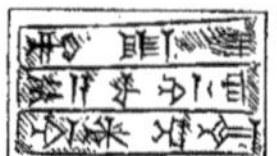

Gi-mil-luv   Gimillu,
tur a-pi-il (?) -lu   fils d'Apillu (Asikku?),
nit An Nin-gir-su   Serviteur du dieu Ninip.

(OPPERT.)

Hématite. — H. 0,027. D. 0,013.

245. — Un pontife, de profil à gauche, les mains levées en signe d'adoration, coiffé du bonnet en forme de tiare, avec cheveux bouclés derrière la tête et vêtu d'une longue robe à volants plissés, et un autre pontife, de profil à droite, en tout semblable au précédent. — Entre eux, inscription de trois lignes en caractères du style archaïque de Babylone.

An Da-gan-a-bi   Dagan-abi
tur Ib-ni-An Da-gan   fils de Ibni-Dagan,
nit An-Da-gan   Serviteur du dieu Dagan.

(OPPERT.)

Lapis-lazuli. — H. 0,026. D. 0,014.

246. — Sur ce cylindre est gravée une inscription de trois lignes en caractères du style monumental de Babylone. — A droite et à gauche de cette inscription, deux personnages

[1] Voyez *Supra*, la note du cylindre n° 218.

représentant Héa-Bani, la tête de face, coiffés du bonnet en forme de tiare et vêtus d'une courte tunique; le bas de leur corps est celui d'un taureau et leurs bras sont tendus vers l'inscription.

Ni·ni·tu·ra·ti   Ili-turati,
tur An·en·zu·be·el·sim(?)·*tuv* fils de Sin-Bel-simtu,
nit An·aš·um·gal.... [1] Serviteur du dieu.....

(Oppert.)

Porphyre vert foncé. — H. 0,028. D. 0,014.

247. — Un pontife, de profil à gauche, la main droite tendue en avant et tenant un bâton, la main gauche ramenée à la ceinture, barbu, coiffé d'un béret rond et vêtu d'une longue robe à plis droits. En face de lui, un adorant de profil à droite, la main droite levée en signe d'adoration, la main gauche ramenée à la ceinture, barbu, coiffé d'un béret rond et vêtu d'une longue robe à plis droits. — Inscription de trois lignes en caractères du style archaïque de Babylone.

An Nin·gir·su... Le dieu Ninip,
luh zi An·na [2] Serviteur vivant de Bel,
... cu·su·ul   resplendissant de l'étoile de la Justice.

(Oppert.)

Jaspe rouge. — H. 0,029. D. 0,013.

248. — Un pontife, de profil à droite, les mains ramenées à la ceinture, la main gauche tenant un glaive? il est barbu, coiffé du bonnet en forme de tiare, avec cheveux bouclés derrière la tête, et vêtu d'une longue robe à volants plissés avec écharpe brodée passant sur l'épaule gauche. En face de lui, un adorant, de profil à gauche, les mains levées en signe d'adoration, avec bonnet en forme de tiare, cheveux bouclés derrière la tête et longue robe à volants plissés. — Inscription de trois lignes en caractères du style archaïque de Babylone.

Mu·na·pi·ru·um Munapirum,
tur An=en·zu·sar· ru·um fils de Sin-Sarrum,
nit An Nin·gir·su Serviteur du dieu Ninip.

(Oppert.)

Lapis-lazuli. — H. 0,020. D. 0,012.

---

[1] Voyez *Supra*, les notes des cylindres n°ˢ 218 et 243.   [2] Voyez *Supra*, la même qualification, sur le cylindre n° 161.

249. — Le sacrificateur, de profil à gauche, la main droite abaissée en avant tenant le couteau, la main gauche ramenée à la ceinture; il est imberbe, coiffé du bonnet en forme de tiare, avec cheveux bouclés derrière la tête et vêtu d'une longue robe. Devant lui, un pontife, de profil à droite, imberbe, la main gauche levée en avant, la main droite ramenée à la ceinture, coiffé du bonnet en forme de tiare, avec cheveux bouclés derrière la tête et vêtu d'une longue robe. — Inscription de deux lignes en caractères du style archaïque de Babylone.

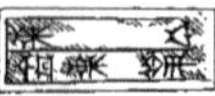

An · ut
au An-im

Le dieu Samas
et le dieu Bin.

Hématite. — H. 0,024. D. 0,009.

250 [1]. — Un pontife, debout, de profil à gauche, imberbe, coiffé du bonnet en forme de tiare et vêtu d'une longue robe; le bras gauche est ramené à la ceinture, le bras droit abaissé en avant. Devant lui, dans le champ supérieur, le bâton recourbé en forme de pédum; puis, à sa droite et à sa gauche et lui faisant face, deux adorants une main levée en signe d'adoration et l'autre ramenée à la ceinture; ils sont coiffés du bonnet en forme de tiare et vêtus d'une longue robe. — Inscription de quatre lignes en caractères du style archaïque de Babylone.

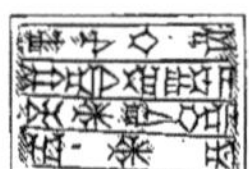

Da(?)- ḫi(?)-tuv...
tur-sal Ab-ni-ka-(?-...-par-za
ardat An Sar... [2]
au An Nina

Danuhita,
fille de.....
Servante du dieu Sar...
et de la déesse Nina.

Cachet de femme [3].

(OPPERT.)

Cristal de roche. — H. 0,026. D. 0,013.

251. — Un Dieu, debout, de profil à gauche, la main droite tendue en avant tenant une ampulla, la main gauche ramenée à la ceinture; il a une longue barbe, coiffé du béret rond à rebord et vêtu d'une longue robe brodée à plis droits passant en écharpe sur l'épaule gauche. Devant lui, un pontife, de profil à droite, les mains ramenées à la ceinture, imberbe, tête nue, portant les cheveux ras et vêtu d'une longue robe brodée à plis droits passant en écharpe sur l'épaule gauche. Derrière lui, un adorant, les mains levées en signe d'adoration, barbu, coiffé du bonnet en forme de tiare, avec cheveux bouclés derrière la tête et vêtu d'une longue robe à plis droits avec ceinture. — Inscription de deux lignes en caractères du style archaïque de Babylone.

---

[1] Par suite d'une transposition sur la planche, ces trois derniers cylindres ne sont pas à leur place; ce sont des cylindres de *provenances diverses* qui, au lieu des n⁰ˢ 250, 251, 252, devraient porter les n⁰ˢ 265, 266, 267.

[2] La lecture phonétique de ce groupe n'est pas établie.

[3] Voyez *Supra*, la note du cylindre n° 217.

Pi-pi-da-nu-um   Pipidanum,
tur An-ut-Ki-ni-i   fils de Samas-Kini.

Hématite. — H. 0,017. D. 0,009.

252. — Un Dieu, de profil à gauche, la main droite tendue en avant tenant le couteau sacré, la main gauche ramenée à la ceinture, coiffé du bonnet en forme de tiare avec cheveux bouclés derrière la tête et vêtu d'une longue robe à volants plissés. Dans le champ supérieur, le croissant de la lune, symbole de Sin; puis l'initié, de profil à droite, les mains ramenées à la ceinture, imberbe, coiffé du béret plat strié et vêtu d'une longue robe à plis droits passant en écharpe sur l'épaule gauche. Derrière lui, un pontife, de profil à droite, la main gauche ramenée à la ceinture, la main droite levée en avant en signe de prière; il est imberbe, coiffé du béret plat strié et vêtu d'une longue robe brodée à plis droits. Entre ces deux derniers personnages, dans le champ, quatre globes placés en carré, et, en dessous, un animal assis de profil à gauche (tigre?) — Inscription de deux lignes en caractères du style archaïque de Babylone.

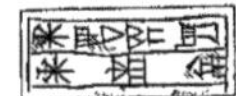

An-Mul-tur-da   Le dieu Multurda.
An-Nin. . . . .[1]   La déesse Nana.

(OPPERT.)

Hématite. — H. 0,022. D. 0,011.

[1] Cette forme se trouve dans quelques noms propres.

SUITE DE L'ÉCOLE DE UR

G (*bis*). — LES INVOCATIONS

Les cylindres que nous avons classés dans ce paragraphe, du n° 253 au n° 268, présentent le plus grand intérêt à cause des inscriptions qui accompagnent les sujets. Ce ne sont plus, en effet, de simples indications du nom des propriétaires des cachets, ce sont de véritables invocations ou des formules talismaniques; la rédaction en est dès lors très obscure; aux difficultés paléographiques qu'elles offrent, il faut ajouter celles qui résultent de l'idiome dans lequel elles sont conçues. Quelques-unes sont rédigées en assyrien, d'autres peuvent être en sumérien ou en akkadien, et, pour résoudre les difficultés qu'elles présentent, il faut attendre que nous ayons rencontré des traductions assyriennes de formules analogues dans les nombreuses inscriptions bilingues, encore inédites, du Musée Britannique.

253. — Sur ce cylindre est gravée une inscription de huit lignes en caractères cunéiformes du style archaïque de Babylone[1]. Une neuvième ligne, qui commence l'inscription, contient en haut et en bas deux signes en forme de croix, et au milieu, le symbole appelé *Ctéis?*

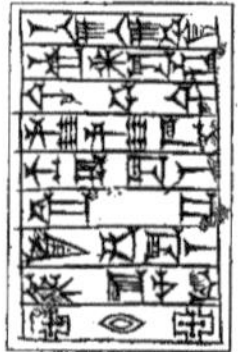

Dil-mi-mi-ut...	Des ténèbres provient la lumière;
dil-ka An-da gan (?)	de la face des profondeurs du ciel
si-pir-si	paraîtra le bonheur;
zi-zi-ik	le vivificateur sera présent;
kul-e-da-rū	la race se perpétuera;
sak-iz	le destin de l'homme[2]
lu-ad-da-ru	. . . .
si An-ē-nu-ru	. . . .

(Oppert.)

Jaspe rose. — H. 0,036. D. 0,013.

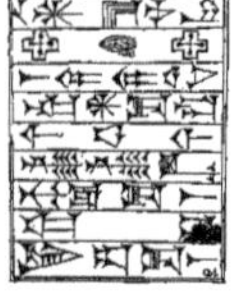

[1] M. Menant avait coupé autrement la disposition des lignes de cette inscription; ainsi que nous l'indiquons ci-contre, il avait commencé la lecture par la ligne qui précède les symboles et il y avait vu une invocation adressée au Dieu du temple de la Lumière. Voyez, au surplus, la lecture proposée par lui, dans sa *Glyptique orientale*, 1re partie, p. 196.

[2] Cette traduction n'est, bien entendu, qu'un essai qui pourra mettre sur la voie de l'interprétation exacte de tous les détails du texte.

(Oppert.)

254. — Un Dieu assis, de profil à droite, la main droite tendue en avant, la main gauche ramenée à la ceinture ; il porte une longue barbe, est coiffé d'un bonnet pointu avec boucles de cheveux derrière la tête et vêtu d'une longue robe à plis droits. En face de lui, dans le champ supérieur, un signe en forme de croix, le labarum, et, en bas, le symbole appelé *Ctéis*[1]. — Inscription de six lignes en caractères cunéiformes du style archaïque de Babylone.

An–ut–en–nir–gal	Samas, le Grand Maître
si-ri-bi-ge-ge	. . . .
An-ki-a-sap-a	le Dieu de la Terre
sak-im-tuk-za-kan-li	. . . .
u-gi-ya	. . . .
tur sa-la-a-tuv	fils des femmes (homme né des femmes).

(OPPERT.)

Jaspe rose. — H. 0,035. D. 0,014.

255. — Un Dieu assis, de profil à gauche, la main droite tendue en avant, la main gauche ramenée à la ceinture ; il porte une longue barbe, est coiffé du bonnet rond à rebord et vêtu d'une longue robe à plis droits passant en écharpe sur l'épaule gauche ; devant lui, dans le champ supérieur, un signe en forme de croix[1], le labarum. — Inscription de neuf lignes en caractères cunéiformes du style archaïque de Babylone.

An-nin-bat-u-dan-me-lam-ga An-sa	. . . .
lim-tab-zi-is An-mah... ki	. . . .
bar-lit-ka-... An-ki-a	. . . . de la Terre
An-gal-ba-sa-nam-mu-bi	. . . .
hu-kan-sut (?)-*gur* (?)-*lam-ga*	. . . .
I-ri-ba An-Nin-un (?)	Irib-(An) Ninru
tur Na An-gur-ri	fils de Nangurri
tur-tur I-din (?) *An-si*	petit-fils d'Idin-Marduk
me-nu-kan-ep . . .	. . . .

(OPPERT.)

Agate orientale. — H. 0,032. D. 0,017.

[1] Voyez un cylindre du British Museum du même genre dans LAJARD, *Recherches sur Mithra*, planche XXXVI, n° 12, dans CULLI- MORE, planche V, n° 22, et dans MENANT, *Glypt. or.*, t. Ier, p. 187.
[2] Voyez la note précédente.

256. — Ce cylindre a été scié par la moitié. — Il représente le haut du buste d'un Dieu portant une longue barbe et coiffé d'un béret rond ; la main droite est tendue en avant ; au-dessus de lui, dans un registre supérieur, deux oiseaux de profil à droite. — Inscription de six lignes en caractères cunéiformes du style archaïque de Babylone. — La fin des lignes manque.

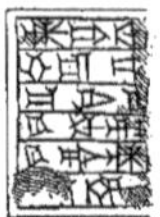

An-šur-ut . . .	Le dieu Marduk . . .
ut-dan (?) *-ga* . . .	. . . .
iš-tuk tuk . . .	. . . .
sa-ta-gi . . .	pour la vie. . . . .
sa-bi An . . .	. . . .
. . . *An-im* . . .	(serviteur) du dieu Nebo. . .

(OPPERT.)

Agate orientale. — H. 0,024. D. 0,016.

257. — Un Dieu assis, de profil à gauche, sur un trône carré, la main droite tendue en avant tenant une grande coupe ou ampulla, la main gauche ramenée à la ceinture ; il a une longue barbe, est coiffé du béret rond à rebord avec cheveux bouclés derrière la tête et vêtu d'une longue robe à plis droits passant en écharpe sur l'épaule gauche. En face de lui, un pontife, de profil à droite, les mains ramenées à la ceinture, imberbe, coiffé du béret rond à rebord avec cheveux bouclés derrière la tête et vêtu d'une longue robe à plis droits. Entre ces deux personnages, dans le champ, en haut, un oiseau de profil à droite ; en bas, deux losanges superposés, double reproduction du symbole appelé *Ctéis*. — Inscription de six lignes en caractères cunéiformes du style archaïque de Babylone.

An-nir An-kŭ-ga	. . . .
En-ep-nun-ep-tuk	. . . .
ba (?) *- kar -su-ak*	. . . .
sak-im tuk-zu	. . . .
I-ri-ba An-im (?)	Iriba-Bin
tur Dur-ul-bar	fils de Durulbar.[1]

(OPPERT.)

Agate orientale. — H. 0,033. D. 0,015.

258. — Un Dieu assis, de profil à gauche, la main droite tendue en avant tenant une ampulla, la main gauche ramenée à la ceinture ; il est coiffé du bonnet rond à rebord, porte de longs cheveux bouclés derrière la tête, une longue barbe et une robe à plis droits. Devant lui, dans le champ supérieur, un signe en forme de croix, le labarum, et une rosace à neuf branches ; puis un petit personnage agenouillé de profil à droite, la main droite tendue en avant, la main

[1] On trouve le nom de Durulbar (*Duri-ul-bar ?*), Sakkanaku de la ville de Dur-Kurigalzu, sur un cylindre de la Collection du baron de Prokesch Osten que M. MENANT a cité dans sa *Glyptique orientale*, Ire partie, p. 193.

gauche ramenée à la ceinture; il est coiffé d'un bonnet rond avec cheveux longs et bouclés derrière la tête; il semble vêtu d'une longue robe. Devant lui, dans le champ, deux signes ou caractères en écriture cunéiforme. Derrière ce petit personnage, un pontife de profil à droite, la main droite tendue en avant, la main gauche ramenée à la ceinture; il est coiffé d'un bonnet rond avec cheveux longs et bouclés derrière la tête, porte une longue barbe et une robe à plis droits. — Derrière le Dieu, une invocation de quatre lignes, et, au-dessus du sujet, une autre ligne en caractères cunéiformes du style archaïque de Babylone. (Quelques défauts dans la pierre rendent difficile l'étude de ce cylindre.)

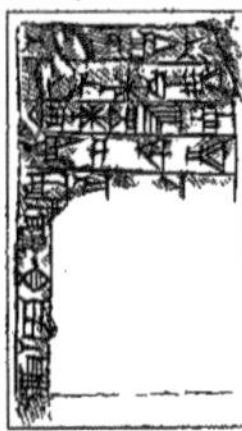

. . . .	. . . .
... *An·Mar·tu*	. . . . . . le dieu Martu
au An·nin-e-gal	et la grande Déesse
aṣ-ṣa-ba-at	ont pris. . . . . .
da-.	. . . .
. . . .	. . . . (Oppert.)

Jaspe noir avec plaques sanguines. — H. 0,039. D. 0,017.

259. — Un pontife barbu, de profil à droite, la main droite levée en signe de prière, la main gauche ramenée à la ceinture, coiffé du béret rond à rebord avec cheveux longs bouclés derrière la tête et vêtu d'une longue robe. — Inscription de six lignes en caractères cunéiformes du style archaïque de Babylone.

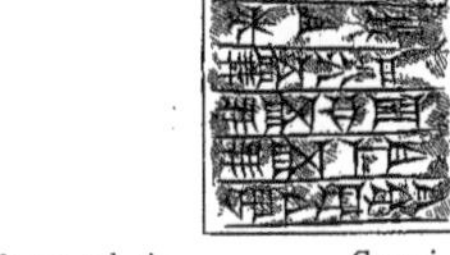

Sa·ur-tak-sit	Ce qui est empreint
An-ni-i	par ce cylindre-ci,
li-bu-su	que (le signataire) l'exécute,
li-di-is	le renouvelle,
li-sa-me-ir	le fasse voir
au-li-(ni)-la-bi-ir	et lui accorde une longue durée (le rende vieux !)
	(Oppert.)

Jaspe vert clair. — H. 0,023. D. 0,012.

260.— Un pontife debout, la main droite levée en avant en signe d'adoration, la main gauche ramenée à la ceinture; il porte une longue barbe, un béret rond à rebord avec cheveux longs et bouclés derrière la tête et une longue robe à plis droits passant en écharpe sur l'épaule gauche. — Inscription de sept lignes en caractères cunéiformes du style archaïque de Babylone.

Un cylindre de la collection de M. Danicourt porte une inscription analogue; le mauvais génie est rendu impuissant par ce talisman.

An-sis-ki	Nannar (le dieu Sin, dieu de la Lune)
nun-zi-li	maître des.....
un-zu-ku-ō-su-ul	pour instruire les hommes de la maison *Sul,*
ba-sar An-na	tu es le scribe du Ciel,
di-tar-lib(?)-hi-ra	juge de *sā-sarra;*
ni-im-tuk-zu	que moi, ton serviteur auguste,
mu-un-kan-ti	je vive !

(Oppert.)

Sardoine. — H. 0,037. D. 0,015.

260 *bis*[1]. — Un pontife, debout, de profil à gauche, portant une longue robe, une grande barbe et un bonnet rond à rebord avec boucles de cheveux derrière la tête; la main gauche est ramenée à la ceinture, la main droite levée en avant en signe d'adoration. Dans le champ supérieur, devant lui, un ornement en forme de croix qu'on ne voit qu'en partie à cause d'une cassure de la pierre; en bas, un arbre. — Inscription de huit lignes en caractères du style archaïque de Babylone.

Lu-u-e-mit-lam?	(Qu'il) soit fort,
lu-u-ni-bu-u	(qu'il) soit célèbre,
lu-u-sa-si-im [*mu*]	(qu'il) soit heureux,
lu-u-sa-ri...	(qu'il) soit puissant,
...iz-gur An...	...... issianni (?)
tur An-bel-zu...	fils de Sin-ra...
...ki-kit...	au milieu de la maison de..
...la-li...	....

(Oppert.)

Cornaline blanche. — H. 0,035. D. 0,014.

260 *ter*[1]. — Un pontife, debout, de profil à gauche, barbu, coiffé du bonnet rond à rebord avec boucles de cheveux derrière la tête et vêtu d'une longue robe; la main gauche est ramenée à la ceinture, la droite levée en avant en signe d'adoration. — Inscription de six lignes en caractères cunéiformes du style archaïque de Babylone.

[1] Voyez planche XXXVII, *Addenda.*   [1] Voyez planche XXXVIII, *Addenda.*

An·Mul-tur·da	O dieu Multurda
ku(?)-sur·bu-u	..... l'élévation
sa-ardi-di·ni	du Serviteur fidèle
ti·ri-is-su·ub (?) ou uh	accordes ....
u-su-uh-mi-i(?)·su	éloignes sa mort,
li (ni) ri·ku-yume·su	que ses jours soient prolongés!

(OPPERT.)

Jaspe transparent. — H. 0,033. D. 0,015.

261. — Un pontife, de profil à droite, la main gauche ramenée à la ceinture, la main droite levée en avant en signe de prières; il a une longue barbe, est coiffé d'un bonnet pointu avec cheveux bouclés derrière la tête et vêtu d'une longue robe. — Inscription de six lignes en caractères cunéiformes du style archaïque de Babylone.

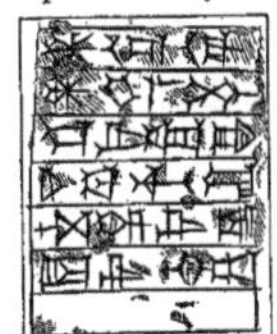

An-u-gur·u·gal	Nergal, grand maître,
An-hi-lah-bu	Dieu.......
iz·tuk-dan·ga	*sému* puissant,
sa-ba·ti·la	qui donne la vie
nit·im·tuk-su	au serviteur qui
da·tuk-na·at.	apprend à te vénérer
....	....

(OPPERT.)

Jaspe brun. — H. 0,031. D. 0,015.

262. — Un pontife, de profil à gauche, la main droite levée en signe de prière, la main gauche ramenée à la ceinture ; il est coiffé du béret rond à rebord, porte une longue barbe, des cheveux longs bouclés derrière la tête et une longue robe à plis droits brodés passant en écharpe sur les épaules. — Inscription de sept lignes en caractères cunéiformes du style archaïque de Babylone.

An-nin-en-u-a-ki	O femme du Maître, seigneur de la terre,
be-el-tu-su-uk-tiv	souveraine de . . . .
ri-mi-ra-a-mi	qui aime d'amour, (on donne pardon à)
sallat-pa-lak-te-ki	la servante, ton adoratrice,
sal-du-su-ur-tiv	Dusurtu,
tursal Ib-ni-An-Ba-u	fille d'Ibni-Bau,
tur-tur zu-Ib-ni-An ..	petite-fille d'Ibni . . .

(Prière adressée à la déesse Dam–Kina, épouse du dieu Ea–Kin.)

(Oppert.)

Jaspe rouge. — H. 0,026. D. 0,013.

263. — Un pontife, de profil à gauche, la main droite tendue en avant en signe de prière, la main gauche ramenée à la ceinture, barbu et vêtu d'une longue robe à plis droits passant en écharpe sur l'épaule gauche. Devant lui, dans le champ, en haut, un signe en forme de croix formé de cinq globes; puis une ampulla formée de deux globes superposés; en dessous, une rosace formée de huit globes entourant un globe central. — Inscription de quatre lignes en caractères cunéiformes du style très archaïque de Babylone; une cinquième ligne est divisée en cinq compartiments contenant chacun un globe.

Li-ni An-ut	. . . .
dun-va-ki-ki	. . . .
ka-sak-ka-lur	. . . .
tur sa-An	. . . .

Cristal de roche. — H. 0,034. D. 0,015.

264. — Un pontife, de profil à gauche, la main droite levée en avant en signe de prière, la main gauche ramenée à la ceinture; il porte une barbe longue, un béret rond à rebord et des cheveux bouclés derrière la tête. Devant lui, dans le champ, en bas, un animal assis de profil à droite (un chien avec collier)[1]; au-dessus, un petit personnage à genoux, de profil à droite, la

---

[1] Un cylindre de la Bibliothèque nationale, du même genre, a été publié par Lajard, *Recherches sur Mithra*, planche LIV, n° 15.

[2] On voit souvent l'image du chien sur les cylindres et il est aussi question de cet animal dans les textes assyro-chaldéens; d'un autre côté, les bas-reliefs nous en montrent différentes espèces dressées pour les grandes chasses auxquelles les rois consacraient leurs loisirs.

On a trouvé dans le palais d'Assur-bani-pal cinq maquettes de chiens en terre cuite portant une inscription qui relate leurs noms ou peut-être leurs qualités. Celui-ci, à cause de son impétuosité à poursuivre le gibier, s'appelle *epiru tallik* « qui soulève la poussière »; — un autre, *musisu limnuti* « qui éloigne l'ennemi »; — un autre *dayan ristu* « le chef de la meute »; — un autre *munasiku garisu* « qui mord ses adversaires »; — enfin un autre *kasit aïbi*, « qui prend l'ennemi ».

Une tablette du Musée Britannique paraît avoir la prétention de donner une classification scientifique des animaux conformément aux idées qu'on s'en faisait alors[3].

Le chien (*ur — kalbu*) paraît être le type du genre dans lequel sont compris d'autres carnassiers, tels que le lion, « le grand chien »

(*ur-maḫ*) et probablement d'autres animaux dont nous ne pouvons constater l'identité[4], tels que « le chien du soleil »,—« le chien des eaux », — « le chien des étoiles ». On y voit également figurer des chiens étrangers, tel que « le chien d'Elam ».

On distingue dans certains textes le chien soit par sa couleur; nous avons ainsi, « le chien gris, le chien jaune, le chien blanc, le chien noir »; soit par ses qualités, « le chien de garde, le chien de chasse ».

La tablette mentionne également les différents états du chien et de la chienne (*kalbatuv*), et nous avons alors : « la chienne mère (*alidatuv*), la chienne qui caresse ses petits (*munasiktuv*) ».

A un autre point de vue, le chien paraît avoir joué un certain rôle dans les idées religieuses ou superstitieuses de la Chaldée.

Une tablette du Musée Britannique, comprise dans la grande collection qui enregistre les augures tirées des animaux, nous montre l'influence propice ou funeste que la présence d'un chien

[3] W. A. I. II. Pl. 6.

[4] Voy. Delitzsch, *Assyrische Thiernamen*, p. 35 et suiv. — W. Houghton, *On the Mammalia of assyrian sculptures*, dans les *Transactions of the Society of Bib. Arch.*, vol. V, p. 52.

main droite levée en signe d'adoration, la main gauche ramenée à la ceinture; il a une longue barbe et porte un béret rond à rebord, avec longs cheveux bouclés derrière la tête. — Inscription de sept lignes en caractères cunéiformes du style archaïque de Babylone.

An-en-ba-til-la	Le Dieu, créateur de la vie,
e-til-ka An-sur-ut	est ton soutien. Que le puissant Mérodach,
da-su An-ra-sa-sa-tak-sit	le... des dieux, fasse pour le maître
An-ni-i-li-bis-li[dis]	de ce sceau
li-ri-ku-ut-me [su]	que ses jours soient prolongés,
nit-im-ta An-sis	de lui qui est le serviteur spontané de Sin
au An-nin.....An-ki	et de la déesse du,.. de l'Univers.

(Oppert.)

Jaspe rouge. — H. 0,044. D. 0,018.

265. — Deux pontifes, debout, se faisant face; ils ont une main tendue en avant en signe de prière, l'autre ramenée à la ceinture; ils sont barbus, coiffés du bonnet rond à rebord avec cheveux bouclés derrière la tête et vétus d'une longue robe. Entre ces deux personnages, dans le champ, en haut, un signe en forme de croix formé de cinq globes, et, en bas, le symbole appelé *Ctéis*. — Inscription de cinq lignes en caractères cunéiformes du style archaïque de Babylone.

de telle ou telle couleur peut avoir sur les événements suivant les circonstances. Nous rapportons un passage de cette curieuse inscription qui peut avoir ici quelque intérêt [*].

« Si un chien jaune entre dans le palais, le palais sera anéanti.

« Si un chien rouge entre dans le palais, le palais sera livré à la dévastation par l'ennemi.

« Si un chien entre dans le palais et blesse quelqu'un, le palais sera livré à la dévastation.

« Si un chien...........

« Si un chien entre dans le palais et se couche sur le trône, le palais sera brûlé.

« Si un chien entre dans le palais et se couche sur le palanquin royal, le palais sera dévasté par l'ennemi.

« Si un chien entre dans le temple, les Dieux ne seront pas miséricordieux pour le Pays.

« Si un chien blanc entre dans le temple, la durée du temple sera stable (?).

« Si un chien noir entre dans le temple, la durée du temple ne sera pas stable.

« Si un chien bleu (gris) entre dans le temple, le temple souffrira dans ses possessions.

« Si un chien jaune entre dans le temple, le temple souffrira dans ses possessions.

« Si un chien rouge entre dans le temple, les dieux du temple le déserteront.

« Si deux chiens se rassemblent en troupe et entrent dans le temple..... »

Un autre texte énumère les malheurs résultant des incongruités que les chiens pouvaient faire dans les palais et les temples.

Cette longue énumération des malheurs que la présence des chiens devait annoncer, avait cependant des exceptions. Nous savons, en effet, par les textes et les monuments figurés que les chiens avaient une place honorable dans les palais.

Tous ces animaux n'avaient pas sans doute cette influence funeste puisqu'il y avait des chiens élevés dans le palais d'Assur-bani-pal. D'un autre côté, nous voyons l'image du *chien* au milieu des symboles gravés sur les monuments de Marduk-idin-akhi (xie siècle avant J.-C.). Sur un grand nombre de cylindres du Premier-Empire de Chaldée on voit aussi cette image, particulièrement sous le cartouche qui renferme les inscriptions. (Voy. *Supra*, n° 173.) Pendant le Second-Empire, le chien paraît avoir été l'objet d'un culte spécial en Chaldée. Nous n'avons aucun texte précis pour nous renseigner à cet égard, mais nous voyons des personnages debout dans la pose de l'adoration, et devant eux, sur un autel, un chien qui paraît être l'objet de leurs hommages. Nous en avons signalé plusieurs exemples auxquels nous nous contentons de renvoyer ici. (*Glyptique orientale*, t. II, page 134-135, fig. 121 à 124, et p. 141, fig. 135.)   (Menant.)

---

[*] La tablette est marquée K. 217, au Musée Britannique; elle a été publiée, pour la première fois, sur les indications de M. Oppert (*Journal asiatique*, 1874, t. XVIII, p. 453), par F. Lenormant, *Choix de textes*, vol. III, p. 324, n° 89 — et traduite par lui dans *La Divination*, p. 92. — Voy. également Sayce, *Table of Omens furnished by dogs*, dans les *Records of the Past*, vol. V, p. 159.

Gu (sal-lat?) yu-um-bi-pa   . . . .
hi-sag-ga-ṭu   . . . .
An-nin-gir-šu   . . . .
li-kan-sa-sa   . . . .
nin-gal-me-kan   . . . .

(Oppert.)

Jaspe rouge. — H. 0,026. D. 0,013.

266. — Deux pontifes semblables, placés l'un derrière l'autre, de profil à droite ; le bras gauche est ramené à la ceinture, le bras droit tombe naturellement le long du corps et tient une arme terminée par un fer recourbé en forme de faucille ; ils portent une barbe longue, un béret rond à rebord et une longue tunique avec bordure brodée et ceinture, ouverte sur le devant et passant en écharpe sur l'épaule gauche. — Inscription de quatre lignes en caractères cunéiformes du style archaïque de Babylone.

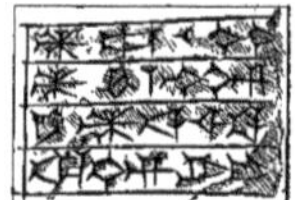

An-ap(?) u-ni-ni(?)   Dieu..., maître des Dieux,
An-sa-me-ir(?) im   Dieu du... des Dieux de la vie,
sa An-ut-si-pir   qui rend le soleil bienfaisant,
ka-im-tuk-ka   proclames sa gloire !

(Oppert.)

Jaspe vert clair. — H. 0,028. D. 0,012.

267. — Un pontife, de profil à gauche, la main droite levée en avant en signe de prière, avec une longue barbe, un béret à rebord, les cheveux longs bouclés derrière la tête et une longue robe à volants passant en écharpe sur l'épaule gauche. — Inscription de six lignes en caractères du style archaïque de Babylone.

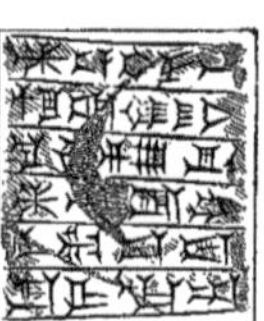

An·ut-...   Samas . . . .
sib-ka-mi-ga   . . . .
ši-...zi-ik   . . . .
An·...er·bu   . . . .
uru-mu-zu·zu   . . . .
da(?)-tuk-ma-at   . . . .

(Oppert.)

Porphyre noir. — H. 0,026. D. 0,014.

Les cylindres compris depuis le n° 253 au n° 268 présentent, ainsi que nous l'avons fait remarquer, le plus grand intérêt, mais aussi les plus grandes difficultés d'interprétation[1]. Résumons, en terminant ce paragraphe, les observations auxquelles leur étude a donné lieu.

On rencontre, — d'abord, des difficultés matérielles résultant des altérations de la pierre; çà et là, quelques signes ont disparu, et ne pourront être restitués que lorsque l'inscription sera comprise dans son ensemble; — puis des difficultés paléographiques; les signes les mieux conservés offrent souvent des formes insolites, peut-être spéciales à ce genre de monument, mais dont l'assimilation avec les formes ordinaires n'a point encore été établie. Dans l'un et l'autre cas, la transcription est impossible, et, dès lors, la traduction de l'ensemble est conjecturale. Cependant, pour arriver à une solution, il s'agit, avant tout, de déterminer le sens général de l'inscription à l'aide des parties conservées et des groupes plus ou moins nombreux dont la signification paraît acquise, soit que l'inscription ait été rédigée en langue assyrienne, soit qu'elle appartienne à un des nombreux idiomes encore inconnus de la Basse-Chaldée, et dont on peut se rendre compte au moyen des idéogrammes déjà connus.

Les quelques données que l'on peut recueillir, — soit d'après la destination de ces petits monuments, — soit d'après le sens général des formules déjà comprises, permettent d'établir des conjectures générales à l'aide desquelles on essaiera de dégager un sens plus précis.

Ces inscriptions contiennent évidemment une formule talismanique qui se rapporte à la pierre elle-même, au Dieu dont on voit l'image, à la scène religieuse, enfin aux symboles qui l'accompagnent; dès lors, chacun de ces éléments peut être invoqué pour obtenir une influence heureuse sur le possesseur du cachet ou sur l'acte qui va en porter l'empreinte. Chacune de ces hypothèses doit donc être examinée en considérant le problème comme résolu et en se proposant d'en vérifier la solution. C'est ainsi que Grotefend a procédé au début des recherches sur les écritures cunéiformes. Nous présentons pour la première fois à l'étude un certain nombre de ces formules isolées; les grandes Collections de Londres et de Paris en renferment d'analogues qui offrent les mêmes difficultés d'interprétation et qui se prêtent aux mêmes conjectures. Elles n'ont pas encore fait l'objet d'un examen spécial; aussi nous n'avons pas hésité à publier nos monuments avec des transcriptions et des interprétations provisoires; et si la sagacité des savants auxquels nous avons soumis ces inscriptions en a laissé quelques-unes sans réponse, leur initiative pourra servir de point de départ à de nouvelles recherches que nous serons heureux d'avoir provoquées.

SUITE DE L'ÉCOLE DE UR

H. — CYLINDRES DE PROVENANCES DIVERSES

Les cylindres que nous avons rangés sous cette rubrique nous ont paru se rattacher à la Chaldée, quelques-uns directement, tels que ceux qui sont décrits sous les nᵒˢ 268 à 283, et d'autres indirectement. En effet, si, à partir du numéro 284, nous retrouvons encore le type chaldéen, nous voyons qu'il ne se présente plus avec la même pureté et qu'il a subi une influence étrangère. Nous aurions dû réserver un chapitre spécial pour ces cylindres, mais, au moment où notre plan a été arrêté, la nature de cette influence ne nous était pas encore bien démontrée; aujourd'hui, elle devient de plus en plus manifeste, aussi n'hésitons-nous pas à rattacher certains cylindres à cette grande civilisation qui, sous le nom d'*Empire des Hittites,* avait le siège de sa puissance en Asie-Mineure et que les conquêtes et les revers ont mêlée aux populations des bords de la mer, depuis Karkemès jusqu'à l'Égypte et l'Euphrate.

268. — Le sacrificateur, de profil à gauche, barbu, la main droite abaissée en avant tenant le couteau sacré, la main gauche ramenée à la ceinture, coiffé d'un béret plat et vêtu d'une longue robe à plis droits. Devant lui, dans le champ inférieur, un candélabre composé d'une tige surmontée de deux branches en zigzag; puis un aide des sacrifices de profil à droite, la main gauche tendue en avant, tenant un glaive, la main droite ramenée à la ceinture; il est vêtu d'une tunique courte brodée et paraît tête nue avec les cheveux ras et une mèche tombant sur le front. Derrière ce personnage, un pontife de profil à droite, les mains ramenées à la ceinture et vêtu d'une longue robe à volants plissés. Entre ces deux derniers personnages, dans le champ, en haut, une ampulla? en bas, la tige avec saillie centrale, symbole de la Justice.

Hématite. — H. 0,022. D. 0,009.

269. — Un personnage, de profil à gauche, la main droite tendue en avant tenant une ampulla, la main gauche ramenée à la ceinture; il porte une longue barbe et une tunique courte brodée; en face de lui, un pontife, de profil à droite, la main droite levée en signe d'adoration, la main gauche ramenée à la ceinture et vêtu d'une longue robe brodée. — Derrière lui, une inscription de deux lignes en caractères cunéiformes du style archaïque de Babylone.

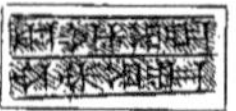

Ka-ga An-nin-dur	Nabu (?) - Nin-dur,
nit An-nin-dur	Serviteur du dieu Nin-dur.

(OPPERT.)

Porphyre gris. — H. 0,020. D. 0,007.

270. — Le sacrificateur, debout, de profil à gauche, la main droite ramenée à la ceinture, la main gauche tombant naturellement le long du corps et tenant une arme terminée par un fer recourbé en forme de faucille; il est barbu, coiffé d'un bonnet peu élevé et strié, vêtu d'une longue robe brodée ouverte sur le devant et laissant voir une partie de la jambe droite. Devant lui, un pontife, de profil à droite, lui présente de la main droite tendue en avant une ampulla d'où s'échappe une double gerbe d'eau sacrée; il a une longue barbe, est coiffé du béret rond à rebord et vêtu d'une longue robe brodée à plis droits. Derrière ce dernier, un aide des sacrifices de profil à droite, la main gauche abaissée en avant tenant le panier aux offrandes, la main droite levée en avant présentant un petit vase; il paraît nu-tête et vêtu d'un vêtement court et collant.

Pharpoïde. — H. 0,020. D. 0,010.

271. — Un pontife barbu, de profil à gauche, la main droite ramenée à la ceinture, la main gauche levée en avant en signe de prière; il est coiffé du béret rond à rebord et vêtu d'une longue robe brodée. En face de lui, dans le champ, en haut, un poignard? en bas, le bâton recourbé en forme de pédum; puis, un personnage de profil à droite, tête nue, vêtu d'une tunique courte brodée et avec ceinture, le bras droit ramené à la poitrine et le bras gauche tendu en avant tenant une fleur? Enfin un troisième personnage, debout, de profil à gauche, avec le corps d'un homme et la tête et les pieds d'un oiseau de proie; la main droite est ramenée à la ceinture, la main gauche levée tient une arme pour frapper; il est vêtu d'une tunique courte brodée, serrée à la taille et ouverte sur le devant.

Hématite. — H. 0,026. D. 0,011.

272. — Un Dieu debout, de profil à gauche, coiffé du béret plat, vêtu d'une longue robe brodée, la main gauche ramenée à la ceinture, la main droite tendue en avant tenant une ampulla. Devant lui, dans le champ inférieur, un petit personnage les deux bras en l'air; puis un pontife, de profil à gauche, la main gauche levée en avant en signe d'adoration, coiffé du bonnet à cornes, portant une longue robe à plis droits à double frange dans le bas, passant en écharpe sur l'épaule gauche et laissant à découvert l'épaule droite; il amène de la main droite l'initié qu'il a saisi par la main gauche. Celui-ci, de profil à droite, tient la main droite levée en signe d'adoration; il est coiffé du bonnet plat et vêtu d'une longue robe brodée. Entre ces deux personnages, dans le champ supérieur, étoile à six rayons, et, en dessous, un serpent? dressé sur sa queue. Derrière le Dieu, peut-être un grand candélabre? terminé au sommet par un croissant au milieu duquel se trouve une étoile à six rayons.

Porphyre noir. — H. 0,020. D. 0,009.

272 *bis*[1]. — Un personnage, peut-être une femme? debout, de profil à droite, vêtu d'une longue robe avec ceinture, la main gauche levée en avant en signe d'adoration, la main droite ramenée à la ceinture. A la hauteur de ses genoux se montre, posé en travers, un objet qui paraît être une corne d'abondance; devant lui, une longue tige droite surmontée d'un large croissant, peut-être un candélabre; puis, un peu plus loin, un globe et un trait transversal. — Inscription de deux lignes en caractères cunéiformes du style archaïque de Babylone.

[1] Voyez planche XXXVIII, *Addenda.*

I-za-at-ik... (ou *Ya-at-ik*)　　Izat-ik (?)
　　tur Sarru-ti-la (?)　　fils de Sar-balāti(?) (Roi de la vie)
　　　　　　　　　　　　　　　　　　(Oppert.)

Marbre gris. — II. 0,025. D. 0,014.

273. — Un Dieu, de profil à gauche, avec barbe courte, la main gauche ramenée à la ceinture, la main droite tendue en avant tenant une ampulla; il est vêtu d'une tunique courte et collante et coiffé d'un béret plat strié; devant lui, dans le champ, en haut, le croissant de la lune, symbole de Sin; en bas, un cercopithèque accroupi de profil à droite; puis un pontife, de profil à droite, la main gauche levée en avant, coiffé du bonnet en forme de tiare et vêtu d'une longue robe à plis droits avec ceinture, amène de la main droite l'initié qu'il a saisi de la main gauche; celui-ci tient la main droite levée en signe de prière; il est coiffé du béret plat strié et vêtu d'une longue robe brodée à plis droits. — Cartouche contenant une inscription d'une ligne en caractères cunéiformes du style archaïque de Babylone.

An *Mar-tu*　　Le dieu des dieux Martu.
An　　　　　　　　　　　　(Menant.)

Hématite. — H. 0,021. D. 0,012.

274. — Le sacrificateur barbu, de profil à gauche, la main droite ramenée à la ceinture tenant un glaive, la main gauche tombant naturellement le long du corps et tenant une arme terminée par un fer recourbé en forme de faucille; il est coiffé d'un bonnet en forme de tiare avec cheveux bouclés derrière la tête et vêtu d'une longue robe brodée ouverte sur le devant. Devant lui, un aide des sacrifices, de profil à droite, la main gauche levée en avant tenant la massue, la main droite abaissée en avant portant le panier aux offrandes; il est imberbe et vêtu d'une tunique courte avec ceinture (une cassure de la pierre empêche de voir le haut de la tête). Derrière le sacrificateur, un pontife de profil à gauche, imberbe, tête nue, les mains ramenées à la ceinture et vêtu d'une longue robe brodée à plis droits. Devant lui, dans le champ, en haut, une ampulla; en bas, la tige avec saillie centrale, symbole de la Justice.

Hématite. — H. 0,020. D. 0,011.

275. — Un pontife barbu, de profil à gauche, la main droite levée en avant, la main gauche ramenée à la ceinture, coiffé du bonnet en forme de tiare, avec boucles de cheveux derrière la tête et vêtu d'une longue robe à plis droits. Devant lui, dans le champ supérieur, le croissant de la lune, symbole de Sin; dans le champ inférieur, une tortue vue de dos; puis, un autre personnage nu, de profil à droite, la main gauche tendue en avant tenant un vase, la main droite ramenée à la ceinture portant une arme? il est barbu et coiffé d'un béret rond strié. Derrière

lui, un personnage barbu, le corps de face, la tête de profil à droite; il est nu, coiffé d'un béret
rond, a les jambes écartées, tient la main droite levée au-dessus de la tête et la main gauche
ramenée à la ceinture. — Inscription de deux lignes en caractères cunéiformes d'un style très
archaïque.

E-sam(?)-me-e	Esamme,
nit An-nin-si(?)-an	Serviteur du Dieu Nin-si-an.

(OPPERT.)

Cornaline blanche. — H. 0,018. D. 0,009.

276. — Deux adorants, à droite et à gauche d'une inscription de trois lignes et lui faisant face;
ils ont les mains levées en signe de prière, sont coiffés du bonnet en forme de tiare avec longs
cheveux bouclés derrière la tête et vêtus d'une longue robe à volants plissés. Devant l'un des adorants, dans le champ, le bâton recourbé en forme de pédum. Entre les deux adorants, animal fantastique debout sur les jambes de derrière, de profil à droite; il s'appuie des deux pattes de devant
sur une longue tige terminée au sommet par un croissant? les pattes de derrière ont la forme de
celles d'un oiseau de proie; l'appendice caudal est en forme de queue de poisson, le corps est celui
d'un quadrupède; il a deux ailes et la tête est celle d'un carnassier cornu. — Inscription de trois
lignes en style très archaïque de Babylone.

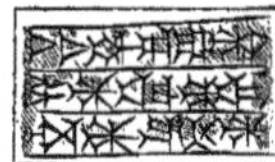

Ni-ni-im-gur-ra-An-ni	Nini-imgurranni (ou *Ili-imgurranni*)
tur An-ut-gal An-ka	fils de Samas-rabu-iluka,
nit An.. ....a An	Serviteur des Dieux . . . et. . .

(OPPERT.)

Cornaline rose. — H. 0,029. D. 0,015.

277. — Un sacrificateur de profil à gauche, la main droite abaissée en avant, la main gauche
ramenée à la ceinture; il est coiffé d'un bonnet en forme de tiare, avec cheveux bouclés derrière
la tête et vêtu d'une longue robe à volants plissés avec ceinture. Devant lui, un adorant, de
profil à droite, avec une longue barbe, la main gauche ramenée à la ceinture, la main droite
levée en avant dans l'attitude de la prière; il est coiffé du bonnet en forme de tiare avec boucles
de cheveux derrière la tête et vêtu d'une longue robe à volants plissés avec ceinture. Entre ces
deux personnages, dans le champ, en bas, un chevreau accroupi de profil à gauche; au-dessus de
lui, un signe composé de deux tiges recourbées en forme de pédum, et, en haut, le disque
rayonnant du soleil dans le croissant de la lune, symboles de Sin et de Samas. Derrière l'adorant
un pontife de profil à droite, les mains ramenées à la ceinture, coiffé d'un bonnet en forme de
tiare avec boucles de cheveux derrière la tête et vêtu d'une longue robe à volants plissés. Devant
ce dernier, dans le champ, en haut, un petit personnage nu, de profil à droite, un genou en terre,
la main gauche tendue en avant, la main droite ramenée à la ceinture; il semble barbu et coiffé

du béret rond strié. En dessous de lui, un autre petit personnage mâle, nu, le corps de face, là tête de profil à droite, les mains ramenées à la ceinture, les jambes écartées et la tête couverte d'un béret strié.

Hématite. — H. 0,026. D. 0,013.

278. — Un autel couvert d'offrandes au-dessus duquel on voit le disque rayonnant du soleil dans le croissant de la lune, symboles de Sin et de Samas. A gauche de l'autel, un poisson dressé sur sa queue; à droite, la tige avec saillie centrale, symbole de la Justice. De chaque côté de l'autel, deux pontifes se faisant face, les mains ramenées à la ceinture, la tête coiffée d'un béret rond strié, et vêtus d'une longue robe brodée à plis droits. Derrière le pontife de gauche, une longue tige terminée en forme de pédum; puis deux petits chevreaux à cornes recourbées, gravés en sens inverse, et un autre chevreau plus grand, debout, le corps de profil à droite, la tête tournée vers la gauche; enfin sept petits globes et un cercopythèque accroupi de profil à droite.

Hématite. — H. 0,018. D. 0,010.

279. — Un sacrificateur debout, de profil à droite, barbu, coiffé d'un béret à rebord, la main gauche ramenée à la ceinture et la main droite tombant naturellement le long du corps. Dans le champ à droite, la tige recourbée en forme de pédum; à gauche, en bas, la tige avec saillie centrale, symbole de la Justice, et un personnage mâle, nu, le corps de face, la tête de profil à droite, coiffé d'un béret à rebord, les jambes écartées, les mains ramenées sur la poitrine. Au-dessus, une ampulla et un cercopithèque de profil à droite. — Inscription de trois lignes en caractères cunéiformes d'un style très archaïque.

Lu (?) *ta-kil-ana An-en-zu*	Lutakil-ana-Sin,
tur I-lu(?)-*ni*	fils de Iluni,
nit An-en-zu	Serviteur du dieu Sin.

(OPPERT.)

Jaspe rouge foncé. — H. 0,024. D. 0,013.

280. — Le sujet est divisé en deux groupes. — Premier groupe. — Un sacrificateur debout, de profil à gauche, la main droite ramenée à la ceinture, la main gauche tenant l'arme composée d'une tige terminée par un fer recourbé en forme de faucille; il a une longue barbe, est coiffé d'un béret plat et vêtu d'une longue tunique à plis droits brodés et ouverte sur le devant. En face de lui, un aide des sacrifices, debout sur un escabeau, de profil à droite, vêtu d'une tunique courte brodée, tient de la main gauche abaissée en avant la corbeille des sacrifices et de la main droite tendue en avant une ampulla. Entre ces deux personnages, dans le champ supérieur, une étoile. — Deuxième groupe. — Un pontife debout, de profil à gauche, les mains ramenées à la ceinture, coiffé du bonnet à cornes et vêtu d'une longue robe brodée à plis droits avec ceinture. Devant lui, un personnage, de profil à droite, la main droite tendue en avant tenant un vase, la

main gauche tombant naturellement le long du corps et soutenant un objet indéterminé qui remonte jusque sur l'épaule droite, peut-être un arc; il est vêtu d'une tunique courte brodée sur le devant et porte les cheveux bouclés derrière la tête.

Hématite. — H. 0,023. D. 0,012.

281. — Un Dieu debout, de profil à gauche, la main droite tendue en avant tenant une ampulla, la main droite ramenée à la ceinture; il est imberbe, coiffé d'un bonnet à visière avec fond élevé et strié et ayant la forme du *Modius,* porte des boucles de cheveux tombant derrière la tête et une longue robe brodée à plis droits avec ceinture. Devant lui, le sacrificateur, de profil à droite, la main gauche tendue en avant portant une arme en forme de hache et tenant par une laisse un animal accroupi à ses pieds de profil à droite (un chevreau sans doute), la main droite levée en arrière brandissant la massue; il est coiffé d'un béret rond avec double visière et pointe au sommet de la tête, vêtu d'une tunique courte brodée avec ceinture à laquelle est suspendu un glaive et a les jambes nues. Entre ces deux personnages, dans le champ supérieur, le disque rayonnant du soleil intercalé dans le croissant de la lune, symboles de Sin et de Samas. Derrière lui, un pontife, de profil à droite, la main gauche tendue en avant tenant l'arme en forme de faucille, la main droite ramenée à la ceinture, avec les cheveux bouclés derrière la tête et une tunique brodée passant en écharpe sur l'épaule gauche et laissant voir une partie des jambes. Enfin, un aide des sacrifices de profil à droite, barbu, portant un arc? de la main gauche, la main droite tombant naturellement le long du corps et tenant un glaive; il est coiffé d'un béret rond avec pointe au sommet et vêtu d'une tunique courte brodée, serrée à la taille.

Hématite. — H. 0,021. D. 0,010.

281 *bis* [1]. — Ce cylindre a été coupé par la moitié. — On y distingue un cartouche dans lequel se trouve un sujet difficile à définir mais qui pourrait représenter deux Uræus dressés sur leur queue. Au-dessus deux rosaces ornementales? puis le haut du corps du sacrificateur de profil à droite, portant une tunique passant en écharpe sur l'épaule droite, barbu; il est coiffé du béret rond à rebord, le bras droit tombant naturellement le long du corps. On voit ensuite un personnage, toujours par moitié, debout de profil à gauche, la main droite tendue en avant en signe de prière, la main gauche ramenée à la ceinture; il est nu et coiffé d'un bonnet à rebord relevé et dont le fond strié est en forme de cube comme le *Modius?* Entre ces deux personnages, dans le champ supérieur, le disque rayonnant du soleil dans le croissant de la lune, symboles de Sin et de Samas. Enfin un troisième personnage debout, de profil à gauche, la main droite levée en signe d'adoration, la main gauche ramenée à la ceinture; il est imberbe, tête nue, et porte les cheveux ras. Devant lui la tige avec saillie centrale, symbole de la Justice.

Hématite. — H. 0,012. D. 0,008.

282. — Un pontife debout, de profil à gauche, la main droite tendue en avant, la main gauche ramenée sur la poitrine; il est barbu, coiffé du bonnet en forme de tiare et vêtu d'une longue robe à volants plissés passant en écharpe sur l'épaule gauche. En face de lui, un autre pontife, de

[1] Voir la planche XXXVIII, *Addenda.*

22

profil à droite, les mains ramenées à la ceinture, coiffé du bonnet rond à rebord avec longue robe
à volants plissés passant en écharpe sur l'épaule gauche. Derrière lui, un adorant, les deux mains
levées en signe d'adoration, coiffé du bonnet en forme de tiare avec cheveux bouclés derrière la tête
et vêtu d'une longue robe à volants plissés; puis un autre personnage en tout semblable au
second pontife. Enfin, un sacrificateur, de profil à droite, la main gauche ramenée à la ceinture,
la main droite tombant naturellement le long du corps et tenant une tige terminée par un fer
recourbé en forme de faucille; il a une longue barbe, est coiffé du béret rond à rebord et vêtu
d'une longue robe à volants plissés passant en écharpe sur l'épaule gauche. On remarque dans le
champ, entre les personnages, six emblèmes, et, parmi eux, on retrouve un lion accroupi, une tête
d'homme, un poisson dressé sur sa queue, la tige avec saillie centrale, symbole de la Justice, une
étoile et un oiseau.

Hématite. — H. 0,024. D 0,012.

283. — Le sujet de ce cylindre est composé de quatre groupes. — Deux groupes sont formés
chacun de deux personnages de la hauteur du cylindre mais gravés dans un sens différent; puis
deux autres groupes également de deux personnages mais plus petits et gravés l'un au-dessus de
l'autre et dans deux sens différents. — Premier groupe. — Le sacrificateur, de profil à droite, la
main gauche abaissée en avant tenant le couteau, la main droite ramenée à la ceinture, barbu,
coiffé du bonnet en forme de tiare, avec cheveux bouclés derrière la tête et portant une longue robe
à plis droits avec ceinture; puis un pontife, de profil à droite, les mains ramenées à la ceinture,
barbu, coiffé d'un béret rond à rebord, avec cheveux bouclés derrière la tête et vêtu d'une longue
robe à volants plissés, passant en écharpe sur l'épaule gauche. — Second groupe. — Un personnage de profil à droite, la main gauche tendue en avant tenant un objet indéterminé composé d'une
tige surmontée de deux branches recourbées, peut-être un candélabre, la main droite ramenée à
la ceinture, barbu, coiffé d'un béret rond et vêtu d'une tunique courte avec double ceinture.
Derrière lui, un pontife de profil à droite, la main gauche ramenée à la ceinture, la main droite
levée en avant dans l'attitude de la prière, barbu, coiffé du béret rond et vêtu d'une longue robe
brodée à plis droits. — Troisième groupe. — Un pontife, de profil à gauche, la main droite tombant
naturellement le long du corps, la main gauche ramenée à la ceinture, barbu, coiffé du bonnet
en forme de tiare et vêtu d'une longue robe à plis droits avec ceinture. Devant lui, un autre
pontife de profil à droite, la main gauche ramenée à la ceinture, la main droite levée en avant en
signe de prière, barbu, coiffé du béret rond et vêtu d'une longue robe brodée. — Quatrième
groupe gravé en sens inverse et séparé du précédent par un trait. — Les deux personnages sont
exactement les mêmes que ceux du précédent groupe si ce n'est que le premier est coiffé d'un
béret rond au lieu du bonnet en forme de tiare.

Porphyre gris. — H. 0,030. D. 0,016.

284. — Un Monarque assis sur un char triomphal à quatre roues et traîné par quatre chevaux
attelés de front. Le char est formé d'une plate-forme supportant le trône et devant lui, un
autel sur lequel brûle le feu sacré? le tout est orné de sculptures très riches. Le Roi assis, de
profil à gauche, est vêtu d'une longue robe brodée et coiffé du béret plat strié à rebord; la main
gauche est ramenée à la ceinture, la main droite, levée en avant, tient les rênes. Sous le char,
ou peut-être à côté de lui (par suite de la mauvaise perspective), se voient quatre prisonniers?

debout, de profil à gauche, qui semblent nus, barbus et coiffés d'un béret plat strié; tous les quatre tiennent les mains levées en avant en signe d'adoration ou de supplication; dans le champ, en dessous, un personnage couché horizontalement est foulé aux pieds par les chevaux; il semble barbu, vêtu d'une longue robe, coiffé d'un béret strié et porte la main gauche levée en avant comme pour se défendre. On voit ensuite tout un ensemble qui fait partie de la même scène; il se compose, en bas, d'une représentation en petit d'Isdubar nu, de face, le genou droit en terre, les mains levées à droite et à gauche; il a une longue barbe divisée en tresses, est coiffé du béret strié à rebord et porte de chaque côté de la tête de triples boucles de cheveux; à sa droite et à sa gauche sont placés, également un genou en terre et se faisant face, deux autres représentations d'Isdubar, avec cette seule différence qu'ils ont en plus des cornes de taureau. Ils tiennent chacun de leurs deux mains une tige verticale surmontée du croissant de la lune dans lequel est intercalé le disque rayonnant du soleil, symboles de Sin et de Samas. Derrière l'un de ces personnages, celui de droite, dans le champ, se voit un oiseau, et à gauche, en bas, un poisson dressé sur sa queue, et devant le personnage de gauche, un signe difficile à distinguer, un petit oiseau peut-être? Au-dessus de ce groupe se trouvent deux plates-formes sur lesquelles sont placés deux taureaux se faisant face, et, entre eux, un autel couvert d'offrandes; dans le champ, au-dessus de chaque taureau, un oiseau posé sur un rocher? Derrière le taureau de gauche, un personnage debout, de profil à droite, vêtu d'une tunique courte bordée de franges ou broderies descendant jusqu'aux genoux et avec large ceinture; il est barbu, coiffé d'un béret en forme de tiare et tient les mains levées en signe d'adoration. Devant lui, dans le champ, une étoile à sept rayons. Enfin deux groupes d'animaux superposés; celui d'en bas représente deux lions dressés et croisés et celui d'en haut deux taureaux également dressés et croisés. — Sujet très compliqué et travail très fin [1].

Hématite. — H. 0,030. D. 0,010.

285. — Ce cylindre est séparé en deux registres. — Dans celui du bas on voit le buste d'un chasseur accroupi et caché dans les broussailles, tendant son arc vers la droite dans la direction d'animaux fuyant devant lui; le premier est un oiseau aux ailes déployées et tenant dans son bec un poisson; puis un taureau courant à droite et une antilope ou chèvre courant dans la même direction. — Dans le registre supérieur, on remarque d'abord un chasseur, de profil à droite; il est nu et saisit de sa main gauche la crinière d'un carnassier, un lion peut-être, qu'il se dispose à frapper d'un glaive qu'il tient de sa main droite levée en arrière, en même temps qu'il lui pose le pied sur la croupe. Le lion, qui est de profil à droite, vient de terrasser un animal cornu, chèvre ou antilope, accroupie à terre, de profil à droite, la tête tournée en arrière. Au-dessus de cette scène, dans le champ, le croissant de la lune, symbole de Sin, et le globe ailé du soleil avec les ornements ornithomorphes; puis vient un autre groupe composé d'un Dieu vêtu d'une longue robe avec ceinture, coiffé d'un béret rond à rebord et assis de profil à gauche sur un trône; de sa main gauche tendue en avant il tient une ampulla; devant lui un pontife debout, de profil à droite, coiffé du béret rond, vêtu d'une longue robe avec ceinture, tenant la main droite tendue en avant et la main gauche abaissée armée du glaive? Derrière le Dieu, un autre pontife, vêtu comme le premier, mais de profil à gauche, la main droite tendue en avant tenant une

<hr>

ampulla? la main gauche tombant naturellement en arrière et armée du glaive? Enfin on voit encore un dernier groupe composé d'un arbre à haute tige, à droite et à gauche duquel sont accroupis deux cercopithèques se faisant face. — Nous croyons pouvoir rattacher ce cylindre à l'art des Hittites.

Hématite. — H. 0,029. D. 0,015.

286. — Un Monarque assis dans un char triomphal à quatre roues traîné par quatre animaux qu'il est difficile de distinguer et qui semblent des carnassiers furieux. Le char est composé d'une plate-forme sur laquelle se dresse le trône et une sorte d'autel? Le Roi est vêtu d'une longue robe, la main gauche est ramenée à la ceinture et la droite levée en avant semble tenir les rênes. Au-dessus des animaux, dans le champ, un globe; devant eux, en bas, un autre globe, puis une ampulla; au-dessus la tige avec saillie centrale, symbole de la Justice; enfin derrière le char, en bas, deux globes superposés. — Ce cylindre paraît se rattacher comme le précédent à l'art des Hittites.

Hématite. — H. 0,019. D. 0,010.

287. — Un monarque debout de profil à gauche sur un char triomphal à deux roues, orné de sculptures et traîné par deux chevaux; il tient dans ses mains tendues en avant les rênes et le fouet. Derrière le char, dans le champ, en haut, deux sphinx ailés à tête d'oiseau accroupis et se faisant face et, entre eux, une rosace; puis, en dessous, une seconde rosace et trois prisonniers courant à gauche, nus, mais portant une ceinture, coiffés d'un béret rond au sommet duquel est attaché un ornement en pointe, la main droite levée en avant et la main gauche ramenée à la ceinture. — L'allure des personnages, les symboles dont le champ du cylindre est orné ne nous permettent pas d'hésiter à rattacher ce monument à l'art des Hittites[1].

Hématite. — H. 0,022. D. 0,010.

288. — Le sujet gravé sur ce cylindre est divisé en deux registres séparés par un trait. — Deux pontifes gravés l'un au-dessus de l'autre et en sens inverse semblent commencer le sujet. — Au registre inférieur le pontife est de profil à droite, la main gauche tendue en avant, la droite ramenée à la ceinture; il est coiffé d'un béret rond à rebord et vêtu d'une longue robe brodée. Devant lui on voit d'abord un animal féroce, accroupi de profil à droite; puis un personnage de profil à gauche, nu, barbu, coiffé d'un béret plat, tenant le glaive de la main gauche levée en arrière et saisissant de la droite un lion furieux qu'il combat; celui-ci debout de profil à gauche dévore une antilope qui est également debout; cette antilope est en même temps attaquée par un autre lion dressé à sa gauche; ensuite un pontife de profil à gauche, la main droite levée en avant, la gauche ramenée à la ceinture, coiffé d'un béret plat strié et vêtu d'une longue robe à plis droits. En face de lui, un personnage de profil à droite, la main gauche levée en avant, la main droite ramenée à la ceinture, nu et coiffé du béret plat strié; enfin, un autre pontife de profil à droite, la main gauche levée en avant, la main droite ramenée à la ceinture, coiffé du bonnet plat strié et vêtu d'une longue robe à plis droits. — Au registre supérieur le pontife renversé est de profil à droite; la main gauche est tendue en avant et appuyée sur une arme en forme de lance, la main droite ramenée à la ceinture; il est coiffé du béret rond avec rebord et vêtu d'une longue

[1] Voir un cylindre analogue dans la Collection de Luynes, au | Cabinet des Médailles, et publié par F. LAJARD, *Mithra*, pl. LIV, n° 10.

robe à plis droits. On voit ensuite un Dieu assis de profil à gauche, vêtu d'une longue robe, la main droite levée en avant et la main gauche ramenée à la ceinture. En face de lui, un pontife de profil à droite, la main gauche tendue en avant, la main droite ramenée à la ceinture, coiffé du béret plat strié et vêtu d'une longue robe à plis droits; puis un personnage nu, de profil à gauche, coiffé du béret plat strié, frappant d'un glaive un lion furieux accroupi devant lui de profil à droite. Derrière ce lion, un autre personnage nu, de profil à droite qui semble également combattre le lion; enfin, un petit personnage nu, le corps de face, la tête de profil à droite, les mains ramenées à la ceinture, coiffé du béret plat strié et les jambes écartées; derrière ce personnage un arbre termine le sujet.

Hématite. — H. 0,022. D. 0,012.

289. — Un personnage debout, de profil à gauche, vêtu d'une tunique à franges s'arrêtant aux genoux, ouverte sur le devant et laissant voir la jambe droite tendue en avant; la main gauche levée en avant semble tenir un bouquet d'épis et la main droite un couteau? Devant lui, dans le champ, la tige avec saillie centrale, symbole de la Justice; puis une série de petits personnages et d'animaux divisée en deux registres. — Dans celui d'en bas on voit d'abord deux antilopes avec de longues cornes, accroupies et se faisant face; puis un lion également accroupi, la queue relevée et de profil à gauche. — Dans celui d'en haut se déroule toute une scène; au centre, une tige verticale supporte le globe du soleil avec les ornements ornithomorphes, et, de chaque côté de cette tige, des personnages en adoration; à gauche, un homme nu, de profil à droite, le genou droit en terre, la main gauche levée en signe d'adoration, la droite ramenée à la ceinture; la tête est celle d'un animal cornu; à droite, un autre personnage dans la même pose que le précédent, mais de profil à gauche, sa tête est celle d'un chien? Derrière chacun de ces êtres fantastiques se tiennent, tournés vers lui, deux aides des sacrifices, une main levée en avant en signe d'adoration et l'autre abaissée; ils sont vêtus d'une tunique courte et derrière l'un d'eux on distingue un arbre.

Hématite. — H. 0,020. D. 0,010.

290. — Un adorant, de profil à gauche, les mains levées en signe d'adoration, barbu, coiffé d'un béret rond à rebord et vêtu d'une longue robe brodée ouverte sur le devant et laissant voir une partie de la jambe droite. Devant lui, un pontife, de profil à gauche, portant de la main droite un candélabre? composé d'une tige surmontée de trois branches, l'une, celle du centre, est en forme de vase allongé, les deux autres sont terminées par une tête d'animal fantastique, la main gauche est tendue en avant; il est barbu, coiffé d'un béret rond strié et porte un vêtement collant qui laisse le haut du corps et les jambes à découvert. Devant ce pontife, une série de personnages et d'animaux de différentes grandeurs. D'abord en bas, un oiseau à long cou, avec des ailes de griffon, de profil à droite, et, au-dessus, un petit personnage gravé transversalement, de profil à droite, les mains tendues en avant, coiffé d'un bonnet plat strié, vêtu d'une tunique striée laissant à découvert une partie des jambes et la tête complètement renversée en arrière. (C'est là sans doute une victime humaine.) Ensuite en haut, un pontife debout, de profil à gauche, la main droite ramenée à la ceinture, la gauche levée en avant en signe de prière, coiffé du béret plat strié et vêtu d'une longue robe brodée et à volants; puis, un Dieu de profil à gauche, la main droite tendue en avant, coiffé du béret plat strié et vêtu d'une longue robe à volants plissés, et, en bas, un lion et une hyène? de profil à gauche; au-dessus de ces derniers, un adorant de profil à

gauche, les mains levées en signe d'adoration, barbu, coiffé du béret rond strié et vêtu d'une tunique brodée laissant voir une partie des jambes ; enfin un petit personnage, de profil à gauche, les mains ramenées à la ceinture, coiffé d'un bonnet rond strié et vêtu d'une tunique courte.

Hématite. — H. 0,020. D. 0,011.

291. — Un aigle? aux ailes largement déployées se présente de face et dressé, la tête tournée à gauche ; il semble placé sur la croupe d'un animal carnassier, un lion sans doute, de profil à droite, la queue relevée, qui pose la patte sur le dos d'une antilope accroupie de profil à droite, tandis qu'un second animal placé de l'autre côté et dressé de profil à gauche, s'apprête à la dévorer. Dans le champ se voient encore à différentes places trois rosaces et une étoile.

Hématite. — H. 0,015. D. 0,008.

292. — Au centre du sujet on voit un grand animal fantastique aux ailes largement déployées, de face, dressé sur sa queue, la tête ornée à droite et à gauche de plusieurs plumes, aigrettes et cornes ; dans le champ supérieur deux ampulla, et, de chaque côté de l'oiseau, un adorant, un genou en terre et tourné vers lui ; tous les deux sont vêtus d'une courte tunique, avec ceinture et tiennent d'une main une fleur pendant qu'ils laissent tomber l'autre naturellement derrière eux. Enfin, un personnage fantastique debout, de profil à gauche ; il a les jambes d'un homme, une queue, des ailes déployées et une tête d'animal cornu !

Hématite. — H. 0,016. D. 0,008.

293. — Le sujet de ce cylindre est gravé perpendiculairement à l'axe. Il représente un personnage debout, qui semble de profil à droite, et vêtu d'une courte tunique à plis droits s'arrêtant aux genoux ; les bras sont ramenés à la ceinture et la tête, difficile à distinguer, paraît être celle d'un oiseau de proie. Ce personnage est entouré de tous côtés d'un cadre de rosaces.

Hématite. — H. 0,008. D. 0,007.

294. — Ce cylindre est taillé à pans coupés, quatre grands et quatre petits, alternés. — Sur les quatre petits sont gravées des inscriptions en caractères inconnus. Sur l'un des grands on voit un personnage, nu, debout, passant à droite, la main droite tombant naturellement en arrière, la gauche levée en avant tenant un glaive. Sur un second, deux personnages nus, superposés, debout, de profil à droite ; celui d'en haut tient de la main gauche tendue en avant une tige droite et assez longue qui semble être un flambeau et sa main droite tombe naturellement en arrière ; celui d'en bas a les bras tendus à droite et à gauche et tient deux objets inconnus. Dans le troisième pan coupé, en bas, un petit personnage accroupi les jambes croisées sur une espèce de trône? Au-dessus de lui une étoile à six rayons et le croissant de la lune, symbole de Sin. Enfin dans le quatrième, en bas, un petit guerrier à cheval passant à gauche et tenant les rênes de la main droite ; sa tête coiffée d'un bonnet en pointe est tournée en arrière et sa main gauche levée également en arrière, dans l'attitude de frapper, tient un glaive ; au-dessus un oiseau posé de profil à gauche. — Nous ignorons à quelle origine il faut rattacher ce cylindre.

Jaspe vert. — H. 0,031. D. 0,015.

294 *bis*[1]. — Cylindre à huit pans coupés, quatre grands et quatre petits, alternés. — Sur l'une des faces, on voit un personnage fantastique composé d'un corps informe, de deux têtes et de deux jambes écartées et formant presque un cercle[1]; au-dessus, une inscription d'une ligne en caractères inconnus. — Sur la seconde face, un petit personnage impossible à dénommer, et au-dessus une ligne de caractères inconnus. — Sur la troisième face, deux lignes de caractères inconnus, en haut et en bas, et, au centre, un animal informe. — Sur la quatrième face, un symbole composé d'une tige avec renflement octogonal très accentué et portant une inscription au centre. Sur chacun des petits pans coupés, en haut et en bas, un caractère inconnu. — Pas plus que pour le numéro précédent nous ne savons à quelle origine il faut rattacher ce cylindre[3].

Jaspe vert. — H. 0,031. D. 0,017.

295. — Un personnage de profil à gauche, nu, les hanches très développées (peut-être une femme); la main droite tendue en avant tient un flambeau? la gauche est ramenée à la ceinture. Dans le champ, devant lui, en bas, un signe inconnu et un oiseau aux longues pattes; en haut, une étoile à huit rayons et un autre signe inconnu. Puis on remarque un autre personnage fantastique de profil à droite, la main droite levée en arrière tenant un glaive; il porte un vêtement ajusté et de sa coiffure ronde tombent deux pendeloques en forme de tiges recourbées par le bout. Derrière lui, la tige avec saillie centrale, symbole de la Justice; puis un adorant, de profil à gauche, les mains tendues en signe d'adoration, barbu, coiffé du bonnet en forme de tiare

---

[1] Voir la planche XXXVIII, *Addenda.*

[2] Ne pourrait-on pas voir dans cette informe représentation une tête d'animal de face, avec des cornes de cerf et mangeant?

[3] Après avoir vainement cherché l'origine de ces monuments, nous les avons soumis à l'examen de plusieurs savants, et entre autres de M. Clermont-Ganneau. Ce dernier se demande s'il ne faudrait pas y voir des cylindres primitifs qu'on aurait ultérieurement retaillés à pans coupés pour y graver à nouveau et à une époque pouvant être sensiblement éloignée de celle de leur premier état, les sujets et les caractères qu'ils portent aujourd'hui?

Les surfaces conservées des cylindres originaires seraient, dans ce cas, les deux bases et le trou d'axe. Ce qui aurait amené à adopter ce mode de transformation serait peut-être, outre le désir de supprimer les anciens sujets et les anciennes inscriptions de manière à faire le plus pratiquement place à d'autres, l'influence de conventions symboliques plus ou moins avérées, dont on retrouve la trace jusque dans les traditions arabes et qui font des formes spéciales géométriques, telles que l'hexagone ou l'octogone, l'attribut caractéristique de certaines divinités.

Nous pensons qu'il y a là une hypothèse très intéressante qui pourra servir de base à une étude nouvelle de ces curieux objets.

et vêtu d'une longue robe à côtes striées. Devant lui, deux petits personnages, semblables se suivant de profil à droite, la main gauche tendue en avant, la main droite tombant naturellement le long du corps; ils sont têtes nues et n'ont qu'un vêtement court ajusté. Au-dessus d'eux, une antilope accroupie de profil à gauche.

Hématite. — H. 0,020. D. 0,011.

296. Ce cylindre est divisé verticalement par des traits formant six bandes d'ornements ou de symboles. — La première représente trois têtes de taureaux superposées et de face, au-dessus d'elles le symbole de Sin (croissant de la lune). — Dans la seconde on voit quatre têtes d'antilopes ou de chèvres superposées de profil à droite. — Dans la troisième, trois oiseaux superposés de profil à droite. — Dans la quatrième, trois mains ouvertes, superposées et vues de dos. — Dans la cinquième, deux petits personnages superposés, assis de profil à gauche et qui semblent nus; la main droite est levée en avant; la main gauche tombe naturellement en arrière. — Dans la sixième, neuf croissants superposés, les pointes tournées vers le bas.

Ce cylindre doit être classé parmi les intailles où l'influence de l'art des Hittites est la plus apparente; la tête de bœuf et la main sont des symboles que les inscriptions de Hamat présentent à chaque instant et qui ne peuvent laisser de doute à ce sujet[1].

Hématite. — H. 0,018. D. 0,010.

297. — La scène représente d'abord deux personnages imberbes, debout, de face, les bras tombant naturellement de chaque côté du corps; ils sont coiffés d'un béret plat strié et vêtus d'une longue tunique avec ceinture; sur la jupe se trouvent des bandes superposées de franges ou de broderies. Les deux personnages sont entourés, comme dans un cadre, par une espèce de cordelière. — Le reste du sujet est divisé en deux registres. — En bas l'on voit un petit personnage, nu, coiffé du béret plat strié, le genou gauche en terre et de profil à gauche; la main gauche rejetée en arrière, la main droite, tendue en avant, tenant une arme? Devant lui un lion assis, de profil à droite, la queue dressée et la patte gauche levée en avant. En haut, un aigle de face les ailes déployées et trois petits personnages, debout, de profil à gauche, coiffés du béret plat strié, imberbes, vêtus d'une longue robe brodée et les mains ramenées à la ceinture.

Hématite. — H. 0,015. D. 0,009.

298. — Petit cylindre à sept pans coupés. L'un d'eux représente deux signes inconnus, peut-être deux autels? Les six autres, chacun un personnage debout, vêtu d'une longue robe, coiffé d'un béret élevé, barbu et les mains levées en avant en signe d'adoration. Ils sont tous de profil à droite.

Hématite. — H. 0,010. D. 0,006.

299. — Personnage debout, de profil à gauche, barbu, coiffé du béret rond à rebord, vêtu d'une longue robe avec ceinture et à plis droits, ouverte sur le devant et laissant voir la jambe droite, tendue en avant; la main gauche est ramenée à la ceinture, la main droite abaissée en avant tient un candélabre composé d'une tige surmontée d'un assemblage de quatre branches

---

[1] Voyez : SAYCE, *The monuments of the Hittites*. Dans les *Transactions of the Society of Biblical archeology*, vol. VII, IIᵉ part., p. 248. — RYLANDS, *The inscribed Stones from Jerabis, Hamat, Aleppo. Ibid.*, vol. III, p. 429.

terminées par des globes. Derrière ce personnage, dans le champ, en haut, une agglomération de globes et, devant lui, en bas, un animal fantastique, de profil à droite, la queue relevée; son corps est celui d'un quadrupède, mais il porte des ailes déployées et sa tête est celle d'un oiseau. Au-dessus de cet animal, séparées les unes des autres par deux traits, deux bandes d'ornements composés de trois rosaces reliées entre elles par d'autres traits en forme de guirlande.

Hématite. — H. 0,017. D. 0,007.

3oo. — Ce cylindre est divisé en six pans coupés. — L'un présente des signes que nous ne pouvons définir, peut-être une inscription; les cinq autres montrent chacun un personnage debout, de profil à droite, vêtu d'une longue robe, coiffé d'un bonnet pointu avec une sorte de visière et les mains tendues en avant en signe d'adoration. — L'origine de ce cylindre nous est inconnue.

Hématite. — H. 0,014. D. 0,011.

Nous avons fait connaître dans les pages précédentes les types des cylindres qui étaient en usage sous les rois de la Mésopotamie-Inférieure, à une époque où la Chaldée était encore divisée en petits États indépendants; mais, ainsi que nous l'avons annoncé, il y a ici une lacune dans les monuments qui nous restent à enregistrer. Cette lacune n'est pas particulière à notre Collection, elle existe également dans celles de Londres et de Paris; les cylindres du Premier-Empire de Chaldée semblent faire défaut.

A partir de Hammourabi, le fondateur du Premier-Empire (XVIᵉ siècle avant notre ère?), l'histoire de la Chaldée ne nous est connue pendant un espace de dix siècles que par des documents très incomplets. Il ne reste des grandes constructions élevées par les rois de cette période que des briques sur lesquelles nous pouvons quelquefois lire leurs noms et leur filiation; c'est à peine si nous trouvons çà et là quelques monuments, tels que ceux de Marduk-idin-akhi et de Marduk-bal-idin, pour nous donner une idée de ce que le mouvement artistique pouvait être alors.

Les empreintes des cachets apposés sur les contrats datés du règne de Hammourabi[1] nous permettent sans doute d'affirmer que les anciens types étaient encore en usage; elles nous présentent, en effet, des animaux fantastiques, des épisodes de la légende d'Isdubar, des scènes d'adoration et de sacrifices, tous sujets semblables à ceux dont nous avons donné des spécimens et continuent la tradition des artistes qui ont gravé les cylindres des rois d'Agadé (n° 46), d'Erech (n° 42), de Zirghoul (n° 84) et de Ur (n°ˢ 86 et 113).

On est même en droit d'affirmer que ces vieux types ont dû être longtemps encore respectés[2]. Un cylindre qui porte le nom de *Kurigalzu*, un prince qui régnait en Chaldée vers l'an 1300 av. J-C., nous présente un pontife dans la pose de l'adoration, tel que nous le voyons sur les cylindres que nous avons rattachés à l'école de Ur; mais c'est tout, et aucun autre monument ne nous permet, quant à présent, de préciser par une analogie sérieuse la provenance des cylindres qui ne portent pas

<hr>

[1] Voy. MENANT, *Empreintes de cylindres assyro-chaldéens relevés sur les contrats d'intérêt privé au Musée Britannique*, p. 7 et suiv.

Extrait des *Archives des missions*, 1880.
[2] Voy. MENANT, *Glyptique orientale*, Iʳᵉ Partie, p. 193.

par eux-mêmes la date de leur origine ; nous nous trouvons donc ici sans renseignements précis depuis le XVI⁰ siècle jusqu'au VI⁰ avant notre ère, c'est-à-dire pendant toute la durée du Premier-Empire de Chaldée.

Parmi les pierres que nous avons fait connaître, il s'en trouve peut-être qui pourraient être classées dans cette période? Des nuances dans l'exécution de certains types qui se répètent à satiété nous disent assez qu'ils n'appartiennent pas tous à la même époque; mais comment leur assigner une date, ou les rattacher à une localité précise, quand les éléments de comparaison nous manquent?

Lorsque nous arriverons au Second-Empire, la Chaldée aura subi la domination assyrienne, Ninive aura été détruite et Nabuchodonosor aura fait de Babylone la capitale du monde; nous verrons apparaître alors des sujets complètement différents, sans que nous puissions savoir à quel moment les anciennes traditions ont été abandonnées, ni comprendre par quelle transition les artistes de la Chaldée sont arrivés à former des types nouveaux.

CHAPITRE II

CYLINDRES ASSYRIENS

CYLINDRES ASSYRIENS

§ I. — CYLINDRES ARCHAÏQUES

A. — CYLINDRES GRAVÉS A LA POINTE

Le travail à la pointe, dans son état rudimentaire, ne permet pas toujours de reconnaître au premier abord les personnages mis en scène par le graveur, mais on y arrive souvent en se reportant à des œuvres plus avancées qui représentent les mêmes sujets.

3o1. — Un autel formé d'une tige surmontée d'une espèce de plateau au-dessus duquel on voit le croissant de la lune, symbole de Sin ; de chaque côté se trouvent deux personnages ; à droite un pontife debout, de profil à gauche, vêtu d'une longue robe à plis droits, avec ceinture, les bras levés en avant en signe d'adoration ; à gauche, Istar debout, de profil à droite, vêtue d'une longue robe avec ceinture ornée de bandes de broderies superposées, ouverte sur le devant et laissant voir la jambe gauche tendue en avant ; la Déesse porte sur les épaules l'arc et le carquois[1], et à la ceinture un objet que l'on distingue mal, mais qui paraît être un glaive ? Derrière elle, dans le champ, en haut, une étoile, symbole d'Istar, et, en dessous, un candélabre ou un pyrée.

Porphyre rouge et vert. — H. o.o28. D. o.o12.

3o2. — Un autel, sur lequel est placé une sorte d'amphore d'une assez grande dimension, occupe le milieu du sujet. De chaque côté de l'autel et lui faisant face, deux adorants ; à droite, un roi, la main gauche appuyée sur son arc, la main droite levée en avant ; à gauche, un pontife

---

[1] Nous pensons que c'est là une nouvelle représentation d'Istar, car les appendices que l'on aperçoit sur les épaules nous semblent bien être l'arc et le carquois, attributs certains de cette Déesse sous son type chaldéen. Voy. *supra* n°s 235 et 236, et, pour des sujets analogues, MENANT, *Glyptique orientale*, IIe Partie, pl. VII, n° 2, ainsi que les cylindres de la Bibliothèque Nationale, *Cat.* n°s 911 et 912.

les mains levées en avant en signe d'adoration; ils sont tous les deux vêtus de longues robes
ornées de broderies. Devant le pontife, la tige avec saillie centrale, symbole de la Justice, et, entre
les deux personnages, un candélabre formé d'une grande tige verticale; au-dessus, dans le champ,
une étoile, symbole d'Istar.

Porphyre noir. — H. 0,022. D. 0,009.

303. — Au centre du sujet, l'arbre sacré[1] au pied duquel croissent quelques branches; il
est composé d'une tige verticale supportant elle-même neuf rameaux. Au-dessus, le globe,
symbole du Dieu suprême, avec les ailes déployées et les appendices ornithomorphes[2] d'où tombent
de chaque côté deux longs rubans. Deux pontifes ou adorants sont debout, à droite et à gauche
et se faisant face; ils sont vêtus de longues robes ornées de riches bandes de broderies ou de
franges; ils portent une longue barbe, un béret rond à rebord et de longs cheveux derrière
la tête; d'une main ils tiennent les rubans qui descendent du globe ailé; l'autre main est levée
en avant en signe d'adoration. Derrière eux, on voit un candélabre ou un pyrée; en haut, dans
le champ, le croissant de la lune, symbole de Sin.

Porphyre noir. — H. 0,033. D. 0,012.

304[1]. — Un monarque barbu, de profil à droite, le genou droit en terre, bande son arc et
se prépare à lancer un trait contre un taureau ailé placé devant lui, de profil à gauche; cet être

---

[1] Nous avons déjà rencontré dans les sujets gravés sur nos cylindres la représentation d'un arbre que nous avons dénommé « *l'arbre sacré* ». Nous allons retrouver plus fréquemment encore ce symbole sur les cylindres assyriens, notamment sur les n° 329, 330, 341, 343, 344, 346.

Dès l'origine du monde, les arbres ont inspiré aux peuples primitifs une grande admiration et un véritable respect; dans toutes les religions, nous trouvons des cérémonies où l'arbre figure et des mythes dans lesquels il est l'objet de l'adoration des peuples. En fait, il est donc devenu bien vite, sinon une Divinité dans le sens strict du mot, du moins un emblème sacré digne d'un culte particulier. — Les Chaldéens et les Assyriens, plus que tous les autres, lui ont voué une grande vénération, aussi l'ont-ils représenté sous maintes et maintes formes sur leurs monuments.

Les artistes en ont du reste tiré un parti décoratif remarquable et s'en sont servis, sous les aspects les plus élégants, comme ornement sur les cylindres ou sur les cachets plats; en broderies, sur les vêtements; en fines ciselures, sur les bronzes et sur les meubles; enfin en décorations d'architecture, sur les palais.

Cet arbre sacré est toujours entouré d'adorants respectueux et l'importance de son culte paraît telle qu'on voit souvent sa représentation liée à celle d'un autre symbole qui est l'image de la toute-puissance ou du Dieu suprême; celle-ci est personnifiée par un buste divin compris dans une circonférence ou un globe entouré de grandes ailes déployées et des ornements ornithomorphes; nous parlons plus loin de cet emblème.

Là encore nous pouvons voir l'origine d'une vieille tradition religieuse qui se perpétuera en se modifiant, de peuple en peuple, presque jusqu'aux temps modernes.

Voy. pour les différentes représentations de l'arbre sacré : MENANT, *Glyptique orientale*, II° Partie, p. 64 et suiv.

[2] De même que l'on retrouve sur les monuments chaldéens et assyriens les symboles de Sin, de Samas et d'Istar qui se montrent partout comme une trinité divine universellement adorée et par conséquent constamment reproduite, de même nous rencontrons souvent une autre représentation d'une haute importance dans le Panthéon assyrien. Nous voulons parler du globe entouré de deux grandes ailes et des ornements ornithomorphes. C'est la représentation du Dieu suprême, le symbole de la toute-puissance; son nom change suivant la langue des peuples qui ont adopté cette même image. Il se dit *Annap* chez les uns, *Dimir* ou *Dingir* chez les autres, *Ilou* en Chaldée et *Assur* en Assyrie. C'est partout le Dieu qui présida, suivant les vieilles légendes, à la création des êtres.

La représentation complète d'*Ilou* consiste en un buste humain dont la tête est coiffée de la tiare à double paire de cornes et compris dans une circonférence ou anneau, auquel sont attachées de grandes ailes et une queue d'oiseau.

Les graveurs ont le plus souvent, pour simplifier sans doute leur travail, supprimé le buste humain et se sont contentés de figurer un globe avec les ailes et les ornements ornithomorphes, sans que pour cela la signification symbolique de cette représentation fût changée.

En Assyrie, lorsqu'on voulut déifier le roi *Assur* et lui attribuer le rang de Dieu suprême, les artistes durent imaginer un complément à la représentation d'*Ilou* pour faire comprendre qu'il s'agissait d'*Assur* le guerrier, et ils le montrèrent tirant de l'arc. — Voy. MENANT, *Glyptique orientale*, II° Partie, p. 17 et suiv.

[1] Ce sujet se retrouvera sur un assez grand nombre de nos cylindres, et, quoique les formes en soient extrêmement variées, nous croyons cependant qu'il se rapporte toujours à la vieille légende chaldéenne du combat de Marduk contre le monstre Tihamat.

Voy. à ce sujet la note du cylindre 325, *infra*.

fantastique tient levée la patte gauche de devant. Dans le champ, au-dessus du sujet, le croissant de la lune, symbole de Sin, et une étoile à sept rayons, symbole d'Istar; derrière le roi, la tige avec saillie centrale, symbole de la Justice[1].

Porphyre noir. — H. 0,027. D. 0,013.

3o5. — Un monarque debout, de profil à droite, barbu, coiffé d'un bonnet plat, avec cheveux longs et bouclés derrière la tête, vêtu d'une longue robe avec ceinture et bande de broderies ou de franges dans le bas; il bande son arc et se prépare à lancer un trait sur un animal fantastique (espèce de chimère) qui fuit devant lui; cet être fantastique a le corps d'un quadrupède cornu et porte de grandes ailes; devant lui, un arbrisseau à plusieurs tiges; et, au-dessus, dans le champ, un signe inconnu qui paraît être un oiseau; plus haut, le croissant de la lune, symbole de Sin. Au sommet et au bas, le sujet est encadré d'un simple trait[2]. — Ce cylindre porte encore la tige en bronze qui lui servait de monture.

Porphyre rouge et gris. — H. 0,035. D. 0,014.

3o6. — Un personnage fantastique de profil à gauche, le genou gauche en terre, barbu et coiffé d'un béret rond avec cheveux bouclés derrière la tête; il a de grandes ailes déployées; ses bras sont tendus à droite et à gauche; devant lui, un animal fantastique (espèce de chimère) au corps de quadrupède, avec de grandes ailes déployées et une tête humaine barbue, coiffée d'un béret rond avec des cheveux longs par derrière et levant la patte droite en avant. Dans le champ, en haut, un oiseau? ou une sauterelle? le croissant de la lune, symbole de Sin, sept globes[3] ou étoiles et quelques autres signes inconnus.

Porphyre noir. — H. 0,036. D. 0,009.

[1] Voyez la description d'un sujet analogue faite par M. MENANT dans le *Américan journal of archæology*, vol. II, pl. VI, n° 9, à propos d'un cylindre de la Collection WILLIAMS. — Voyez aussi le n° 470 du Catalogue du Musée du Louvre.

[2] Voyez également un cylindre du même genre dans le *Américan journal of archæology*, vol. II, pl. VI, n° 16. Coll. WILLIAMS.

[3] Nous avons déjà signalé dans le cours de cet ouvrage les symboles de Sin, de Samas et d'Istar. Les globes que nous avons rencontrés fréquemment, et que nous trouverons encore bien d'autres fois, au nombre de cinq ou de sept, gravés dans le champ des cylindres, devaient avoir également leur signification symbolique. Nous inclinons à croire qu'ils représentaient les *sept* planètes, ou les *cinq* planètes, si on n'y comprend pas le Soleil et la Lune, et, dès lors, que la réunion de ces globes pourrait indiquer *Asar*, le Dieu du firmament, le Dieu du ciel.

En attendant que la véritable signification en soit démontrée, nous relevons ici les principales indications qui ont été fournies à leur sujet :

M. Perrot, dans son *Histoire de l'art*, t. II, p. 64, rapporte ainsi ce que F. Lenormant a dit, dans son article sur les *Bétyles*, extrait de la *Revue de l'histoire des Religions*, p. 12 : « Les inscriptions cunéiformes mentionnent les sept pierres noires adorées dans le principal temple d'Ouroukh en Chaldée, bétyles personnifiant les *sept planètes* ». — Plus loin, le même auteur dit, en parlant des Chaldéens et de leur religion : « Si Samas, le soleil, et Sin, la lune, jouaient un rôle important dans leurs préoccupations religieuses et dans leur théologie, il ne semble pas que les Dieux des cinq autres planètes y occupassent un rang inférieur. C'étaient, si nous acceptons les assimilations établies par les Grecs et les Romains, *Adar* (Saturne), *Mérodach* (Jupiter), *Nergal* (Mars), *Istar* (Vénus) et *Nébo* (Mercure) ».

M. Clermont-Ganneau, dans le n° de décembre 1879 de la *Revue archéologique*, avait déjà désigné les sept globes gravés dans le registre supérieur de ma plaque de bronze représentant, selon lui, l'Enfer assyrien : « Les sept globules planétaires ou stellaires ».

Dans un article du *Journal Asiatique* (n°⁸ d'avril, mai et juin 1884) intitulé : « *Un Monument phénicien apocryphe* », M. Clermont-Ganneau constate sur un gros scarabée en jaspe vert du British Museum, la présence de sept globes placés derrière le dossier du trône d'une Divinité, et il dit, en comparant des monuments du même style : « C'est d'abord une petite amulette de bronze du Musée assyrien du Louvre (gravée dans le *Choix de monuments antiques* de M. de Longpérier, pl. I, n° 4) sur l'une des faces de laquelle est gravée une scène tout à fait semblable, seulement le trône est placé sur le dos d'un griffon cornu et ailé. Derrière le dossier du trône sont rangées verticalement six étoiles, qui, par voie de substitution, nous autorisent à reconnaître, dans les sept boules, disposées de même sur notre scarabée, des symboles planétaires »; un peu plus loin il ajoute : « Un second monument du British Museum, publié par M. Menant, montre le dossier du trône de la Divinité flanqué également de cinq signes planétaires ou stellaires ».

307. — Un monarque de profil à gauche, le genou gauche en terre, barbu et coiffé d'un béret plat ; devant lui, un animal fantastique (espèce de chimère) de profil à droite, au corps de quadrupède, avec des ailes déployées et une tête d'oiseau de proie ; la patte gauche levée en avant est saisie par la main droite du roi qui, la main gauche levée en arrière et armée d'un glaive, s'apprête à le frapper. Dans le champ supérieur, les sept globes[1], l'étoile à sept rayons, symbole d'Istar, le croissant de la lune, symbole de Sin, et enfin, derrière la chimère, l'arbre sacré composé d'une tige verticale d'où s'élèvent cinq rameaux.

Porphyre noir. — H. 0,038. D. 0,014.

308. — Un autel sur lequel brûle le feu sacré occupe le centre du sujet. A droite de l'autel, un pontife barbu, debout, de profil à gauche, coiffé d'un béret plat, vêtu d'une longue robe avec bande de broderies ou de franges, la main gauche tendue en avant, la main droite levée et tenant une ampulla. De l'autre côté de l'autel, un Dieu debout, de profil à droite, vêtu d'une longue robe brodée, avec ceinture, coiffé d'un béret plat avec cheveux longs et bouclés derrière la tête ; la robe ouverte sur le devant laisse voir la jambe gauche tendue en avant ; il est entouré de rayons (?) de telle sorte qu'il semble avoir autour du corps un grand cercle radié[1]. Derrière cette Divinité, dans le champ supérieur, le croissant de la lune, symbole de Sin, et les sept globes[1] ; en dessous, un autel sur lequel on voit d'abord un pyrée et une tige verticale surmontée d'une ampulla.

Porphyre brun foncé. — H. 0,026. D. 0,012.

309. — Un monarque debout, de profil à gauche, vêtu d'une longue robe, bande son arc et se prépare à lancer un trait sur un animal fantastique (espèce de chimère), quadrupède à tête humaine qui fuit devant lui, de profil à gauche, en retournant la tête en arrière ; au-dessus, dans le champ, un rameau.

Porphyre noir. — H. 0,017. D. 0,007.

310. — Un monarque, dans un char à deux roues, attelé d'une licorne, passant au galop à droite et foulant aux pieds un animal mort, bande son arc et se prépare à lancer un trait sur un ennemi qui s'avance à gauche vers lui en le visant également avec son arc. Au-dessus de ce sujet, dans le champ, le croissant de la lune, symbole de Sin, et une étoile à sept rayons, symbole d'Istar. — La facture, bien que très sommaire, donne beaucoup de vie à cette scène guerrière.

Marbre jaune clair. — H. 0,028. D. 0,013.

311. — Un monarque de profil à droite, le genou droit en terre, bande son arc et se prépare à lancer un trait sur une licorne dressée devant lui, de profil à gauche et la tête rejetée en arrière. On distingue au milieu du sujet une montagne et des arbres aux larges rameaux ; dans le champ, le croissant de la lune, symbole de Sin, et une étoile à six rayons, symbole d'Istar.

Porphyre noir. — H. 0,031. D. 0,015.

---

[1] Voir la note du n° 306, *supra.*
[2] Voir la note du n° 326, *infra.*

[1] Voir la note du n° 306, *supra.*

312. — L'arbre sacré, adoré par deux chevreaux dressés devant lui, la tête tournée en arrière; entre eux, dans le champ, en haut, le croissant de la lune, symbole de Sin, et une étoile à huit rayons, symbole d'Istar; au-dessus de l'arbre sacré, trois traits en forme d'apex et les sept globes[1]; en dessous, une tête d'animal cornu et le losange.

Porphyre vert. — H. 0,030. D. 0,013.

313. — Un monarque, de profil à gauche, le genou gauche en terre, vêtu d'une tunique s'arrêtant aux genoux, avec ceinture et broderies, saisit de la main droite la patte d'une antilope placée devant lui, de profil à droite, la tête rejetée en arrière, pendant qu'il se prépare à la frapper d'un glaive qu'il tient de la main gauche. Derrière le roi, quelques signes difficiles à distinguer; l'un d'eux paraît représenter un arbre?

Porphyre aventurine. — H. 0,026. D. 0,012.

314. — Une antilope couchée de profil à droite, la tête rejetée en arrière. Au-dessus d'elle, une rosace et de chaque côté, un animal fantastique; celui de gauche, de profil à droite, a le corps d'un quadrupède et une double paire de grandes ailes; la tête paraît être celle d'un oiseau à triple huppe; celui de droite est semblable au premier, seulement il est de profil à droite et la tête ressemble à une tête humaine. Au-dessus de lui, dans le champ, le globe du soleil dans le croissant de la lune, symboles de Sin et de Samas. Enfin, un édicule sur lequel on voit à droite et à gauche deux tiges recourbées en haut avec pandeloques; au milieu, une petite représentation de l'arbre sacré; au-dessus, un signe inconnu et trois globes.

Hématite. — H. 0,019. D. 0,008.

B. — CYLINDRES GRAVÉS A LA BOUTEROLLE

Le travail à la bouterolle est plus brutal dans ses essais que le travail à la pointe, aussi laisse-t-il encore plus d'incertitude sur la nature des sujets; il donne quelquefois une apparence fantastique aux personnages, mais elle disparaît en rapprochant ces ébauches des œuvres terminées; on peut ainsi se rendre compte de l'intention de l'artiste.

315. — Un personnage divin[2] enveloppé d'une double paire de grandes ailes, debout, de profil à gauche, vêtu d'une longue robe ouverte sur le devant et laissant voir la jambe droite; les deux bras sont étendus à droite et à gauche; de la main droite il saisit par la patte un animal fantastique ayant le corps d'une licorne ailée, dressé devant lui, de profil à droite et

---

[1] Voir la note du cylindre n° 306, *supra.*

[2] Le type du personnage, Pontife ou Dieu, entre deux animaux fantastiques dressés vers lui, est très répandu en Assyrie. On le trouve sur les murs des palais, sur les cylindres et les cônes. (Voyez *infra* les n°ˢ 319, 321, 323 *bis*, 324, 336, 337, 338, 351, 356, 361.) — Il a été accepté par les Perses et nous le retrouverons, avec les modifications nécessaires dans le costume des personnages, sur les cylindres n°ˢ 375, 376, 378, 379, 380, 382. Il nous paraît évident que les graveurs ont voulu rappeler, sous les formes les plus différentes, les combats des êtres surnaturels et des Divinités contre les monstres de la terre. C'est tantôt, en Chaldée, Isdubar et Héa-Bani; tantôt, en Assyrie, le dieu Marduk et le monstre Tihamat; tantôt, un Dieu inconnu placé entre deux animaux fantastiques dressés vers lui comme sur les cylindres dont nous parlons ici; mais c'est toujours le même mythe, le combat du génie du bien contre le génie du mal, et ce mythe se perpétuera par la tradition, mais en se modifiant, jusqu'à l'avènement du Christianisme et même au delà.

la tête rejetée en arrière; de la main gauche il tient un autre animal fantastique dressé, de profil à gauche, ayant le corps d'un quadrupède, des ailes et une tête humaine. Dans le champ, sous cet animal, un losange.

Jaspe gris. — H. 0,026. D. 0,012.

316. — Ce cylindre, dont la gravure est fort usée, ne laisse que difficilement distinguer le sujet. — On y remarque une chèvre, ou une antilope, de profil à gauche, sur laquelle semble monté un être inconnu; derrière cet animal se tient un personnage debout, de profil à gauche et vêtu d'une longue robe.

Porphyre jaune clair. — H. 0,023. D. 0,009.

317. — Au centre, l'arbre sacré; au-dessus, le globe avec les ailes et les appendices ornithomorphes; à droite et à gauche, deux personnages fantastiques agenouillés et faisant face à l'arbre sacré. Ils ont de grandes ailes, sont barbus et coiffés de bérets ronds à rebord.

Jaspe rose. — H. 0,030. D. 0,016.

318. — Un monarque, de profil à gauche, le genou droit en terre, bande son arc et se prépare à lancer un trait contre un animal fantastique dressé devant lui, de profil à gauche, ayant le corps d'un quadrupède avec de grandes ailes. Dans le champ, devant le roi, un poisson[1] placé horizontalement; en haut, le croissant de la lune, symbole de Sin, et une étoile à six rayons, symbole d'Istar[2].

Cornaline orientale. — H. 0,024. D. 0,011.

319. — Un personnage divin, debout, de profil à gauche, vêtu d'une longue robe, ouverte devant et laissant voir la jambe droite; il est barbu, coiffé d'un béret rond à rebord, avec cheveux bouclés derrière la tête, et porte une double paire d'ailes; de chacune de ses mains tendues à droite et à gauche, il tient, dressé vers lui, un animal fantastique ayant le corps d'un quadrupède portant des ailes et, sur le milieu de la tête, de doubles cornes.

Sardoine claire. — H. 0,023. D. 0,011.

320. — Ce cylindre est partagé en deux registres. — En bas, un être fantastique, au buste humain, au corps d'oiseau terminé par une queue de scorpion[3], bande son arc pour lancer une flèche sur un quadrupède ailé qui fuit devant lui en retournant la tête[4]. — En haut, la même scène est répétée. — Les sujets sont disposés en quincone, de sorte qu'on ne comprendrait pas la

---

[1] Le poisson, sur les monuments chaldéens et assyriens, est tantôt placé sur un autel, comme on peut le remarquer sur plusieurs cylindres du Musée Britannique ou de notre Collection, tantôt gravé dans le champ. Le culte du poisson a été très répandu en Orient; nous n'en ferons pas l'historique. Nous nous bornerons ici à supposer que cette représentation est une offrande au dieu Dagon, et que cet animal, même sous sa forme naturelle, était revêtu d'un caractère sacré. Le poisson figure en effet dans l'énumération des symboles qu'on exposait au premier jour de la *fête sublime* dans le temple de Marduk, à Babylone. Voy. W. A. I.I., pl. VI, col. I, 26.

[2] Voy. un cylindre de même genre dans F. LAJARD, *Recherches sur Mithra*, pl. LIV, n° 11.

[3] Les êtres fantastiques avec un corps d'oiseau, une tête d'homme et une queue de scorpion se rencontrent assez fréquemment, tant sur les monuments chaldéens que sur ceux de l'Assyrie. On peut supposer que les graveurs ont voulu rappeler par ces représentations des êtres dont il est question dans les pérégrinations d'Isdubar, après la mort de Héa-Bani, son fidèle compagnon dans les combats, lorsqu'il veut se rendre auprès du sage, devenu immortel, Hasis-Adra, et qu'il parvient au pays de Mas. L'entrée de ce sinistre séjour était, en effet, défendue par des monstres effrayants, et particulièrement par des scorpions à tête humaine « qui gardaient le lever et le coucher du soleil ». Voyez à ce sujet MÉNANT, *Glyptique orientale*, t. 1, p. 97 et suiv.

[4] Voyez le même animal fantastique au n° 325 *infra*.

scène du sujet supérieur si on ne tenait compte de cette disposition, l'animal se trouvant par suite de la coupure de l'empreinte placé derrière le chasseur.

Agate herborisée. — H. 0,040. D. 0,016.

321. — Un personnage debout, de profil à droite, barbu, coiffé d'un béret rond avec cheveux bouclés derrière la tête, vêtu d'une longue robe avec ceinture et plis droits, ouverte sur le devant et laissant voir la jambe gauche. De chacune de ses mains, tendues à droite et à gauche, il tient un animal fantastique dressé vers lui (chimère ou sphynx) ; cet animal a le corps d'un quadrupède, des ailes et une tête humaine barbue ; il est coiffé d'un béret rond d'ou s'échappent en arrière des boucles de cheveux. Entre chacun des animaux fantastiques et du personnage, à droite, on voit, dans le champ, un poisson, et à gauche, le losange[1]. — Enfin, une inscription en caractères araméens, sur laquelle nous reviendrons lorsque nous nous occuperons des cylindres assyro-phéniciens.

Agate rose. — H. 0,021. D. 0,010.

322. — Un personnage à genoux, de profil à gauche, les deux mains tendues en avant ; devant lui, en bas, une licorne couchée de profil à gauche ; au-dessus, le globe avec les ailes et les ornements ornithomorphes, signes de la Divinité suprême. Derrière lui, et superposés, un poisson, une étoile à six rayons, symbole d'Istar, et le croissant de la lune, symbole de Sin.

Agate grise. — H. 0,022. D. 0,012.

323. — Un personnage divin debout, de profil à droite, vêtu d'une longue tunique ouverte sur le devant et laissant voir la jambe gauche portée en avant ; il est enveloppé d'une double paire d'ailes déployées, et, de chacune de ses mains tendues à droite et à gauche, il tient, par une patte, un animal fantastique dressé vers lui. Ceux-ci ont le corps d'un quadrupède et de grandes ailes déployées. Dans le champ, en bas, devant le personnage fantastique, on voit le losange, et entre les deux animaux, en haut, le croissant de la lune, symbole de Sin.

Agate blanche. — H. 0,028. D. 0,010.

323 *bis*[2]. — Un personnage divin debout, de profil à gauche, vêtu d'une robe longue brodée, avec ceinture et franges, ouverte sur le devant et laissant la jambe droite à découvert ; il a une

---

[1] La signification de ce symbole est encore très obscure. M. A. de Longpérier le désigne dans son Catalogue du Musée du Louvre sous le nom de Kusic (Cat. n° 440), en s'excusant, dans une note, de trouver ce symbole sur les monuments assyriens. C'est encore ainsi qu'il est mentionné dans le Catalogue des cylindres de la Bibliothèque Nationale (Voy. n° 705 et suiv.). — Nous l'avons indiqué simplement par le nom de *Losange.* (Voy. *supra*, n° 312, et *infra*, n° 325).

Ce symbole n'apparaît que sur les cylindres assyriens d'une certaine époque, où nous le voyons figurer en même temps que le poisson. Un examen attentif nous a permis de constater que la forme indécise qui apparaît au milieu du losange était l'ébauche d'un poisson. Cette forme est particulièrement visible sur notre cylindre n° 325, *infra*. Nous croyons donc qu'on peut voir dans ce symbole l'image du poisson avec son caractère sacré indiqué par cette auréole en forme de losange qui l'entoure, et qu'il se rattache ainsi au culte du Poisson répandu chez différents peuples de la Haute-Asie.

D'un autre côté, en nous appuyant sur des considérations tirées de l'histoire des origines de l'écriture cunéiforme, nous trouvons deux signes dont nous pouvons suivre les transformations dans les formes monumentales et cursives qui vont nous éclairer sur cette question. L'un se présente sous la forme archaïque ⟨×⟩ calquée sur le symbole qui nous occupe et il a précisément la valeur idéographique de « poisson » ; — l'autre, qui a la forme archaïque ▷, est l'indice du féminin et précède tous les noms de femme dans les textes. — Il faut donc renoncer à voir dans le losange une image éloignée du Kusic ; les considérations que nous avons exposées s'y opposent, d'autant plus que rien dans les idées religieuses de l'Assyrie ne nous autorise à admettre qu'on y professait le culte des principes de la fécondation.

Menant.

[2] Voyez *Addenda*, pl. XXXVII.

24.

longue barbe, les cheveux tombant et frisés derrière la tête, porte un bonnet rond strié, est enveloppé d'une double paire d'ailes déployées, et, de ses deux mains, tendues à droite et à gauche, tient par la patte deux animaux fantastiques dressés vers lui et la tête tournée en arrière; ceux-ci ont le corps d'une antilope, des ailes déployées et des têtes d'oiseaux. Dans le champ supérieur, le croissant de la lune, symbole de Sin; au milieu, une étoile à six rayons, symbole d'Istar; en bas, le losange; enfin, un poisson placé horizontalement et de profil à gauche.

Calcédoine. — H. 0,036. D. 0,018.

324. — Un personnage divin, debout, de profil à droite, avec une longue barbe, un béret rond, des cheveux longs derrière la tête, une longue robe ouverte sur le devant et laissant voir la jambe gauche portée en avant; il est enveloppé d'une double paire d'ailes déployées; de ses mains tendues à droite et à gauche il tient, par la patte, deux animaux fantastiques dressés vers lui; ceux-ci ont des corps de quadrupèdes, des têtes humaines et de grandes ailes déployées. Dans le champ, en bas, à gauche du personnage principal, le losange, et, à droite, un poisson.

Agate blanche. — H. 0,033. D. 0,015.

325[1]. — Un Dieu, debout, de profil à droite, vêtu d'une longue robe ouverte sur le devant et laissant voir la jambe gauche portée en avant; il est barbu, coiffé d'un bonnet rond, avec cheveux bouclés derrière la tête; il bande son arc et se prépare à lancer un trait sur un animal fantastique dressé devant lui, de profil à droite, la tête rejetée en arrière; celui-ci a le corps d'un oiseau, une tête de licorne et trois grandes ailes déployées. Dans le champ, plusieurs signes parmi lesquels on distingue notamment un poisson, le losange, un globe traversé d'une tige, un autre globe entouré de rayons; enfin, le globe avec les ailes et les ornements ornithomorphes, symbole du Dieu suprême.

Sardoine. — H. 0,033. D. 0,015.

326. — Un personnage divin debout, de profil à droite, vêtu d'une longue robe bordée de franges, ouverte sur le devant et laissant voir la jambe gauche, portée en avant; il a de longs cheveux bouclés derrière la tête et porte une couronne dentelée; la main droite est tendue en avant, la main gauche est abaissée; le buste est entouré d'une sorte de nimbe ou d'auréole[2].

---

[1] Ce sujet est des plus intéressants; pour le bien comprendre, il faut surtout le rapprocher des cylindres sur lesquels on voit la même idée, empruntée à une antique légende chaldéenne, le *Combat du dieu Marduk contre le monstre Tihamat, le dragon de la mer*, que G. Smith a relevée sur une tablette du Musée Britannique (voy. G. SMITH, *The Chaldean account of genesis*, p. 95 et suiv.). — La scène est souvent incomplète, mais elle se poursuit sur plusieurs cylindres qui en représentent différents moments; ainsi, pour comprendre cette ébauche que le travail de la bouterolle rend presque méconnaissable, nous pouvons déjà renvoyer au n° 331. — L'épisode qui nous occupe a été traité en grand par les sculpteurs à Nimroud. Nous trouvons sur les murs du palais d'Assur-nazir-habal le Dieu armé d'un glaive et de la foudre en costume royal, coiffé de la tiare au double rang de cornes, le corps enveloppé d'une double paire d'ailes, poursuivant le monstre, quadrupède ailé, qui fuit devant lui en retournant la tête avec une horrible grimace. (Voy. LAYARD, *Monuments of Nineveh, second séries*, pl. V.) — Quelquefois le Dieu, armé de l'arc et monté sur un quadrupède lancé au galop, poursuit le monstre. (F. LAJARD, *Mithra*, pl. XXV, n° 5 et pl. XXXVII, n° 4.) — La disposition de la scène varie donc suivant le caprice de l'artiste, mais au fond on retrouve toujours la même idée en s'éclairant par la comparaison des différents sujets. (Voy. MENANT, *Glyptique orientale*, IIe P., p. 44 et suiv.)

[2] Le *nimbe* a été de tout temps un symbole caractéristique de sainteté, car toutes les fois qu'on rencontre sur les monuments assyriens des personnages qui en sont ornés, ils occupent toujours une place d'honneur et sont entourés du respect et de la vénération. (Voyez DIDRON, *Histoire de Dieu, passim*.) — M. MENANT, dans sa *Glyptique orientale*, y voit un symbole dont l'origine se rattache, en Assyrie, à l'anneau qui enveloppe le corps dans l'image de Ilu, et qui est devenu le symbole du Dieu suprême? Nous sommes bien tentés de croire à cette hypothèse, mais nous n'avons aucune preuve pour la vérifier.

Voy. sur ce sujet, MENANT, *Glyptique orientale*, seconde partie, p. 33 et suiv.

Derrière lui, en haut, dans le champ, une étoile à six rayons, symbole d'Istar; puis un personnage divin, debout, de profil à gauche, vêtu d'une longue robe ouverte sur le devant et laissant voir la jambe droite portée en avant; il est barbu, coiffé d'un bonnet rond, avec cheveux bouclés derrière la tête; il a deux grandes ailes, lève en avant la main droite, et porte, de la main gauche abaissée, la corbeille aux sacrifices. Derrière ce dernier, en haut, un cercopithèque assis, de profil à gauche et tenant, en avant, un bâton; au-dessus, un oiseau(?); en dessous, une petite tige surmontée d'un globe. Devant le personnage divin, un adorant, debout, de profil à droite, vêtu d'une longue robe avec ceinture ouverte sur le devant et laissant voir la jambe droite portée en avant; il est barbu, coiffé d'un béret rond avec cheveux bouclés derrière la tête; il tient la main gauche levée en avant et la main droite abaissée dans la même direction; dans le champ inférieur, devant lui, le losange, et, dans le champ supérieur, le globe ailé avec les ornements ornithomorphes, symbole de la Divinité suprême.

Jaspe rose. — H. 0,033. D. 0,015.

326 *bis*[1]. — Une Divinité féminine, peut-être Istar, debout, de profil à droite; la main droite est levée en avant, la main gauche, tendue également en avant, tient une couronne; elle est vêtue d'une longue robe avec ceinture, dont la jupe, à volants plissés et ouverte sur le devant, laisse voir la jambe gauche; elle porte une tiare cylindrique en forme de couronne, surmontée d'un globe, et ses cheveux tombent en longues boucles derrière la tête; elle est placée sur un piédestal très peu élevé; enfin, son buste est entouré d'un cercle sur lequel viennent se fixer un grand nombre de tiges qui se terminent par un globe et forment comme une auréole[2]. Devant elle, dans le champ supérieur, une étoile à huit rayons, symbole d'Istar, et, en bas, le losange; puis, un pontife debout, de profil à gauche, vêtu d'une longue robe à bandes brodées vers la ceinture et à franges dans le bas; il a une longue barbe, la tête est nue, avec de longs cheveux bouclés par derrière; la main gauche est tendue en avant, la main droite levée en signe de prière. Derrière ce personnage, un autre pontife debout, de profil à gauche, vêtu d'une longue robe avec ceinture et double jupe bordée de franges, la tête nue, les cheveux en boucles par derrière avec un ornement tombant jusqu'au milieu du dos, la barbe longue, les mains levées en avant en signe d'adoration. Devant lui, un autel placé sur deux degrés, et, au-dessus, le croissant de la lune, symbole de Sin. Derrière lui, on voit encore un pyrée composé d'une tige surmontée d'un cône d'où tombent deux ornements terminés par un globe; ce pyrée est placé sur un piédestal surélevé de trois degrés. Dans le champ, au-dessus, sept globes disposés par quatre et par trois[3].

Agate grise. — H. 0,031. D. 0,014.

327. — Ce cylindre est fait en forme de barillet. — Au centre, un personnage divin, au buste entouré d'une auréole[4], debout, de profil à droite, vêtu d'une longue robe ouverte sur le devant et laissant voir la jambe gauche, barbu, coiffé d'un béret plat avec de longs cheveux bouclés derrière la tête et portant les mains en avant. Devant lui, un adorant, debout, de profil à gauche, vêtu d'une longue robe, coiffé d'un bonnet rond avec cheveux bouclés derrière la tête, tend les deux mains en avant en signe d'adoration. Derrière lui, un personnage fantastique, debout, marchant à droite et portant une tunique s'arrêtant aux genoux, ouverte sur le devant

---

[1] Voy. *Addenda*, pl. XXXVII.
[2] Voy. la note du cylindre précédent.

[3] Voir l'explication de ces signes dans la note du n° 306.
[4] Voir la note du n° 326, *supra*.

et laissant voir la jambe gauche; les pieds et les jambes sont ceux d'un oiseau de proie; le corps est celui d'un homme; il est barbu, coiffé d'un bonnet rond, avec cheveux bouclés derrière la tête; il a deux grandes ailes déployées; la main droite est levée en avant et tient un objet inconnu; la main gauche, abaissée en avant, tient la corbeille aux sacrifices.

Agate rubanée sardoine. — H. 0,025. D. 0,015.

327 *bis* [1]. — Une Divinité féminine debout, de profil à droite, vêtue d'une longue robe brodée et à franges ; elle porte une coiffure en forme de couronne, les cheveux tombent en longues boucles derrière la tête; le buste est entouré de rayons [2], les mains sont tendues en avant. Devant la Divinité, placés sur un piédestal, d'abord un pyrée, figuré par une tige surmontée d'un cône pointu avec doubles pendeloques terminées par un globe; ensuite un autel, ou une tige surmontée d'une étoile (une cassure de la pierre empêche de déterminer cet objet); au-dessus, dans le champ, le croissant de la lune, symbole de Sin; enfin, un pontife, debout, de profil à gauche, vêtu d'une longue robe brodée et à franges ; il a une longue barbe et porte un bonnet rond strié; les cheveux tombent en boucles frisées derrière la tête, les mains sont levées en avant en signe d'adoration; derrière lui, un symbole qu'on peut rapprocher de la croix ansée.

Cornaline blanche. — H. 0,026. D. 0,011.

328. — Un personnage debout, de profil à gauche, vêtu d'une longue robe, avec une longue barbe, un béret rond et des cheveux bouclés derrière la tête; les mains sont tendues en avant. Devant lui, dans le champ, et superposés, deux losanges et une étoile à six rayons, symbole d'Istar; puis, un second personnage, en tout semblable au premier mais représenté la tête en bas; enfin, un autel? en forme d'X, un poisson et le croissant de la lune, symbole de Sin.

Agate blanche. — H. 0,018. D. 0,009.

329. — L'arbre sacré [3], et au-dessus, dans le champ, le globe ailé avec deux grandes ailes déployées et les ornements ornithomorphes, symbole de la Divinité suprême, desquels se détachent deux pendeloques terminés par des globes. De chaque côté de l'arbre sacré et lui faisant face, deux pontifes vêtus d'une longue robe et tenant les mains tendues en avant en signe d'adoration. Derrière l'un d'eux, une tige surmontée d'un globe; derrière l'autre, une tige surmontée de deux petits globes et d'un objet en forme de pomme de pin, un pyrée sans doute; puis une ampulla et une étoile à six rayons, symbole d'Istar.

Agate blanche. — H. 0,030. D. 0,013.

330. — L'arbre sacré [4], et au-dessus, le globe ailé avec deux grandes ailes déployées et les appendices ornithomorphes, symbole de la Divinité suprême. De chaque côté et se faisant face, deux pontifes barbus, vêtus de longues robes, coiffés d'un béret rond, avec cheveux bouclés derrière la tête, les mains tendues en avant en signe d'adoration. Derrière les personnages, dans le champ, et superposés, un poisson, le losange, une étoile à huit rayons, symbole d'Istar, enfin le croissant de la lune, symbole de Sin.

Agate blanche. — H. 0,027. D. 0,012.

---

[1] Voy. *Addenda*, pl. XXXVII.
[2] Voir la note du n° 326, *supra*.
[3] Voir la note du n° 303, *supra*.
[4] Voir la note du n° 303, *supra*.

331. — Ce cylindre est brisé par la moitié. — On y distingue le haut du corps d'un monarque barbu, de profil à droite, coiffé d'un casque à visière surmonté d'un globe et d'où s'échappent derrière la tête de longs cheveux bouclés ; il tient son arc et se prépare à lancer un trait sur un lion furieux dont on ne voit que le haut du corps, mais qui devait être dressé de face, la tête rejetée en arrière, les pattes étendues à droite et à gauche. Un autre personnage divin, debout, de profil à gauche, le buste entouré d'une sorte de nimbe ou d'auréole[1], du reste semblable au premier, barbu, coiffé d'un casque à visière surmonté d'un globe d'où s'échappent de longs cheveux bouclés derrière la tête ; de la main gauche levée en arrière il tient un glaive et se prépare à frapper le monstre, pendant que, de la main droite, il le menace avec une arme en forme de trident[2]. Dans le champ, en haut, le globe du soleil, symbole de Samas, et les sept globes[3].

Sardoine. — H. 0,017. D. 0,015.

332. — Le sujet de ce cylindre est divisé en deux groupes. — Le premier groupe est formé de deux sacrificateurs debout, vêtus d'une tunique courte serrée à la taille, s'arrêtant à mi-jambe, couverte d'ornements et de broderies, avec baudrier passant sur l'épaule et soutenant un glaive ; ils ont la barbe courte et sont coiffés d'un béret rond strié avec cheveux bouclés derrière la tête. Tous les deux, quoique se faisant face, ont la tête tournée du côté droit et tiennent chacun d'une main, la jambe de derrière d'un animal fantastique qui a la tête en bas ; de l'autre main, levée en arrière et tenant un glaive, ils se préparent à le frapper ; cet animal a les pattes de derrière d'un oiseau de proie, le corps d'un quadrupède, deux grandes ailes déployées, les pattes de devant d'un carnassier et la tête d'une licorne? — Entre l'un de ces sacrificateurs et l'animal fantastique, quelques caractères cunéiformes. — Le second groupe se compose d'un personnage debout, de profil à droite, vêtu d'une longue tunique couverte de broderies, ouverte sur le devant et laissant voir la jambe gauche qui est portée en avant ; il est imberbe, coiffé d'un bonnet plat en forme de turban avec cheveux bouclés derrière la tête ; la main droite est levée en avant, la main gauche tendue à hauteur de ceinture tient une couronne formée de petits globes ; son buste est entouré de plusieurs rayons terminés par d'autres globes[4]. En face de lui, un pontife debout, de profil à gauche, vêtu d'une longue robe avec ceinture, broderies et franges ; il est barbu, coiffé d'un béret rond strié avec cheveux bouclés derrière la tête ; il tient les mains tendues en avant en signe d'adoration[5]. — Entre ces deux personnages, une ligne de caractères cunéiformes. Ces caractères sont tracés entre les personnages dans le sens direct de la lecture ; l'empreinte les présente par conséquent en sens inverse. — La première ligne à gauche peut renfermer le mot *Zikar-Bin*, mais les signes sont très douteux ; la seconde ligne est plus lisible et pourrait se lire *Ana Ilu pa-rak* « au Dieu des autels ».

[1] Voy. la note du n° 326, *supra*.

[2] Ce beau cylindre, malgré sa mutilation, est des plus intéressants ; il faut nous reporter aux explications que nous avons données sous le n° 325 pour y découvrir un épisode du combat de Marduk contre Tihamat. Suivant une convention adoptée dans la glyptique assyro-chaldéenne, l'artiste représente souvent sur le même cylindre deux moments de la même scène. (Voy. MENANT, *Glyptique orientale*, 1re Partie, p. 94.) Ici nous avons à la fois, Marduk dans son rôle humain, poursuivant le monstre, et Marduk dans son rôle divin, lui faisant face et l'arrêtant par sa présence. — Voyez le cylindre de la Collection WILLIAMS, que M. MENANT a publié dans le *American journal of archæology*, vol. II, n° 3 et la pl. V, n° 8. — Voyez également des sujets analogues dans LAYARD, *Monuments of Nineveh*, 2e série. Pl. V. — Voyez encore un cylindre en chlorite terreuse de la Bibliothèque Nationale, publié par F. LAJARD, *Mithra*, pl. XXXIII, n° 4 ; et un autre cylindre en hématite du Musée d'Avignon, Id., *ibid.*, pl. XXXIV, n° 6. — Enfin un bas-relief découvert à l'entrée du grand palais de Nimroud, dans LAYARD, *Nineveh and Babylon*, p. 351.

[3] Voy. la note du n° 306.

[4] Voy. la note du n° 326.

[5] La scène représentée par le premier groupe de ce cylindre paraît être encore un épisode de la légende du combat de Marduk contre le dragon Tihamat.

Zikar·Bin   Zikar-Bin,
Ana Ilu pa-rak?   au Dieu des autels?

(Menant.)

De son côté, M. Oppert propose la lecture suivante :

Tak·sit (Kunuk)   Cachet de
An·pa-Sal-lim   Nabu–Sallim

Sardoine. — H. 0,024. D. 0,014.

333. — Trois personnages marchant à gauche, vêtus d'une longue robe ouverte devant et laissant voir la jambe droite ; ils portent les mains en avant et l'un d'eux a deux ailes ; dans le champ on croit voir un oiseau ? et un poisson ?

Agate blanche. — H. 0,024. D. 0,013.

§ II. — CYLINDRES DES SARGONIDES

334. — Un personnage divin, debout, de profil à droite, vêtu d'une longue robe avec ceinture, couverte de broderies, de franges et d'ornements, ouverte sur le devant et laissant voir la jambe gauche qui est portée en avant; il est barbu, coiffé d'une couronne dentelée; les cheveux sont longs et bouclés derrière la tête; il est enveloppé d'une double paire d'ailes déployées; de chacune de ses mains, tendues à droite et à gauche, il tient par une patte de devant deux animaux fantastiques dressés vers lui. Celui de droite a le corps d'un lion, deux grandes ailes déployées et une tête de femme, avec béret rond strié et cheveux bouclés derrière la tête (chimère); celui de gauche a le corps d'un taureau, deux grandes ailes déployées et la tête d'une licorne. Derrière cette scène, une Divinité féminine, nue, debout, de face, la tête de profil à gauche, les seins proéminents, les bras tombant naturellement le long du corps, la tête ornée d'un bandeau en forme de diadème et les cheveux bouclés tombant en arrière; elle est enveloppée d'une double paire d'ailes déployées, signe caractéristique de sa divinité[1]. — Entre chacune de ces représentations, dans le champ, on distingue des caractères cunéiformes. Ce cylindre est très intéressant à cause de la disposition des caractères. Ils sont tracés dans le sens direct sur le cylindre, et, dès lors, ils se trouvent retournés sur l'empreinte; la première ligne, à gauche sur l'empreinte, est la même que la dernière à droite. La ligne du milieu paraît renfermer les signes *nam-gal-nam*, ou *usum-gal*, et désigner le nom du monstre à droite, ou de la figure divine à gauche?

Agate rose. — H. 0,034. D. 0,017.

335. — Un roi debout, de profil à droite, vêtu d'une longue robe avec ceinture ornée de franges et de broderies, ouverte sur le devant et laissant voir la jambe gauche portée en avant; il

---

[1] Voy. pour le principal personnage et les deux animaux fantastiques qu'il tient par la patte, un sujet presque semblable dans F. Lajard, *Recherches sur le culte de Mithra*, pl. XVII, n° 6 (Collection Sir Robert Stewart.)

est barbu, coiffé du béret rond strié, avec cheveux bouclés derrière la tête; de la main droite tombant en arrière et tenant une arme terminée par un fer en forme de faucille, il se prépare à frapper un lion furieux qu'il tient de la main gauche par la patte droite, et qui est dressé vers lui. Dans le champ, sous le lion, une représentation de l'arbre sacré. Derrière le lion, le globe ailé avec les appendices ornithomorphes, symbole de la Divinité suprême; au-dessus, une étoile à six rayons, symbole d'Istar, et le croissant de la lune, symbole de Sin.

Agate grise. — H. 0,036. D. 0,016.

336. — Un personnage divin, debout, de profil à gauche, vêtu d'une longue robe, avec ceinture, franges et broderies, ouverte sur le devant et laissant voir la jambe droite qui est portée en avant; il est barbu, coiffé du béret rond strié, avec cheveux bouclés derrière la tête; il est enveloppé d'une double paire de grandes ailes déployées et tient de chaque main, tendue à droite et à gauche, par une patte de devant, deux animaux fantastiques dressés vers lui. Ceux-ci ont le corps d'un taureau, deux grandes ailes déployées, l'encolure, les oreilles et les cornes d'une antilope et la face d'un homme barbu; entre ces animaux, une représentation de l'arbre sacré; au-dessus, dans le champ, le globe ailé avec les ornements ornithomorphes, symbole de la Divinité suprême.

Agate grise. — H. 0,034. D. 0,017.

337. — Un personnage divin, barbu, debout, de profil à droite, coiffé d'un béret rond, avec cheveux bouclés derrière la tête et vêtu d'une longue robe ouverte sur le devant et laissant voir la jambe gauche qui est portée en avant; il est enveloppé d'une double paire de grandes ailes, et, de chaque main tendue à droite et à gauche, saisit la patte de deux animaux fantastiques dressés vers lui; ceux-ci ont le corps d'un quadrupède, mais celui de gauche a les pattes de derrière semblables à celles d'un oiseau et les pattes de devant à celles d'un carnassier; il a des ailes et la tête semble être celle d'une licorne; celui de droite paraît représenter une chimère; il a les pattes de derrière d'un lion, des ailes et la tête d'une femme coiffée d'un béret rond avec visière et cheveux bouclés derrière la tête; celle-ci est rejetée en arrière. Dans le champ, on distingue une étoile à huit rayons, symbole d'Istar, le losange et la représentation tronquée du globe ailé aux appendices ornithomorphes, symbole de la Divinité suprême.

Agate grise. — H. 0,035. D. 0,016.

338. — Un personnage divin, barbu, debout, de profil à gauche, coiffé d'un béret rond, avec cheveux bouclés derrière la tête, vêtu d'une longue robe, avec ceinture, couverte de broderies, ouverte sur le devant et laissant voir la jambe droite qui est portée en avant; il est enveloppé d'une double paire de grandes ailes et, de chaque main, saisit par une patte deux animaux fantastiques dressés vers lui; ceux-ci ont le corps d'un quadrupède et une paire d'ailes déployées; celui de gauche est femelle, les mamelles sont proéminentes et la tête est celle d'une femme coiffée d'un petit béret rond avec cheveux bouclés derrière la tête; celui de droite est mâle; il a la tête d'un homme barbu, coiffé d'un béret rond d'où s'échappent en arrière des cheveux bouclés.

Silex gris. — H. 0,027. D. 0,014.

339. — Un personnage divin, barbu, debout, de profil à droite, coiffé d'un bonnet rond strié, avec cheveux bouclés derrière la tête, vêtu d'une longue robe, avec ceinture, ouverte sur le

devant et laissant voir la jambe gauche qui est portée en avant; le corps est enveloppé de
quatre grandes ailes déployées; la main droite rejetée en arrière tient un glaive, avec lequel
il se prépare à frapper un lion furieux qu'il a saisi de la main gauche par la patte droite de
devant; celui-ci est de profil à gauche et porte la tête rejetée en arrière[1].

Améthiste claire. — H. 0,020. D. 0,010.

340. — Le sujet de ce cylindre se divise en deux scènes distinctes. — Premier groupe : un
personnage debout, barbu, de profil à gauche, vêtu d'une longue robe avec franges, coiffé d'un
béret rond à rebord, avec cheveux bouclés derrière la tête; de chacune de ses mains il
tient à droite et à gauche, par une patte de devant, une antilope dressée vers lui. — Second
groupe : une représentation de l'arbre sacré sous la forme d'un cône allongé entouré de rayons;
au-dessus, le globe avec les ailes déployées et les ornements ornithomorphes, symbole de la Divinité
suprême; au-dessous, à droite et à gauche et se faisant face, deux personnages fantastiques,
nus, ayant le bas du corps d'un taureau, le haut d'un homme barbu; tous les deux ont les mains
levées au-dessus de leur tête et paraissent soutenir le symbole divin.

Agate grise. — H. 0,026. D. 0,013.

341. — L'arbre sacré[2] composé d'un fût entouré d'ornements en forme de résille et de
rayons. De chaque côté, et tournés vers lui, deux personnages divins vêtus d'une longue robe avec
franges et broderies, ouverte sur le devant et laissant voir la jambe gauche qui est portée en
avant; ils portent une paire d'ailes déployées, une longue barbe frisée, une espèce de casque rond,
strié, avec une visière, et des cheveux frisés derrière la tête; chacun d'eux lève en avant la main
droite, en signe d'adoration, et tient, de la main gauche abaissée en avant, la corbeille des
sacrifices.

Cornaline blanche. — H. 0,021. D. 0,012.

342. — L'arbre sacré[3] composé d'un fût orné sur lequel vient s'attacher un grand nombre de
rameaux terminés par un fruit en forme de pomme de pin. De chaque côté et tourné vers lui,
un pontife vêtu d'une longue robe couverte d'ornements et de broderies, ouverte sur le devant et
laissant voir la jambe droite qui est portée en avant; chacun d'eux porte une paire d'ailes déployées;
ils sont barbus, coiffés d'une espèce de casque rond avec ciselure, visière et pointe sur le sommet
de la tête et tiennent, dans la main droite levée en avant vers l'arbre sacré, un fruit qu'ils viennent
peut-être de cueillir et, dans la main gauche, abaissée en avant, la corbeille des sacrifices.

Cristal de roche. — H. 0,040. D. 0,017.

343. — L'arbre sacré[4] composé d'un fût sculpté et entouré de dessins en forme de résille,
encadrés eux-mêmes de rayons. De chaque côté et se faisant face se tient un pontife vêtu
d'une longue robe brodée, bordée de franges et ouverte sur le devant, laissant voir la jambe
gauche qui est portée en avant; ils ont une longue barbe frisée et un béret rond strié, avec
appendice derrière la tête et cheveux bouclés; chacun d'eux lève la main droite en avant, en signe
d'adoration, et tient, dans la main gauche abaissée en avant, un rameau(?) à trois tiges terminées

---

[1] Voy. pour cette scène : LAYARD, *Monuments*, etc., pl. VIII.
[2] Voy. la note du n° 303.
[3] Voy. la note du n° 303.
[4] Voy. la note du n° 303.

chacune par un fruit. Entre les deux pontifes une divinité, le dieu Dagon[1], debout, de profil à droite, la jambe portée en avant, barbu, lève la main droite en signe d'adoration et tient de la main gauche abaissée la corbeille des sacrifices. Son vêtement se compose d'une enveloppe de poisson dont la tête forme la coiffure. — Le travail de l'intaille est d'une merveilleuse finesse.

Cornaline rose. — H. 0,030. D. 0,014.

344. — Le sujet est divisé en deux groupes. — Dans l'un, l'arbre sacré[2], entouré de tiges rayonnant de tous les côtés et terminées par des globes; au-dessus, le globe ailé avec les appendices ornithomorphes, d'où tombe de chaque côté un long cordon terminé par un globe? Chacun de ces rubans est tenu des deux mains par un pontife tourné vers l'arbre sacré; tous les deux sont vêtus d'une longue robe bordée de franges, avec ceinture, coiffés du béret rond strié, avec cheveux longs bouclés derrière la tête; ils paraissent imberbes. Au-dessus de l'un d'eux, dans le champ, une étoile, symbole d'Istar, et un globe; au-dessus de l'autre, le croissant de la lune, symbole de Sin; un peu plus en arrière, un globe, le losange, et enfin un signe inconnu, peut-être un oiseau. — Le second groupe montre un animal cornu, debout, de profil à gauche, allaitant son petit; devant lui, dans le champ, un petit arbrisseau; puis un personnage divin placé, debout, de profil à gauche, sur le dos de cet animal; le Dieu est barbu, coiffé d'un béret plat, avec longs cheveux derrière la tête et vêtu d'une longue robe avec franges dans le bas et ceinture; dans chaque main, la droite levée en avant, la gauche ramenée à la ceinture, il porte une représentation de la foudre, symbole de Marduk[3]; devant ce groupe se tient, debout, de profil à droite, un pontife vêtu d'une longue robe, avec large ceinture et bande de broderies ou franges dans le bas; il est imberbe, coiffé d'un béret rond, avec cheveux longs derrière la tête. Dans le champ, en haut, les sept globes[4] disposés par quatre et par trois, un poisson, puis en dessous, un chevreau les quatre pattes attachées et suspendu la tête en bas; enfin, une tête de taureau de face.

Sardoine. — H. 0,030. D. 0,016.

345. — Petite représentation de l'arbre sacré[5] au-dessus de laquelle se montre un personnage

---

[1] Nous sommes ici en présence d'une des personnifications du dieu Dagon. François Lenormant dans ses « *Commentaires sur les fragments de Bérose* » nous montre qu'il s'agit là d'une des manifestations d'*Anu* qui se confondent avec celles d'*Oannès* et avec toutes ces incarnations divines, moitié homme, moitié poisson, qui sortaient de la mer Erythrée pour venir à la naissance du monde enseigner aux premiers habitants de la Mésopotamie-Inférieure les arts de la civilisation.

Dans d'autres sujets, Dagon est représenté sous la figure d'un homme coiffé de la tiare royale ornée de cornes et terminée par une tête de poisson, mais le corps de l'animal ne couvre de ses écailles que le dos du personnage seulement, tandis qu'une longue robe formée de plumes termine le vêtement.

On le voit encore, et cela paraît être son incarnation primitive, sous la forme d'un être mystique portant à la fois le caractère divin et le caractère royal, représenté alors avec un buste d'homme et le bas du corps d'un poisson.

L'image de Dagon ne s'est pas encore rencontrée sur les monuments chaldéens d'une haute antiquité; elle est, au contraire, très fréquente dans les sujets assyriens; nous savons, d'après la Bible, que Dagon était l'objet d'un culte spécial, sous le Second-Empire, à Babylone, et que la vénération dont cette divinité était l'objet s'est perpétuée chez les Philistins qui lui avaient construit des temples, notamment à Gaza.

Voyez à ce propos — F. Lenormant, *Essai de commentaires sur les fragments de Bérose*, p. 67 et 224; — *Les Juges*, XVI, 21-30; — Botta, *Monuments de Ninive*, I, pl. XXXII, XXXIV; — Lajard, *Mithra*, pl. XVII, n° 5; pl. XXX, n° 6; pl. LI, n° 4. — Menant, *Glyptique orientale*, seconde Partie, p. 49 et suiv. — Id., *Babylone et la Chaldée*, p. 78.

[2] Voy. la note du n° 306.

[3] Voy. *infra*, la liste des noms des divinités, au mot Marduk, pour l'explication du symbole.

[4] Voy. la note du n° 306.

[5] Voy. la note du n° 303.

fantastique[1] vu à mi-corps intercalé dans le croissant de la lune ou plutôt dans un cercle; il a deux ailes déployées et les ornements ornithomorphes, est de profil à gauche et tient la main gauche levée en avant; il porte une ceinture, est barbu et coiffé d'un béret rond avec cheveux bouclés derrière la tête; sur les deux ailes sont posés ou accroupis, de chaque côté, deux petits personnages vus à mi-corps, tournés l'un vers l'autre, barbus, et coiffés d'un béret rond avec longs cheveux derrière la tête. A droite de ce groupe, dans le champ; une étoile, symbole d'Istar, et le losange; à gauche, un signe inconnu formé de deux tiges entre-croisées et terminées par des boules. On voit ensuite un pontife debout, barbu, de profil à droite, vêtu d'une longue robe avec ceinture, ornements et franges, coiffé d'un bonnet rond, avec cheveux bouclés derrière la tête, tenant la main droite levée en avant en signe d'adoration et la main gauche tendue à hauteur de la ceinture. Derrière lui, le dieu Dagon[2], le corps entièrement couvert par une enveloppe de poisson, debout, de profil à droite, barbu, tenant, de la main droite levée en avant, un objet inconnu, et de la main gauche abaissée, la corbeille des sacrifices.

Cornaline rouge. — H. 0,016. D. 0,014.

346. — Représentation de l'arbre sacré[3] composé d'un fût orné d'où s'échappent une quantité de rameaux terminés par un fruit en forme de pomme de pin. De chaque côté, et tournés vers lui, se tiennent deux personnages; celui de droite représente un pontife imberbe, vêtu d'une longue robe avec franges, plis droits derrière et ceinture, coiffé d'un béret rond strié, avec cheveux bouclés derrière la tête, levant en avant la main droite en signe d'adoration et tenant la main gauche tendue horizontalement devant lui; celui de gauche a le caractère divin, il est vêtu d'une longue robe avec ceinture, franges et broderies, ouverte sur le devant et laissant voir la jambe gauche, il a une longue barbe frisée, un béret rond strié et des cheveux bouclés derrière la tête, porte deux grandes ailes déployées, lève la main droite en avant et tient de la main gauche, qui est abaissée, la corbeille des sacrifices. — Deux lignes d'inscription en caractères cunéiformes du style de Ninive, écrites sur le cylindre dans le sens direct de la lecture[4].

<table>
<tr><td>Nabu-ahi-yukin</td><td>Nebo-ahi-yukin,</td></tr>
<tr><td>avil? ba-sa, ou din? ba-sa</td><td>homme basa (sa qualité).</td></tr>
<tr><td></td><td align="center">(Menant.)</td></tr>
</table>

M. Oppert propose la lecture suivante :

<table>
<tr><td>An-pa nap-ur (Nabu-usur)</td><td>Nebo protège</td></tr>
<tr><td>din-ba(?)-sa (balata-basa)</td><td>la vie qui existe.</td></tr>
</table>

Agate saphirine. — H. 0,032. D. 0,015.

---

[1] Ce personnage, intercalé dans le croissant de la lune, est la représentation d'Ilou, le Dieu suprême, et se retrouve — sur un cylindre publié par F. Lajard : *Recherches sur Mithra*, pl. LIV[b], n° 16; — sur deux cachets, pl. XLIV, n⁰ˢ 1 et 17, — et sur beaucoup d'autres monuments de la même époque.

[2] Voyez la note du cylindre n° 343, *supra*, sur le dieu Dagon et sur ses diverses représentations.

[3] Voyez la note du n° 303.

[4] Cette inscription est très fréquente sur les cylindres assyriens, nous aurons occasion de la rencontrer par la suite (*infra*, n° 373). Voy. notamment : — Cullimore, pl. VII, n° 38; — F. Lajard, *Mithra*, pl. XIII, n⁰ˢ 1 et 3; pl. LII, n° 4; pl. LVII, n° 7; pl. LVIII, n° 1. — Les sujets sont différents, mais tous ces cylindres paraissent de la même époque. — On trouve le groupe qui figure sur notre cylindre dans une liste de noms propres. Voy. W. A. I. III, pl. LXIV, l. 14.

347. — Personnage ailé, debout, de profil à droite, vêtu d'une longue robe ouverte sur le devant, barbu, coiffé d'un béret rond strié avec cheveux longs frisés derrière la tête. De la main gauche il saisit un quadrupède fantastique, ailé, dressé devant lui, la tête rejetée en arrière et se sauvant à droite; la main droite tombant en arrière tient une arme en forme de faucille dont il se prépare à frapper l'animal, pendant qu'il lui donne un coup de pied. Devant l'animal fantastique, un poisson, placé horizontalement, de profil à droite.

Agate grise. — H. 0,024. D. 0,013.

348. — Un personnage debout, de profil à droite, portant sur ses épaules les flèches et le carquois, vêtu d'une longue robe avec ceinture, ouverte sur le devant et couverte de broderies; il est coiffé du béret rond strié, avec boucle de cheveux derrière la tête; de la main gauche, levée en avant, il tient un petit arc; de la main droite, abaissée en arrière, une arme inconnue, et du pied gauche, il donne un coup à un animal au bec d'oiseau de proie, aux ailes déployées, marchant de profil à droite, la tête tournée en arrière. Dans le champ, une étoile à huit rayons, symbole d'Istar, le croissant de la lune, symbole de Sin, la tige avec saillie centrale, symbole de la Justice, un petit quadrupède cornu, chèvre ou antilope, galoppant, de profil à gauche, avec la tête retournée en arrière, et enfin, un animal fantastique de profil à gauche, ayant une tête humaine, imberbe, coiffée d'un béret strié avec boucles de cheveux derrière la tête et le corps terminé par une queue de scorpion redressée[1].

Agate grise. — H. 0,025. D. 0,010.

349. — Un personnage debout, de profil à droite, vêtu d'une longue robe brodée avec franges, ouverte sur le devant et laissant voir la jambe gauche qui est portée en avant; il est barbu, coiffé du béret rond strié avec boucles de cheveux derrière la tête; de chacune de ses mains, tendues à droite et à gauche, il tient la patte d'un animal fantastique dressé vers lui : à droite, une chimère à quatre pattes, avec le corps d'un quadrupède, enveloppée par deux grandes ailes déployées, une tête humaine coiffée d'un béret rond à rebord avec boucles de cheveux tombant en arrière; à gauche, une chimère semblable, mais dont on ne peut distinguer la tête. Entre ces deux animaux, un quadrupède de profil à droite, la tête tournée en arrière, sur lequel semble s'abattre un aigle, et, dans le champ, un poisson[2] et le losange.

Agate grise. — H. 0,030. D. 0,013.

350. — Un personnage barbu, debout, de profil à gauche, vêtu d'une longue robe brodée et ouverte sur le devant, coiffé d'un béret rond strié avec boucles de cheveux derrière la tête. De la main gauche rejetée en arrière il tient une arme en forme de faucille, et, de la main droite levée en avant, saisit par la queue un quadrupède cornu, une antilope sans doute, qui retombe sur ses pattes de devant, la tête relevée vers lui et de profil à droite; il pose en même temps le pied droit sur le cou de l'antilope. Dans le champ, en haut, le croissant de la lune, symbole de Sin; dans le bas, un autel sur lequel repose un objet inconnu en forme de cône. — Ce cylindre n'est pas percé.

Agate laiteuse. — H. 0,023. D. 0,010.

---

[1] Voy. sur les *hommes-scorpions* la note du n° 320.   [2] Voy. sur le *poisson* la note du n° 318.

351. — Un personnage debout, de profil à droite, vêtu d'une robe avec ceinture, ouverte sur le devant et laissant à découvert la jambe gauche qui est portée en avant. Il est barbu, coiffé d'un béret rond strié, avec longs cheveux bouclés derrière la tête; on voit en outre de chaque côté de sa tête, au-dessus de ses épaules, deux tiges qui semblent être des rudiments d'ailes inachevées. De chaque main levée à droite et à gauche, il tient la patte d'un animal fantastique (chimère) dressé vers lui; tous les deux ont le corps d'un quadrupède et portent deux grandes ailes déployées et des têtes humaines; celles-ci sont coiffées du béret strié, avec boucles de cheveux sur la tête. Dans le champ, en dessous de l'une des chimères, un signe inconnu ressemblant à une plante ou à une fleur.

Calcédoine. — H. 0,030. D. 0,013.

352. — Un personnage divin, barbu, debout, de profil à droite, coiffé du béret rond strié avec cheveux bouclés derrière la tête, vêtu d'une longue robe ouverte sur le devant et couverte de broderies et de franges, et enveloppé d'une double paire d'ailes déployées. De la main droite tombant en arrière, il tient une arme terminée par un fer en forme de faucille et se prépare à frapper une chimère au corps d'un quadrupède, ayant des ailes déployées et la tête d'une femme coiffée d'un béret rond strié avec visière et longs cheveux frisés par derrière. Il la saisit de la main gauche par une aile et en même temps la frappe du pied gauche; celle-ci fuit de profil à droite, dressée sur ses pattes de derrière et la tête tournée en arrière. Derrière le personnage divin, un pontife barbu, debout, de profil à droite, vêtu d'une longue robe ornée de franges, coiffé du béret rond strié avec longs cheveux bouclés derrière la tête, tient les mains levées en avant en signe de prière. Devant ce pontife, dans le champ, en haut, le globe ailé avec les appendices ornithomorphes, symbole de la Divinité suprême.

Agate grise. — H. 0,027. D. 0,015.

353. — Un personnage debout, de profil à gauche, vêtu d'une longue robe à ceinture ouverte sur le devant et couverte de broderies et de franges; il est barbu, coiffé du béret rond strié, avec boucles de cheveux derrière la tête. De la main droite levée en avant, il saisit par la corne une antilope dressée devant lui, de profil à gauche, la tête tournée en arrière; en même temps il la frappe du pied droit; de la main gauche il soulève par la queue un petit animal cornu dont les pattes de devant seules touchent la terre. Derrière son dos et de chaque côté apparaît le sommet d'un double carquois?

Agate grise. — H. 0,027. D. 0,015.

354. — Un personnage divin, barbu, debout, de profil à droite, vêtu d'une robe longue avec ceinture, ouverte sur le devant et laissant voir la jambe gauche qui est portée en avant; il a une double paire d'ailes déployées; de sa main droite, tombant en arrière et tenant une arme en forme de faucille, il se prépare à frapper une chimère dressée devant lui, de profil à gauche et qu'il saisit par la patte de la main gauche. Celle-ci a le corps d'un quadrupède, deux grandes ailes déployées et une tête de femme tournée en arrière vers la droite; elle est coiffée du béret rond strié avec boucles de cheveux derrière la tête.

Agate grise. — H. 0,019. D. 0,009.

355. — Le sujet de ce cylindre se divise en deux groupes. — Le premier représente un personnage divin, nu, le corps de face, la tête de profil à droite, le genou droit en terre, les deux mains levées à droite et à gauche de la tête et tenant chacune une arme ; il est barbu ; il a une coiffure ronde striée avec cheveux tressés derrière la tête et porte une double paire d'ailes déployées. Au-dessus, le globe ailé avec les appendices ornithomorphes, signe de la Divinité suprême. De chaque côté de ce personnage et lui faisant face, deux prêtres de Dagon barbus, vêtus, comme le Dieu, d'une grande enveloppe en forme de poisson dont la tête leur sert de coiffure. Tous les deux ont la main droite levée en avant en signe d'adoration et tiennent de la gauche abaissée en avant la corbeille des sacrifices ; l'une des jambes, portée en avant, semble nue ; les pieds paraissent sous l'enveloppe de poisson ainsi que le bas d'une robe de dessous terminée par des franges. — Entre les deux prêtres de Dagon, un autre personnage fantastique, nu, forme le second groupe ; il est debout, le corps de face, la tête de profil à droite, coiffé d'une espèce de bonnet cylindrique radié avec cheveux longs tressés derrière la tête ; les mains sont levées à droite et à gauche ; il est enveloppé d'une double paire d'ailes déployées et de chaque côté des jambes apparaissent les deux bords de la jupe qui est ouverte par devant. Au haut et au bas du cylindre, frise d'ornements gravés.

Béryle. — H. 0,037. D. 0,014.

356. — Un monarque debout, barbu, de profil à gauche, coiffé d'un béret rond strié avec longs cheveux bouclés derrière la tête, vêtu d'une longue robe à franges et broderies ouverte sur le devant et laissant voir la jambe droite qui est portée en avant ; de chacune de ses mains, tendues à droite et à gauche, il tient par une patte de devant un animal fantastique dressé vers lui, avec le corps d'un quadrupède, des ailes déployées et une tête d'oiseau rejetée en arrière. — En haut une inscription horizontale en caractères cunéiformes gravés dans le sens direct de la lecture ; quelques signes sont seulement visibles.

Cette inscription, très mal gravée du reste, laisse à peine deviner le sens probable de l'inscription qu'on peut restituer ainsi :

Tak-sit (Kunuk) Bel-dil   Cachet de Bel-idin
(Oppert.)

Jaspe gris. — H. 0,036. D. 0,015.

§ III. — CYLINDRES DE PROVENANCE INCERTAINE

357. — Le sujet est divisé en deux groupes[1]. — Premier groupe. — Un personnage fantastique, debout, de face; les jambes nues et écartées ont la forme de celles d'un homme avec les pieds d'un oiseau de proie et reposent sur la croupe de deux animaux fantastiques, placés dos à dos, aux grandes ailes déployées, avec des têtes de chèvre ornées de longues cornes recourbées et une fine barbiche sous le menton; chacun d'eux a un genou en terre. Le personnage fantastique est vêtu d'une espèce de tunique courte, à double écharpe brodée, avec jupe à volants plissés et s'arrêtant au tiers de la jambe; il a une longue barbe, les cheveux sont hérissés, et, des deux côtés de la tête, en guise d'ornement, apparaissent deux têtes de tigres de profil, la gueule largement ouverte; enfin il porte une double paire d'ailes déployées; les deux mains, étendues à droite et à gauche, tiennent chacune par une patte de derrière un animal fantastique au corps et aux pieds de tigre, ayant de grandes ailes déployées et une tête humaine coiffée d'un béret plat. Entre les jambes du personnage fantastique, dans le champ, un petit ornement composé de six petits globes placés horizontalement sur deux rangs. — Second groupe. — Deux personnages fantastiques, nus, placés l'un devant l'autre se tiennent par une main et leurs deux mains réunies supportent une Divinité fantastique, de face, accroupie, les jambes croisées, les bras étendus à droite et à gauche; ils la soutiennent en même temps par le coude de leur autre main; ils sont barbus, portent les cheveux hérissés sur le front et retombant en grosses touffes derrière la tête renversée en arrière. La Divinité est nue, son cou est orné d'un collier à cinq pendeloques; elle est nu-tête; les cheveux, droits sur le front, tombent jusqu'aux épaules en arrière. De chaque côté de la tête, dans le champ, une chèvre ailée ayant le corps et la queue d'un poisson.

Sardoine. — H. 0,035. D. 0,015.

358. — Une Divinité debout, de profil à droite, vêtue d'une longue robe ajustée au corps, richement ornée de broderies, avec ceinture, ouverte sur le devant, et laissant voir la jambe gauche; elle semble avoir deux ailes, sa figure, grossièrement gravée, se distingue difficilement; elle est coiffée d'un très large bonnet rond reposant sur ses cheveux relevés; derrière la tête ceux-ci tombent en boucles; les deux mains sont abaissées en avant sur la tête d'un quadrupède fantastique, de profil à gauche, le genou gauche en terre, portant une paire d'ailes déployées et ayant une tête humaine à longue barbe frisée; au-dessus, un autre quadrupède fantastique, de profil à droite, la queue relevée, portant

---

[1] La disposition du sujet du premier groupe rappelle celle d'un beau cylindre du Musée Fol, à Genève, sur lequel le personnage principal, quoique légèrement différent par quelques détails du costume et de la coiffure, présente cependant par sa pose, par l'acte qu'il accomplit et par son aspect général, un grand air de ressemblance avec celui de notre monument. Or, M. Menant, dans la deuxième partie de sa *Glyptique orientale*, p. 115 et fig. 109, ayant démontré que le cylindre de Genève devait appartenir à l'art des Héthéens, nous sommes porté à considérer celui-ci comme se rattachant à la même origine.

26

une paire d'ailes déployées et ayant la tête d'un taureau. Devant la Divinité, un roi, debout, de profil à gauche, tient de la main droite, par la queue, le premier animal fantastique et lui donne un coup de pied; il se prépare en même temps à le frapper d'un fouet qu'il tient levé en arrière de la main gauche; il est vêtu d'une robe courte, ouverte sur le devant, ajustée au corps, avec ceinture et broderies; il porte une longue barbe tressée; il est coiffé d'un béret plat avec longs cheveux bouclés derrière la tête. De l'autre côté de la Divinité, un pontife debout, de profil à droite, les deux bras tendus à droite et à gauche; il est vêtu d'une longue robe ornée de franges et de broderies, porte une courte barbe, est coiffé d'un béret strié en forme de tiare cylindrique[1] avec boucles de cheveux tombant derrière la tête. Dans le champ supérieur, une étoile à six rayons, symbole d'Istar, et le croissant de la lune, symbole de Sin.

Sardoine. — H. 0,042. D. 0,018.

359. — Trois personnages placés l'un derrière l'autre, debout, de profil à droite, tous les trois dans la même pose et vêtus de la même façon, ayant une longue robe richement ornée de broderies et de franges, ouverte par devant et laissant voir la jambe gauche qui est portée en avant. Ils ont une barbe frisée, un bonnet rond avec longs cheveux tombant derrière la tête; leur bras gauche est ramené à la ceinture; de la main droite tombant naturellement en arrière, ils tiennent une arme recourbée en forme de faucille; devant chacun d'eux se trouve un autel. Dans le champ, en haut, le croissant de la lune avec le disque du soleil, symboles de Sin et de Samas, une étoile à six rayons, symbole d'Istar, et le disque du soleil, symbole de Samas. — En dessous on aperçoit les traces d'une inscription.

Cornaline rose. — H. 0,033. D. 0,014.

360. — Un roi debout, de profil à droite, saisit par la crinière un lion dressé fuyant devant lui, de profil à droite, la queue relevée; il le frappe en même temps du pied gauche et s'apprête à le tuer d'une hache qu'il brandit de la main droite au-dessus de la tête; il est vêtu d'une robe courte, ajustée sur le buste, ouverte sur le devant, avec ceinture et riche broderie; il porte la barbe et les cheveux complètement frisés tombant en longues boucles derrière la tête. — Inscription de trois lignes d'un très beau travail; les caractères sont tracés sur le cylindre dans le sens direct de l'écriture et l'empreinte les donne nécessairement à l'envers.

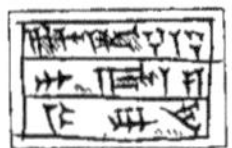

<table>
<tr><td>Sa Sa-ka-An-a-a</td><td>Cachet de Saka-Malik,</td></tr>
<tr><td>tur Eri-Sin</td><td>fils de Eri-Sin,</td></tr>
<tr><td>lu Bel-iš</td><td>directeur des forêts[2]?</td></tr>
</table>

(MENANT.)

M. OPPERT propose de lire et de traduire ainsi cette inscription :

<table>
<tr><td>Sa Sa.... an</td><td>Sa....</td></tr>
<tr><td>a Pin-es</td><td>fils de Pines,</td></tr>
<tr><td>lu....</td><td>homme....</td></tr>
</table>

Calcédoine. — H. 0,036. D. 0,016.

---

[1] A la manière des personnages des bas-reliefs de Bogaz-Keui. Voy. PERROT, *Exploration archéologique de la Galatie et de la Bithynie*, 1872, p. 334 et suiv., pl. XXXIV à LII. — MENANT, *Glyptique orientale*, II⁰ Partie, p. 105.

[2] La difficulté existe surtout dans la détermination de l'idiome qui se cache sous les idéogrammes de cette inscription. — Voyez du reste *supra*, à propos de l'expression *Malik*, la note du cylindre n° 68.

361. — Un personnage divin, debout, le corps de face, les jambes de profil, marchant à gauche; il porte une longue robe avec ceinture, ouverte sur le devant, laissant voir la jambe droite, et ornée de franges; il a une longue barbe tressée, est coiffé d'un béret rond, avec cheveux frisés tombant de chaque côté de la tête et est enveloppé d'une double paire d'ailes déployées. De chaque main tendue il tient, à droite et à gauche, par une patte de devant, une licorne dressée vers lui, la queue relevée et les ailes déployées.

Agate grise. — H. 0,028. D. 0,015.

362. — Un monarque à cheval passant au grand galop, de profil à droite; de la main gauche, il tient les rênes, et, de la droite, levée en arrière au-dessus de la tête, il brandit une lance dont il s'apprête à frapper un cerf fuyant devant lui; celui-ci a une large ramure, il est déjà percé d'un trait. Le roi est barbu, coiffé d'un béret à rebord, vêtu d'un vêtement ajusté par une ceinture à laquelle sont suspendus un arc et une massue.

Cornaline blanche. — H. 0,027. D. 0,012.

363. — Un centaure ailé, avec un corps de cheval terminé par une queue de scorpion redressée, un buste et une tête d'homme barbue et coiffée d'un bonnet conique avec rebord, galoppe à droite; de la main droite, il brandit un glaive au-dessus de sa tête; de la main gauche, tendue en avant, il saisit la patte de derrière d'un quadrupède cornu (une gazelle?) dressée de profil à droite sur ses pattes de devant. A terre, étendue sur le dos, gît une autre gazelle morte; en haut, une troisième gazelle court de profil à gauche. Dans le champ, le croissant de la lune, symbole de Sin, et un ornement en forme de croix dans lequel on peut chercher le prototype du labarum ?

Sardoine. — H. 0,039. D. 0,015.

364. — Un roi debout, barbu, marchant à droite, vêtu d'une tunique flottante retenue par une ceinture, coiffé du bandeau royal, avec longs cheveux bouclés derrière la tête; il porte sur le dos un carquois, est armé de son arc qu'il bande et s'apprête à tirer une flèche sur deux ibex fuyant rapidement à droite.

Sardoine rubanée de blanc. — H. 0,029. D. 0,013.

365. — Le sujet est divisé en deux groupes. — Premier groupe. — Un héros, de profil à droite, barbu, la tête nue et ceinte du bandeau royal, vêtu d'une tunique à bordure brodée avec ceinture et ouverte sur le devant, brandit une lance de la main droite et s'apprête à frapper un animal fantastique qu'il a saisi de la main gauche; celui-ci a le corps de profil à droite et la tête monstrueuse et menaçante, les oreilles courtes et la crinière retombant en arrière; il porte des ailes et son corps se termine en queue de poisson; il est dressé sur les pattes de derrière qui ont la forme de celles des taureaux et il tient, de la patte droite de devant, un petit personnage décapité dont il élève en l'air la tête barbue de la patte gauche; les pattes de devant paraissent être celles d'un carnassier. A côté de lui et à ses pieds, un autre petit personnage, nu, barbu, le corps de face, la tête de profil à droite, les mains suppliantes levées à droite et à gauche. — Second groupe. — Le même héros[1], de profil à droite, brandit une hache à double tranchant de la main

---

[1] Voici un nouvel exemple de l'habitude que les artistes avaient de représenter souvent sur le même cylindre deux épisodes de la même légende; celle-ci nous est encore inconnue. — Voyez à ce sujet la note n° 2 du n° 332, *supra.*

droite levée en l'air et s'apprête à frapper ; de la main gauche tendue en avant il tient un petit personnage qu'il cherche à arracher de la gueule d'un animal monstrueux. Le héros est barbu ; sa tête nue est ceinte du bandeau royal ; il est vêtu d'une tunique brodée avec ceinture et ouverte sur le devant ; il porte un glaive passé dans la ceinture. Le petit personnage qu'il défend est de profil à gauche, barbu, tenant la main gauche levée ; il paraît nu. L'animal fantastique, de profil à gauche, a le corps d'un poisson, une paire d'ailes déployées et une tête d'animal carnassier. Derrière lui, un autre héros, un peu plus petit et en tout semblable aux deux autres, paraît se préparer à le combattre également ; sa main droite tendue en avant tient un glaive et sa main gauche, tombant naturellement le long du corps, une massue. Entre le monstre et le dernier héros, on voit encore un petit personnage de profil à gauche, barbu et qui semble nu. En haut et en bas du cylindre règne une petite frise d'ornements[1]. — Ce cylindre est en forme de tonnelet.

Jaspe rose. -- H. 0,023. D. 0,013.

366. — Un personnage debout, de profil à droite, barbu, coiffé d'un bonnet rond avec cheveux bouclés derrière la tête et vêtu d'une longue robe plissée, ouverte sur le devant et laissant voir la jambe gauche portée en avant ; de ses mains tendues à droite et à gauche il saisit par le cou deux animaux fantastiques tournés vers lui ; ceux-ci ont le corps et les pattes d'un oiseau de proie, la queue d'un scorpion, les ailes déployées, la tête d'un homme barbu, coiffé d'un bonnet rond et les cheveux bouclés derrière la tête[2]. Dans le champ, en bas, le losange. — Il manque un morceau de la pierre.

Cornaline rubanée. — H. 0,018. D. 0,012.

367. — Un personnage debout, de profil à droite, vêtu d'une robe ajustée avec ceinture et ornements brodés ; la main droite est ramenée à la ceinture, la main gauche tendue en avant tient une fleur et semble s'appuyer sur une colonne. Devant lui, et exactement dans la même attitude, se tient debout un personnage fantastique, avec le corps d'un homme et une tête monstrueuse. — Ce personnage est entouré de trois lignes de caractères hiéroglyphiques, jusqu'à présent incompris. — Devant lui, on croit voir une porte ouverte à deux battants.

Agate rubanée de rouge. — H 0,025. D. 0,009.

368. — Un zébu[3] passant à droite. — Travail très soigné, remarquable par le modelé des formes.

Hématite rubanée de rouge. — H. 0,028. D. 0,014.

---

[1] Quoique les types soient différents, on pourrait se demander si le sujet de ce cylindre ne comporte pas sous une autre forme un épisode des combats d'Isdubar et d'Héa-bani contre les monstres ? — On pourrait peut-être encore y voir le combat de Marduk contre Tihamat présenté sous un aspect différent ? — Nous croyons en tout cas que c'est toujours la même légende qu'on trouve chez les peuples primitifs reproduisant les hauts faits des Dieux, des demi-Dieux ou des Héros qui combattaient les animaux monstrueux répandus sur la terre à l'origine du monde et en délivraient l'humanité.

[2] Voy. *supra*, dans la note du cylindre n° 320, ce que nous avons dit des *hommes-scorpions*. On retrouve le même personnage à corps d'oiseau et à queue de scorpion notamment sur un cylindre publié dans F. Lajard, *Recherches sur Mithra*, pl. XLIX, n° 2, et sur des cônes de notre Collection que nous publierons bientôt.

[3] Le zébu, ou bœuf à bosse, est originaire de l'Inde ; cependant il est assez souvent représenté sur les bas-reliefs assyriens. Voy. Layard, *Second series of monuments*, pl. XXXV. — Id. *Nineveh and Babylon*, p. 104.

369. — Un roi debout, de profil à droite, vêtu d'une longue robe ornée de broderies et de franges et retenue à la taille par une ceinture; il porte une courte barbe et la tête nue avec longs cheveux tombant par derrière. Il s'exerce à tirer de l'arc sur une cible qu'il a déjà atteinte deux fois; une autre flèche tombe à terre; derrière le roi, un serviteur nu-tête, debout, de profil à droite, la main droite tombant naturellement en arrière, vêtu d'une robe courte ornée de franges, lui présente deux flèches.

Sardoine claire. — H. 0,026. D. 0,010.

370. — Un roi marchant à gauche, vêtu d'une robe s'arrêtant aux genoux mais avec demi-jupe tombant en arrière jusqu'à la cheville; la jupe est ornée de broderies et de franges et retenue par une ceinture; le corsage, sans manche, est de forme carrée; le roi est barbu et coiffé d'une tiare cylindrique avec cheveux tombant derrière la tête; il porte derrière le dos un carquois rempli de flèches, bande son arc et s'apprête à lancer un trait sur un lion dressé devant lui, de profil à droite, la gueule ouverte et la crinière hérissée. — Derrière le roi, un cartouche de trois lignes d'écriture en caractères cunéiformes du style archaïque de la seconde colonne de Persépolis tracés sur le cylindre dans le sens direct de la lecture[1]; l'empreinte les présente retournés.

Agate grise. — H. 0,027. D. 0,013.

370 bis[2]. — Un roi monté sur un dromadaire passant à droite combat un lion dressé devant lui; il porte la tunique flottante et divisée en deux parties plissées sur le haut des jambes; il est barbu et sa tête est couverte d'une tiare de forme carrée; de la main gauche il conduit le dromadaire, et, de la main droite, levée en arrière, brandit une longue lance dont il s'apprête à frapper le lion.

Agate saphirine. — H. 0,023. D. 0,010.

371. — Un personnage debout, de profil à gauche, vêtu d'une longue robe avec ceinture et franges; il semble barbu, avec bonnet rond à rebord et cheveux bouclés derrière la tête; la main

---

[1] Cette inscription donne une grande importance à ce cylindre; en effet, nous y reconnaissons un texte *amardien* ou *protomédique;* malheureusement, la défiguration des caractères achéménides de la seconde colonne de Persépolis ne permet pas, quant à présent, d'en proposer une lecture suivie.

Citons un cylindre analogue au Musée Britannique qui a été publié par F. Lajard (*Mithra*, pl. XXV, n° 7) et par Menant (*Glyptique orientale,* IIe Partie, p. 153, fig. 137); l'inscription a été traduite par F. Lenormant et par le Dr Sayce (*The inscriptions of Mal-Amir,* p. 115). — Une autre inscription qui figure sur un objet en onyx du Musée du Louvre a été traduite ainsi par le savant professeur

d'Oxford : « *Ku-khar-hu-man, roi de Man-dhu-mas.* » (In. *Ibid.*)

On peut sans doute reconnaître sur notre cylindre quelques caractères tels que ceux qui représentent les articulations de zi, kur et bar, mais nous déclarons notre impuissance à pousser plus loin la lecture.

Menant.

M. Oppert pense également que cette inscription doit être médique ou peut être même perse. La dernière ligne présente une écriture différente qui lui fait croire à une inscription bilingue?

[2] Voy. *Addenda,* pl. XXXVIII.

gauche est ramenée à la ceinture; la main droite est levée en avant dans la pose de l'invocation.
Devant lui, un autel sur lequel est placé un candélabre ou pyrée˙ et un objet inconnu composé
de deux tiges verticales accolées. Au-dessus, dans le champ, le croissant de la lune, symbole
de Sin. — Trois lignes d'inscription en caractères cunéiformes écrites sur le cylindre dans le
sens direct de la lecture. La transcription des deux premières lignes et leur traduction sont très
incertaines; on peut supposer que la dernière renferme le nom du dieu Nebo écrit *Na-bi-uv* ?

Améthyste claire. — H. 0,020. D. 0,011.

CHAPITRE III

CYLINDRES

DU

SECOND-EMPIRE DE CHALDÉE

CYLINDRES

DU

SECOND-EMPIRE DE CHALDÉE

Nous avons indiqué les caractères des cylindres du Premier-Empire de Chaldée et nous en avons présenté de nombreux types appartenant à diverses localités; il est impossible de déterminer, quant à présent, jusqu'à quelle époque ils ont été en usage; l'histoire et l'art présentent une grande lacune dans la vie de la Chaldée, depuis les rois du Premier-Empire jusqu'à l'époque où, après la chute de Ninive, Babylone devint la capitale du Grand Empire Assyro-Chaldéen; mais il y a un fait certain, c'est que les contrats de l'époque de Nabuchodonosor et de ses successeurs nous ont fourni des empreintes faisant connaître des types bien différents qui se sont perpétués à Babylone jusque sous la domination perse et même au delà. Ces empreintes nous ont permis de déterminer la provenance des cylindres suivants[1].

372. — Un personnage debout, de profil à gauche, vêtu d'une longue robe, avec ceinture, broderies, frange et écharpe passée sur l'épaule gauche; il est imberbe et nu-tête avec les cheveux rasés; la main gauche tombe naturellement le long du corps, la main droite est levée en avant dans la pose de l'invocation. Devant lui sont placés, l'un à côté de l'autre, deux autels sur lesquels on voit deux symboles semblables mais que l'on ne peut définir; le premier est surmonté du disque du soleil, symbole de Samas, et le second, du croissant de la lune, symbole de Sin[2].

Calcédoine. — H. 0,034. D. 0,018.

[1] Voy. MENANT, *Empreintes de Cylindres assyro-chaldéens relevées au Musée Britannique*, p. 25 et suiv. et la *Glyptique orientale*, IIe Partie, p. 132 et suiv.

[2] Ce cylindre, contrairement aux indications données par M. MENANT dans sa *Glyptique*, a été acquis par nous à la vente de la Collection Raifé, et non pas par le British Museum; il a été décrit par F. LENORMANT, dans le catalogue de vente, comme étant un cylindre médique. — Il est établi aujourd'hui, par une étude attentive, que ce cylindre appartenait au Second-Empire de Chaldée et que c'était le cachet d'un membre de la tribu d'Egibi. Le sujet de ce cylindre a été répété plusieurs fois; on en compte déjà au moins trois exemplaires identiques. (Voy. F. LAJARD, *Mithra*, pl. XXXIX, n° 6, Collection Poniatowski), et on en trouve de nombreuses empreintes sur les contrats du Second-Empire de Chaldée. (Voy. MENANT, *Empreintes de Cylindres assyro-chaldéens*, Paris, Imprimerie Nationale, 1880, p. 50.)

373. — Un personnage debout, barbu, de profil à droite, vêtu d'une longue robe, coiffé d'un bonnet rond, les cheveux tombant derrière la tête ; la main droite ramenée à la ceinture, la main gauche levée en avant dans la pose de l'invocation. Devant lui, un grand candélabre (?), puis un autel sur lequel repose couché, de profil à gauche, un quadrupède cornu, un candélabre ou pyrée et un objet inconnu composé de deux tiges verticales juxtaposées. — Derrière l'autel, une inscription en caractères cunéiformes tracés dans le sens direct de la lecture sur le cylindre[1] et reproduits par conséquent à l'envers sur l'empreinte.

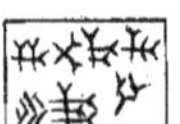

Nebo-ahi-yukin	Nebo-ahi-yukin,
avil? ou *din? ba-sa*	homme *basa* (sa qualité).

(Menant.)

Calcédoine. — H. 0,028. D. 0,014.

374. — Un personnage debout, barbu, de profil à droite, vêtu d'une longue robe, coiffé d'un bonnet rond avec cheveux bouclés derrière la tête, la main droite levée en avant dans la pose de l'invocation. Devant lui, une scène composée de deux coqs[2] affrontés de chaque côté d'un grand candélabre ou d'un perchoir, au sommet duquel est posé un oiseau, de profil à droite, tenant un rameau? dans son bec.

Calcédoine. — H. 0,028. D. 0,015.

---

[1] Voir la note du n° 346 avec la variante proposée par M. Oppert. — C'est la même inscription autrement disposée.

[2] Le coq figure sur un grand nombre de monuments de la même époque, particulièrement sur les pierres gravées. Voyez entre autres, un cône et un cylindre du Musée Britannique publiés dans Layard, *Nineveh and Babylon*, p. 539.

CHAPITRE IV

CYLINDRES PERSES

CYLINDRES PERSES

Les origines de l'Empire des Perses nous sont complètement inconnues. Les Achéménides semblent avoir conquis le pouvoir sur la Haute-Asie d'un seul coup. Il est à peine question de la Perse dans les inscriptions les plus récentes des rois de Ninive et nous n'avons rien qui nous permette d'apprécier ce qu'elle était sous Nabuchodonosor et ses successeurs. Les monuments des Achéménides ne nous sont conservés que pendant une période très restreinte, comprenant deux siècles environ, depuis Cyrus (559 av. J.-C.) jusqu'au dernier des Artaxerxès (359 av. J.-C.). Ces monuments paraissent avoir été inspirés par des idées nouvelles, très tranchées au premier abord, si on compare les palais de Persépolis aux palais assyriens. Ils ont, en effet, un caractère tout particulier qui les signale immédiatement à l'attention de l'archéologue, et qui permet de les distinguer nettement de ceux d'un autre peuple et d'une autre époque; mais au fond, l'art achéménide n'est pas né tout d'une pièce, et plus on l'étudie, plus on découvre les emprunts qu'il a faits aux nations avec lesquelles les Perses se sont trouvés en rapport.

Cet art n'a rien d'autochthone; le fameux bas-relief de Cyrus à Mourghad nous montre déjà l'influence des idées égypto-assyriennes, et cette influence étrangère s'accentue davantage à Persépolis où l'art grec se mêle encore aux notions compliquées qui guidaient les artistes, architectes ou sculpteurs, dans leurs plans et dans leur exécution.

Malgré ce mélange bizarre, l'art des Achéménides a quelque chose de très personnel, et c'est à Persépolis qu'il faut l'étudier et l'admirer. Persépolis n'était cependant qu'une résidence royale, la véritable capitale de la Perse a toujours été Suse. Nous ne voyons rien, en effet, dans les ruines de Tchel-Minar, si connues des savants, qui permette d'y reconnaître une grande ville, comme à Khorsabad, par exemple. Parmi tous ces monuments qui se prêtent si bien aux fastueuses réceptions des rois, ou à la pompe des cérémonies religieuses, deux palais en tout (les palais III et V des plans) paraissent seuls avoir été disposés pour servir à l'habitation. L'exiguïté de ces demeures est telle qu'on se demande, lorsqu'elles étaient occupées par le roi et les grands dignitaires, où pouvaient se loger les officiers, gardes et domestiques, ainsi que le cortège des femmes

et des suivantes, en un mot ce qui constitue la cour d'un souverain de la Perse, et dont le
Livre d'Esther nous a donné une peinture si vivante? Ctésias portait à quinze mille le nombre des
officiers et des domestiques de tout rang nourris et logés dans le palais des rois de Perse! C'est
aussi par milliers qu'on compte le nombre des serviteurs qui habitaient le sérail des sultans au
temps des Soliman et des Amurad. Quoi qu'il en soit, si Persépolis n'a pas été une capitale, ses
monuments nous présentent tout ce que l'architecture et la sculpture pouvaient produire de plus
parfait à cette époque et nous fournissent en même temps les modèles irrécusables dont les
graveurs se sont inspirés.

Les cylindres de la Perse sont rares, surtout ceux qui portent des inscriptions en caractères
cunéiformes[1]. Le beau cylindre de Darius représentant un dynaste perse sur son char, dirigé par
l'Aurige, à la poursuite d'un fauve, nous donne le type des pierres de cette époque, dans lesquels
nous reconnaitrons des copies plus ou moins réussies des cylindres assyriens.

Le disque ailé sera toujours le symbole du Dieu suprême, seulement nous le nommerons, comme
les Mazdéiesnans, *Aura-Masda*, c'est-à-dire *Ormazd*. Les scènes nous offriront peu de variété; ce
sera toujours le type du roi plongeant son poignard dans les flancs d'un lion, tel que les empreintes
des Sargonides nous présentent le sujet du sceau royal; nous verrons encore un héros maintenant
de chaque main un lion, un taureau ou des chimères, comme en Assyrie; mais le costume sera
différent, et la robe flottante, aux grandes manches à plis, relevée vers le milieu, sera le signe
caractéristique des personnages.

375. — Un dynaste barbu, debout, de profil à droite, vêtu d'une robe flottante, avec
ceinture et jupe plissée, relevée vers le milieu (costume spécial aux Achéménides), la tête coiffée
d'une tiare en forme de couronne d'où s'échappent par derrière des cheveux bouclés. De ses deux
mains levées à droite et à gauche il tient, par leurs grandes cornes recourbées, deux animaux
fantastiques dressés vers lui, avec les pattes de derrière ressemblant à celles des oiseaux de
proie; le corps et les pattes de devant sont ceux d'un lion, ils ont des ailes déployées et des têtes
de griffons. Au-dessus du roi, le globe avec de grandes ailes déployées et les ornements ornithomorphes, symbole du Dieu suprême; sous les pieds du roi, un lion de profil à droite saisit
au cou, de sa puissante gueule, et terrasse un taureau qui s'est précipité vers lui.

Agate grise. — H. 0,024. D. 0,011.

375 *bis*[2]. — Un dynaste barbu, debout, de profil à droite, avec une couronne et des boucles
de cheveux derrière la tête, les pieds posés sur deux sphinx couchés et affrontés, vêtu d'une robe
flottante et divisée en deux parties plissées sur le bas du corps (costume spécial aux Achéménides).
Il porte un poignard à la ceinture et, de ses deux bras tendus à droite et à gauche, étreint par
le cou deux chimères ailées à tête de licorne, toutes les deux dressées vers lui et les pattes de
derrière posées sur la queue et les ailes des sphinx.

Hématite. — H. 0,015. D. 0,012.

376. — Un dynaste barbu, debout, de profil à gauche, vêtu d'une robe flottante, avec ceinture
et jupe plissée relevée vers le milieu (costume spécial aux Achéménides); la tête est ceinte de la
couronne royale d'où s'échappent par derrière des boucles de cheveux; de chacune de ses mains

[1] Voy. MENANT, *Glyptique orientale*, IIe partie, p. 166. | [2] Voy. *Addenda*, pl. XXXVIII.

levées à droite et à gauche, il saisit, par leur corne frontale, deux animaux fantastiques dressés vers lui; ceux-ci ont les pattes de derrière d'un oiseau de proie, le corps et les pattes de devant d'un lion, des ailes déployées et des têtes de griffons. Au-dessus du roi, le globe avec de grandes ailes déployées et les ornements ornithomorphes, symbole du Dieu suprême. — Le trou central du cylindre est encore garni d'une monture en cuivre[1].

Agate grise. — H. 0,021. D. 0,012.

377. — Un roi debout, de profil à gauche, vêtu d'une robe flottante, avec ceinture et jupe plissée relevée vers le milieu (costume spécial aux Achéménides). Il paraît barbu, la tête est coiffée d'une tiare en forme de couronne d'où s'échappent des boucles de cheveux. De ses mains tendues à droite et à gauche il saisit par le cou deux animaux fantastiques dressés vers lui; ceux-ci ont le corps d'un lion, des ailes déployées et, celui de droite, une tête d'homme barbu rejetée en arrière, de profil à droite et coiffée d'une tiare en forme de couronne avec boucles de cheveux derrière la tête; celui de gauche présente une figure de face ayant quelque analogie avec celle du Taureau à tête humaine, avec cheveux et barbe abondants à droite et à gauche de la tête et cornes de taureau; il est en plus coiffé d'une tiare évasée vers le haut. Derrière le groupe, un palmier[1] à huit rameaux d'où pendent quatre régimes de fruits?

Porphyre jaune. — H. 0,030. D. 0,015.

378. — Un roi barbu, debout, de profil à gauche, la tête ceinte d'une couronne d'où s'échappent par derrière des boucles de cheveux, vêtu d'une robe flottante avec ceinture et jupe plissée relevée vers le milieu (costume spécial aux Achéménides). De ses mains, tendues à droite et à gauche, il tient suspendu en l'air par une patte de derrière deux animaux cornus, antilopes? Au-dessus du roi, le globe avec de grandes ailes déployées et les appendices ornitho-morphes, symbole du Dieu suprême.

Agate rubanée. — H. 0,035. D. 0,015.

379. — Un roi barbu, debout, de profil à gauche, la tête ceinte d'une couronne d'où s'échappent des boucles de cheveux, vêtu d'une robe flottante avec ceinture et jupe plissée relevée vers le milieu (costume spécial aux Achéménides). De ses mains, tendues à droite et à gauche, il saisit par les oreilles deux animaux fantastiques tournés vers lui mais la tête rejetée en arrière; ceux-ci ont le corps d'un taureau, des ailes déployées et une tête de bouc.

Calcédoine. — H. 0,023. D. 0,014.

---

[1] Voy. dans F. Lajard : *Recherches sur Mithra*, un cylindre du même genre, pl. XIX, n° 7 et LVII, n° 6.

La représentation du palmier est très fréquente sur les cylindres ; elle apparaît déjà sur ceux du Premier-Empire et nous la retrouvons à toutes les époques. Nous pouvons citer notamment un cylindre des Sargonides appartenant au British Museum et publié par M. Menant, dans la *Glyptique orientale*, IIe Partie, pl. VIII, n° 1, et un autre cylindre des Achéménides, connu sous le nom de cachet de Darius et appartenant au même Musée. Nous la voyons, en outre, sur beaucoup d'intailles phéniciennes en Chypre, en Sardaigne et sur les monuments de Carthage. Voy. L. Cesnola, pl. XIII, n° 17. — La Marmora, dans les *Mémoires de l'Académie de Turin*, série II, t. XIV. — Perrot et Chipiez : *Histoire de l'art*, t. III, p. 365.

380. — Un roi barbu, debout, de profil à droite, la tête ceinte d'une couronne d'où s'échappent par derrière des boucles de cheveux, vêtu d'une robe flottante avec ceinture et jupe plissée relevée vers le milieu (costume spécial aux Achéménides). De ses mains tendues à droite et à gauche il saisit par leurs longues cornes recourbées deux animaux fantastiques dressés sur leurs pattes de derrière, lui tournant le dos, mais la tête rejetée en arrière vers lui; ces animaux ont le corps et la tête d'un bouc et des ailes déployées. Au-dessus du roi, le globe avec de grandes ailes déployées et les appendices ornithomorphes, symbole du Dieu suprême.

Agate rubanée. — H. 0,028. D. 0,009.

381. — Un roi barbu, debout, de profil à droite, la tête ceinte d'une couronne, vêtu d'une robe flottante, avec ceinture et jupe plissée, relevée vers le milieu (costume spécial aux Achéménides). De la main gauche il saisit, par ses longues cornes recourbées, un quadrupède, un ibex peut-être, qui cherche à fuir à droite et qui retourne la tête en arrière vers lui; en même temps, de la main droite rejetée en arrière et armée d'un glaive, il se prépare à le frapper.

Agate rubanée. — H. 0,022. D. 0,013.

382. — Un roi debout, de profil à gauche, vêtu d'une robe flottante, avec jupe plissée et relevée vers le milieu (costume spécial aux Achéménides); ses pieds paraissent énormes; sa tête de profil à droite semble être celle d'un oiseau; de ses mains, tendues à droite et à gauche, il tient suspendu en l'air deux quadrupèdes qui ont des corps de taureau et des têtes d'oiseau. Enfin un arbre(?) avec ses rameaux, surmonté du croissant de la lune, peut-être un candélabre?

Porphyre jaune clair. — H. 0,019. D. 0,009.

383. — Un roi barbu, debout, de profil à droite, la tête ceinte d'une couronne, avec boucles de cheveux derrière la tête, vêtu d'une longue robe[1], ouverte sur le devant et laissant voir la jambe gauche qui est portée en avant. De la main droite armée d'un glaive et tombant naturellement en arrière, il se prépare à frapper un animal fantastique, qu'il a saisi au cou de la main gauche et qui est dressé vers lui; ce dernier a le corps d'une chèvre et des ailes déployées. — Ce cylindre est en forme de tonnelet.

Sardoine rubanée. — H. 0,022. D. 0,012.

384. — Un roi suivi de son doryphore, passant à gauche; tous les deux sont barbus, vêtus d'une robe retenue par une ceinture et relevée sur le devant (costume spécial aux Achéménides) et leur tête est ceinte de la couronne avec boucles de cheveux par derrière[2]. Le premier est armé d'un arc et d'un carquois et tient une fleur de la main gauche tendue en avant; le

---

[1] Le costume de ce roi n'est pas achéménide, mais la forme des ailes de l'animal fantastique qu'il combat est tellement caractéristique de cette époque que nous n'avons pas hésité à classer ici ce cylindre.

[2] La similitude des costumes, et particulièrement celle des coiffures, nous fait hésiter sur l'exactitude de la qualification « d'un roi et de son doryphore » que nous avons attribuée à nos personnages? Ne s'agirait-il pas ici de deux dynastes marchant l'un devant l'autre dans un cortège? Cette dernière hypothèse nous paraît tout à fait vraisemblable lorsque nous nous reportons aux cérémonies si fréquemment représentées sur les murs des temples et des palais des pays orientaux, et qui montrent sans cesse de longues files de personnages se rendant aux pieds des autels.

second porte une lance sur son épaule droite; au-dessus d'eux, le globe ailé avec les appendices ornithomorphes, symbole du Dieu suprême. Sur les ailes et placées symétriquement, l'une au milieu, les deux autres aux extrémités, trois têtes d'hommes, barbus, coiffés de bonnets ronds avec boucles de cheveux derrière la tête; deux de ces têtes sont de profil à droite, la troisième de profil à gauche.

Agate grise. — H. 0,030. D. 0,015.

385 [1]. — Une reine coiffée de la tiare, dans le costume achéménide, fait présenter une offrande à une Divinité féminine assise, de profil à droite, sur un trône à dossier richement orné. La Déesse est vêtue d'une longue robe plissée et brodée; elle porte sur la tête, retenu par un bandeau ciselé, un grand voile brodé sur ses bords, entourant son buste par derrière et laissant la poitrine à découvert; de sa main droite tendue en avant elle tient une fleur de lotus; ses pieds reposent sur le scabellum. Devant elle une jeune fille? ou une esclave? debout, de profil à gauche, les mains tendues en avant, offre une colombe à la Déesse. Elle est vêtue d'une tunique flottante, avec ceinture et jupe plissée relevée sur le devant, forme habituelle du vêtement des Achéménides; elle parait nu-tête, avec un bandeau de front, les cheveux relevés et réunis au sommet de la tête en une tresse qui descend jusque dans le dos; derrière celle-ci, l'autel sur lequel on brûle les parfums. Enfin, de l'autre côté de l'autel, la reine préside à la cérémonie; elle est debout, de

[1] Nous nous trouvons ici en présence d'un monument aussi remarquable par la beauté de la matière, par la finesse extrême du travail que par la rareté et par la singularité du sujet. Que représente-t-il? Telle est la question aussi intéressante que difficile à résoudre qui nous est posée. Tout d'abord l'ensemble du sujet est d'un aspect tout particulier; les costumes, quoique se rapprochant beaucoup du style achéménide, présentent de nombreuses différences et des altérations évidentes; la manière dont l'offrande à la Divinité est faite s'écarte aussi des usages adoptés par les graveurs pour reproduire ces cérémonies; enfin cette scène religieuse, accomplie par une reine et son esclave en l'honneur d'une Divinité féminine, ne se retrouve, à notre connaissance du moins, sur aucun autre monument de la Chaldée, de l'Assyrie ou de la Perse.

Tout d'abord, nous devons rectifier, avec M. MENANT, une erreur qu'il avait commise, trompé sans doute par une mauvaise empreinte de notre cylindre. En le citant dans sa *Glyptique*, II° Partie, p. 174 et suiv., il disait : « Un dynaste achéménide fait présenter l'offrande d'une colombe à une Divinité assise ». Or, nous n'hésitons pas à affirmer qu'il n'y a sur l'intaille aucun dynaste, mais bien une femme! Le personnage représenté est en effet imberbe, la poitrine est proéminente et caractéristique, la longue tresse de cheveux, ou l'ornement qui s'échappe en arrière de la coiffure est essentiellement une parure féminine; la forme des manches est aussi tout à fait différente de celle du costume masculin. C'est donc bien d'une femme qu'il s'agit et nous pensons que cette femme devait être une reine, car la forme de la coiffure est bien la même que celle des rois achéménides et le costume est d'une richesse vraiment royale. Nous pensons donc que notre cylindre était le cachet d'une reine de la Perse.

Devant la Divinité se présente une femme pour lui offrir une colombe; c'est bien là la servante ou l'esclave de la reine qui accomplit, sous ses yeux, les ordres de sa souveraine et maîtresse. Nous en trouvons la preuve dans la petitesse même du personnage, dans son aspect mesquin et humble. Les artistes de ces temps reculés, où la force était en si grand honneur, ne croyaient pouvoir mieux rendre hommage aux grands personnages, aux souverains ou aux Dieux qu'en les représentant d'une taille colossale, alors qu'ils montraient au contraire les hommes du peuple sous des formes petites et faibles. En outre, la jupe, quoique semblable, quant à l'aspect général, à celle portée par les Achéménides, est plus courte! Enfin la coiffure, qui ne comporte ni couronne, ni même aucun ornement, donne bien l'idée d'une femme de condition inférieure.

Quant à la Divinité assise elle-même, elle a un grand caractère de dignité; son air, un peu sévère, est imposant et commande le respect; son trône est très richement orné et son brillant costume mérite un examen tout particulier. La jupe de sa tunique est celle des rois achéménides, mais le haut du corps, comme toute la partie antérieure de la tête, sont couverts d'un grand voile bordé d'une fine et élégante broderie. C'est là une particularité qui attire vivement l'attention, car elle est tout à fait inusitée sur les monuments et les intailles de cette époque et de ce pays.

De tout ce qui précède nous concluons que notre cylindre a été gravé en imitation des monuments achéménides, probablement même pour une reine de la Perse, mais par un artiste étranger qui en a altéré assez profondément le style.

Maintenant quelle est la Divinité, objet de cet hommage spécial? — M. MENANT nous dit que « Clément d'Alexandrie rapporte un passage de Bérose dans lequel Artaxerxès-Ochus aurait introduit le culte d'Anaïtis dans ses États. Plutarque, avec plus de raison, attribue cette innovation à Artaxerxès-Mnémon, son prédécesseur. Il est en cela conforme au texte qui nous donne la filiation du monarque. Une inscription gravée sur le perron Ouest du palais de Darius par Artaxerxès-Ochus, dont la généalogie remonte jusqu'à Hystape, se termine, il est vrai, par une invocation à Anaïtis et à Mithra, mais une inscription d'Artaxerxès-Mnémon à Suze

28

profil à gauche, vêtue d'une tunique à larges manches, avec ceinture et jupe plissée et relevée ; sa figure imberbe et la proéminence de sa poitrine ne laisse aucun doute sur son sexe, elle porte, attaché derrière la tête par un long ruban, un bandeau surmonté d'une couronne d'où s'échappent ses cheveux bouclés ; de la main gauche, tombant naturellement en avant, elle tient la corbeille aux offrandes.

Agate grise. — H. 0,032. D. 0,011.

nous apporte la confirmation la plus explicite du fait que nous avançons ; elle s'exprime ainsi : « Par la grâce d'Ormazd, d'Anaïtis et de Mithra, j'ai reconstruit cet *Apaddna*. Qu'Ormazd, Anaïtis et Mithra me protègent de tout mal, moi et mes œuvres. » Le culte d'Anaïtis et de Mithra était donc établi en Perse dès cette époque.

M. MENANT pense en effet qu'un dogme nouveau a été introduit en Perse et que les Divinités étrangères, citées dans les inscriptions que nous venons de reproduire, avaient été acceptées. Or, comme notre personnage ne peut être Ormazd dont nous connaissons la représentation habituelle, ni Mithra qui aurait une apparence tout autre puisque c'est un Dieu, il doit donc représenter Anaïtis.

Si nous en arrivons de déduction en déduction à dénommer notre Déesse, nous ne pouvons malheureusement parvenir au même résultat pour notre reine ; il serait bien séduisant d'y voir Statira ? mais, en l'absence de toute inscription, ou de tout autre indice capable de nous mettre sur la voie, nous devons renoncer à donner un nom à notre belle souveraine et à percer le mystère qui l'entoure encore.

CHAPITRE V

CYLINDRES ÉGYPTO-ASSYRIENS

CYLINDRES ÉGYPTO-ASSYRIENS[1]

386. — Le sujet gravé sur ce cylindre renferme trois personnages égyptiens. Le premier, à gauche, représente le dieu Ammon-Ra, à tête de bélier surmontée du globe du soleil avec l'urœus, de profil à droite, la main gauche levée en avant en signe de protection, la main droite tombant naturellement le long du corps; il est vêtu de la *schenti*, laissant une partie des jambes nues à découvert. Le second personnage montre un roi coiffé du diadème *atef*, de profil à gauche, la main droite tendue en avant s'appuyant sur une longue hampe sans ornements, la main gauche tombant naturellement le long du corps; il est imberbe, vêtu de la *schenti*, qui laisse voir les jambes nues et porte un collier à double rang. Le troisième personnage est le dieu Horus, à tête d'épervier surmontée du disque solaire et de l'urœus, de profil à gauche, la main droite levée en avant en signe de protection; la main gauche tombant naturellement le long du corps et vêtu de la *schenti* laissant voir les jambes nues. — Une inscription de deux lignes en caractères cunéiformes accompagne cette représentation; elle renferme le nom et la filiation du propriétaire de ce cachet. Cette inscription est du plus haut intérêt, car les noms qu'elle contient ne sont pas assyriens et elle nous apprend ainsi que le propriétaire du cylindre est sans doute un étranger qui a fait écrire son nom, transcrit en caractères cunéiformes, sur un cachet égyptien, gravé lui-même par un Phénicien ou un Assyrien. La scène est en effet purement égyptienne, car ce roi accoté de deux Divinités qui le protègent du geste, se retrouve à chaque instant sur les monuments égyptiens. Les détails du costume, l'attitude des personnages sont admirablement compris, et c'est à peine si l'on peut reconnaître la main d'un artiste inexpérimenté dans l'art qu'il veut traiter par quelques détails particuliers, notamment dans l'interprétation des genoux et des jambes qui rappelle bien plus le style assyrien que l'art égyptien. D'un autre côté, l'inscription a été gravée évidemment sous une influence assyro-chaldéenne, car les caractères en sont fort beaux et du style monumental de

[1] Les cylindres classés dans notre Catalogue sous la rubrique de : « Cylindres égypto-assyriens » contenant nécessairement des représentations appartenant à la religion et au style égyptien, nous avons soumis nos monuments et notre texte à l'examen de notre savant ami le vicomte Jacques de Rougé, qui a bien voulu nous aider de ses lumières et rendre nos descriptions conformes à l'art des Ptolémée qu'il connaît si bien. En réalité donc, presque toute la rédaction du chapitre V appartient à M. de Rougé et nous sommes heureux de lui adresser ici tous nos remerciements pour l'excellent concours qu'il nous a donné.

Babylone le plus pur; en outre, la disposition même de l'écriture, qui est parallèle à l'axe, vient encore confirmer cette appréciation.

Su-mu-uh-mi-ka-a-lu   Sumuhmikâlu,
tur Ya-mu-ut-ra-nun-ni-a   fils de Yamoutra-nunnia[1].

(MENANT.)

Hématite. — H. 0,021. D. 0,010.

386 (*bis* [2].) — Un personnage égyptien debout, de profil à droite, avec une longue robe à ceinture, le bras droit tombant naturellement derrière le corps, le bras gauche levé en signe de protection ; la tête semble être celle d'un chien. Derrière lui, le dieu Reseph debout, de profil à droite, coiffé de la mitre, brandissant la massue de la main gauche au-dessus de la tête et la main droite tenant en avant le bouclier ; devant lui, le dieu Set debout, de profil à gauche, avec sa tête d'animal, le bras gauche tombant naturellement le long du corps, la main droite abaissée tenant le sceptre à crosse ? — Enfin, une inscription de quatre lignes en caractères cunéiformes gravés sur le cylindre dans le sens direct de la lecture ; l'empreinte gravée ci-dessous les reproduit donc en sens inverse[3].

[1] La troisième lettre de cette légende, d'ailleurs très facile à lire, n'est pas sûre ; la forme n'est peut-être pas celle du *uh*, mais semble être *hom*. On pourrait lire alors *Sumu-hammi-Kalu*, fils de *Yamut-rannunuya*. Ce qui fait l'intérêt de ce cylindre, c'est qu'il donne alors deux noms incontestablement *élamites*. Les éléments *Sumu-hammi*, *yamut* et *yamutra* appartiennent à cet idiome dont les quelques noms propres sont composés de ces caractères. (OPPERT.)

[2] Voy. *Addenda*, pl. XXXVIII.

[3] Nous croyons qu'il est d'un grand intérêt de relater ici le sens général des observations que M. OPPERT a présentées à l'Académie des Inscriptions et belles-lettres lorsqu'il a entretenu cette savante assemblée des deux beaux cylindres décrits sous les n°ˢ 386 *bis* et 386 *ter*.

Ce sont deux imitations de cylindres assyriens, représentant des scènes phénico-égyptiennes, sur lesquels une main peu exercée a gravé des caractères cunéiformes pour perpétuer les noms des propriétaires. Ce qui ajoute encore à la curiosité qu'inspirent ces monuments, c'est qu'il existe une liaison entre eux ; ils appartiennent à une même famille ; l'un a été là propriété du père et l'autre celle du fils. Une inscription de quatre lignes en caractères cunéiformes est gravée sur le cylindre n° 386 *bis*, mais l'emplacement préparé sur la pierre pour la recevoir n'était évidemment fait que pour trois lignes ainsi qu'on peut le constater à la simple inspection, et cela nous fait supposer que la pierre a été préparée en Chaldée et que la représentation de la scène et l'inscription ont été exécutées en Phénicie. Ce qui nous confirme dans cette pensée, ce sont justement les erreurs commises par l'artiste dans l'inscription même. Nous constatons en effet que dans la première ligne le *mu* est reconnaissable, mais qu'il n'est pas exactement formé, et, dans la seconde ligne, qu'il en est de même du mot *nisu*. Celui-ci n'est qu'une altération du caractère assyrien ⟨⟩ qui en forme le prototype et non du babylonien ⟨⟩. Le signe *al* est également présenté sous sa forme assyrienne ; quant au dernier signe, il n'est pas compréhensible sous la forme donnée, mais cela peut être

l'idéogramme ⟨⟩ *halsu*, que l'on doit prononcer *birat*, ce qui donne en langue phénicienne transcrite en hébreu le mot בצרה qui signifie « forteresse » ; dans la quatrième ligne l'artiste a voulu imiter probablement le babylonien ⟨⟩ et non l'assyrien ⟨⟩ « cachet ». Après le *ba*, on voit un signe ⟨⟩ qu'on lit *zi*, quoiqu'il dût avoir la forme ⟨⟩ pour avoir cette signification.

Sur le cylindre 386 *ter*, trois lignes de caractères cunéiformes sont gravés entre chaque figure, et les lettres ne sont pas entourées de traits. Aucune place n'étant sans doute réservée sur la pierre pour une inscription, on a gravé celle-ci dans les parties laissées libres par le sujet. En comparant les deux textes, nous voyons que la règle assyrienne des voyelles dans la flexion est exactement suivie ; le premier porte le nominatif *Addumu*, le second, le génitif *Addume*. Mais néanmoins nous rencontrons deux fautes d'assyrien dans notre texte ; il devrait y avoir non pas *Siduni*, mais *Sidunat* « le Sidonien ». Puis le mot *birat* appliqué à la ville de Sidon n'est pas possible en Assyrie, mais les propriétaires des cachets étant Phéniciens, ajoutaient sans doute, selon leurs coutumes, pour honorer leur ville, le titre de « fortifiée ». C'est ainsi que les Arabes ont conservé l'usage d'ajouter au nom des villes, le mot de *El-Mahrouseh* qui signifie « la bien gardée ». M. OPPERT en conclut que l'on devrait peut-être lire ces inscriptions en phénicien et que les idéogrammes « fils » et « cachet » pourraient être prononcées, non pas *habal* et *kunuk*, mais *ben* et *hatam*.

Nous sommes donc en présence d'un exemple, sans analogie jusqu'ici, de Phéniciens écrivant leur langue en écriture cunéiforme ! On peut supposer qu'Addum et son fils Annipi, après avoir vécu sur les bords de l'Euphrate, où ils avaient appris la langue et l'écriture des Chaldéens, ont été ensuite entraînés par les nécessités de leur commerce en Egypte dont ils ont étudié les usages et la religion, et que, revenus dans leur patrie, ils ont, en souvenir de leurs longues pérégrinations, fait graver à la fois sur leur cachet des représentations de Divinités égyptiennes et une inscription phénicienne écrite en caractères cunéiformes.

Ad-du-mu	Addumu,
nisu al halsu (?) (*birat*)	homme de la ville forte
Ṣi-du-ni	de Sidon.
kunuk-ba-zi	Cachet personnel.

(Oppert.)

Lapis-lazuli. — H. 0,026. D. 0,013.

386 (*ter'*). — Le dieu Reseph debout, de profil à gauche, brandissant la massue de la main gauche au-dessus de sa tête et tenant le bouclier devant lui de la main droite; puis, le dieu Horus debout, de profil à gauche, avec sa tête d'épervier surmontée du disque et de l'urœus; enfin le dieu Set, debout, de profil à gauche, avec sa tête d'animal, le bras gauche tombant naturellement le long du corps et de la main droite, abaissée en avant, tenant le sceptre en forme de crosse. — Entre chacune de ces Divinités, une ligne de caractères cunéiformes.

An-ni-pi	Annipi,
habal Ad-du-me	fils d'Addum,
nis-al-Ṣi-du-ni	le Sidonien.

(Oppert.)

Lapis-lazuli. — H. 0,027. D. 0,013.

387. — Le sujet se divise en deux groupes. — Le premier représente une Divinité assise, de profil à droite, sur un trône à dossier très bas et ayant le style égyptien ; elle est vêtue d'une longue robe brodée et ornée de franges ; elle est nu-tête et les cheveux semblent frisés ; la main droite est ramenée à la ceinture ; la main gauche est levée en avant en signe d'invocation. Devant elle, un personnage imberbe dont le sexe est difficile à déterminer, mais qui paraît être une femme ; il est debout, de profil à gauche, vêtu d'une longue robe bordée de franges ; la main gauche tombe naturellement en arrière ; la main droite est levée en signe d'invocation ; la tête est couverte du *klaft*, coiffure royale égyptienne, formée d'une bande d'étoffe rayée, terminée par deux pattes retombant sur la poitrine'. Entre ces deux personnages, un crocodile dressé sur sa queue vers la Divinité assise ; la tête, mal venue dans la gravure, ressemble à une tête d'oiseau, et au-dessus, le disque rayonnant du soleil, symbole de Samas. — Le second groupe est composé de trois personnages; deux d'entre eux sont affrontés et vêtus de la *schenti*, costume égyptien composé d'une jupe plissée s'arrêtant aux genoux et retenue par une ceinture ; ils sont imberbes, coiffés du *klaft;* l'une de leurs mains tombe naturellement le long du corps; de l'autre, ils s'appuient sur un long sceptre fourchu par le bas à l'égyptienne, surmonté, pour le premier, d'une fleur de lotus

' Voy. *Addenda*, pl. XXXVIII. | ' Voy. Pierret, *Dictionnaire d'Archéologie égyptienne.*

droite, pour le second, d'une feuille de lotus dont la tige est recourbée. Entre ces deux personnages, dans le champ, en bas, un signe se rapprochant de celui qui, dans la langue égyptienne, se lit : « *hon* » et signifie : « majesté ! » Au-dessus, l'œil symbolique égyptien appelé *oudja*. Derrière eux, enfin, un troisième personnage imberbe se montre debout, de profil à droite, vêtu de la *schenti*; la tête porte des cheveux qui semblent frisés; la main droite tombe naturellement le long du corps en arrière; la main gauche est levée en signe d'invocation. Devant lui, dans le champ, en bas, un urœus dressé sur sa queue, de profil à droite, et en haut, le globe du soleil, symbole de Samas. En haut et en bas du cylindre, le sujet est encadré par une bande de torsades formant rosaces. — Le sujet représenté sur ce cylindre a été incontestablement inspiré par l'art égyptien, mais il ne doit pas avoir été gravé par un artiste égyptien et paraît plutôt une imitation faite en Chaldée ou en Phénicie.

Jaspe vert. — H. 0,028. D. 0,012.

388. — Le sujet est divisé en trois groupes formés chacun de deux personnages. — Le premier représente un personnage debout, de profil à droite, les deux mains tombant naturellement de chaque côté du corps, le buste nu, la *schenti* couvrant les jambes jusqu'aux genoux, le cou orné d'un collier à plusieurs rangs, la tête imberbe et coiffée d'un voile qui couvre toute la tête et que l'on a dénommé *klaft*. Devant lui, le dieu Horus, avec la tête d'épervier, debout, de profil à gauche, le buste nu. La *schenti* laisse le buste et les jambes à découvert; sur le devant de la *schenti* retombe une pièce d'étoffe brodée se terminant par le bas par deux têtes d'urœus ; cet ornement se retrouve dans les monuments égyptiens sur les costumes d'apparat des dieux et des rois. Le cou est orné d'un collier à plusieurs rangs; le bras gauche tombe naturellement derrière lui; la main droite est levée en avant en signe de protection. Entre ces deux personnages, dans le champ, en bas, imitation du *tat* égyptien, autel composé d'une tige verticale surmontée de trois petites tiges transversales; au-dessus, même représentation, mais plus petite, et avec deux tiges transversales au lieu de trois. — Le second groupe est composé d'une femme debout, de profil à droite, vêtue d'une robe longue avec triple ceinture, le bras droit tombant naturellement le long du corps, la main gauche levée en signe d'invocation, la tête recouverte de la coiffure des femmes égyptiennes et le cou orné d'un collier. Devant elle, la déesse égyptienne Sekhet, à tête de lionne, debout, de profil à gauche, vêtue d'une longue robe avec ceinture, le cou orné d'un collier, la main gauche tombant naturellement en arrière, la main droite levée en avant, en signe d'invocation. Entre ces deux personnages, un autel en forme de table sur lequel sont placées des offrandes, et en haut, le disque rayonnant du soleil, symbole de Samas. — Le troisième groupe représente une femme absolument semblable à celle décrite dans le deuxième groupe et dans la même attitude, mais de profil à gauche. En face d'elle, un personnage à tête humaine, coiffé du diadème royal appelé *pschent*, peut-être un Dieu debout, de profil à droite, la main gauche levée en avant en signe d'invocation, le bras droit tombant naturellement le long du corps, vêtu de la *schenti* retenue par une ceinture qui se termine sur le devant par deux têtes d'urœus. Entre ces deux personnages on remarque, en bas, dans le champ, une mauvaise imitation de la croix ansée, et, en haut, le disque rayonnant du soleil, symbole de Samas. Entre chacun de ces groupes se trouvent, dans le champ, divers signes. D'abord, entre le premier et le second groupe, l'épervier portant sur sa tête un ornement qu'il est difficile de reconnaître et qui ressemble à certaines représentations égyptiennes de l'entourage de l'œil de l'épervier; en dessous, un autel en forme de fût de colonne; puis, entre le second et le troisième groupe, en haut, une main de face; en dessous, un signe

inconnu, en forme de cône renversé, peut-être l'apex; en bas, une imitation de la cuisse de
bœuf, signe égyptien très fréquent, représentant soit l'offrande, soit la vaillance; mais les deux
premiers signes n'étant nullement égyptiens, il faudrait peut-être chercher pour le troisième une
autre explication. Enfin, entre le troisième et le premier, en haut, imitation du petit vase fusi-
forme, signe égyptien qui indique la faveur d'un Dieu ou d'un puissant personnage. — Remarquable
travail qui semble une imitation de sujets égyptiens traités par des artistes chaldéens ou phéniciens.

Hématite. — H. 0,025. D. 0,013.

389. — Deux personnages debout et se faisant face. Celui de gauche représente le dieu Horus
de profil à droite avec la tête d'épervier, coiffé de la couronne *pschent*, vêtu d'une tunique
courte et collante, la main gauche abaissée et tenant une massue, la main droite
levée en avant en signe de protection. Le second personnage imberbe, de profil à gauche
est vêtu d'une tunique courte très ajustée; la tête est rasée; la main gauche tombe naturellement
le long du corps; la main droite, abaissée en avant, s'appuie sur le sceptre égyptien à tête de
lévrier; appelé autrefois sceptre à tête de *coucoupha*. — Le champ est entièrement couvert
de signes hiéroglyphiques dont le désordre et le mauvais tracé indique une main étrangère à
l'Egypte. Derrière le dieu Horus on peut reconnaître trois lignes d'inscription. Chaque ligne
commence par un épervier, nom du dieu Horus; les signes qui suivent indiquent une qualité du
Dieu; ces sortes de litanies se rencontrent fréquemment sur les monuments égyptiens. De la première ligne il est difficile de tirer un sens suivi, bien que les signes en soient généralement assez
bien copiés. Après l'épervier Horus, on y voit la feuille de roseau employée dans les inscriptions
égyptiennes pour la lettre *a*; puis le cynocéphale, dont le rôle symbolique est ancien et assez
étendu, mais n'est que rarement, et seulement dans les plus basses époques, employé comme signe
phonétique dans l'écriture égyptienne. A la suite, on voit la petite *oie*, dont le graveur a oublié
les pattes, et qui dans les textes hiéroglyphiques a, d'ordinaire, la valeur de *fils, enfant*. Au-dessous,
un lièvre que le graveur a renversé pour mieux occuper la place qui lui restait, ce que n'aurait
jamais fait un scribe égyptien; ce signe a la valeur syllabique *oun*. Enfin, trois signes dont les
deux premiers se liraient en égyptien *her* et le dernier est indistinct. Donner un sens à l'ensemble
de ces signes serait, pensons-nous, téméraire, d'autant que nous devons avoir affaire à la copie
d'un texte égyptien de très basse époque. La seconde ligne est composée de trois signes : l'épervier
Horus, la corbeille qui se lit *neb* et signifie *seigneur*, et une gazelle accroupie. Parmi les formes du
dieu Horus, il existe un Horus vainqueur de Set, qui est représenté foulant aux pieds et perçant
de son dard une gazelle, symbolisant la victime du Dieu. Cette forme d'Horus était particulièrement
vénérée dans le xvie nome de la Haute-Egypte, dont le nom même est représenté par la gazelle.
Est-ce cette forme particulière du dieu Horus que notre cylindre veut indiquer? cela est très possible. Enfin, la troisième ligne se compose de l'épervier Horus, puis d'un sphinx, couronné du
diadème *atef* et surmonté du signe *neb*; le signe qui est en avant du sphinx peut être une mauvaise
interprétation d'un sceptre, tenu par le sphinx. Tout cet ensemble peut signifier simplement : « *Le
seigneur Horus.* » Le sphinx, aux basses époques, a souvent cette valeur de *seigneur, maître*, et
l'hiéroglyphe *neb*, qui le surmonte, semblerait indiquer que c'est bien la valeur qu'il faut lui
donner. Entre les deux personnages, on voit deux lignes verticales d'hiéroglyphes; on peut les lire :
Ankha-ran, en supposant que le dernier signe soit incomplètement gravé et représente le cartouche
déterminatif du mot *ran*, qui signifie « *nom* ». Dans ce cas on traduirait : *Ankha, le nom*, et *Ankha*
serait le nom propre du personnage debout devant Horus et propriétaire du cylindre. *Ankha* est un

29

nom propre de composition purement égyptienne. Enfin, on voit, dans le haut, entre les deux personnages, un petit animal, lièvre ou gazelle, dont la présence ne s'explique pas bien, à moins qu'il ne soit là encore pour indiquer la forme spéciale de l'Horus vainqueur. Le commencement de cette scène est séparé de la fin par une bande verticale d'ornements composée d'une cordelière enroulée en torsade et formant comme sept rosaces superposées. (Elle se retrouve sur plusieurs cylindres de cette même planche.) — Ce cylindre paraît une imitation d'un sujet égyptien traité par des artistes chaldéens ou phéniciens. — Très fine gravure.

Jaspe vert. — H. 0,02. D. 0,01.

390. — Le sujet forme un groupe composé de trois personnages. Le premier est debout, de profil à droite, le bras droit tombant naturellement le long du corps, la main gauche ramenée à la ceinture et tenant la massue; il est vêtu d'une robe brodée, avec écharpe frangée et brodée passant sur l'épaule gauche ouverte sur le devant et laissant voir la jambe gauche qui est portée en avant; il est imberbe et coiffé d'un bonnet rond à rebord. Sa pose a beaucoup d'analogie avec celle du sacrificateur. Devant lui un personnage fantastique ou divin debout, de profil à gauche, lui présente un chevreau? ou une gazelle qu'il tient de la main droite par les jambes de derrière, pendant qu'il porte sur l'épaule, de la main gauche, une lance; il a des ailes largement déployées, est vêtu d'une longue robe plissée avec ceinture, ouverte sur le devant et laissant voir la jambe droite qui est portée en avant; il est imberbe, coiffé du bonnet à cornes, orné sur son sommet de deux plumes élevées et d'où s'échappe par derrière une boucle de cheveux; son cou est, en outre, orné d'un collier. Le troisième personnage paraît être un aide des sacrifices; il a les mains ramenées à la ceinture et tient dans l'une d'elles un bâton terminé en forme de pédum; il est debout, de profil à droite, vêtu d'une longue robe bordée de franges, avec écharpe passant sur l'épaule droite; il est imberbe, nu-tête avec les cheveux courts. Dans le champ, devant le sacrificateur, en haut, une étoile? ou le disque rayonnant du soleil, symbole d'Istar ou de Samas. Enfin, deux petits groupes d'animaux superposés séparés par une courte bande ornementale composée d'une cordelière enroulée en torsade et formant trois rosaces. Le groupe du bas est composé d'une chèvre? qui allaite son petit, pendant qu'elle le lèche sur le dos. Le groupe du haut représente un animal fantastique composé de deux corps de lion se réunissant vers le cou avec deux grandes ailes déployées et une tête d'oiseau. — Le style de la gravure de ce cylindre paraît être beaucoup plus chaldéen qu'égyptien.

Hématite. — H. 0,021. D. 0,011.

391. — Un Dieu imberbe et tête nue, assis de profil à droite, sur un trône à dossier, et vêtu d'une longue robe ornée de franges et de broderies; la main droite est ramenée à la ceinture, la main gauche est tendue en avant. Derrière lui, un pontife debout, de profil à droite, les mains levées en avant en signe d'adoration, vêtu d'une longue robe à volants plissés, portant une grande barbe et coiffé d'un bonnet en forme de tiare. Devant lui, dans le champ, en haut, la croix ansée; en bas, le signe en forme de tige avec saillie centrale, symbole de la Justice. Devant le Dieu, un aide des sacrifices, debout, de profil à gauche, vêtu d'une longue robe à franges, ouverte sur le devant et laissant voir la jambe droite qui est portée en avant; il est imberbe et tête nue; la main gauche est tendue en avant, en signe d'invocation; la main gauche abaissée en avant tient la corbeille des sacrifices. Entre ce personnage et le Dieu, dans le champ, en bas, cercopithèque ou cynocéphale accroupi à gauche, et, au-dessus, le disque du soleil dans le

croissant de la lune, symboles de Sin et de Samas. Enfin, on voit encore un lion furieux, la queue dressée, assis de profil à gauche et tenant la patte droite levée; devant lui, une tête de gazelle? aux longues cornes; en dessous, un ornement formé d'une cordelière enroulée en torsade et formant comme trois rosaces successives; en bas, une gazelle? couchée de profil à gauche, la tête ramenée entre ses jambes.

Hématite. — H. 0,019. D. 0,012.

392. — Le sujet gravé sur ce cylindre représente deux scènes, l'une égyptienne et l'autre assyrienne. — Scène égyptienne. — Une femme debout, le corps de face, la tête de profil à droite, le bras gauche tendu en avant, le bras droit tombant naturellement le long du corps, vêtue d'une longue robe collante et la tête surmontée de la coiffure composée de deux longues plumes entre des cornes de vache. Devant elle, dans le champ supérieur, une étoile à huit rayons, symbole d'Istar et, en dessous, un ornement composé d'une torsade formant trois rosaces superposées. Puis un personnage coiffé de l'*atef*, de profil à gauche, imberbe, la main droite levée en avant, la main gauche tombant naturellement le long du corps, le torse nu et le bas du corps vêtu d'une longue jupe avec bordure brodée et ceinture. Ces deux personnages représentent des Divinités égyptiennes, mais les coiffures ne sont pas assez caractéristiques pour qu'on puisse les déterminer. Derrière ce personnage, dans le champ supérieur, une abeille ou un scarabée; en dessous, la croix ansée. — Scène assyrienne. — Un pontife barbu, de profil à droite, la main gauche ramenée à la ceinture, la main droite tombant naturellement le long du corps, coiffé du béret rond à rebord, vêtu d'une tunique courte, brodée, ouverte sur le devant et laissant voir la jambe gauche qui est portée en avant. Devant lui, dans le champ supérieur, le disque rayonnant du soleil dans le croissant de la lune, symboles de Sin et de Samas; en bas, un autel monté sur trépied et sur lequel brûle le feu sacré. Puis un autre pontife de profil à gauche, la main droite ramenée à la ceinture et tenant la massue, la main gauche tombant naturellement en arrière; il est barbu, coiffé du bonnet rond à rebord, vêtu d'une tunique ouverte sur le devant, laissant voir la jambe droite qui est portée en avant et passant en écharpe sur l'épaule droite. Derrière lui, dans le champ supérieur, une antilope assise de profil à gauche et avec la tête tournée en arrière; elle lève en avant la patte gauche; en dessous, un lion assis, de profil à gauche, la tête rejetée en arrière et la queue dressée.

Hématite. — H. 0,023. D. 0,014.

393. — Un personnage debout, de face, vêtu d'une longue robe plissée. (La tête ne peut se distinguer à cause d'une cassure de la pierre.) De chaque côté, et tournés vers lui, deux autres personnages vêtus d'une robe plissée, ouverte sur le devant, barbus et coiffés d'un bonnet haut en forme de cône; tous les deux tendent en avant l'une de leurs mains en signe d'invocation. Dans le champ, en haut, on voit une étoile à huit rayons, symbole d'Istar, puis deux gazelles couchées de profil à gauche, la tête relevée, l'une en bas et l'autre en haut; elles sont séparées par un ornement composé d'une cordelière enroulée en torsade et formant trois rosaces successives.

Hématite. — H. 0,021. D. 0,009.

394. — Un personnage debout, de profil à gauche, imberbe, coiffé d'un bonnet en forme de cône, vêtu d'une robe passant en écharpe sur l'épaule droite, ouverte sur le devant et laissant voir la jambe droite qui est portée en avant, la main droite ramenée à la ceinture, la main gauche tombant naturellement le long du corps. Devant lui, dans le champ, en bas, un petit

cercopithèque accroupi de profil à gauche, puis un personnage fantastique ayant le corps d'un homme et une tête d'animal féroce, un lion peut-être? Il est debout, de profil à droite, vêtu d'une tunique ajustée et courte avec ceinture; la main droite tombe naturellement en arrière, la main gauche, tendue en avant, tient verticalement une arme en forme de faucille. Derrière lui, dans le champ, en bas, un arbre ou un rameau, en haut, un poisson dressé verticalement; puis un second personnage fantastique ayant le corps d'un homme et la tête d'un taureau; il est debout de profil à gauche; la main gauche tombe naturellement en arrière; la main droite est levée en signe d'invocation; il porte un vêtement très court, ajusté avec ceinture. Enfin, dans le champ, on voit, en haut, un animal fantastique, peut-être une chimère, ayant la tête et les ailes d'un oiseau de proie et le corps d'un quadrupède; il est assis de profil à gauche; devant lui une étoile à huit rayons, symbole d'Istar; puis, en dessous, un ornement composé d'une cordelière enroulée en torsade formant trois rosaces successives et, en bas, un quadrupède cornu qui parait être un cerf paissant de profil à droite.

Hématite. — H. 0,021. D. 0,011.

395. — Un monarque debout, de profil à droite, richement vêtu d'une tunique relevée sur le bras gauche, avec franges, écharpe sur l'épaule gauche et ouverture sur le devant laissant voir la jambe gauche portée un peu en avant; il est imberbe et coiffé d'un haut bonnet en forme de cône. De la main gauche il saisit par les cheveux, en le soulevant de terre, un tout petit guerrier égyptien de profil à droite, la main gauche levée en avant dans l'attitude de la prière, le bras droit tombant le long du corps et vêtu d'une robe avec courte basque et bavolet devant; le monarque s'apprête à le frapper d'une hache qu'il brandit en arrière de la main droite. En face de lui, un de ses lieutenants? vêtu et coiffé comme lui, de profil à gauche, la main gauche levée en avant dans l'attitude de la prière, lui présente de la main droite une seconde hache. Entre eux, dans le champ, en haut, le globe avec deux grandes ailes déployées et, en dessous, un oiseau de profil à gauche. Derrière le monarque, en bas, quatre petits prisonniers égyptiens placés l'un devant l'autre et vêtus d'une jupe avec très courtes basques et bavolet par devant; ils ont en tête un casque avec saillie centrale au sommet représentant peut-être l'urœus, garde-nuque et garde-oreilles en cotes de mailles; ils sont de profil à droite; leurs jambes sont écartées dans l'attitude de la course; le premier tient la main gauche levée en avant dans l'attitude de la prière et la main droite ramenée à la ceinture; les trois autres ont la main gauche posée en avant sur l'épaule droite de celui qui le précède, tandis que leur main droite est ramenée à la ceinture. Au-dessus une bande d'ornements composée d'une cordelière enroulée en torsade et figurant comme une série de rosaces. Au-dessus, deux petits lions, la queue relevée, se faisant face et tenant en l'air, l'un sa patte droite, l'autre sa patte gauche de devant. — Cette scène intéressante est la copie exacte de la représentation, que l'on rencontre si souvent en Egypte, du Pharaon immolant de sa propre main les prisonniers faits à la guerre. Quel peut être ce souverain asiatique qui, par une sorte de revanche, a voulu ainsi imiter les bas-reliefs de la vallée du Nil pour perpétuer le souvenir de sa victoire sur les Égyptiens? L'étude du costume, si exactement rendu sur le cylindre, amènera sans doute à la découverte de sa nationalité[1].

Hématite. — H. 0,027. D. 0,012.

[1] Cet important cylindre nous avait dès l'abord jeté dans un grand embarras, ainsi du reste que quelques-uns de ceux qui sont gravés sur la planche **XXXIV**; car nous y reconnaissions un aspect général, une manière de faire qui avaient évidemment un caractère tout à fait spécial et qui s'éloignaient des différents genres de cylindres de notre collection dont nous avions essayé de faire le classement. Dans cette situation, nous avons placé ce monument dans le chapitre des cylindres phénico-égyptiens, parce que nous

396. — Le sujet gravé sur ce cylindre est divisé en deux groupes. — Premier groupe. — Un Dieu assis de profil à gauche, barbu, coiffé d'un bonnet pointu, vêtu d'une longue robe à plis, la main droite tendue en avant tenant un sceptre composé d'une tige verticale surmontée de cinq autres petites tiges horizontales terminées par de petits globes et formant pyramide. Devant lui, un pontife barbu, debout, de profil à droite, vêtu d'une longue robe brodée et coiffé d'un bonnet rond à rebord; la main gauche est ramenée à la ceinture; la main droite est levée en avant en signe d'invocation. — Second groupe. — Un personnage debout, de profil à gauche, vêtu d'une longue robe à plis droits, coiffé du bonnet rond à rebord, la main gauche ramenée à la ceinture, la main droite, tendue en avant tenant un sceptre composé d'une tige terminée par deux boules. Devant lui, un personnage fantastique debout, de profil à droite, ayant la tête et les pattes d'un oiseau de proie et le corps d'un homme couvert d'un vêtement ajusté avec ceinture et courte jupe, la main gauche, tendue en avant, tient un sceptre composé d'une tige verticale terminée en bas par une boule et en haut par deux autres boules superposées et la main droite brandit un glaive en arrière, au-dessus de la tête. Entre ces deux personnages, dans le champ, en haut, le croissant de la lune, symbole de Sin ; en bas, une gazelle couchée de profil à droite, la tête dressée en arrière et une étoile, symbole d'Istar. En haut et en bas le sujet est encadré par un ornement formé d'une cordelière enroulée en torsade régulière. — Enfin ce cylindre est terminé à ses deux extrémités par une monture en or. — Travail à la bouterolle et à la pointe assez primitif. (Les montures complètes, surtout en or, sont très rares.)

Hématite. — H. 0,023. D. 0,010.

397. — Le sujet représente trois personnages debout, le corps de face et la tête tournée, deux à droite et une à gauche. Ils sont tous les trois vêtus d'un vêtement très court et ajusté avec ceinture et le développement des hanches semblerait faire croire qu'on a voulu représenter des

avons constaté dans certaines parties du sujet des traces incontestables de l'art égyptien. Depuis lors les nombreuses recherches qui ont été faites ont fait découvrir la civilisation de tout un peuple dont l'art ne s'était pas dès l'origine dégagé nettement de ceux de ses voisins, parce qu'il en dérivait et que son développement s'en était effectué sous une influence étrangère évidente; de là notre incertitude, de là nos hésitations ! Aujourd'hui le doute n'est plus possible, nous sommes bien en présence de monuments particuliers qui appartiennent aux peuples que l'on a dénommés *Héthéens*, qu'on assimile aux *Hittites* mentionnés dans la Bible et qui ne paraissent autres que les *Khetas* des hiéroglyphes, ou les *Khatti* des inscriptions assyriennes. Ce peuple aurait étendu sa domination sur toute l'Asie-Mineure, depuis Karkemish jusqu'aux rives de la mer Egée, et c'est là que l'on retrouve les nombreux monuments qui constatent sa présence. On est loin encore de connaître d'une façon précise la vie et les actes de ce peuple, mais la science marche à grands pas et l'on ne tardera pas sans doute à retrouver toute cette partie de l'histoire des nations de l'Orient. En attendant, nous pensons qu'il est utile de répéter ici le paragraphe si intéressant de la *Glyptique orientale* dans lequel M. Menant a esquissé l'histoire de ce pays :

« Les renseignements que nous possédons sont des plus succincts; d'après la Genèse, les Hittites étaient les descendants de Hette, le second fils de Chanaan [1]. Il en est fait mention pour la première fois au temps d'Abraham, lorsque ce patriarche vint à Hébron (Kirjath-Arba) acheter le champ et la caverne de Machpelgh appartenant à Ephron, le *Hittite*, afin d'y déposer les restes de Sarah [2]. Dans l'Exode, le nom des Hittites ne se présente que dans la formule du dénombrement des peuples qui occupaient la Terre promise [3]. Observons cependant que *le pays des Hittites*, selon l'expression de Josué [4], semble désigner une région située au nord du pays de Chanaan jusqu'à « la grande mer qui sépare le soleil couchant ». Puis nous perdons la trace des Hittites ; nous voyons toutefois cette désignation à l'un des gardes attachés à la personne de David, Ahimeleck, le *Hittite*, et à Uriah, l'époux de Bethzabée [5]. Remarquons ici que les noms des Hittites qui sont consignés dans la Bible sont tous susceptibles d'être interprétés comme des mots hébraïques, ce qui ferait croire que ce peuple d'origine chananéenne parlait un dialecte araméen ou hébreu, à moins que ses noms n'aient été hébraïsés dans leur transcription. La Bible se tait sur la religion des Hittites et sur leurs dieux; d'après certains renseignements, ils paraissent plus particulièrement adonnés au commerce; on les voit sous les Rois trafiquer avec l'Egypte pour vendre des chevaux et des chars [6]. »

[1] Genèse, X, 15.
[2] Genèse, XXIII, 3, 5, 7, 10, 16, 18. — XXV, 9.
[3] Exode, XXIII, 23, 28. — XXXIII, 2. — XXXIV, 11.
[4] Josué, 4. — Juges, 1, 26.
[5] I. Samuel, XXVI, 6. — II. Sam., XI, 3. — XXIII, 39.
[6] I. Rois, XI, 1, 19. — II, Rois, VI, 6.

femmes; ils sont imberbes et coiffés d'un bonnet conique rejeté en arrière et terminé par une boule; l'un d'eux tient de la main droite tombant naturellement une massue; celui qui est devant lui saisit de la main droite, par une patte de devant, un animal, dont il est difficile de distinguer l'espèce, mais qui est dressé vers lui; il s'apprête à le frapper d'une arme en forme de faucille, qu'il porte de la main gauche en arrière; enfin le troisième tient de sa main droite abaissée une ampulla. Dans le champ on voit une tête de taureau, le croissant de la lune, symbole de Sin, et deux petits animaux accroupis et superposés et représentant, l'un une gazelle de profil à gauche, la tête rejetée en arrière, et l'autre, en bas, un chevreau dans la même attitude.

Hématite. — H. 0,020. D. 0,008.

398. — Un Dieu imberbe assis sur un trône à dossier bas, de profil à gauche, vêtu d'une longue robe à franges avec écharpe passant sur l'épaule gauche, et coiffé d'un bonnet haut se terminant en avant par une pointe et entouré de bords relevés; la main gauche est ramenée à la ceinture, la main droite, tendue en avant, tient un objet inconnu, un candélabre peut-être. Devant lui, dans le champ, en haut, quatre représentations successives d'un même oiseau de profil à gauche. C'est une imitation de l'hiéroglyphe égyptien représentant l'hirondelle, qui dans l'écriture a la valeur phonétique *ouer*, et signifie: *grand*. En dessous, quatre représentations de la croix ansée, et enfin, en bas, trois autres oiseaux, l'un derrière l'autre, également de profil à gauche.

Hématite. — H. 0,013. D. 0,007.

399. — Ce cylindre, qui a encore la tige de sa monture, est fort endommagé. — On y distingue cependant un personnage barbu, debout, de profil à gauche, coiffé d'un bonnet rond à rebord, la main gauche ramenée à la ceinture, vêtu d'une longue robe à volants plissés. Derrière lui, un autre personnage coiffé d'un bonnet de forme conique et vêtu de la même façon; puis deux oiseaux, l'un devant l'autre, aux ailes déployées (chimères). En dessous, un ornement composé d'une cordelière enroulée en torsade et formant une succession de rosaces, en bas, un lion assis de profil à gauche et, devant lui, sans doute, une gazelle. Enfin, un oiseau, une étoile, symbole d'Istar, et le disque du soleil dans le croissant de la lune, symboles de Sin et de Samass.

Hématite. — H. 0,025. D. 0,013.

400. — Un Dieu imberbe, nu-tête, assis de profil à droite sur un trône à double coussin, vêtu d'une longue robe avec écharpe, ceinture et broderies, la main droite ramenée à la ceinture, la main gauche tendue en avant. Devant lui, un personnage debout, de profil à gauche, les deux mains ramenées à la ceinture, vêtu d'une longue robe avec écharpe, ceinture et franges; il paraît imberbe et nu-tête. Entre ces deux personnages, dans le champ, on voit, en bas, la croix ansée, et, en haut, le disque rayonnant du soleil dans le croissant de la lune, symboles de Sin et de Samas. Enfin, dans une partie fort effacée, on aperçoit, en haut, une chimère couchée de profil à gauche; en dessous, un ornement formé d'une cordelière enroulée en torsade et formant une série de rosaces, et, en bas, un animal difficile à distinguer mais que l'on dirait être un lion tenant un objet sous sa patte.

Hématite. — H. 0,018. D. 0,010.

4o1. — Deux personnages semblables, imberbes, vêtus d'une longue robe brodée, coiffés d'un bonnet plat avec long voile tombant sur leur dos, sont placés de chaque côté d'un autel et tournés vers lui. Sur l'autel sont placées des offrandes et en arrière se voient trois rameaux élevés. Chacun de ces personnages a une main étendue au-dessus de l'autel et l'autre main tombant naturellement. On y voit encore en haut, dans le champ, une chimère à la tête et aux ailes d'un oiseau de proie; elle est assise et tient la patte droite levée en avant; devant elle, une gazelle de profil à gauche, la tête retournée en arrière; en dessous, un ornement composé d'une cordelière enroulée en torsade et formant quatre rosaces; enfin, en bas, un taureau paissant de profil à droite et un oiseau avec une huppe.

Hématite. — H. 0,025. D. 0,013.

CHAPITRE VI

CYLINDRES PHÉNICO-ASSYRIENS

CYLINDRES PHÉNICO-ASSYRIENS

Les graveurs orientaux nous ont transmis un certain nombre de monuments assyriens, chaldéens, égyptiens, héthéens ou perses sur lesquels nous trouvons de courtes inscriptions en caractères phéniciens ou araméens. Notre Collection ne possède, il est vrai, qu'un seul cylindre de ce genre, mais malgré cela nous ne pouvions nous dispenser, ayant cherché à faire un classement méthodique de toutes les intailles de ces divers pays, de placer ce curieux objet dans ce chapitre spécial auquel il doit en réalité appartenir. Nous l'avons tout d'abord décrit dans le paragraphe auquel son sujet seul, abstraction faite de son inscription, le rattachait; puis nous le reproduisons ici en tenant compte à la fois et de son sujet et de son inscription. Les représentations que nous connaissons sur des pierres similaires sont bien nettement assyriennes, et les noms inscrits sur ces cachets sont phéniciens, araméens, ou même juifs! Que devons-nous en conclure? telle est la question que nous croyons utile d'examiner ici en quelques mots.

D'après les textes nombreux traduits aujourd'hui, nous savons que les peuples de la Haute-Asie vivaient en pleine prospérité quarante siècles avant notre ère, tandis que les montagnes du Liban et les côtes de la Syrie n'étaient habitées que par des peuplades inconnues ou barbares; seuls, les Juifs nous sont connus et ils n'occupaient alors qu'une petite partie de ce pays; ce n'est que beaucoup plus tard que les Phéniciens vinrent établir leurs comptoirs sur ces plages fertiles pour en faire leur principal établissement. Cependant les Assyriens, qui cherchaient à agrandir leurs états, rencontrèrent ces peuples industrieux dans leurs excursions guerrières et laissèrent des traces de leurs passages, notamment au nord de Beyrouth, sur les rochers situés à l'embouchure du Nahar-El-Kelb, ou Fleuve du Chien, là où déjà un Pharaon avait précédemment gravé la constatation de sa conquête. D'autres fois nous voyons que ces souverains orientaux ont conquis le pays qu'ils dénomment *Ahari* et qu'ils ont imposé des tributs aux villes maritimes, telles que Tyr, Sidon, Gubal ou Arvad; on ne retrouve aucune trace de lutte à ce propos et on en conclut que les Phéniciens n'étaient nullement guerriers et s'adonnaient seulement au commerce et à la navigation; quant aux habitants primitifs ils n'ont laissé aucun souvenir de leur existence.

La tradition nous apprend que les Phéniciens durent partir des bords de la mer Erythrée, se fixer d'abord quelque temps en Egypte, puis passer sur les côtes d'Asie et s'étendre sur toutes les côtes de la Méditerranée en fondant partout des colonies qui devinrent en peu de temps extrêmement prospères.

Contrairement aux autres races humaines les Phéniciens ne cherchèrent jamais à constituer un empire, à se rendre maîtres d'une contrée et à dominer un peuple. Doués de l'instinct du négoce, d'humeur essentiellement voyageuse, ils s'accommodèrent parfaitement des usages des nations au milieu desquelles ils étaient amenés à vivre. N'ayant par eux-mêmes aucun instinct artistique et n'apportant avec eux aucune tradition, ils adaptèrent facilement leurs mœurs et leurs coutumes à celles de leurs voisins; mais, aussi courageux qu'industrieux et habiles, ils s'assimilèrent promptement les goûts de chacun et travaillèrent le fer, la pierre, le bois selon le désir des clients. Dès lors il est très difficile, pour ne pas dire impossible, de déterminer un style qui n'a aucune originalité par lui-même! En réalité l'art phénicien n'existe donc pas, mais on peut dire que le travail phénicien se montre partout.

En effet nous voyons dans les historiens classiques et dans les Livres Saints que tous les peuples de l'antiquité empruntèrent aux Phéniciens les plus habiles ouvriers, mais toujours pour ériger des monuments des styles les plus divers et jamais pour faire une œuvre qui leur fut propre. Lorsqu'ils sont livrés à eux-mêmes, lorsqu'ils construisent pour leur usage personnel, ils ne savent, en gens pratiques qu'ils sont, que faire solide, tailler des blocs de pierre énormes, élever des murs épais; quant à l'ornementation elle fait presque complètement défaut.

Nous retrouverons constamment dans la suite de cet ouvrage le travail phénicien, et c'est pour servir à son histoire dans les colonies de la côte d'Asie que nous avons réuni tant de reliques du temps passé et entrepris ce grand Catalogue. A chaque pas que nous ferons dans cette œuvre difficile, nous nous efforcerons donc de faire ressortir tous les faits qui pourront éclairer quelques points dans ce sens et, par conséquent, nous rapprocher de notre but.

Tout ce que nous venons d'indiquer rapidement nous amène naturellement à l'explication des monuments que nous avons dénommés « *Phénico-Assyriens* ». En effet si les Phéniciens, ainsi que nous l'avons déjà dit, n'avaient aucun art propre, ils étaient habiles imitateurs et les autres nations se servaient de leurs talents pour graver les gemmes, pour sculpter le bois, pour fondre les métaux et construire les monuments; et comme leurs relations commerciales étaient universelles, en commerçants experts, ils acceptaient les usages de tous ceux avec lesquels ils trafiquaient. En Assyrie, l'habitude était de signer les contrats en appliquant un cachet sur la terre encore molle; les Phéniciens fabriquèrent donc des cachets dans le genre de ceux usités chez les Assyriens et y ajoutèrent leur nom écrit en caractères phéniciens, ou prirent des cylindres ou des cachets de ces pays et, profitant des surfaces laissées libres par les sujets, y gravèrent leurs noms en caractères phéniciens. Nous ne pouvons, dans le cadre restreint de ce Catalogue, rappeler ici tous les cachets du genre de ceux que je viens d'indiquer, et l'on fera bien pour compléter cette étude de se reporter au chapitre de la deuxième partie de la *Glyptique* de M. Menant, intitulé *Phénicie*, pages 207 et suivantes; nous nous contenterons seulement de rappeler que l'on trouve dans tous les Musées, et particulièrement au British Muséum, soit des intailles assyriennes avec des inscriptions phéniciennes, soit, plus souvent, encore des tablettes en terre cuite relatant une transaction commerciale quelconque et sur lesquelles sont apposées les empreintes des cachets des vendeurs et des acheteurs, avec la transcription de leurs noms en caractères phéniciens ou araméens lorsque des personnes de ces contrées figuraient dans l'acte.

En ce qui concerne notre cylindre n° 321, nous croyons qu'il s'agit d'une intaille assyrienne qui fut acquise par un araméen et sur lequel son nouveau propriétaire fit graver son nom afin de pouvoir s'en servir comme d'un cachet dans ses opérations mercantiles.

Reprenons maintenant la description de notre monument telle que nous l'avons donnée, *supra*, p. 181.

321. — Un personnage, debout, de profil à droite, vêtu d'une longue robe, avec ceinture et plis droits, ouverte sur le devant et laissant voir la jambe gauche; il est barbu, coiffé d'un béret rond avec cheveux bouclés derrière la tête. De chacune de ses mains tendues à droite et à gauche il tient un animal fantastique dressé vers lui (chimère ou sphynx); cet animal a le corps d'un quadrupède, des ailes et une tête humaine, barbue, coiffée d'un béret rond d'où s'échappent en arrière des boucles de cheveux. Entre chacun des animaux fantastiques et du personnage, à droite, on voit dans le champ, un poisson, et, à gauche, le losange. — Inscription en caractères araméens.

La lecture de cette inscription paraît assez difficile à cause de l'incertitude qui pourrait exister sur la forme de l'avant-dernière lettre; nous avions cru d'abord y voir un ר, ou un כ, nous lisions alors : לאליוב, ou לאליכב; mais, dans l'une ou l'autre hypothèse, il n'était pas possible d'arriver à un sens satisfaisant. M. de Vogüé y voit avec raison un ה sommairement fait et nous a donné ainsi la lecture véritable לאליהב (*quem dedit El*) « Cachet de Elyehab ». Ce nom, *Elyehab*, est un nom araméen qu'on peut comparer à beaucoup d'autres noms analogues.

Il n'est pas sans intérêt de rapprocher la facture du cylindre du texte de l'inscription. Rappelons-nous, en effet, que le travail du cylindre, produit des premiers efforts de l'emploi de la bouterolle, annonce une origine assyrienne de l'époque du Grand-Empire d'Assyrie. Si à cette époque, le phénicien et l'araméen coexistaient dans les rapports que les Assyriens établirent avec les peuples du Bord de la Mer, lorsque la conquête s'étendit sur le Pays d'Aram, le phénicien resta l'instrument des relations commerciales extérieures, et l'araméen, au contraire, devint l'intermédiaire nécessaire entre les Assyriens conquérants et les Juifs et Phéniciens conquis. C'est ainsi que nous voyons vers le VIIIᵉ siècle des légendes araméennes sur les contrats assyriens, et que l'usage des cachets analogues à celui qui nous occupe se répandit dans la Haute-Asie. Nous serions donc amenés à penser que, si notre cylindre paraît, par la facture du sujet, appartenir à l'époque des derniers rois de Calach (IXᵉ siècle avant notre ère); la légende araméenne ne remonte, tout au plus, qu'à la fin du VIIIᵉ siècle; nous aurions ainsi la preuve de cette fabrication anonyme de cylindres assyriens sur lesquels les acquéreurs, selon leurs convenances, faisaient graver leurs noms.

Agate rose. — H. 0,021. D. 0,010.

CHAPITRE VII

CYLINDRES D'ORIGINE INCONNUE

CYLINDRES D'ORIGINE INCONNUE

Notre chapitre VII contient une série de cylindres d'un travail et d'un style complètement particuliers ; il suffit pour s'en convaincre de jeter un coup d'œil sur les n°ˢ 402 à 410 compris dans la planche XXXVI et sur les n°ˢ 411 à 414 gravés sur la planche XXXVII.

Déjà M. Menant, dans l'Introduction de cet ouvrage, a fait à leur sujet des observations spéciales que nous croyons utile de compléter aujourd'hui. Une étude plus approfondie de ces monuments nous a amenés à les diviser en trois catégories : la première comprenant les n°ˢ 402 à 409, la seconde le n° 410 seul, la troisième les n°ˢ 411 à 414.

La première série est composée de cylindres grossièrement gravés sur des pierres assez tendres et représente, comme on le voit dans notre description, des sujets ayant quelque rapport avec les cylindres chaldéens. Quant aux inscriptions elles sont tracées avec une grande négligence et les plus méticuleuses observations n'ont pu, malgré une apparente ressemblance, nous en faire reconnaître les caractères comme appartenant soit au coufique, soit au pehlvi, soit à l'une des écritures qui nous ont été transmises par les monuments découverts jusqu'ici en Asie.

Nous aurions peut-être quelques doutes sur leur authenticité si nous ne tenions pas compte d'abord de la mention faite par F. Lajard de cylindres absolument similaires, puis des cylindres de la Collection Lycklama qui existent encore au Musée de Cannes et qui ont une frappante analogie avec les nôtres, enfin des cylindres de la Collection Philipps qui ont été attentivement étudiés par M. Mordtmann et qui ressemblent à s'y méprendre à ceux de notre Collection. Or les monuments dont nous venons de parler ont été examinés et classés à une époque où la pensée de faire du *faux* ne pouvait venir à personne, car ces objets n'ayant pas encore attiré l'attention des savants et des amateurs n'avaient aucune valeur commerciale ; personne ne voulait les acquérir, si ce n'est à vil prix. L'expérience nous a démontré que les imitations ne se font qu'à propos de pièces recherchées et par conséquent se vendant fort cher !

Puisque nous avons cité M. Mordtmann nous croyons nécessaire de résumer ici le résultat de son travail[1].

Dans son article M. Mordtmann dit que M. Philipps lui a montré plusieurs cylindres babyloniens dont les caractères ne sont ni cunéiformes, ni phéniciens, mais qui ont une grande ressemblance

[1] Voy. Mordtmann, *Studien über geschnittene Steine mit Pehlevi-Legenden*, dans la *Zeitschrift der Deutschen Morgenländischen Gesellschaft*, t. XXVI, p. 582 et suiv., année 1877.

avec des monuments du même genre, représentés dans l'ouvrage de Layard, *Nineveh und Babylon,*
Taf. XX (A-E).

Il ajoute qu'il a vainement essayé de déchiffrer les inscriptions et de leur donner un sens
satisfaisant; cependant il croit avoir découvert qu'un mot peut se lire *Zimat,* terme qui désigne la
pierre *onyx,* d'après F. Talbot [1], mais auquel il estime plus vraisemblable de donner le sens de
« cachet ». Il pense également lire sur un autre cylindre le nom « *Astaroth* ».

M. Mordtmann, comme on le voit, ne met pas en doute un seul instant l'authenticité de
ces intailles, et, malgré notre incertitude, nous nous sommes inclinés devant son autorité; nous
regrettons toutefois que ce savant ne nous ait pas indiqué comment il a été amené à donner les deux
traductions que nous avons indiquées ci-dessus, car cela nous eût peut-être permis de tirer quelque
chose de nos inscriptions qui, sans ce renseignement, restent pour nous absolument lettre morte.

La seconde catégorie n'est formée que du n° 410; nous prions le lecteur de se reporter un peu
plus loin à la note que nous avons rédigée à propos de ce cylindre.

Enfin la troisième série est composée de quatre cylindres; elle a provoqué de notre part un
examen très attentif qui nous a amenés à penser qu'ils étaient faux. Des renseignements précis, qui
nous sont parvenus depuis peu, nous ont confirmé dans notre opinion et nous ont porté à
considérer ces grossières imitations comme provenant d'une fabrique d'antiquités sise à Kerbela.
M. Menant a, du reste, prouvé cette origine dans son article sur les fraudes assyriennes [2]. Nous
n'avons maintenu ces cylindres dans notre publication que pour provoquer de la part des savants
une nouvelle et plus complète étude et, ensuite, si nos craintes étaient confirmées, pour mettre en
garde les Musées et les amateurs contre ces déplorables contrefaçons.

402. — Un personnage imberbe et nu-tête, assis sur un trône en forme d'X, de profil à
droite, vêtu d'une robe à volants plissés, les bras tombant à droite et à gauche du corps. Devant
lui, un personnage debout, imberbe et nu-tête, de profil à gauche, couvert d'un vêtement très
court avec ceinture, la main gauche ramenée sur la poitrine, la main droite tendue en avant en
signe d'invocation. En haut, dans le champ, une étoile et le croissant de la lune les pointes en
bas. — Inscription de trois lignes en caractères inconnus.

Porphyre aventurine. — H. 0,048. D. 0,015.

403. — Un personnage nu, barbu, nu-tête, debout, de profil à droite, semble tenir un bâton
de la main droite; devant lui, deux autres personnages nus, tournés vers lui et semblant l'invoquer
ou le braver; dans le champ, une étoile et le croissant de la lune. — Inscription de trois lignes en
caractères inconnus.

Porphyre aventurine. — H. 0,035. D. 0,014.

[1] Voy. le *Journal of the R. A. S.*, new series, vol. II, p. 13.
[2] Voy. Menant, *Forgeries of Babylonian and Assyrian Antiqui-* ties, dans le *American Journal of Archæology*, vol. III, p. 14. Baltimore, june 1887.

404. — Un personnage assis, de profil à gauche, vêtu d'une longue robe à plis droits, la main gauche ramenée à la ceinture, la main droite tendue en avant; derrière lui, un second personnage portant le même costume, debout, de profil à gauche, lève en l'air la main droite; enfin, devant le personnage assis, un autre personnage imberbe, debout, de profil à droite, la main gauche tendue en avant en signe d'invocation. — Inscription de trois lignes en caractères inconnus.

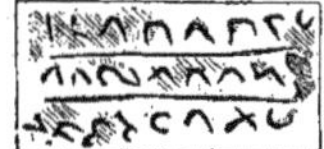

Porphyre aventurine. — H. 0,029. D. 0,013.

405. — Deux personnages debout, de profil à droite, et dont l'un, vêtu d'une longue robe, semble avoir des ailes, paraissent s'avancer vers deux Taureaux à face humaine dressés l'un vers l'autre et la queue dressée; derrière les deux personnages, un objet inconnu. — Dans le champ plusieurs caractères inconnus.

Porphyre jaune. — H. 0,034. D. 0,021.

406. — Trois personnages se suivent, de profil à droite, et paraissent vouloir attaquer un personnage imaginaire placé devant eux; dans le champ, un arbre. — Inscription de deux lignes en caractères inconnus.

Sardoine. — H. 0,025. D. 0,012.

407. — Trois personnages debout, de profil à droite; l'un est barbu, vêtu d'une longue robe et coiffé d'un bonnet rond à rebord; le second n'a qu'un vêtement court et semble tête nue; le troisième est à peu près semblable au premier. — Dans le champ, un grand nombre de caractères inconnus. — La gravure du cylindre conserve des traces d'incrustation d'or.

Porphyre noir. — H. 0,033. D. 0,015.

31*

408. — Trois personnages debout, vêtus de longues robes brodées; deux sont nu-tête; le troisième est coiffé du béret rond à rebord et paraît avoir des ailes. — Dans le champ, des caractères inconnus.

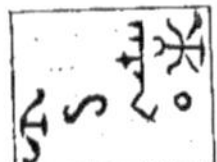

Porphyre brun. — H. 0,026. D. 0,010.

409. — Trois personnages debout, dont l'un est vêtu d'une longue robe avec ceinture et les deux autres d'une robe courte avec ceinture et broderie; les deux derniers tiennent chacun d'une main, l'un un glaive, l'autre une arme en forme de faucille. — Inscription de trois lignes en caractères inconnus.

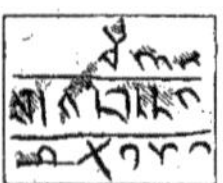

Porphyre rouge foncé. — H. 0,025. D. 0,012.

410. — Un génie aux grandes ailes déployées, debout, de profil à gauche, met de la main droite de l'encens? contenu dans une cassolette qu'il tient de la main gauche sur un autel placé devant lui; il est tête nue, vêtu d'une longue robe flottante retenue par une ceinture et ses cheveux sont relevés et noués sur le sommet de la tête[1].

Cornaline rouge. — H. 0,044. D. 0,010.

411[1]. — Un personnage debout, de profil à gauche, la tête nue, la barbe courte, la main

<hr>

[1] Ce cylindre, d'une très belle gravure, n'a rien d'assyrien et n'a été gravé et décrit ici qu'à titre de renseignement. C'est un travail fait sans doute en imitation des cylindres-chaldéens que les voyageurs avaient importés en grand nombre jusqu'en Syrie; nous ne l'avons compris dans notre Catalogue qu'afin de montrer combien, dès ces temps reculés, on copiait volontiers les usages des générations précédentes et des pays voisins.

Nous nous sommes demandé tout d'abord si cette intaille ne rentrait pas dans la série des pierres gravées au temps des Séleucides, alors qu'Alexandre venait de parcourir en vainqueur toute la Babylonie? Il est en effet hors de doute qu'à ce moment les deux civilisations se mélangèrent et que de nombreux monuments datent de cette époque. N'avons-nous pas, par exemple, les tablettes découvertes à Warka qui relatent des contrats et sur lesquelles les cachets des parties sont apposés, et qui, toutes, portent l'indication d'une date sous l'un des rois de Syrie, Antiochus, Séleuchus ou Démétrius; puis plusieurs autres monuments du même genre qu'il serait trop long d'énumérer ici. Ce qu'il importe de constater, c'est que l'art grec s'est introduit alors en Chaldée; en effet, nous voyons, sur un de ces contrats, un cachet de Dioclès, dont le sujet est grec, et un autre qui représente une tête d'homme d'un beau style avec le nom d'*Isiduru*. Notre cylindre,

dans ce cas, eût été un cachet auquel il ne manquerait plus que l'inscription? Mais, après nouvel examen, nous avons reconnu que notre hypothèse était bien difficile à soutenir et que notre monument ne devait pas se rattacher à cette ancienne période. D'après son travail et, plus particulièrement encore, d'après la forme des ailes du personnage qu'elle représente, nous avons même été amenés à supposer qu'il appartenait à une époque relativement beaucoup plus récente! Il est vrai d'ajouter que, si nous nous éloignons, comme nous venons de le proposer, de l'époque et des usages assyriens, nous ne savons plus comment expliquer la forme cylindrique de notre pierre gravée? Nous constatons, en effet que les gemmes grecques, romaines ou byzantines n'affectent pas la forme que nous venons d'indiquer et qu'il ne s'en trouve aucun exemple, à notre connaissance du moins, ni dans les musées, ni dans les collections particulières. Dans ces conditions nous avouons notre incertitude et nous espérons que la publication de ce curieux objet amènera enfin la découverte de la vérité. — Ce cylindre a été trouvé à Djebail, avec une bague en or, dont le chaton est formé d'une cornaline gravée représentant un sujet analogue et qui sera décrite ultérieurement.

[1] Voy. la planche d'*Addenda*, XXXVII, pour les nᵒˢ 411, 412, 413 et 414.

gauche appuyée sur la hanche, la main droite tendue en avant ; il est vêtu d'une tunique avec ceinture s'arrêtant aux genoux. Devant lui, en bas, un oiseau ou une abeille, puis un édicule, en forme de demi-cercle, entouré de rayons ? En dessus, une lance et d'autres signes inconnus. — Inscription en caractères cunéiformes illisibles.

Porphyre noir. — H. 0,033. **D.** 0,013.

412. — Un personnage debout, de profil à droite, avec courte barbe, vêtu d'une tunique courte, coiffé d'un bonnet plat, les mains tendues en avant. Devant lui, un autre personnage barbu, tête nue, debout, de profil à gauche, avec une tunique très courte, la main droite levée en avant, la main gauche tendue en arrière et s'appuyant sur une lance terminée d'un côté par un fer et de l'autre par une oriflamme ? Enfin le croissant de la lune et un globe ? — Inscription de deux lignes en caractères cunéiformes illisibles.

Porphyre vert. — H. 0,034. D. 0,015.

413. — Un personnage barbu, tête nue, debout, de profil à droite, vêtu d'une tunique s'arrêtant aux genoux, la main gauche tendue en avant tenant une grande lance et amenant de la main gauche, tombant en arrière, un quadrupède, la queue relevée, qu'il tient par une laisse. — Sur la robe, traces de caractères inconnus. — Derrière lui, dans le champ, des signes qu'il est difficile de distinguer, peut-être une ampulla, un oiseau dressé de face les ailes déployées, une étoile, quelques traces d'inscription. Puis un second personnage barbu, debout, de profil à droite, vêtu d'une tunique s'arrêtant aux genoux avec broderies et ornement sur la poitrine, coiffé d'un béret plat, tenant, de la main gauche tendue en avant, par une patte de derrière, un quadrupède à la queue relevée, peut-être un lion, qu'il s'apprête à frapper d'un glaive qu'il brandit de la main droite abaissée en arrière. Derrière ce personnage, le croissant de la lune placé verticalement. — Inscription de deux lignes en caractères cunéiformes illisibles. — Ce cylindre est en forme de barillet.

Porphyre rubané de blanc. — H. 0,037. D. 0,025.

414. — Un personnage barbu, debout, de profil à droite, vêtu d'une robe s'arrêtant aux genoux, la main droite tombant naturellement le long du corps en arrière, la main gauche tendue en avant. En face de lui, un second personnage vêtu de la même façon, debout et marchant à gauche,

la main droite tendue en avant, la main gauche abaissée en arrière et tenant le couteau.
— Inscription en caractères cunéiformes illisibles.

Porphyre jaune. — H. 0,039. D. 0,020.

Les cylindres compris sous les n°⁶ 411 à 414 sont donc faux. En les publiant nous croyons
avoir mis les amateurs à même de se renseigner, par un parallèle facile avec les nombreux
types des diverses époques que nous avons présentés, sur le mérite des fausses intailles. La
comparaison est, en effet, le meilleur guide dans les appréciations; or on n'a pas toujours à sa
portée les grandes Collections du Louvre, du Cabinet des Médailles ou des Galeries du Musée
Britannique, tandis que le rapprochement se fait de suite avec nos planches dont nous pouvons
affirmer la sincérité.

APPENDICE

Pendant le cours de cette publication notre Collection s'était déjà enrichie de 3o cylindres qui ont pu être classés dans les chapitres et paragraphes auxquels ils semblaient se rattacher et dont les sujets ont été représentés sur les planches **XXXVII** et **XXXVIII**, sous le titre d'*Addenda*. Depuis lors, nous avons eu la bonne fortune d'acquérir encore 20 monuments du même genre, dont les inscriptions ou les scènes complétaient nos diverses séries : notre Collection se compose donc aujourd'hui de 46o cylindres. Nous avons reproduit les 20 nouveaux cylindres dans une planche nouvelle d'*Addenda*, qui porte le n° **XXXIX**, et nous les avons décrits dans un *Appendice* en leur appliquant, ainsi qu'il suit, les numéros d'ordre qu'ils auraient dû occuper dans notre Catalogue.

5a *bis*[1]. — Le sujet est divisé en deux groupes. — L'un représente Héa-bani debout, le corps de profil à gauche; le bas du corps est celui d'un taureau, le haut du corps celui d'un homme; la tête de face porte des oreilles et des cornes de taureau et une longue barbe tressée. De la main gauche il saisit par la patte droite un lion furieux dressé de profil à droite et la queue relevée et le frappe en même temps de la main droite en pleine poitrine; entre ces deux personnages, deux globes superposés. — Le second groupe montre Isdubar debout, le corps de profil à droite, la tête de face, avec une longue barbe frisée et divisée en tresses, une coiffure ronde striée et ornée de cornes avec triples boucles de cheveux de chaque côté de la tête. De la main droite il

---

[1] Voy. pl. **XXXIX**, *Addenda*.

saisit par la patte droite de derrière un taureau dressé devant lui sur ses pattes de devant,
pendant qu'il le maintient de la main gauche en lui tenant la queue ; en même temps il pose le
pied sur sa tête. Derrière Isdubar, un lion furieux dressé de profil à droite, la queue relevée,
attaque le héros par derrière. Au-dessus du lion, le disque rayonnant du soleil dans le croissant
de la lune, symboles de Samas et de Sin [1].

Hématite. — H. 0,017. D. 0,009.

58 *bis* [1]. — Le sujet se divise en deux groupes symétriques. — Le premier représente Isdubar,
debout, de profil à gauche, la barbe droite et pendante, coiffé d'un béret plat sur le sommet de la
tête et d'où s'échappent en arrière de longues boucles de cheveux ; de la main gauche il saisit par
la patte droite de devant le Taureau à face humaine dressé devant lui, le corps de profil à droite,
la tête de face avec un béret strié, des oreilles et des cornes de taureau et une longue barbe tressée
et bouclée ; en même temps il le frappe en pleine poitrine d'un glaive qu'il tient de la main droite.
— Le second groupe représente la même scène, mais retournée. En outre, derrière Isdubar, on
voit Héa-bani, avec le bas du corps d'un taureau et le haut du corps d'un homme ; il est coiffé
d'un béret rond strié et orné de cornes d'où s'échappent en arrière de longs cheveux bouclés ; il
est debout, de profil à droite, et s'appuie de ses deux mains sur une longue hampe terminée au
sommet par un objet en forme de tête de clou et à laquelle se rattache par devant un appendice
en forme de boucle [1].

Porphyre noir. — H. 0,034. D. 0,021.

124 *bis* [1]. — Un Dieu assis de profil à gauche, la main gauche ramenée à la ceinture, la main
droite tenant l'ampulla ; il a une longue barbe, est coiffé d'un béret rond et vêtu d'une longue
robe à volants plissés passant en écharpe sur l'épaule gauche. Devant lui, l'initié, debout, de profil
à droite, vêtu d'une longue robe avec bandes de broderies passant en écharpe sur l'épaule gauche
et laissant à découvert l'épaule et le bras droits ; les mains sont ramenées à la ceinture. Entre ces
deux personnages, dans le champ, en haut, le croissant de la lune, symbole de Sin, et, en dessous,
un cercopithèque accroupi de profil à droite. Derrière l'initié, le pontife, debout, de profil à
droite, la main gauche levée en avant en signe d'adoration, la main droite ramenée à la ceinture,
vêtu d'une longue robe à volants plissés passant en écharpe sur l'épaule droite et laissant à
découvert l'épaule et le bras gauches ; il est barbu, coiffé d'un béret plat avec cheveux bouclés
derrière la tête. Devant lui, dans le champ, en bas, la tige avec saillie centrale, symbole de la
Justice, et, en haut, une ampulla. Derrière lui, également dans le champ, en haut, une représentation qui paraît être une tortue vue de dos, et, en dessous, un petit personnage mâle, debout,
de face, les jambes écartées, les mains ramenées à la ceinture, la tête de profil à droite, coiffée
d'un béret rond. Enfin, le sacrificateur, debout, de profil à droite, la main gauche ramenée à la
ceinture et tenant le glaive, la main droite tombant naturellement en arrière ; il est vêtu d'une

---

[1] On trouve de nombreux cylindres du même style et représentant des sujets analogues dans les différentes Collections. Voyez
par exemple un cylindre du Musée de la Haye (Cat., n° 3-87, pl. I,
n° 3) cité par M. Menant dans la *Glyptique orientale*, 1re partie,
p. 84, qui présente une grande ressemblance avec notre monument.

[1] Voy. pl. XXXIX, *Addenda.*

[1] Ce cylindre a été publié par M. Menant dans la *Glyptique
orientale,* 1re partie, p. 95 ; il a, du reste, beaucoup d'analogie avec
plusieurs cylindres de notre Collection et avec d'autres de la
Bibliothèque Nationale et du Musée de la Haye. Nous n'avons pu
déterminer l'usage de la hampe sur laquelle est appuyé Héa-Bani ;
c'est probablement un emblème dont la signification nous est
inconnue jusqu'à présent.

[1] Voy. pl. XXXIX, *Addenda.*

tunique courte passant en écharpe sur l'épaule gauche et laissant à découvert l'épaule et le bras droits ; il porte une longue barbe et un béret rond.

Hématite. — H. 0,023. D. 0,013.

179 *bis*[1]. — Le sujet de ce cylindre est divisé en deux groupes. — Le premier représente le sacrificateur debout, de profil à gauche, le pied droit posé sur le pied du sacrifié, brandissant de la main gauche l'arme en forme de faucille et saisissant de la main droite le bras droit de la victime ; il est vêtu d'une tunique courte, brodée, avec ceinture, porte une longue barbe et a, pour coiffure, le bonnet à cornes en forme de tiare d'où s'échappent en arrière des boucles de cheveux. Devant lui, la victime agenouillée, de profil à gauche, mais le buste et la tête retournés en arrière vers le sacrificateur, lève le bras gauche comme pour demander grâce ; elle est vêtue d'une tunique collante, brodée, avec ceinture ; elle paraît barbue et coiffée d'un béret rond strié d'où s'échappe en arrière une longue boucle de cheveux[2]. — Le second groupe représente un animal fantastique dressé de profil à gauche sur ses pattes de derrière ; il a la tête et les pattes de devant d'un lion, le corps couvert de plumes avec des ailes déployées et une queue courte relevée ; les jambes de derrière sont celles d'un oiseau de proie ; il s'apprête à dévorer une antilope dressée de profil à gauche devant lui, mais tournant la tête en arrière vers lui ; ce dernier animal a également une queue courte et relevée. Entre les deux groupes, dans le champ, en bas, une tête d'homme de profil à droite, imberbe, les cheveux ras, avec une mèche de cheveux avançant sur le front ; au-dessus, un poisson dressé sur sa queue.

Porphyre noir. — H. 0,027. D. 0,014.

186 *bis*[3]. — Le sacrificateur de profil à droite, barbu, coiffé d'un béret rond à rebord, vêtu d'une tunique courte passant en écharpe sur l'épaule gauche et laissant à découvert l'épaule et le bras droits ; la main gauche ramenée à la ceinture tient une arme en forme de massue, le bras droit tombe naturellement le long du corps. Devant lui, l'adorant de profil à gauche, les mains levées en signe de prière ; il est coiffé du bonnet en forme de tiare avec cheveux bouclés derrière la tête et vêtu d'une longue robe à volants superposés. — Inscription de trois lignes en caractères du style archaïque de Babylone.

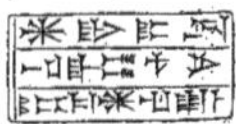

<table>
<tr><td>An-mul (sar)-tur-da</td><td>Le dieu Multurda (Sarturda),</td></tr>
<tr><td>en (bel)-gal-tah-nu-tuk</td><td>maître suprême de.....</td></tr>
<tr><td>tur-sak An-en (bel)-kit-lal</td><td>fils... du dieu Bel (Juge des Dieux).</td></tr>
<tr><td></td><td>(Menant.)</td></tr>
</table>

---

[1] Voy. pl. XXXIX, *Addenda.*

[2] Le sujet de ce cylindre nous montre un nouvel épisode des sacrifices humains pratiqués dans ces temps reculés. Ici le doute n'est pas possible ; la victime a un genou en terre et son geste désespéré indique bien que le sanglant holocauste va s'accomplir et que tout espoir est perdu pour elle. Il n'y a pas la moindre trace de lutte ni de résistance, mais seulement une attitude suppliante. C'est donc bien d'une cérémonie religieuse qu'il s'agit ! Voyez du reste sur cet intéressant sujet : Menant, *Glyptique orientale,* Ire Partie, p. 150 et suiv., et particulièrement p. 153.

[3] Voy. pl. XXXIX, *Addenda.*

M. Oppert propose de son côté la lecture et la traduction suivantes :

An-Lugal-tur-da — Papsukal

ina is-gal..... nuni — ina-Kuśśi-tap (?)-nuni,

tur sak An-na-is-me — fils de Nalbar-isme.

Les deux premières lignes donnent le nom du propriétaire du cachet; ce nom est assez long et peut signifier : « O dieu Papsukal, tu nous as établi sur le trône! » ou : « Dieu Papsukal, conserve-nous sur le trône! »

Hématite. — H. 0,027. D. 0,011.

199 bis [1]. — Le sacrificateur, de profil à droite, le bras droit tombant naturellement le long du corps, la main gauche ramenée à la ceinture tenant la massue; il est vêtu d'une tunique courte passant en écharpe sur l'épaule gauche et laissant à découvert l'épaule et le bras droits; il porte une longue barbe et un béret à rebord. Devant lui, l'adorant, de profil à gauche, les deux mains levées en signe d'adoration; il est barbu, coiffé du bonnet en forme de tiare avec cheveux bouclés derrière la tête et vêtu d'une longue robe à volants plissés et superposés. Entre ces deux personnages, dans le champ, en haut, le disque rayonnant du soleil dans le croissant de la lune, symboles de Samas et de Sin, et, en bas, le bâton en forme de pedum. — Inscription de cinq lignes en caractères du style archaïque de Babylone.

An-nir-un-hi-ku (?) — Que le dieu Nirgal

lik-bi-u-ku — protège

na-an-kas, — Nankas,

tur An-sis-ki-sè — fils de Sin-magir,

nit-su — son serviteur.

(Menant.)

M. Oppert lit et traduit cette inscription comme suit :

An-nir un-hi — Sëra-umhi.....,

ur-bi-uku — homme-*bi*,

na-an-bi — Nanbi,

tur-An urut ki-se — fils de Nannar-nadin,

nit-su — son esclave.

Le maître est nommé dans la première ligne, la seconde semble contenir sa qualification; suivent le nom du serviteur et celui de son père.

Hématite. — H. 0,022. D. 0,011.

213 bis [2]. — La déesse Istar [3] debout de profil à gauche; la main gauche tenant l'arme en forme de faucille tombe naturellement en arrière le long du corps, la main droite levée en avant

[1] Voy. pl. **XXXIX,** *Addenda.*

[2] Voy. pl. **XXXIX,** *Addenda.*

[3] Nous nous trouvons encore ici en présence d'une représentation de la Déesse appelée *Istar aux Lions,* telle que nous l'avons décrite à propos du cylindre n° 236 et telle qu'elle est citée également par M. **Menant** dans la *Glyptique orientale,* 1re Partie, p. 161 et suiv. Nous croyons que la désignation que nous avons donnée d'une figure analogue, dans la description de notre cylindre n° 213, est erronée, alors que nous avions cru y voir « un pontife tenant un objet en forme de trident ». C'est bien là aussi l'image d'*Istar aux Lions;* le costume, la pose, les attributs, tout nous porte à le supposer.

tient le sceptre en forme de trident ou le flambeau à trois branches, la jambe droite levée en avant
repose sur un lion couché; elle est vêtue d'une tunique longue à double écharpe passant sur les
épaules avec ceinture et à plis droits; elle est coiffée du bonnet orné de cornes et en forme de
tiare d'où s'échappent derrière la tête de longues boucles de cheveux. Devant la Divinité, un
pontife barbu, debout, de profil à droite, coiffé d'un béret rond, vêtu d'une robe longue avec
bande de broderies, ouverte sur le devant; la main droite est levée en avant en signe d'adoration,
la main gauche est ramenée à la ceinture. Derrière le pontife, un personnage inconnu[1], debout,
de profil à droite, vêtu d'une tunique courte, la main droite ramenée à la ceinture et tenant
une arme posée sur l'épaule, la main gauche levée en avant; il paraît barbu et coiffé d'un
béret en forme cylindrique et à rebord.

Marbre noir. — H. 0,018. D. 0,007.

217 *bis*[2]. — Une Déesse nue, debout, de face, les mains ramenées sous les seins, les cheveux
tombant en longues boucles à droite et à gauche de la tête; elle est placée entre deux
personnages beaucoup plus grands qu'elle et représentant : l'un, le sacrificateur debout, de profil
à droite, la main gauche ramenée à la ceinture et tenant la massue, la main droite tombant naturellement en arrière le long du corps; il est barbu, coiffé du béret rond à rebord et vêtu d'une
tunique courte, passant en écharpe sur l'épaule gauche et laissant à découvert l'épaule et le bras
droits; l'autre, l'adorant, ou le pontife, debout, de profil à gauche, imberbe, les mains levées
en signe d'adoration, coiffé du bonnet à cornes en forme de tiare avec longs cheveux bouclés
derrière la tête et vêtu d'une longue robe à volants plissés et superposés. — Inscription de trois
lignes en caractères du style archaïque de Babylone.

Tas-me-a-ni,	Tasmeani,
ardat An-Ri	servante de la déesse Ri (Tavat)
au An-Na-na-a	et de la déesse Nana.

(Menant.)

M. Oppert a fait de cette inscription une transcription et une traduction presque identiques
à celle de M. Menant.

Lik-me-anni	Likme-anni (Urme-anni),
amat An Ri	servante de la Grande Déesse
au An Na-na-a	et de la déesse Nana.

Cachet d'une femme dont le nom peut être aussi Urmeani; il est singulier que le nom du
père ou celui de l'époux ne soit pas mentionné.

Hématite. — H. 0,023. D. 0,010.

218 *bis*[3]. — Une déesse nue, debout, de face, les mains ramenées sous les seins, les cheveux
tombant en longues boucles à droite et à gauche de la tête; elle est placée entre deux personnages
beaucoup plus grands qu'elle et représentant : l'un, le sacrificateur debout, de profil à droite, la
main gauche ramenée à la ceinture tenant le glaive et la massue, la main droite tombant naturelle-

---

[1] Ce personnage représente probablement un aide des sacrifices ou peut-être même le sacrificateur dans une nouvelle pose.

[2] Voy. pl. XXXIX, *Addenda.*

[3] Voy. pl. XXXIX, *Addenda.*

ment en arrière le long du corps; il porte une longue et large barbe, est coiffé du béret à rebord
et vêtu d'une tunique courte passant en écharpe sur l'épaule gauche et laissant à découvert l'épaule
et le bras droits; l'autre, placé en face de lui, l'adorant, ou le pontife, debout, de profil à gauche,
les mains levées en signe d'adoration et vêtu d'une longue robe à volants plissés (l'usure de la
pierre empêche de distinguer le haut du corps). Derrière ce groupe on voit d'abord un petit
personnage mâle, nu, debout, de face, la tête de profil à gauche, les jambes écartées et les mains
ramenées sur la poitrine; puis un aide des sacrifices, debout, de profil à droite, la main droite
tendue en avant tenant un objet invisible, la main gauche ramenée à la poitrine. Il est vêtu d'une
tunique colante, avec ceinture et pans par derrière, laissant les jambes à découvert. — Inscription
de trois lignes en caractères du style archaïque de Babylone.

An-Nin-ip-el-la-ti	Ninip-ellati,
tur Bi-ga-da	fils de Bigada,
nit An-Mar-tu	serviteur du dieu Martu.

(Menant.)

Hématite. — H. 0,025. D. 0,012.

La traduction que M. Oppert a faite de cette inscription est identique à celle de M. Menant.

232 *bis*[1]. — Une petite Déesse nue, debout, de face, les mains ramenées sur la poitrine, les
cheveux tombant en longues boucles à droite et à gauche de la tête. La Divinité est placée dans
le champ du cylindre en haut; elle est entourée de signes et de sujets divers : nous voyons tout
d'abord les deux types du sacrificateur tels que nous les avons déjà décrits maintes fois[2]; l'un,
debout, de profil à droite, la main gauche ramenée à la ceinture et tenant la massue, la main
droite tombant naturellement le long du corps; il est vêtu d'une tunique courte passant en
écharpe sur l'épaule gauche et laissant à découvert l'épaule et le bras droits; il est coiffé du béret
rond à rebord et porte une longue et large barbe. L'autre debout, de profil à gauche, le pied
droit tendu en avant et reposant sur un tabouret, la main gauche ramenée à la ceinture et tenant
la massue appuyée sur son épaule; la main droite abaissée en avant tenant le couteau des sacrifices; il est vêtu d'une longue robe à plis droits et avec ceinture et porte un bonnet à cornes en
forme de tiare d'où s'échappent en arrière des boucles de cheveux. Entre ces deux personnages
nous voyons dans le champ, en bas, un cercopithèque accroupi, de profil à droite; puis, au-dessus,
un signe inconnu mais ayant quelque analogie avec une représentation décrite à propos du
cylindre 236 (*Supra*, p. 139); il est composé d'une tige ou hampe supportant le croissant de la
lune dans lequel se trouve intercalé le disque rayonnant du soleil, symboles de Sin et de Samas.
Nous trouvons encore gravés dans le champ, près de la Divinité, un zébu ou bœuf à bosse sur

---

[1] Voy. pl. XXXIX, *Addenda*.

[2] Voici un nouvel exemple de la réunion sur un même monument des deux types du sacrificateur, ce qui indique bien que

tous deux avaient une importance égale et des fonctions distinctes
ainsi que nous l'avons fait ressortir dans la note du cylindre
n° 167, p. 107, note 1.

lequel est placé un candélabre composé d'une hampe supportant trois tiges en zigzag, peut-être une image de la foudre ? Ensuite un poisson dressé sur sa queue et un oiseau de profil à droite ; enfin un grand candélabre composé d'une longue tige surmontée de trois branches, celle du milieu terminée en forme de fer de lance, celles de droite et de gauche terminées par des têtes d'animaux carnassiers ; près du candélabre, dans le champ, en bas, un cercopithèque accroupi de profil à gauche, et, en haut, une étoile à huit rayons, symbole d'Istar.

Marbre vert. — H. 0,027. D. 0,013.

235 *bis*[1]. — Une Divinité debout, de face, placée sur le scabellum ; elle paraît nue mais elle porte une double écharpe passant sur les épaules et se réunissant sur la poitrine ; les mains sont ramenées à la ceinture ; elle porte un bandeau dans les cheveux et ceux-ci retombent en boucles à droite et à gauche de la tête. A sa gauche, nous voyons le sacrificateur, debout, de profil à gauche, la jambe droite tendue en avant posée sur un scabellum, la main gauche ramenée à la poitrine, la main droite abaissée en avant tenant le couteau sacré au-dessus d'un petit autel recouvert d'offrandes ; il est vêtu d'une longue robe à plis droits avec ceinture, porte une longue barbe et un bonnet à cornes en forme de tiare d'où s'échappent en arrière de longs cheveux bouclés. Au-dessus de l'autel, dans le champ, une tête d'homme fantastique de face, entourée par le bas d'un double appendice inconnu et couronnée par deux ailes d'oiseau ? Derrière le sacrificateur, le bâton avec saillie centrale, symbole de la Justice ; au-dessous, un globe ; au-dessus, une ampulla. A droite de la Divinité, dans le champ, trois globes, puis une nouvelle représentation du sacrificateur, debout, de profil à gauche, placé sur un scabellum, la jambe droite tendue en avant et posée sur un scabellum plus élevé ; la main droite tendue en avant tient l'arme en forme de faucille, la main gauche ramenée à la ceinture tient la massue qui est posée sur l'épaule ; il est vêtu d'une longue robe à plis droits et avec ceinture et il est coiffé d'un bonnet à cornes en forme de tiare d'où s'échappent par derrière de longs cheveux bouclés ; il porte une longue barbe divisée en tresses. Devant lui, un pontife, debout, de profil à gauche, les mains levées en signe d'adoration, vêtu d'une longue robe à volants plissés, coiffé du bonnet à cornes en forme de tiare d'où s'échappent par derrière de longs cheveux bouclés. Entre ces deux personnages, dans le champ, en bas, un petit autel sur lequel se trouvent des offrandes, et, en haut, le disque rayonnant du soleil dans le croissant de la lune, symboles de Samas et de Sin.

Hématite. — H. 0,022. D. 0,012.

326 *ter*[2]. — Une Divinité debout, de profil à gauche, les mains tendues en avant, la jambe droite également tendue en avant ; elle est vêtue d'une longue robe avec ceinture et ouverte sur le devant ; elle est coiffée d'un bonnet en forme de modius et son buste est entouré d'un anneau sur lequel viennent s'attacher douze rayons terminés chacun par un globe et formant auréole autour de lui[3]. En face de la divinité, un pontife ou un adorant, debout, de profil à droite, la jambe gauche portée en avant, les mains levées en signe d'adoration ; il est vêtu d'une longue tunique ouverte sur le devant et avec ceinture, il porte une courte barbe et un béret rond à rebord d'où s'échappent des boucles de cheveux derrière la tête. Entre ces deux personnages, on voit un

---

[1] Voy. pl. XXXIX, *Addenda.*
[2] Voy. pl. XXXIX, *Addenda.*
[3] Voy. la note du cylindre n° 326 relativement aux divinités entourées du nimbe, p. 182, note 2. Voy. également MENANT, *Glyptique orientale*, II° Partie, p. 55 et suiv., dans lesquelles ce même cylindre est cité.

autel en forme de hampe renflée vers le haut et le flambeau sacré composé d'une tige terminée en haut par un triangle représentant la flamme, auquel est accoté un petit globe. Enfin, dans le champ, se trouvent encore représentés le losange, le croissant de la lune, symbole de Sin, et une étoile à six rayons, symbole d'Istar.

Calcédoine blonde. — H. 0,035. D. 0,016.

337 *bis*[1]. — Un personnage divin, debout, de profil à droite, la jambe gauche portée en avant, les deux mains étendues à droite et à gauche et tenant par une patte de devant deux animaux fantastiques dressés vers lui. Il est vêtu d'une longue robe richement brodée, avec ceinture, et ouverte sur le devant; il porte une longue barbe divisée en tresses régulières, ses cheveux sont frisés symétriquement, retenus par un ruban noué en arrière et tombent en boucles épaisses sur la nuque et le cou; en outre son buste est encadré dans une double paire d'ailes déployées. Les deux animaux fantastiques représentent deux chimères ailées. Dans le champ, nous voyons encore le losange, un poisson nageant horizontalement; à droite et au-dessus, le croissant de la lune, symbole de Sin, et la représentation du Dieu suprême sous la forme d'un globe avec les ailes déployées et les ornements ornithomorphes.

Calcédoine. — H. 0,040. D. 0,019.

342 *bis*[2]. — Une représentation très élégante et finement ciselée de l'arbre sacré sous une de ses formes ornementales, au sommet de laquelle est posé un chevreau debout, de profil à droite. A droite et à gauche, et tournés vers l'arbre sacré, sont dressés deux animaux féroces; celui de droite représente un tigre ou un léopard, la patte gauche appuyée sur l'arbre, la patte droite levée en avant; celui de gauche a la forme d'un carnassier fantastique, les pieds de derrière sont ceux d'un oiseau de proie, la queue dressée affecte la forme de celle d'un oiseau, le corps est couvert d'écailles de poisson; aux épaules sont attachées deux grandes ailes déployées; la patte droite est posée sur l'arbre, la patte gauche est levée en avant; l'aspect de la tête est menaçant et la gueule est largement ouverte. — Dans le champ on aperçoit une série de caractères cunéiformes qu'il est fort difficile de distinguer et dont nous ne pouvons déterminer le sens.

Marbre brun et rouge. — H. 0,035. D. 0,035.

343 *bis*[3]. — Un animal fantastique debout, de profil à droite, la queue relevée; il porte sur la tête deux cornes et, à l'extrémité de la bouche, deux autres cornes. Sur le second plan, et paraissant sur le dos de cet animal, se voient un autel en forme de tige renflée par le haut et le flambeau sacré composé d'une tige d'où s'échappent des cordons ornés de globes ou des rayons. Au-dessus, dans le champ, le croissant de la lune, symbole de Sin, et une étoile à huit rayons, symbole d'Istar. Derrière l'animal fantastique, le dieu Dagon debout[4], de profil à droite; il porte en avant la jambe gauche, lève la main droite en avant et abaisse la main gauche tenant la corbeille aux sacrifices; il est barbu et il a la tête et le corps recouverts d'une enveloppe

---

[1] Voy. pl. XXXIX, *Addenda*.
[2] Voy. pl. XXXIX, *Addenda*.

[3] Voy. pl. XXXIX, *Addenda*.
[4] Voyez la note de la page 190, sur le dieu Dagon.

de poisson. Devant l'animal fantastique, le flambeau sacré, puis un adorant debout, de profil à gauche, les mains levées en signe d'adoration; il est barbu, vêtu d'une longue robe brodée et coiffé d'un bonnet rond strié d'où s'échappent en arrière des boucles de cheveux.

Cornaline. — H. 0,024. D. 0,010.

344 *bis*[1]. — Une Déesse assise de profil à droite sur un siège richement orné et à haut dossier; elle tient la main droite levée en signe de bénédiction et porte en avant, à hauteur de la ceinture, une couronne. Elle est vêtue d'une longue robe avec franges dans le bas, est coiffée d'un bonnet cylindrique surmonté d'un globe d'où s'échappent en arrière de longues boucles de cheveux qui couvrent la nuque et le cou. Derrière le dossier du trône, nous voyons huit globes dont quatre sont rattachés par des tiges au trône lui-même[2]. Devant la Divinité, un autel, sur lequel est posé un poisson[3]; puis un adorant, ou pontife debout, de profil à gauche, la main droite levée en signe d'adoration et la main gauche tendue en avant à hauteur de ceinture. Il est vêtu d'une longue robe avec franges dans le bas, porte une longue barbe tressée; la tête est nue avec des cheveux frisés régulièrement et retenus par un bandeau d'où s'échappent en arrière de longues boucles de cheveux. Au-dessus de l'autel, la représentation du Dieu suprême sous la forme d'un globe entouré d'une paire d'ailes déployées et des appendices ornithomorphes, auquel sont attachés deux rubans (?) terminés chacun par un globe. Derrière ce groupe on distingue encore dans le champ, en bas, un chevreau de profil à gauche; au-dessus, le losange et le croissant de la lune, symbole de Sin.

Calcédoine blonde. — H. 0,030. D. 0,015.

362 *bis*[4]. — Un roi à cheval, de profil à droite, poursuit et combat un grand cerf ou Ibex, à la large ramure, dressé vers lui sur ses pattes de derrière et la tête rejetée en arrière. Le roi est barbu, vêtu d'une tunique à plis droits, coiffé d'un bonnet en forme de cône d'où s'échappent derrière la tête des boucles de cheveux; il tient les rênes de la main gauche et frappe d'une lance, qu'il brandit de la main droite, l'animal cornu. — Ce cylindre est en forme de tonnelet.

Onyx noir rubané de blanc. — H. 0,030. D. 0,011.

393 *bis*[5]. — Un personnage, qui paraît être un pontife debout, de profil à droite, la main droite ramenée à la ceinture, la main gauche levée en avant en signe d'adoration; il est vêtu d'une longue robe bordée de franges et de broderies; il paraît barbu et coiffé d'un bonnet rond hétéen strié. Devant lui, un personnage fantastique debout, de profil à gauche; il porte une tunique brodée, échancrée sur le devant, et une paire d'ailes; la tête semble être celle d'un carnassier (l'usure de la pierre empêche de la distinguer); il tient de la main droite tendue en avant une chèvre ou antilope à longues cornes recourbées qu'il a saisie par le cou en la soulevant. Entre ces deux personnages, dans le champ, en bas, un poisson dressé sur sa queue,

---

[1] Voy. pl. XXXIX, *Addenda.*

[2] Il y a, il est vrai, ici huit globes, au lieu de sept, et notre théorie sur les signes planétaires en recevrait certainement une atteinte sérieuse si nous admettions que ce nouveau nombre est intentionnel! Mais nous pensons, ou que l'un de nos globes fait partie de la décoration même du siège et ne se confond avec nos signes planétaires que fortuitement, ou bien encore que le graveur a tout simplement commis une erreur et n'a pu la réparer ensuite; nous persistons donc dans notre opinion.

[3] Voyez également sur le poisson les observations de M. MENANT, dans la *Glyptique orientale*, IIe Partie, p. 49 et suiv. et les notes que nous avons inscrites dans ce Catalogue, p. 180, note 1.

[4] Voy. pl. XXXIX, *Addenda.*

[5] Voy. pl. XXXIX, *Addenda.*

et, en haut, une tête d'antilope aux longues cornes recourbées, et, au-dessus du personnage fantastique, une étoile à six rayons, symbole d'Istar? On distingue encore, dans le champ supérieur, un signe qui pourrait représenter une main de face (?), un cerf ou lbex avec de longues cornes et de profil à droite, puis un quadrupède fantastique, de profil à droite, avec des ailes et une tête d'oiseau ; en dessous, un scorpion dressé sur sa queue et un personnage fantastique qu'il est très difficile de distinguer; il a le genou droit en terre, est de profil à droite et ramène les mains à la poitrine; il est vêtu d'une tunique à plis droits, avec ceinture; il paraît barbu, et sa tête coiffée d'un bonnet rond hétéen semble de face. A côté de son visage se détache une tête d'antilope aux longues cornes, de profil à droite. (Il est impossible de définir très exactement cette dernière scène.)

Hématite. — H. 0,018. D. 0,010.

393 *ter* [1]. — Deux personnages fantastiques, semblables, placés chacun d'un côté d'une antilope dressée debout sur les jambes de derrière, le corps de profil à droite, la tête rejetée en arrière. Les personnages sont debout, de face, les mains ramenées sur la poitrine; ils sont vêtus d'une tunique courte avec ceinture s'arrêtant au-dessus du genou; ils portent une longue et large barbe divisée en boucles ou en tresses, des oreilles de taureau et un bandeau dans les cheveux avec des ornements en pendantifs tombant à droite et à gauche. La scène est complétée par un personnage debout, de profil à droite, la main droite tombant naturellement en arrière, la main gauche tendue en avant et s'appuyant sur une longue lance ou hampe; il est vêtu d'une tunique hétéenne[2], courte, brodée, ouverte sur le devant, passant en écharpe sur l'épaule gauche et laissant à découvert l'épaule et le bras droits, si fréquent sur les monuments hétéens; il est imberbe, nu-tête et porte les cheveux ras. Derrière lui, on voit dans le champ, en bas, une antilope accroupie de profil à gauche; au-dessus, un ornement composé d'une torsade enroulée et formant trois boucles, et, encore au-dessus, un oiseau de profil à gauche, les ailes déployées ayant la queue d'un poisson.

Hématite. — H. 0,021. D. 0,010.

397 *bis* [3]. — Le sacrificateur debout, de profil à gauche; il tient de la main droite la patte gauche d'un quadrupède cornu, un taureau sans doute, qui est dressé la tête en bas, pendant qu'il saisit sa queue de la main gauche et pose sur sa tête, entre les cornes, son pied droit. Il est vêtu d'un vêtement collant, porte une longue barbe et un bonnet de forme ronde. Entre eux, dans le champ, en haut, le disque rayonnant du soleil. De l'autre côté du taureau, un personnage fantastique, debout, de profil à droite, la main gauche tendue en avant, la main droite ramenée à la poitrine; il est vêtu d'une tunique courte avec ceinture, la tête semble être celle d'un oiseau; devant lui, dans le champ, en bas, un globe. On voit encore une série d'emblèmes hétéens superposés par zone et qui paraissent indépendants les uns des autres; c'est d'abord une tête d'antilope, aux longues cornes recourbées de profil à gauche, un quadrupède accroupi de profil à droite la queue redressée et la patte gauche levée en avant; au-dessus, un ornement composé d'une torsade enroulée et formant quatre rosaces; enfin, en haut, une chimère ailée, de profil à gauche, coiffée du béret rond à rebord, et une chèvre accroupie de profil à droite.

Hématite. — H. 0,019. D. 0,009.

---

[1] Voy. pl. **XXXIX**, *Addenda.*
[2] Voyez la tunique du personnage si connu sous le nom de Tar-
kudime et dont le caractère hétéen ne peut être contesté.
[3] Voy. pl. **XXXIX**, *Addenda.*

Avant de clore cet *Appendice*, il est nécessaire de faire une remarque importante qui nous est suggérée par les trois derniers cylindres.

Lorsque nous avons dressé le plan de division de ce Catalogue (1884), nous n'avons pas cru devoir ouvrir un paragraphe spécial pour certains cylindres que nous pouvons aujourd'hui attribuer à la civilisation hétéenne ; leur caractère nous paraissait encore trop indécis. C'est au cours de nos recherches, lors de la publication du second volume sur la *Glyptique orientale* de M. Menant (1886, IIe Partie, p. 99, et *Revue archéologique*, t. VI, p. 233) que nous avons reconnu leur véritable provenance, en comparant aux sujets des grands bas-reliefs hétéens de la Syrie et de l'Asie-Mineure des intailles qui semblaient inspirées par les mêmes idées. Ce qui rendait cette attribution difficile, c'était le défaut de types purs analogues à ceux que nous avons rencontrés en Assyrie, en Chaldée et en Perse. Les intailles hétéennes, comme les bas-reliefs de la même origine, présentent, en effet, un mélange confus de réminiscences assyriennes altérées par une influence égyptienne, phénicienne ou cypriote. Il n'en sera pas moins utile, dans les classifications futures, d'ouvrir pour ces monuments un chapitre particulier et de déterminer le caractère dominant qui leur est propre. M. Menant a indiqué dans sa *Glyptique orientale* (IIe Partie, p. 113 et suivantes) des spécimens (notamment p. 119, fig. 113 et suivantes) qui nous ont paru posséder ce caractère et c'est autour de ces types que nous avons groupé ceux qui s'en rapprochent le plus.

Juillet 1888.

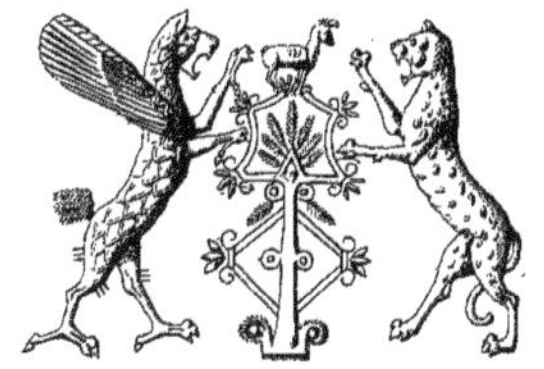

INDEX ET TABLES

Nous avons cru utile, pour faciliter les recherches de ceux qui voudront consulter les documents contenus dans cette publication, de faire des index alphabétiques très complets.

En conséquence, nous avons : 1° — dressé une liste des noms des Divinités dont il a été question, en y ajoutant leurs attributions et leur histoire mythologique toutes les fois que cela a été possible; 2° — réuni dans un tableau tous les noms propres mentionnés dans les inscriptions de nos cylindres; 3° — relevé les noms des auteurs que nous avons consultés en indiquant les titres de leurs ouvrages; 4° — enfin, rédigé une table analytique des matières contenues dans l'ouvrage tout entier. — De cette manière nous espérons avoir épargné bien des labeurs à tous ceux qui veulent fouiller avec nous dans ce passé si curieux et encore si peu connu.

INDEX DES NOMS DE DIVINITÉS

Dans l'état actuel de la science il est impossible de reconstituer le Panthéon Assyro-Chaldéen; les nombreuses divinités dont il se compose sont loin de nous être toutes connues et ce n'est que très imparfaitement que nous pouvons saisir çà et là quelques-uns des attributs de celles qui figurent le plus souvent dans les textes. Nous devons donc nous borner à recueillir avec soin les noms fournis par nos monuments.

ADAR. — Voy. Ninip.

AN. — Expression phonétique de l'idéogramme qui se prononce *Ilu* en assyrien, et qui désigne la divinité suprême; dans son acception abstraite, AN devient aphone et précède le nom de tous les Dieux. Nous lisons ainsi, avec la valeur absolue des caractères : AN-EN-KI « le Dieu maître de la terre », qui se prononce en assyrien *Ea*. Cyl. n° 95. — AN-NA « le Dieu du ciel ». Cyl. n° 114. — AN-NIN-AN-NA « la Souveraine du Ciel ». Cyl. n° 190, etc.

AN-RI. — Expression idéographique qui désigne une divinité inconnue qu'on assimile parfois à la déesse Tavat. Cyl. n° 217 *bis* (voy. *Tavat*); précédée de l'idéogramme EN-KIT, on dit : « la Souveraine des Dieux ». Cyl. n° 103.

ANU. — Un des Grands-Dieux du Ciel. Première émanation matérielle du monde divin. Cyl. n° 198, 201.

ANUNIT. — La déesse du firmament. On la regarde comme l'épouse de Anu, un des Grands-Dieux. Cyl. n° 200, 239.

ASSUR. — Le Dieu suprême de l'Assyrie, particulièrement invoqué à El-Assur (Elassar) et qui a donné son nom à l'Assyrie tout entière. Cyl. n° 304, note 1. — Assur semble avoir pour épouse *Seruya*, qu'on désigne souvent sous le nom plus général de *Beltis*.

BAÜ. — Divinité féminine, fille d'Anu, le Dieu du Ciel; elle était particulièrement adorée à Zirpurla. Cyl. n° 122. — Son nom est très fréquent sur les monuments de Tello; elle y est appelée épouse du Dieu Ningirsu. Dans les textes postérieurs on la dit épouse du Dieu Zamana mais Ningirsu et Zamana ne sont que des formes multiples du Dieu Ninip ou Adar. On a reconnu dans le nom de cette Divinité celui de *Bohu* qui, dans le texte biblique, désigne le Cahos, et qui nous a été transmis par Sanchoniathon (Βααύ), en s'appuyant sur les traditions phéniciennes. (Éd. ORELLI, p. 14.) Ce noms e trouve dans l'*Ialdebaoth* des Gnostiques, et peut-être dans leur Βαθός. (Voy. RENAN, dans les *Mémoires de l'Acad. des inscript. et belles-lettres.* T. XXIII, 2ᵉ partie, p. 257.)

BEL. — Ce mot désigne d'une manière générale tous les Dieux et, par conséquent, veut dire « Seigneur ». — Quand il s'applique à une divinité spéciale, il paraît indiquer le fils d'Assur. Cyl. n° 49. — Généralement, surtout en Assyrie, il précède le nom d'une autre divinité, par ex. *Bel-Dagan, Bel-Marduk*, ou tout autre.

BIN. — C'est le Dieu de l'atmosphère, du firmament, de la pluie, des orages. On n'est pas sûr de l'articulation phonétique de ce nom qui semble se prononcer *Riman*. — Bin est le Ministre du Ciel et de la Terre, le Distributeur de l'abondance, le Seigneur des canaux, le Dieu de la fécondité, mais aussi le Seigneur de la tempête, du tourbillon, l'Inondateur. Bin paraît avoir pour épouse la déesse *Sala*, dont le nom se trouve souvent réuni au sien sur les cylindres. Cyl. nᵒˢ 124, 153, 169, 188, 204, 207, 211, 217, 233, 249.

DAGAN. — L'image de ce Dieu est facile à reconnaître sur les monuments. C'est cette divinité icthyomorphe décrite dans les textes avec les attributs caractéristiques du poisson, et qui était particulièrement adorée à Babylone. Cyl. n° 245.

DAM-KI-GAL, DAM-KINA. — Appellations akkadiennes d'une divinité dont le nom, dans sa forme assyrienne, n'est pas encore rigoureusement établi. Elle paraît être « la Grande-Déesse de la terre », épouse du dieu Ea-kin. Cyl. n° 262.

EA. — L'expression akkadienne de ce nom, AN-EN-KI nous indique qu'il s'agit du Dieu « Seigneur de la terre, » mais la transcription n'est pas sûre. On avait cru d'abord voir dans l'expression de son nom celui de *Nisruk;* cette lecture a été abandonnée. Cyl. nᵒˢ 47, 95.

GULA. — Expression sumérienne du nom d'une des épouses du dieu Samas; elle signifie littéralement « la Grande-Déesse ». On lit sur le caillou de Michaux (col. IV, l. 5): *Gula belit rabitav hirat Samas.* « Gula la Grande-Déesse, épouse de Samas. » (Voy. Samas.)

ILU. — Paraît être le Dieu suprême de la Chaldée; il est représenté par un buste humain passé dans un anneau, enveloppé des appendices ornithomorphes. Ilu avait, dans une haute antiquité, un temple spécial à Babylone. On croit entrevoir au-dessous de Ilu une triade composée des Dieux Anu, Bel et Marduk, les premiers demiurges de la cosmogonie chaldéenne *(Passim)*.

INNA. — Divinité inconnue. Cyl. n° 98.

ISTAR. — Ce nom a dû désigner originairement une Déesse déterminée, mais ses attributs multiples en ont bientôt obscurci l'individualité. — Istar est à la fois la Déesse des combats, la Reine des victoires, celle qui conduit les armées à la guerre; elle est représentée sur les cylindres entourée de l'appareil militaire, avec le carquois et les flèches, quelquefois debout sur un lion ou sur un taureau. — Istar est aussi la Déesse de la volupté; on l'appelle alors « la Déesse heureuse; celle qui préside au bonheur des unions fécondes, celle qui réjouit les hommes. » — Istar avait des temples dans toutes les localités, mais particulièrement en Chaldée, à Erech, et en Assyrie, à Ninive et à Arbèles. Peu à peu son nom est devenu, comme celui de Beltis, une appellation générique qui s'est appliquée à toutes les Déesses. Son symbole est figuré par une étoile à huit rayons. Cyl. n° 86, note 2, et Cyl. n° 304, note 1.

MALIK. — Ce nom, emprunté à la tradition phénicienne, n'est pas encore rigoureusement établi en assyro-chaldéen. On croit reconnaître dans cette divinité le complexe AN-A-A; son rôle est assez obscur et elle paraît avoir été confondue avec *Sala*. Cyl. nᵒˢ 68, 96, 117. (Voy. Samas.)

MARDUK. — La lecture de ce nom ne souffre aucune difficulté; elle a été établie depuis longtemps par le complexe qui figure dans le nom de *Marduk-bal-idin* (Mérodach-baladan). L'image du Dieu nous est également connue par les intailles et par les bas-reliefs assyriens. — C'est un personnage en costume royal, la tête ceinte de la tiare au double rang de cornes, enveloppé dans une double paire d'ailes et poursuivant, armé de la foudre et du glaive, le monstre Tihamat, le Dragon de la Mer. Cyl. nᵒˢ 219, 224, 233, 241, 256.

MARTU. — Le Dieu de l'Occident, un des fils d'Anu. Son nom entre dans le complexe qui sert à désigner les peuples situés à l'Ouest de l'Euphrate et particulièrement la Syrie. Cyl. nᵒˢ 114, 115, 132, 154, 173, 186, 198, 201, 218 *bis*, 258, 273.

MULTURDA ou SARTURDA. — Divinité dont le rôle n'est pas encore bien déterminé. Cyl. nᵒˢ 186 *bis*, 252, 260 *ter*.

MYLITTA. — Son expression idéographique, NIN-KIT-GAL, désigne une des Grandes Divinités de la terre, Beltis ou Allat. Cyl. n° 92.

NABU. — Un des Grands-Dieux du Panthéon assyro-chaldéen particulièrement adoré à Babylone. — Nabu est appelé le Dieu de l'intelligence suprême, de l'inspiration prophétique, de l'onction royale; c'est le Dieu protecteur des rois. On lui donne pour épouse *Tasmit*, la Déesse de l'intelligence. Plusieurs statues de ce Dieu ont fait connaître son image. Cyl. n°⁸ 191, 192, 224.

NANA. — Paraît être une Déesse susienne, appelée *Nanea* dans la Bible. — Une de ses statues enlevée 2293 ans av. J.-C. du sanctuaire d'Erech par un conquérant élamite, Kudur-nakhunti, est restée au pouvoir des Susiens pendant 1635 ans, jusqu'à ce que Assur-bani-pal, roi d'Assyrie et de Babylone, se soit emparé de Suse (658 ans av. J.-C.) et l'ait rendue aux sanctuaires d'Erech. — Nana est peut-être le nom élamite que les Susiens avaient donné à cette statue, car il n'est ni assyrien ni sumérien. Cyl. n° 217 *bis*.

NANNAR. — Un des noms de Sin. Cyl. n° 260. (Voy. Sin.)

NINA. — Déesse inconnue. Cyl. n° 250.

NIN-DUR. — Déesse inconnue. Cyl. n° 269.

NINIP (ADAR). — L'appellation de cette Divinité repose sur la lecture des deux éléments qui composent son nom (cyl. n° 209) et qui forment un complexe dont la transcription *Adar* n'est pas rigoureusement déterminée. Ninip est le Dieu du feu, le Dieu qui illumine les nations comme le soleil. Son culte était très répandu en Assyrie. On l'appelle quelquefois « la Lumière des Dieux »; mais, le plus souvent, le Terrible, le Seigneur des braves, le Maître de la force, le Destructeur des ennemis, l'Exterminateur des rebelles. Cyl. n°⁸ 122, 125, 161, 194, 196, 205, 206, 209, 223, 244, 247, 248.

NIRGAL. — C'est le Dieu particulièrement adoré à Cutha. Son nom entre dans l'expression idéographique de cette ville. On le dit Coopérateur de la Déesse Tavat. Cyl. n°⁸ 110, 261.

NUSKU. — Peut-être le même Dieu que Nabu? La transcription de l'idéogramme qui représente ce nom est très incertaine; dans tous les cas on donne à la Divinité ainsi désignée tous les attributs de Nabu. Cyl. n° 86.

PAPSUKAL. — Voy. Multurda.

RI. — Voy. An-Ri.

SALA. — Epouse de Bin; elle est rarement citée dans les textes, mais son nom est très fréquent sur les cylindres, où il figure avec celui de Samas (Cyl. n° 68) et de Bin (Cyl. n°⁸ 124, 188, 204, 251); elle est quelquefois appelée *ummu* « la mère ». On a cherché dans le rapprochement de ces deux mots : *Sala-ummu*, par un certain rapport d'assonance, à trouver l'étymologie du mot Σαλαμβω, signalé dans les sources grecques comme une divinité phénicienne de Babylone (voy. Hesych., V° Σαλαμβω).

SAMAS. — Le nom de cette Divinité se confond avec celui du Soleil. On dit ce Dieu fils de Ea; il était particulièrement adoré à Agadé (Sipar). Son symbole, un disque rayonnant, nous est donné sur un petit bas-relief d'Agadé avec celui d'Istar et de Sin. Samas est « le Grand-Maître, le Régent, l'Arbitre du Ciel et de la Terre ». — Samas avait un temple fameux à Babylone sur l'emplacement duquel s'élève aujourd'hui la mosquée de Hillah, qui porte le nom de *Meschedesch-schemesh* « la mosquée du soleil ». On donne à Samas trois épouses, *Gula, Anunit* et *Malik;* elles paraissent se confondre dans une unité triple avec des attributs différents. On lui donne encore comme épouse, *Lila*, « la nuit », dont le nom est fréquent dans les formules d'exorcismes. Cyl. n°⁸ 68, 117, 128, 129, 130, 172, 238, 254.

SARTURDA. — Voy. Multurda.

SIN. — Un des Grands-Dieux du Panthéon Assyro-Chaldéen, appelé quelquefois *Nannar*, « l'éblouissant ». Il était particulièrement adoré à Ur « la ville de Sin ». Son symbole, le croissant, se trouve sur toutes les intailles de cette localité. — C'est le Dieu lune; dans les idées cosmogoniques de la Chaldée, la lune, Sin, est une Divinité masculine comme le soleil, Samas. Cyl. n°⁸ 185, 187, 193, 195, 200, 237, 240, 263, 279.

TAVAT. — Ce nom s'applique à l'épouse de Bel; il est exprimé par l'idéogramme AN-RI dont l'articulation assyrienne n'est pas sûre. Cyl. n°⁸ 110, 261.

ZARPANIT. — Cette déesse est parfaitement désignée dans les textes par la transcription phonétique de son nom; elle préside aux naissances et paraît être la Déesse de la volupté; elle se confond ainsi avec Istar. On a cru en trouver l'image sur les cylindres ou dans des statuettes qui représentent une femme nue tenant quelquefois un enfant dans les bras ou sur les genoux; mais jusqu'ici cette assimilation ne repose que sur des conjectures ingénieuses. Cyl. n°⁸ 219, 241.

INDEX DES NOMS PROPRES

Les noms propres assyro-chaldéens répondent à une désignation qui a sa signification dans la langue du pays; ils se présentent quelquefois sous une forme simple, tels que Suria, *le Tyrien*, — Ramat, *Élevée;* mais souvent ils sont formés, comme dans toutes les langues sémitiques, de deux éléments, et même de trois; ils comportent alors un nom divin avec un attribut de cette divinité ou une formule de prière. Nous avons ainsi, avec deux éléments, des noms tels que : Bel-bani, *Bel a créé;* — Ibni-sar, *créé par Sar;* — Ismi-El, *Écoute El;* — Marduk-bani, *Marduk a créé;* — Marduk-naram, *Marduk élevé;* — et, avec trois éléments, des noms tels que : Ili-imgur-ani, *Dieux, favorisez-moi;* — Ili-ismi-ani, *Dieux, écoutez-moi;* — Sin-bel-Simti, *Sin, Maître des destinées.*

La lecture de ces noms propres a soulevé, à l'origine, des difficultés sérieuses à cause de la combinaison des différents éléments dont ils se composent, chaque élément pouvant être exprimé idéographiquement ou phonétiquement, indépendamment les uns des autres; de là des apparences multiples sous lesquelles un même nom peut se présenter [1]. L'onomastique étant un des points les plus intéressants des études assyriennes, nous avons réuni dans cet index la liste des noms propres qui se trouvent sur nos cylindres.

A

	Nᵒˢ DES CYLINDRES
Abil-ninip (*filius Ninip*), père de Kasaga.	87
Abuhibu, père de Zukatu.	97
Abukunia, fils de Akbu.	103
Addumu, préfet de Sidon, père de Annipi.	286 *bis*
Adi-il-kalama, père de Zaprum.	242
Ahamarsi, fils de Sumu-libsi.	189
Ahuni (*frater noster*), père de Nalbar-Kabittu.	209
Ahusuni (*frater corum*), fils de Bel-salam-Ili.	109
Akbu, père de Abukunia.	109
Amta-saggil, fille de Lubil-ili.	219
Anikkaki, fils de Siniyatu.	169
Anki-sarri, roi de Ganhar.	121
Annipi, fils de Addumu.	288 *bis*
Anugirsu, fils de Garra.	102
Apillu, père de Gimillu.	244
Arad-sin (*famulus Sin*), père de Manum.	121 *bis*
Asrinilu ou Asrizallu, fils ou fille de Ili-galla.	41
Avil-bel (*vir dominus*), père de.... Sin.	177
Avil-Bel, père de Sar-habal.	106
Avil-higal, ...	43 *bis*
Avil-marduk (*vir Marduk*), père de Kasuh.	142
Avil-tur-ilu (*vir filius dei*), père de Bel-bani.	118
Azum, père de Zikur-Samas.	119

B

	Nᵒˢ DES CYLINDRES
Balat-napisti (*vita mentis*), père de Gurilu.	240
Bal-sari.	103 *bis*
Bani-el (*Creavit-El*), père de Marduk-bani.	240
Banih, fils de Kugilla.	92
Bel (*Dominus*), profession de Damqar.	49
Bel-ansit, fils de Sarsu.	82
Bel-bani (*Bel creavit*), fils d'Avil-tur-illu.	118
Bel-idin (*Bel dedit*).	356
Bel-salam-ili (*Bel-salus-Deorum*), père de Ahusuni.	109
Beli-sunu (*Dominus eorum*), fille de Ilu-ahuya-idin.	186
Bibani, père de Marduk-naram.	197
Bigada, père de Ninip-ellati.	218 *bis*
Bin-nadni (*Bin dedit*), serviteur de Bin.	207

D

	Nᵒˢ DES CYLINDRES
Dada, profession de Mesureur.	140
Dagan-abi (*Dagan pater*), fils de Ibni-Dagan.	245
Damikta, fille de Zigur-Marduk.	244
Danatav, fils de Sin-Tayar.	187
Danin-sin (*creatura Sin*), fils de Itti-ilu-migir.	193

[1] Voy. Menant, *Les Noms propres assyriens, Recherches sur la formation des expressions idéographiques,* Paris, 1861.

LISTE DES PRINCIPAUX

AUTEURS CITÉS OU CONSULTÉS

BÉROSE. — Fragmenta de rebus babyloniis. Ed. Muller. Paris, 1848.

BIRCH (Samuel). — Assyrian Antiquities. Guide to the Koyoundjik Galery. British Museum. London, 1883.

BIBLE (La). — La Genèse. — L'Exode. — Les Juges. — *Passim.*

BOTTA (Paul-Emile). — Le Monument de Ninive découvert et décrit par P.-E. Botta, mesuré et dessiné par M. E. Flandin. 5 vol. in-fol., Paris, 1846-1850.

CESNOLA (Alexander-Palma di). — Salaminia. The History, Tresauries and Antiquities of Salamis in Island of Cyprus. London, 1882.

CESNOLA (général Louis-Palma di). — Cyprus. Its ancient Cities, Tombs and Temples. London, 1877.

CHABOUILLET (O.). — Catalogue général et raisonné des Camées et des Pierres Gravées de la Bibliothèque impériale. Paris, 1858.

CLERMONT-GANNEAU. — L'Enfer assyrien. *Dans la* Revue archéologique, décembre 1879. — Un monument phénicien apocryphe. *Dans le* Journal Asiatique, avril, mai et juin 1884.

CORPUS Inscriptionum semiticarum ab Academia Inscriptionum et Litterarum Humaniarum conditum atque digestum. Paris, 1885.

CULLIMORE. — Oriental Cylinders with Prospectus. Published by the Syro-Egypt. Soc. London, 1842-43.

DELITZSCH (D' Friederich). — Assyrische Thiernamen. Leipzig, 1874. — Wo lag das Paradies ? Leipzig, 1881.

DIDRON. — Histoire de Dieu. Paris, 1846.

DIEULAFOY. — L'Art antique de la Perse. Paris, 1884.

DOROW. — Die Assyrische Keilschrift. Wiesbaden, 1820.

FISCHER (A.) et WIEDEMANN (A.). — Ueber Babylonische « Talismane ». Studgart, 1881.

FOL. — Le Musée Fol. Etudes d'art et d'archéologie. T. I. Choix d'Entailles et de Camées antiques. Genève, 1875.

HÉRODOTE. — *Passim.*

HEUZEY. — Les fouilles de la Chaldée. *Extrait de la* Revue archéologique, nov. 1881. — Catalogue des figurines antiques de terre cuite du Musée du Louvre. Paris, 1882.

HINCKS (Edward). — Babylon and its Priest-Kings. *Extrait du* Journal of sacred Literature and Biblical Records, nov. 1856.

HOUGHTON (W.). — On the Mammalia of assyrian sculptures. *Dans les* Transactions of the Society of Bib. Arch. Vol. VI, part. p. II, 378. London, 1879.

KER-PORTER (Sir Robert). — Travels in Georgia, Persia, Armenia, Ancient Babylonia, etc., during the years, 1817, 1818, 1820. London 1821-1822.

KINGS (O.). Antique Gems, their Origin, Use and Value. London, 1860.

KOSOWICZ (D' Cajetanus). — Inscriptiones palæpersicæ Achæmenidarum. Petropoli, 1872.

LAJARD (Félix). — Recherches sur le culte public de Mithra. Paris, 1868; atlas in-f°, 1847.

LAYARD (Sir Austen Henry). — Nineveh and its remains. London, 1850. — The monuments of Nineveh illustrating first Expedition. London, 1851. — Second series of monuments. London, 1853. — Niniveh and Babylon. London, 1855.

LENORMANT (F.). — Commentaires sur les fragments de Bérose. Paris, 1871. — Choix de textes cunéiformes. Paris, 1873. — La langue primitive de la Chaldée. Paris, 1874. — La magie chez les Chaldéens. Paris, 1874. — Histoire ancienne de l'Orient jusqu'aux guerres médiques (ouvrage continué par M. E. BABELON). Paris, 1881-1888.

LEVESQUE DE GRAVELLE. — Recueil des pierres antiques. Paris, 1732-1737.

LEVY (D' M. A.). — Siegel und gemmen mit aramaïschen, phönizishen, etc. Inschriften. Breslau, 1869.

LICHTEINSTEIN (Ant.-Aug.-Henric). — Tentamen paleographiæ assyro-persicæ. Helmestad, 1803.

LOFTUS (William-Kennett). — Travels and Researches in Chaldea and Susiana. London, 1857.

LONGPÉRIER (Adrien de). — Notice des antiquités assyriennes du Musée du Louvre. 3ᵉ éd. Paris, 1854. — Choix de monuments antiques.

LUYNES (Albert, duc de). — Essai sur la Numismatique des Satrapies et de la Phénicie sous les rois achéménides. Paris, 1846.

MARIETTE. — Traité des pierres gravées. Paris, 1750.

MARMORA (general Alberto della). — Sopra alcune antichità Sarde. Dans les Memorie della reale Academia delle Science di Torrino, Serie II. 2. XIV.

MASSENOT (M. C.). — Musée de M. le chevalier Lycklama, notice descriptive. Bruxelles, 1871. (Cette Collection est aujourd'hui à Cannes.)

MENANT (J.). — Catalogue des Cylindres orientaux du Cabinet royal des Médailles à la Haye. La Haye, imprimerie de l'Etat, 1878. — Empreintes de cylindres assyro-chaldéens et empreintes de cachets assyro-chaldéens relevées sur les contrats d'intérêt privé au Musée Britannique. Dans les Archives des Missions 1880-82. — Recherches sur la Glyptique orientale. Première partie, Paris, 1883. — Seconde partie, Paris, 1886. — Oriental Cylinders of the William's Collection. Dans le American journal of archæology. Baltimore, nov. 1886. — Forgeries of Babylonian and Assyrian Antiquities. Dans le American journal of Archæology. Baltimore, juin 1887.

MORDTMANN (A.-D.). — Studien über geschnittene Steine mit Pehlvi-Legenden. Dans la Zeitschrift der Deutschen Morgenländischen Gesellschaft, 1877.

NATTER. — Traité de la méthode antique de graver les pierres fines, comparée avec la méthode moderne. Londres, CIƆ IƆCCLIII.

OPPERT (J.). — Chronologie biblique. Dans la Revue archéologique. Paris, 1853. — Expédition scientifique en Mésopotamie. Paris, 1859-1863. — Observations sur deux cylindres Egypto-assyro-phéniciens. Dans les Comptes rendus de l'Académie des Inscriptions et Belles-Lettres. Octobre 1877. — Les inscriptions de Gudéa. Dans les Comptes rendus de l'Académie des Inscriptions et Belles-Lettres, 1883.

OPPERT (J.) et MENANT (J.). — Documents juridiques. Paris, 1877.

OVIDE. — Métamorphoses.

PERROT (G.) et CHIPIEZ (Ch.). — Histoire de l'Art dans l'antiquité. — T. II. Assyrie et Chaldée. Paris, 1884. — T. III. Phénicie, Cypre. Paris, 1885.

PERROT (G.) et GUILLAUME (E.). — Exploration archéolog. de la Galatie et de la Bithynie. Paris, 1872.

PIERRET. — Catalogue de la salle historique de la Galerie égyptienne au Musée du Louvre. Paris, 1873.

PINCHES (Th.). — The bronze Ornaments of the Palace Gates from Balawat. London, 1884.

PLACE. — Ninive et l'Assyrie. In-fol. Paris, 1872.

PLINE. — Histoire naturelle. Passim.

RENAN (E.). — Mission de Phénicie. In-fol. Paris, 1864.

RICH (Claudius-James). — Narrative of a Journey to the site of Babylon in 1811. Memoir of the Ruins with a narrative of a Journey to Persepolis. London, 1839.

RYLANDS (W.-H.). — The inscribed Stones from Jerabis, Hamat, Aleppo. Dans les Transactions of the Society of Biblical Archæology. Vol. VI. Part. III, p. 429. London, 1882.

SARZEC (Ernest de). — Découvertes en Chaldée publiées par M. Heuzey, membre de l'Institut. Paris, 1884.

SAYCE (D' A.-H.). — On the monuments of the Hittites. Dans les Transactions of the Society of Biblical Archæology. Vol. VII, Part. II. London, 1881.

SCHRADER (Eberhard). — Uber einen alt babylonischen Königs cylender Auszug ans dem Manatsbericht der königl. Akad. des Musenschaften zu Berlin, mars 1869.

SMITH (George). — Early History of Babylonia. Dans les Transactions of the Society of Biblical Archæology. Vol. I, Part. I. London, 1872. — Assyrian discoveries. London, 1875. — The Chaldean Account of Genesis. London, 1876.

SOLDI. — Les arts méconnus. Dans la Revue archéologique. Paris, 1874.

SPANO (G.). — Notize dell'antica citta di Tharros. Dans le Bolletino archeologic Sardo. T. II, p. 88.

STRABON. — Passim.

TAYLOR (J.-E.). — Notes on the Ruyns of Muqeyer. Dans le Journal of the Royal asiatic Society. Vol. XV, Part. II, London, 1855.

VALDEMAR-SCHMIDT. — Osbreandske unds krifter fra den Kongelige Antiksamling. Copenhague, 1879.

VOGUÉ (le marquis Melchior de). — Mélanges d'Archéologie orientale. Extrait du Journal asiatique. Paris, 1868. — Sur les intailles à légendes sémitiques. Dans la Revue archéologique, nouvelle série, t. XVII. Paris, 1868. — La Syrie centrale, Paris, 1865-1877.

W. A. I. (Western Asia Inscriptions.) Nous désignons ainsi le grand recueil d'inscriptions publié par les Trustees du Musée Britannique sous la direction de Sir H. Rawlinson. Cinq vol. in-fol. London, 1861-1884.

WRIGHT (William). — The Empire of the Hittites. London, 1886.

TABLE ANALYTIQUE

ET ALPHABÉTIQUE DES MATIÈRES

(Les chiffres arabes renvoient aux pages du Catalogue.)

C

D

CONDITIONS DE LA SOUSCRIPTION

Le *Catalogue de la collection de M. de Clercq* paraîtra par livraisons de dix à douze feuilles, accompagnées de Planches en Héliogravure, de Chromolithographies, de Cartes, etc.

PRIX DE CHAQUE LIVRAISON : VINGT FRANCS

ÉVREUX, IMPRIMERIE DE CHARLES HÉRISSEY

COLLECTION DE CLERCQ

CATALOGUE

MÉTHODIQUE ET RAISONNÉ

ANTIQUITÉS ASSYRIENNES

CYLINDRES ORIENTAUX, CACHETS, BRIQUES, BRONZES,
BAS-RELIEFS, ETC.

PUBLIÉS
PAR M. DE CLERCQ

AVEC LA COLLABORATION DE M. J. MENANT

I

Planches

PARIS
ERNEST LEROUX, ÉDITEUR
28, RUE BONAPARTE 28

1885
TOUS DROITS RÉSERVÉS

COLLECTION DE CLERCQ

———

CATALOGUE

MÉTHODIQUE ET RAISONNÉ

———

TOME PREMIER

ÉVREUX

IMPRIMERIE DE CHARLES HÉRISSEY

4, RUE DE LA BANQUE, 4

COLLECTION DE CLERCQ

CATALOGUE

MÉTHODIQUE ET RAISONNÉ

ANTIQUITÉS ASSYRIENNES

CYLINDRES ORIENTAUX, CACHETS, BRIQUES, BRONZES, BAS-RELIEFS, ETC.

PUBLIÉ

PAR M. DE CLERCQ

DÉPUTÉ

AVEC LA COLLABORATION DE M. J. MENANT

MEMBRE DE L'INSTITUT

TOME PREMIER

CYLINDRES ORIENTAUX

PLANCHES ET CARTE

PARIS

ERNEST LEROUX, EDITEUR

28, RUE BONAPARTE, 28

1888

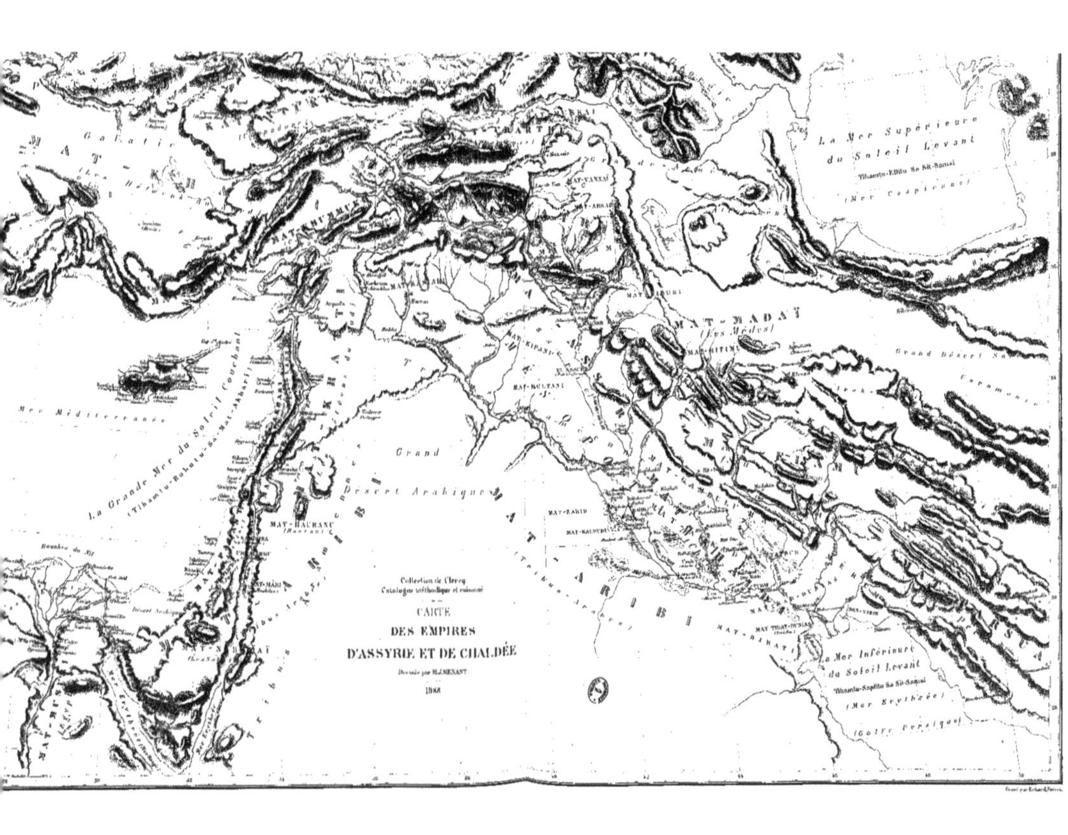

Collection de Clercq
Catalogue méthodique et raisonné
CARTE
DES EMPIRES
D'ASSYRIE ET DE CHALDÉE
Dessinée par M.J.MENANT
1888
La Mer Supérieure du Soleil Levant
Tihamtu-Elitu Sa Sit-Samsi
(Mer Caspienne)
La Mer Inférieure du Soleil Levant
Tihamtu-Saplitu Sa Sit-Samsi
(Mer Erythrée)
(Golfe Persique)
Mer Méditerranée
La Grande Mer du Soleil Couchant
(Tihamtu-Rabatu-Sa-mat-Amurri)
Mer Rouge
Grand Désert Arabique
MAT-MADAÏ
(les Mèdes)
MAT-HAURANU
(Hauran)
Gravé par Erhard & Frères

1

2

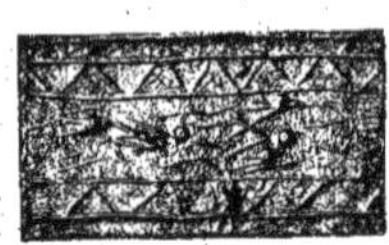

3

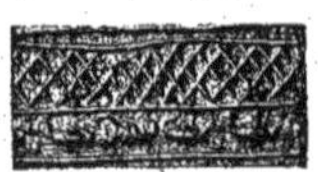

4

5

8

6 bis

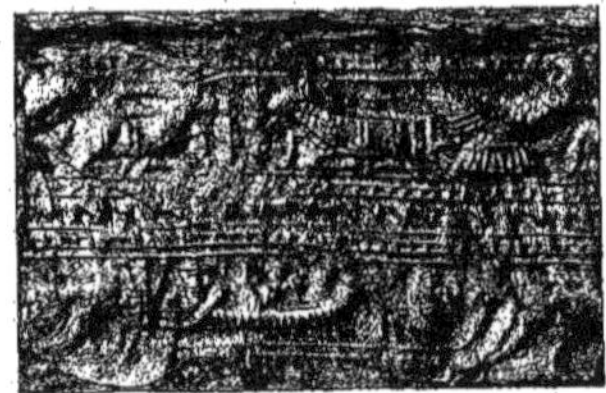

7

8

Ern. Leroux, Éditeur Paris

COLLECTION DE CLERCQ

9

10

11

12

13

14

15

16

17

18

19

Héliog. Dujardin.

Ern. Leroux Éditeur Paris.

Imp L. Fades

20

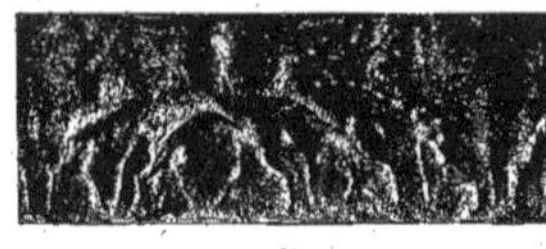

21

22

23

24

25

26

27

Héliog. Dujardin.   Ern. Leroux Éditeur Paris.   Imp. L. Eudes

COLLECTION DE CLERCQ

28

29

30

31

32

33

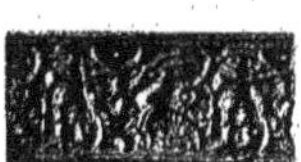

34

35

36

37

38

39

40

41

42

43

44

45

46

47

48

49

50

51

52

53

54

55

56

57

COLLECTION DE CLERCQ

58

59

60

61

62

63

64

65

66

Héliog. Dujardin.

Ern. Leroux Éditeur, Paris.

Imp. L. Eudes.

67

68

69

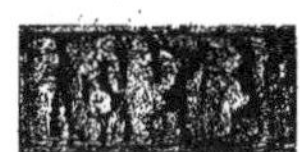

70

71

72

73

74

75

76

Ern. Leroux, Editeur, Paris.

COLLECTION DE CLERCQ.

86

87

88

89

90

91

92

93

94

95

96

97

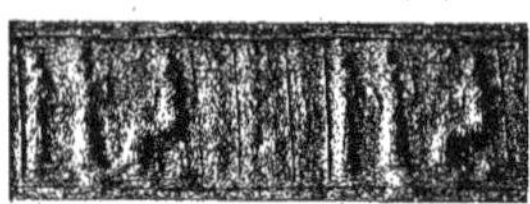

98

99

100

101

102

103

104

105

106

107

108

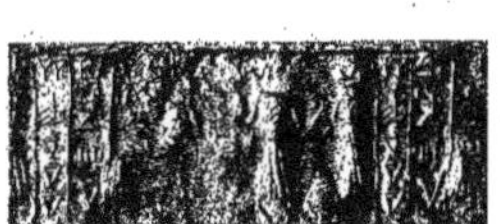

109

110

111

112

Héliog. Dujardin.   Ern. Leroux Editeur, Paris.   Imp. I. Sudès

113

114

115

116

117

118

119

120

131

132

133

134

135

136

137

138

139

Héliog. Dujardin.   Ern. Leroux Éditeur, Paris   Imp. L. Eudes.

140

141

142

143

144

145

146

147

148

149

150

151

152

153

154

155

156

157

158

159

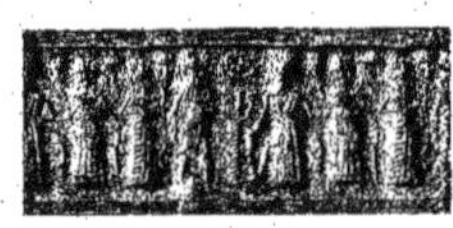

160

161

162

163

164

165

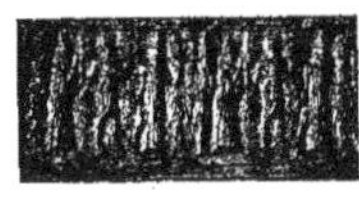

166

167

168

169

170

171

172

173

174

175

Héliog. Dujardin.   Em. Leroux Editeur. Paris.   Imp. L. Fudos.

176

177

178

179

180

181

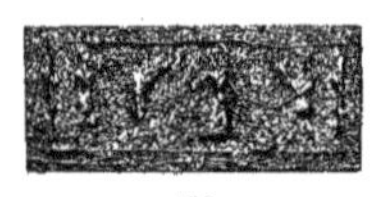

182

183

184

185

186

187

188

189

190

191

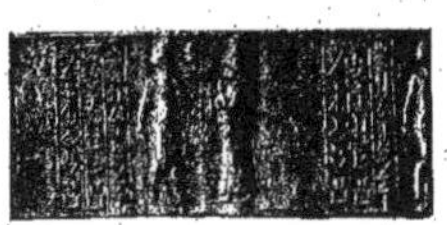

192

193

194

195

196

197

198

189

200

201

202

203

204

205

206

207

208

209

210

211

212

213

214

215

216

217

218

219

220

221

222

223

224

225

226

227

228

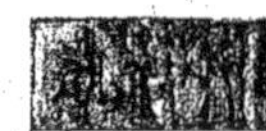

229

230

231

232

233

234

235

236

Héliog. Dujardin.　　　　Ern. Leroux Éditeur, Paris.　　　　Imp. L. Dudas.

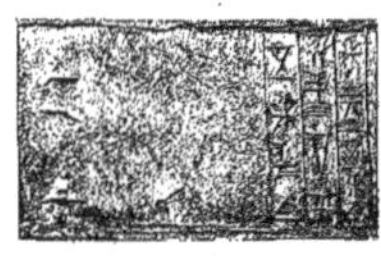

237

239

238

240

241

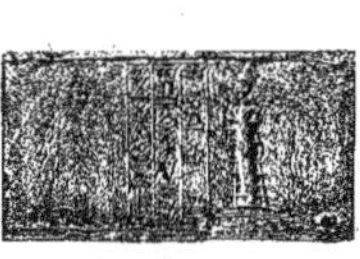

242

243

244

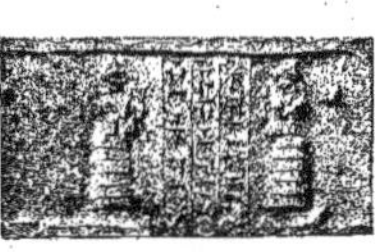

245

247

246

248

248

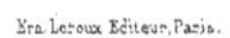

230

251

252

253

254

255

256

257

258

259

260

261

Héliog. Dujardin.   Ern. Leroux Éditeur, Paris.   Imp. L. Budea.

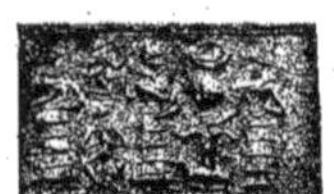

277

278

279

280

281

282

283

284

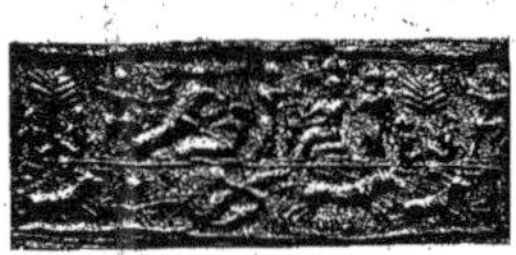

285

286

287

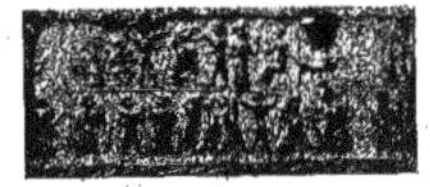

288

289

290

291

292

293

294

295

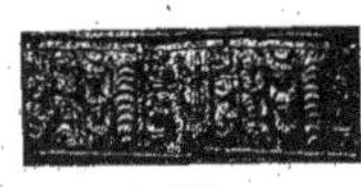

296

297

298

299

300

301

302

304

303

305

306

307

308

309

310

311

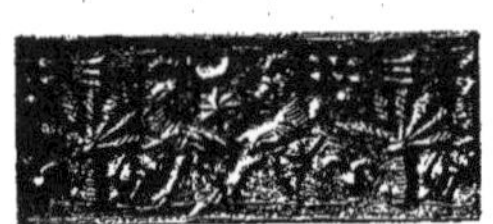

312

313

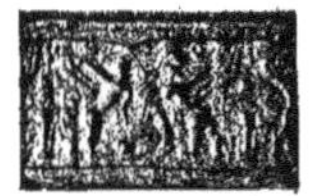

314

315

316

317

318

319

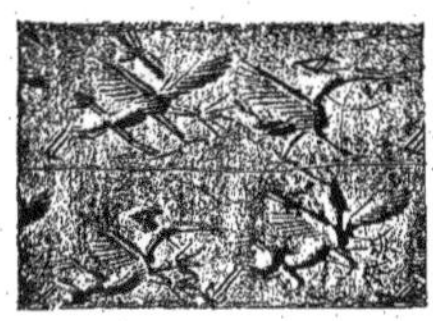

320

321

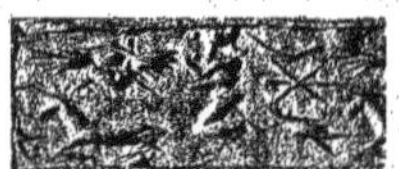

322

323

324

325

COLLECTION DE CLERCQ

326

327

328

329

330

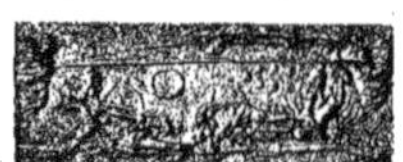

331

332

333

334

335

336

337

338

339

340

Héliog. Dujardin.

Ern. Leroux, Éditeur, Paris.

Imp. L. Rudes.

341

342

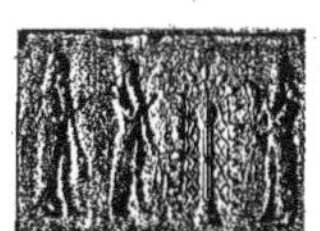

343

344

345

346

347

349

348

350

351

353

352

354

355

356

357

358

359

360

361

362

363

364

365

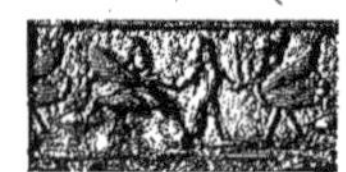

366

367

368

369

Héliog. Dujardin.

Ern. Leroux, Éditeur, Paris

imp. L. Eudes.

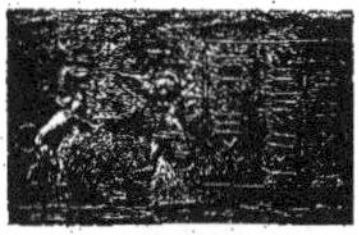

370

372

371

373

374

375

377

376

378

380

379

381

382

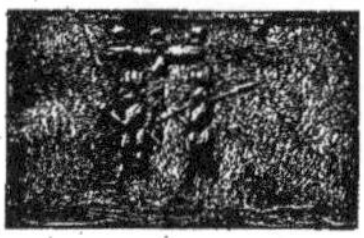

384

385

383

Héliog. Dujardin.

Ern. Leroux Éditeur Paris.

Imp. L. Nodee.

386

387

388

389

390

391

392

393

394

395

396

397

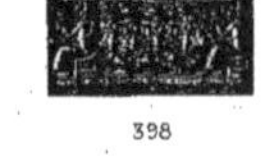

398

399

400

401

Héliog Dujardin.

Ern. Leroux, Éditeur. Paris.

Imp. L. Eudes.

COLLECTION DE CLERCQ

402

403

410

404

405

406

407

408

409

COLLECTION DE CLERCQ

21 bis

45 bis

132 bis

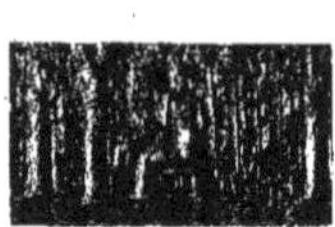

103 bis

260 bis

281 bis

240 bis

326 bis

323 bis

411

327 bis

412

413

414

ADDENDA

Héliog. Dujardin.

Ern. Leroux Editeur Paris

Imp.L.Bude.

121 bis

43 bis

130 bis

134 bis

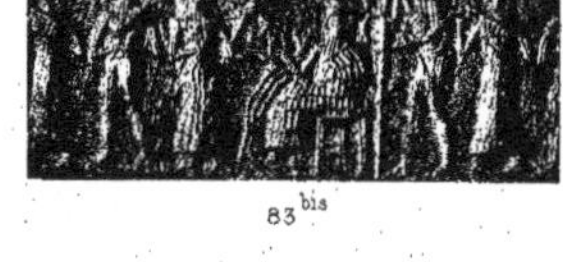

83 bis

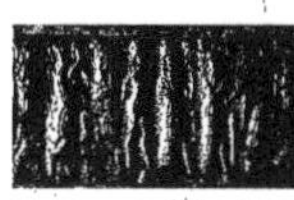

135 bis

180 bis

220 bis

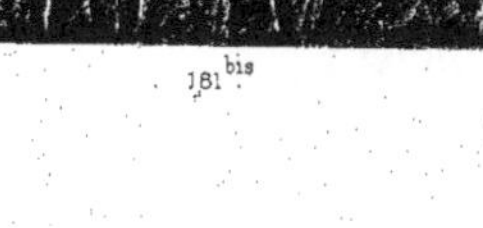

181 bis

272 bis

260 ter

370 bis

294 bis

375 bis

386 bis

386 ter

ADDENDA

Héliog. Dujardin.   Ern. Leroux Éditeur Paris.   Imp. L. Eudes.

COLLECTION DE CLERCQ

52 bis

58 bis

124 bis

255 bis

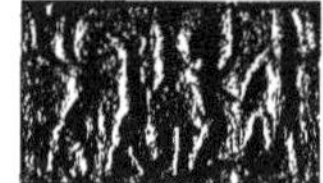

179 bis

186 bis

213 bis

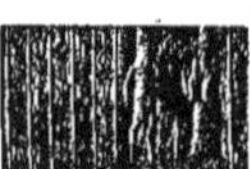

199 bis

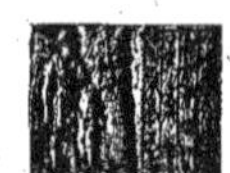

217 bis

218 bis

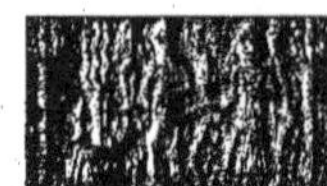

232 bis

326 ter

393 bis

344 bis

342 bis

337 bis

343 bis

393 ter

397 bis

362 bis

ADDENDA

CONDITIONS DE LA SOUSCRIPTION

Le *Catalogue de la collection de M. de Clercq* paraîtra par livraisons de dix à douze feuilles, accompagnées de Planches en Héliogravure, de Chromolithographies, de Cartes, etc.

PRIX DE CHAQUE LIVRAISON : VINGT FRANCS

ÉVREUX, IMPRIMERIE DE CHARLES HÉRISSEY